施工企业合规风险识别与管理

肖凯聪　王春军　主编

中国建筑工业出版社

图书在版编目（CIP）数据

施工企业合规风险识别与管理/肖凯聪，王春军主
编 . — 北京：中国建筑工业出版社，2022.3（2023.5 重印）
ISBN 978-7-112-27176-4

Ⅰ . ①施⋯　Ⅱ . ①肖⋯ ②王⋯　Ⅲ . ①施工企业—企
业管理　Ⅳ . ① F407.96

中国版本图书馆 CIP 数据核字 (2022) 第 042911 号

责任编辑：张礼庆
责任校对：赵　颖

施工企业合规风险识别与管理

肖凯聪　王春军　主编

*

中国建筑工业出版社出版、发行（北京海淀三里河路9号）
各地新华书店、建筑书店经销
北京建筑工业印刷厂制版
建工社（河北）印刷有限公司印刷

*

开本：787 毫米×1092 毫米　1/16　印张：22¾　字数：508 千字
2022 年 4 月第一版　　2023 年 5 月第二次印刷
定价：**68. 00**元
ISBN 978-7-112-27176-4
（38800）

推　荐　语

如果把企业的发展比作轮船在大海里航行，那么合规管理无疑是一种暗礁探测器，没有合规管理的企业虽然可能可以无风无浪地航行一段时间，但实际上随时有触礁的风险。《施工企业合规风险识别与管理》这本书，是针对施工企业的合规工具书，全面翔实，值得推荐！

中国施工企业管理协会荣誉会长　曹玉书

《施工企业合规风险识别与管理》一书，是法律人专项解决施工企业常见合规风险的有益尝试。该书通过案例揭示合规风险在实务中的表现形式、提取合规风险点、给出管理建议，力求帮助施工企业主动管理合规风险，实现安全而稳健的发展。

中国交通建设集团有限公司总经理　王海怀

近几年，施工单位的风险表面上是合同的风险，其实从根本上讲是施工单位的合规风险。所有的施工企业必须将企业的合规管理摆到一个关键位置上来，此书给施工单位的合规管理提供了重要参考依据。

中国建筑第五工程局有限公司总经理　刘　冬

施工单位的合规管理比诉讼管理更重要，合规管理治"未病"防患于未然，诉讼管理是"手术"防范于既然。

中国中铁电气化局集团有限公司总经理　徐勇烈

该书能够从施工企业招标投标、工程管理、合同履约、商务洽商、财务管理、安全生产等涉及的各方面经营风险出发，全方位、全过程、多角度梳理合规风险点，识别风险因素。该书专业性强，能够较好地促进施工企业合规管理，依法经营。

中国水利水电集团第五工程局有限公司董事长　贺鹏程

企业合规管理逐渐变为了必修课，合规管理在企业的顺利推行有赖于企业高层的参与，高层不参与，合规进行不好，或流于表面。高层要参与，首先必须做好功课，不能只是听汇报。我推荐这本书，可以帮助企业高层做好功课。

浙江省建设投资集团有限公司董事长　沈德法

施工建筑法律领域对于实务经验要求更高，专业性要求更强，涉及面更广。该书能够从施工企业招标投标、工程管理、合同履约、商务洽商、财务管理、安全生产等涉及的经营风险出发，全方位、全过程、多角度梳理合规风险点，识别风险因素。该书专业性实操性强，有助于促进施工企业合规管理，合理规避风险。

中城投集团第八工程局有限公司总经理　梁文贤

企业合规是企业运营的需要，更是企业发展的需要。施工企业属于传统型行业，既有传统型企业的合规需要，又有在新时代下企业创新的合规要求。大家都在探索什么合规理念、合规管理是否适合现阶段施工企业的呢？都在尝试，这本书给我们的尝试提供了一个方向和参考。

福建第一公路工程集团有限公司总经理　陈亚鹏

国务院国资委及全国各地各行业将 2022 年定为"合规管理强化年"，企业合规意识强化越来越强，《施工企业合规风险识别与管理》对建筑企业"合规管理强化年"的活动开展提供了宝贵的经验。

广州市建筑集团有限公司董事长　梁湖清

施工企业的发展过程中，有很多的行业惯例，如挂靠、内部承包、农民工外包（清包），并由此引发大量的争议，甚至有被行政处罚和刑事犯罪的风险，不得不引起施工企业管理者的重视。

成都建工集团有限公司董事长　赵卫东

有些行业惯例也有可能是违法违规的，《施工企业合规风险识别与管理》有效指导施工企业从合规的角度正确判断行业惯例是否存在风险。

江苏华建集团有限公司董事长　王　宏

企业合规与人工智能法律问题一样，属于 21 世纪初在全球兴起的重大法学交叉课题。合规管理被认为是与公司治理、业务管理、财务管理具有同等重要地位，是企业法律风险管理扩展和延伸。伴随着国家建筑领域监管政策日趋严格及国际关系变化的大背景，建筑施工企业依法治企与建设合规管理体系已成大势，建筑施工企业也愈发重视企业合规管理的问题。

山东泰安建筑工程集团有限公司董事长　亓玉政

本书不仅讨论施工企业合规的基本理论问题，还对施工企业各个阶段领域的合规风险识别进行梳理，通过司法及行政案例的方式形象地展示合规风险点，帮助施工企业及其管理人员共同助力施工企业加快提升合规管理能力，建立法律、合规、风险、内控一体化管理平台，实现施工企业依法合规经营。

陕西路桥集团有限公司总经理　石　强

本书以建筑施工企业为研究对象，从多维视角讨论施工企业合规问题，分析施工企业各阶段各领域的合规定义与理论根基，从 EPC 工程总承包合规、公司治理体系合规、资质合规、项目承接合规、安全生产合规、工程质量合规、工期合规、合同管理合规、知识产权合规、企业用工合规、环境保护合规等方面分析加强合规管理必要性，探索建立健全合规管理路径，对施工企业很有参考价值。

西安市市政建设（集团）有限公司董事长　马松涛

企业合规是企业发展的战略性全局性问题，应当得到足够的重视。企业的所有的经营活动应当合法，更应当合规。合规是企业发展的第一要务！

郑州一建集团党委书记、董事长、总经理　段利民

建筑业转型升级，必然要求建筑企业管理方式从粗放化升级至精细化。企业管理的合规成为新时代背景下建筑业稳健发展的新要求和新方向。本书从企业资质管理、合同管理、工程质量管理、工期管理、税务管理等，全方位、场景化地为建筑企业合规提供指引，对企业合规管理大有帮助。

中鼎国际建设集团有限责任公司董事长　赵桂生

建筑企业合规管理是建筑业转型升级的新要求，行业内也逐渐形成学习合规、使用合规的氛围。但是，截至目前实务书籍匮乏。本书以企业管理的各个流程为视角，从识别风险开始，分析并给出合规建议，具有很高的实务性和操作性，是一本非常有参考价值的企业合规管理工具书。

广州市恒盛建设工程有限公司董事长　杨超宇

建筑施工企业通过合规文化的培育，可切实提高全员法律合规风险意识，使法律合规理念内化于心、外化于行。该书通过以案说法将法律合规管理工作落到实处，以此实现降低企业生产经营风险的目标，以及逐步建立起法治企业。

中铁隧道股份有限公司总法律顾问、总会计师　牛　健

该书出版就是及时雨。在经济全球化和"一带一路"大背景下，施工企业的合规管理已成为抵御风险、健康发展的重要支撑。一个完善的合规管理体系，不但要有政府和社会监督，也需要行业的自律，更需要"企业自治"。

中铁十五局集团有限公司总法律顾问、高级经济师　解金辉

在全面推进依法治国建设法治国家、法治企业的背景下，施工企业面临的首要问题即是确保生产经营管理活动的合法性和合规性。因此，严格防范违法违规行为导致的风险，是贯穿整个项目法律风险管控过程始终的，是法律风险管控行为的出发点和终结点。

中国建筑第二工程局集团有限公司法律事务部总经理　向　阳

无论是当前的国际投资环境，中国国内的法律要求，还是中国企业走出去遇到实际案例，作为外国投资者，要在境外市场上做强做优，中国企业在生产经营过程中比以往任何时候都更加需要做好合规管理，为企业经营保驾护航。

中国电建集团海外投资有限公司总法律顾问　岐温华

该书是面镜子，好就好在给施工企业提供借鉴。近年来，建筑企业在转型升级、提质增效中越来越重视合同管理，希望通过此书大量案例，促进企业对合同的有效管理，为企业高质量发展助力。

中交第二航务工程局有限公司法务合约部总经理　陈孝凯

随着工程量清单计价的推行、资质管理的淡化、招投标范围的改革、PPP 和 EPC 模式的大量推行、农民工实名制等建筑工程领域新的热点、难点不断涌现，建设工程领域的各种风险愈加凸显。此书的出版为防范合规风险提供了宝贵的经验。

中国二十冶集团有限公司法务部部长　霍晓梅

编　委　会

主编：

肖凯聪　国际关系博士，中国中铁电气化局集团高级政工师，擅长企业战略、经营、管理、文化等相关问题的研究，多次参与地方政府、大学及企业相关学术课题研究和政策咨询，撰写 50 余篇论文发表于中央、省部级报刊及学术核心期刊，合著《中国与葡语国家经贸合作发展报告（2017—2018)、（2018—2019)》,《建筑企业高质量发展研究》等书。

王春军　北京市京都律师事务所高级合伙人、管委会委员，任北京市朝阳区律协房地产与建设工程业务研究会委员、北京市朝阳区律协参政议政委员会委员、北京市律协建设工程专业委员会副秘书长，上海、广州、南京、大连/大连国际等地仲裁委仲裁员，中国行为法学会培训合作中心专家智库委员与客座教授等，中国仲裁法学研究会专家委员和仲裁员，常设中国建设工程法律论坛（PFCCL）第十一、十七工作组召集人，对外经贸大学招生就业处指导老师，著《解析建设工程施工合同纠纷要点七步法》,《中国建设工程施工合同法律全书词条释义与实务指引》（第一版）和（第二版),《建工刑案报告》(2018)(2019)(2020)(2021) 等。

编委（按姓名拼音排序）：

陈现安　江苏良翰律师事务所合伙人律师、建设工程与基础设施业务团队负责人，任江苏省律师协会项目投融资与项目建设专业委员会委员、苏州市律师协会建筑与房地产委员会委员、苏州市司法局合法性审查专家库专家、常设中国建设工程法律论坛第八工作组和第十三工作组成员、法律实务微信公众号"高杉 Legal"评审团成员。

姜超峰　全国律协建设工程与房地产专业委员会委员、全国律协青年律师领军人才，北京市朝阳区优秀青年律师，任多地商事仲裁机构仲裁员，多家大型建筑央企法律顾问，常设中国建设工程法律论坛第十一、十七工作组成员，著《建设工程施工企业及从业人员刑事法律责任及风险防范》《律师办理建设工程法律业务操作指引》。

蒋怡凡 江苏良翰律师事务所建设工程与基础设施业务团队核心成员，为高杉 legal & 威科先行第七届中国法律实务年度文章（2020）最佳房地产与建设工程法律实务文章奖获得者。

李　妃 上海市建纬（南宁）律师事务所执行主任，玉林建设工程仲裁院专家咨询委员会委员，广西律师协会建设工程与房地产专业委员会委员，著《最高人民法院建设工程案例精析》。

刘峻麟 上海中联（重庆）律师事务所律师，任重庆市律师协会建设工程专业委员会观察员，参编《重庆市建设工程施工合同纠纷案例裁判要旨白皮书——以重庆市高院 2014 至 2017 年公布的 670 件判例为研究对象》等。

路　扬 北京广森律师事务所执业律师，原基建项目部副总和法务总监。

吕　岩 北京市京都律师事务所合伙人，曾任北京天恒建设集团法务总监，现任北京市律师协会青年律师工作委员会委员、北京市朝阳区律师协会律所管理委员会委员。参与常设论坛第八工作组、第十一工作组调研工作。

万学伟 北京市京都律师事务所合伙人，曾就职于法治日报社，任常设中国建设工程法律论坛第十一工作组成员、北京市律师协会刑事诉讼委员会委员、多家仲裁机构仲裁员，合著《施工企业及从业人员刑事法律风险防范》，多篇撰文发表于《光明日报》《瞭望东方周刊》《中国律师》。

王　琦 北京德恒（宁波）律师事务所高级合伙人。擅长建筑房地产领域，现任宁波市律协建筑与房地产专业委员会主任。上海仲裁委员会、宁波仲裁委员会等地仲裁员，入选"2021 ENR/ 建筑时报最值得推荐的中国工程法律 60 位专业律师"。著有《最高人民法院建设工程施工合同司法解释（二）实务操作与案例精解》等。

王君英 曾在苏州地区两级法院任职多年，上海、深圳等多家机构仲裁员，苏州金螳螂建筑装饰股份有限公司法务总监。常设中国建设工程法律论坛第八工作组、第十三工作组成员，合著《中国建设工程施工合同法律全书词条释义与实务指引》。

王煜潇 上海中联（重庆）律师事务所合伙人，任重庆市渝中区律师协会建设工程与房地产专业委员会委员，著《重庆市建设工程施工合同纠纷案例裁判要旨白皮书——以重庆市高院 2014 至 2017 年公布的 670 件判例为研究对象》等。

徐　忆 中银（南昌）律师事务所合伙人，具有建造师执业资格、安全员 B 证、造价员证等。任常设中国建设工程法律论坛第八工作组、第十一工作组成员，著《建设工程风险防范与裁判规则》《建设工程办案一本通——以裁判依据为视角》《中国建设工程施工合同法律全书词条释义与实务指引》《建设工程施工企业及从业人员刑事法律责任及风险防范》。

杨　松　上海中联（重庆）律师事务所高级合伙人，任重庆市律师协会建设工程专业委员会主任、钦州仲裁委仲裁员、马鞍山仲裁委仲裁员、常设中国建设工程论坛第八和十三工作组成员／观察员、重庆大学工程管理硕士研究生外聘讲师、"杨谈建工"微信公号制作人。

袁海兵　上海市建纬（南宁）律师事务所主任，中国国际贸易仲裁委员会建设工程评审专家、上海国际经济贸易仲裁委员会仲裁员、深圳国际仲裁院仲裁员、常设中国建设工程法律论坛观察员委员会主席、玉林仲裁委员建设工程仲裁院执行院长。

湛栩鸥　广西工建律师事务所高级研究员，撰写《公章真伪与合同效力——建设工程施工合同中表见代理认定的实践考察》《建设工程施工合同下的工程款债权保理法律实务研究》等文章。

张　睿　北京页岩律师事务所主任，任北京市律协建筑工程法律专业委员会副秘书长，常设中国建设工程法律论坛观察员，北京市律协行业文化建设委员会委员，北京市律协行业统战新联会联络员，朝阳区律协会员代表大会代表、房地产与建筑工程业务研究会秘书长、会员惩戒与调处委员会委员，朝阳区律协优秀法律工作者，任多地商事仲裁委员会仲裁员，北京市多元调解中心调解员。

章德君　北京市中盾律师事务所合伙人律师，一级建造师、高级工程师。从事工程管理多年，曾在某中级人民法院从事工程纠纷案件审判工作。现获聘广州、天津、南京、青岛、沈阳、贵阳、台州、泉州等三十多家仲裁机构仲裁员。

朱莉莉　北京市仁人德赛律师事务所高级合伙人，任北京市律师协会建设工程专业委员会副主任、北京市西城区律师协会理事、北京市西城区律师协会权益保障委员会主任等，被评为全国律师协会青训营优秀辩手、北京市律师行业优秀共产党员、北京市西城区十佳青年律师。

前　言

为方便各界同仁更好地理解本书内涵，进而共同探讨交流，现对本书写作思路及框架略作介绍。

一、成书原因

我们一直在思考，对于施工企业而言，合规是什么，我们为什么要合规，合规应当怎么做？具体来说，合规是政策要求？是一种管理手段？或者是一种风险防范体系？作为施工企业，为什么需要合规？合规的积极意义在哪？合规又应当怎么做？施工企业传统的管理系统及法律风险防范体系下，可能存在哪些合规风险？如何识别并采取合规管理等。

本书试图解答上述问题。

二、本书体系

本书共计16章，第1章系总纲，旨在明确合规的定义，介绍因管理不合规带来的教训以及合规管理对施工企业的积极意义；第2章至第13章系分章节，分别对施工企业在经营过程中涉及的企业管理体系、企业资质，以及项目管理过程中涉及的工期、质量、结算、财税、审计结算等方面分专题介绍，试图解决施工企业可能面临的合规风险，并提供识别方法及合规建议。第14章、第15章为上述章节所不覆盖的、具有特殊性的工程总承包及海外工程的合规风险识别与管理。第16章为企业在经营过程中经常发生的，但又很难归类于企业管理或项目管理中的业务招待、捐赠赞助、商务交往等过程中合规风险识别与管理。

为增加本书的可读性，分章节采取以典型案例解读风险，以合规依据指导企业管理的思路编写。以第7章"施工企业工程质量的合规风险识别与管理"为例，我们先以十个典型案例介绍工程质量管理过程中存在的常见合规风险，再以党和国家的方针政策、现行法律法规、国家技术规范标准等角度对合规依据进行梳理，最后对企业合规检查提出建议。

三、合规管理与法律风险防范

我们在搜集案例时发现，合规风险的责任承担形式上往往以民事赔偿责任、行政处罚责任甚至刑事责任来体现，可以说合规风险管理的不到位，是导致后期承担各种责任的因；后期责任承担是前期合规风险管理不到位的果。

既然责任的承担形式仍然是法律责任，那么，传统的法律风险防范体系，能否解决企业合规管理风险的问题，答案当然是否定的。

我们认为合规管理首先是企业管理问题，是积极进取的管理态度，而传统法律风险防范更像是一种防御手段，首要解决责任承担问题。以"黑白合同"为例，合规管理要求首先识别黑白合同与现行国家政策方针及法律法规倡导的价值观不一致（不论采取何种手段签订黑白合同，合规风险已经产生），存在合规风险，进而要求企业合规管理，不得签订黑白合同。而一般传统法律风险防范考虑的则是签订黑白合同是否会有法律责任、合同效力如何、依据哪份合同结算等，并进而得出结论（如对企业有利，则可以签订。反之，拒绝签订）。两者的态度是有明显差异的。

强调这一点，是因为本书中的案例也多以最终承担法律责任的形式体现合规风险，我们的重点并不在于责任的承担或规避。而在于以责任承担反推某事项在合规风险管理体系中的重要性，进而促进企业防止合规风险问题的出现。

四、其他

施工企业合规管理体系仍在不断摸索的过程中，可供参考的资料较为有限，编者虽有心为建工合规管理体系添砖加瓦，但能力有限，本书难免有缺失、错漏甚至想当然的部分。现抛砖引玉，望读者同仁批评指正。

同时感谢肖华文老师在写作中的指导，感谢出版社张礼庆老师的编辑，感谢袁海兵律师、徐忆律师、王君英老师、王琦律师、陈现安律师写作过程中的大力付出。

本书编委会
2021 年 12 月 1 日

目　录

第1章 合规管理——建筑施工企业发展的"助推器"

改革开放已经走过了 40 多个年头，中国经济与世界经济的联系越来越紧密，中国企业在国际舞台上也有了自己的一席之地。但是，我国许多企业在国际市场竞争中因为违规操作受到国际社会制裁的情况却不断出现，其中建筑施工企业也位列其中，这说明我国企业的合规管理水平亟待提高，否则将很难适应不断洗牌的国际环境，因此，合规管理建设有必要加快在我国企业中落地的步伐。在这里，我们主要探讨一下建筑施工企业为什么需要进行合规管理建设。

1.1 合规与合规管理

按照 2018 年 11 月 2 日国资委颁布的《中央企业合规管理指引（试行）》的解释，合规是指企业及其员工的经营管理行为符合法律法规、监管规定、行业准则和企业章程、规章制度以及国际条约、规则等要求；合规管理是指以有效防控合规风险为目的，以企业和员工经营管理行为为对象，开展包括制度制定、风险识别、合规审查、风险应对、责任追究、考核评价、合规培训等有组织、有计划的管理活动。

就建筑施工企业而言，合规是指企业、企业员工的经营管理要遵守企业内部规章制度、企业所在地与项目所在地的法律法规以及建筑施工行业的职业操守和商业道德规范；合规管理是指企业按照合规的要求构建、运行、评估、改进内部的合规管理体系，对风险进行有效识别、分析、化解、控制的管理活动的总称。

1.2 合规管理建设是企业生存与发展的必然选择

随着经济全球化的发展，越来越多的企业走出国门，在全球范围内开展业务，不断向全球企业的目标迈进。我国"一带一路"倡议、"走出去"战略的实施更是为中国企业走向世界开辟了快车道，研究和适应国际社会是中国企业走出去的必修课。在全球市场中，不同国家、不同民族的文化、政策、法规等差异很大，这就为各国企业走出国门，迈向全球企业的进程中带来了很大的风险与挑战。面对复杂的国际环境，走出国门的企业要想在全球市场中占有一席之地就必须要融入其业务所在地区的文化，遵守当地的法律法规等，这就要求企业必须要进行合规管理建设。国际组织和一些发达国家在企业合规建设中的起步较早，其企业合规管理也取得了一定的成效。

早在 1999 年，世界银行便宣布禁止"黑名单"中的企业参与其自办的项目；2003 年联合国颁布《联合国反腐败公约》、2010 年 OECD 通过了《内控、道德与合规的良好做法指引》、2014 年国际标准化组织发布了《ISO 19600 合规管理体系——指南》。国际组织一直在为促进企业合规进行不断的探索与实践，引导与规范国际市场中的企业进行合规管理。与此同时，西方发达国家也在为企业合规的发展不断试水。美国在 1978 年出台了《反海外腐败法》，在 1991 年颁布了《联邦组织量刑指南》；2010 年，英国出台了《反贿赂法》；2016 年，法国颁布了《萨宾第二法案》。各国企业在跨出国门，走向国际市场的过程中就必须重视国际组织和各地政府颁布的合规法案，随着国际市场的不断开放，企业合规管理的要求也越来越严格，不合规将很难适应国际大环境。

1.3　国内正在积极推进企业合规管理建设

与发达国家相比，我国的企业合规建设起步较晚。2006 年 6 月 6 日，国务院国有资产监督管理委员会（以下简称"国资委"）发布了《中央企业全面风险管理指引》，在国内开启了企业合规先河，但是并没有引起企业合规建设热潮。2017 年中兴通讯收到美国一张高达 8.9 亿美元的罚单，震惊了国内企业，也引起了中央的高度重视。2017 年 5 月 23 日中央全面深化改革领导小组第三十五次会议指出："规范企业海外经营行为，要围绕体制机制建设，突出问题导向，落实企业责任，严格依法执纪，补足制度短板，加强企业海外经营行为合规制度建设，逐步形成权责明确、放管结合、规范有序、风险控制有力的监管体制机制，更好服务对外开放大局。"在中央最高领导层的指示下，企业合规管理建设的号角正式吹响，企业必须要进行合规改革的趋势日益显现。

2017 年 12 月，国家质量监督检验检疫总局和国家标准化管理委员会联合发布了《合规管理体系指南》，于 2018 年 8 月 1 日正式施行，为企业合规管理建设绘制了基本蓝图。《合规管理体系指南》点明了企业合规管理需要具备的各项要素，并且为合规制度的建立、合规体系的运行、合规风险的识别与规避等问题提供了指导性的意见，旨在帮助各类企业组织建立有效的合规体系，帮助企业成功规避合规风险，减少因不合规而带来的不必要的损失。

2018 年 11 月 2 日，国资委发布了《中央企业合规管理指引（试行）》，该文件在我国央企进行合规管理建设的过程中具有里程碑式的意义。该文件坚持大合规的理念，坚持全面性的原则，旨在引导央企建立起覆盖所有部门、机构、子公司以及全体员工的合规管理体系，将合规管理贯穿到企业决策、执行、监督、评估的各个环节中，将合规文化融入企业文化中，引导全体员工树立合规理念。

2018 年 12 月 26 日，国家发展改革委、外交部等多个部委联合发布了《企业境外经营合规管理指引》，引导走出去的企业进行合规管理建设。该文件在规范境外企业经营与管理行为时也坚持了大合规的理念，要求开展境外业务的企业要建立合规管理制度，并且规范全体员工的行为，确保合规管理制度能够落实，合规管理体系能够有效运转。该文件的适用对象为开展对外贸易、境外投资、对外承包工程等"走出去"相关业务的中国境内企业及其境外子公司、分公司、代表机构等境外分支机构。该文件是开展境外业务的企业进行合规管理的重要指导性文件，有利于引导"走出去"的企业尽可能地化解合规风险，维护公开、透明与公平竞争的国际市场环境。

1.4　国内企业"合规不起诉"产生背景

构建合规体系，防范合规风险为施工企业提供了"治未病"的方案，但风险社会复杂多变，企业仍然有可能涉嫌刑事犯罪，如果企业不幸涉案，如何"治已病"呢？2018年11月2日，在试点基础上，国资委正式发布《中央企业合规管理指引（试行）》，同时规定地方国资监管机构可以参照其内容积极推进地方国企的合规管理工作，为央企、国企全面加强合规管理、提高依法合规经营管理水平提出了要求和指导。在后疫情时代的背景下，加强对实体经济的保护，推动央企、国企以及民营企业的合规建设与健康发展已成为我国新时期经济复苏的一项核心议题。与此同时，为进一步提高我国治理能力现代化水平，加强我国检察机关的社会治理参与程度及推动我国检察制度改革，我国检察机关开始了对企业"合规不起诉"的制度探索。

2020年3月，最高人民检察院启动涉案违法犯罪依法不捕、不诉、不判处实刑的企业合规监管试点工作，并确定上海市浦东新区、金山区检察院，广东省深圳市南山区、宝安区检察院，江苏省张家港市检察院，山东省郯城县检察院等6个基层检察院为试点单位。2020年12月，最高人民检察院检察长张军明确指出，"要加强理论研究，深化实践探索，稳慎有序扩大试点范围，以检察履职助力构建有中国特色的企业合规制度"。2021年4月，最高人民检察院下发《关于开展企业合规改革试点工作的方案》，正式启动第二期企业合规改革试点工作，并将改革试点扩大到北京、辽宁、上海、江苏、浙江、福建、山东、湖北、湖南、广东等十个省（直辖市）。

2021年6月3日，最高人民检察院、司法部、财政部、生态环境部、国务院国有资产监督管理委员会、国家税务总局、国家市场监督管理总局、中华全国工商业联合会、中国国际贸易促进委员会联合发布《关于建立涉案企业合规第三方监督评估机制的指导意见（试行）》，就如何具体开展涉案企业合规不起诉工作进行了具体规定。涉案企业合规第三方监督评估机制（以下简称"第三方机制"），是指人民检察院在办理涉企犯罪案件时，对符合企业合规改革试点适用条件的，交由第三方监督评估机制管理委员会（以下简称"第三方机制管委会"）选任组成的第三方监督评估组织（以下简称"第三方组织"），对涉案企业的合规承诺进行调查、评估、监督和考察。考察结果作为人民检察院依法处理案件的重要参考。下文将详细介绍该机制的运行流程。

1.4.1 适用主体

第三方机制的适用主体范围较广，既包括公司、企业等市场主体，也包括特定工作人员，如公司、企业实际控制人、经营管理人员、关键技术人员等。适用的案件范围为经济犯罪、职务犯罪案件以及经纪检监察机关同意的行贿类犯罪，但前提是实施的犯罪与生产经营活动密切相关。

符合上述适用主体及适用案件范围的，还需要同时符合以下条件：① 涉案企业、个人认罪认罚；② 涉案企业能够正常生产经营，承诺建立或者完善企业合规制度，具备启动第三方机制的基本条件；③ 涉案企业自愿适用第三方机制。该机制还有一些排除适用条件：① 个人为进行违法犯罪活动而设立公司、企业的；② 公司、企业设立后以实施犯罪为主要活动的；③ 公司、企业人员盗用单位名义实施犯罪的；④ 涉嫌危害国家安全犯罪、恐怖活动犯罪的；⑤ 其他不宜适用的情形。

1.4.2 运行机制

第三方机制的启动可以由检察机关自行决定，也可以由涉案企业、个人及其辩护人、诉讼代理人或者其他相关单位、人员申请适用。

第三方机制程序运行简图如下：

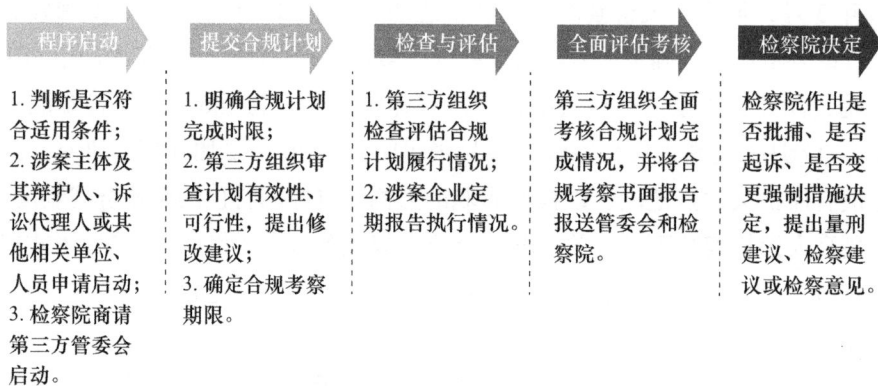

程序启动	提交合规计划	检查与评估	全面评估考核	检察院决定
1. 判断是否符合适用条件； 2. 涉案主体及其辩护人、诉讼代理人或其他相关单位、人员申请启动； 3. 检察院商请第三方管委会启动。	1. 明确合规计划完成时限； 2. 第三方组织审查计划有效性、可行性，提出修改建议； 3. 确定合规考察期限。	1. 第三方组织检查评估合规计划履行情况； 2. 涉案企业定期报告执行情况。	第三方组织全面考核合规计划完成情况，并将合规考察书面报告报送管委会和检察院。	检察院作出是否批捕、是否起诉、是否变更强制措施决定，提出量刑建议、检察建议或检察意见。

检察院会根据企业的现有情况和整改情况作出不同的处理：

1. 作出宽缓处理：认为符合合规要求、达到合规承诺的，可以依法作出不批捕、不起诉、缓刑量刑建议等决定，必要时可以采用听证会的方式，邀请第三方组织参与并发表意见。

2. 向涉案企业提出检察建议：如果涉案企业合规制度不健全或落实不到位，存在违法犯罪隐患，可以向涉案企业提出检察建议。

3. 建议有关机关予以处罚：检察机关对涉案企业作出不起诉决定，认为需要给予行政处罚、处分或者没收其违法所得的，应当依法向有关主管机关提出检察意见。

4. 移送新的违法犯罪线索：在第三方机制运行过程中，发现涉案企业或其人员存在其他违法违规情形的,应当将线索移送有关主管机关、公安机关或者纪检监察机关。

1.4.3　企业应对

为了实现第三方机制的目的,得到检察机关较为宽缓的处理,涉案企业应:

1. 配合第三方组织及其组成人员在合规考察期内的各类检查、评估;

2. 按照时限要求认真履行合规计划,不得拒绝履行或者变相不履行合规计划、拒不配合第三方组织合规考察或者实施其他严重违反合规计划的行为;

3. 在第三方监督评估期间,不得向第三方组织人员,如律师、注册会计师等提供利益或者业务机会;

4. 在第三方组织职责结束后一年内,不得向该组织及参与监督评估人员提供业务机会;

5. 在第三方机制运行期间,第三方组织或其组成人员存在行为不当或者涉嫌违法犯罪的,可以向负责选任第三方组织的第三方机制管委会反映或者提出异议,或者向负责办理案件的人民检察院提出申诉、控告。

1.4.4　典型案例

一些典型案例已经凸显了第三方机制的积极意义。如江苏省张家港市某化机有限公司未经环评建设洗酸池排放污水。2020年8月,张家港市公安局以L公司及张某甲等人涉嫌污染环境罪向张家港市检察院移送审查起诉。L公司系省级高科技民营企业,部分产品突破国外垄断。如果公司及其主要经营管理人员被判刑,对国内相关技术领域将造成较大影响。检察机关考虑到该公司在技术领域的突出贡献,审查其合规建设情况后作出不起诉决定,并移交生态环境部门作出行政处罚。通过开展合规建设,该企业改变了野蛮粗放的运营模式,社会责任感明显提高。该案例体现出检察机关主动审查适用条件、积极发挥合规主导责任;推动企业合规与检察听证、行刑衔接相结合,避免了不起诉后一放了之的后果。

又如山东省新泰市6家建筑企业串通投标案,涉及1家民营企业、2家国有企业、3家集体企业,均为当地建筑业龙头企业,牵扯面大,社会关注度高。该6家企业因受涉黑组织成员要挟被迫参与串通投标,2020年3月、4月,公安机关将上述串通投标案件移送新泰市检察院审查起诉。如作出起诉决定,6家企业三年内将无法参加任何招投标工程,并被列入银行贷款黑名单。检察院考虑到涉案企业对繁荣地方经济等方面的突出贡献,及起诉后对劳动力就业和全市经济社会稳定造成的不利影响,作出不起诉决定。6家涉案企业最终缴纳171万余元行政罚款,并对公司监事会作出人事调整,完善公司重大法务风险防控机制。这一案件体现了检察机关充分履行自行补充侦查权,全面查清案件事实,使企业改过自新、守法经营,同时推动解决当地建筑行业深层次问题,实现了良好的社会效果。

1.5 合规管理建设的重要性

建筑施工企业进行合规管理建设不仅是对国家政策的积极响应,而且是提高自身市场竞争力,提升企业的知名度、美誉度,实现企业持续、健康发展的重要抉择。

1.5.1 有效避免建筑施工企业中的商业贿赂行为,促进依法治企

根据我们团队的《2018 年建设工程领域刑事案件研究报告》可知,建设工程领域高发的十大犯罪中,受贿罪居于榜首,贪污罪次之,行贿罪排名第四,单位行贿罪和非国家工作人员受贿罪分别位列第八和第九。由此可以看出,建设工程领域中商业贿赂行为是高发的违规操作。2018 年 3 月 20 日,《中华人民共和国监察法》的出台,将反腐败斗争提到了一个新的高度,建筑工程施工企业规范经营行为、避免商业贿赂也迫在眉睫。合规管理建设有助于建筑施工企业深入了解国家政策、法律法规,对商业贿赂行为提前进行识别、预防和化解,从而避免走上违法犯罪的道路,给企业带来经济和声誉上的损失。合规管理有助于建筑施工企业加强对交易行为的全方位监督,对容易出现贿赂行为的薄弱环节加强监控,从而促进建筑施工企业的管理活动向规范化、透明化和法治化的方向发展。社会主义市场经济是法治经济,建设法治企业是顺应依法治国政策的必然选择。合规管理可以有效降低建筑施工企业商业贿赂等违规违法行为的出现,从而促进企业向依法治企的目标迈进。

1.5.2 有效化解建筑施工企业的合规风险

合规风险简单地说是指企业在日常经营活动中,由于没有遵守法律、法规、政策、规章制度、职业规范、道德规范等,而面临法律的制裁或者监管的惩罚,从而使企业遭受财产损失或者声誉损失。合规风险是现代企业在发展过程中所面临的新型风险,与传统商业风险不同,合规风险一旦处理不到位,很可能给企业带来毁灭性的打击,例如资金链断裂、项目夭折、商业活动受限甚至是破产。合规管理最直接的功能便是风险管控,就是通过对法律法规、规章政策、道德规范的剖析,规范企业管理、经营行为从而识别、分析、化解各种风险。合规风险是现代建筑施工企业发展过程中面临的核心风险之一,合规管理在建筑施工企业的有效落实有助于建筑施工企业在承接项目、开展项目等各个环节提前识别合规风险,及时有效地化解已经发生的合规风险。

1.5.3 优化建筑施工企业的管理体系

合规管理并不能够直接为建筑施工企业带来利润,但是合规管理可以提高管理效率、提升管理水平,从而优化建筑施工企业的管理体系。合规管理要坚持大合规的理念,确保合规管理建设覆盖建筑施工企业的所有部门、所有项目、所有分支机构以及全体员工,将

合规管理融入决策、执行、监督、评估的各个环节之中。合规管理建设对建筑施工企业的管理制度、管理机构、管理团队提出了新的要求。合规管理的有效落实可以将企业的各个部分整合起来，将不同环节衔接时的障碍消除，帮助建设施工企业打破传统的管理模式，引入先进的现代企业管理方式，实现管理体系的优化升级。

1.5.4　培育建筑施工企业的合规文化

企业文化是企业的灵魂，不同的企业其企业文化也会有所差异，但是按规矩办事的理念却是每个企业的文化中不可缺少的一部分。合规文化的简单理解便是企业以及企业员工能够树立依规办事的理念，在企业内部形成依规行事的良好氛围，因此，合规文化是企业文化中的重要内容。合规管理建设不断推进的过程也是合规文化不断培育的过程，合规文化的构建可以提升企业的文化理念，为企业的持续健康发展保驾护航。合规文化的成功培育使得依规行事、合规管理的理念深入人心，企业以及企业员工的合规意识不断提升，可以将合规管理视为己任，在企业经营、管理过程中出现问题时能够及时做出反应，从而有效规避风险，帮助企业减少不必要的损失。

1.5.5　加快建筑施工企业走出去的步伐

当前，国内建筑市场日趋饱和，建筑施工领域的竞争越来越激烈，好的项目犹如"唐僧肉"，各大建筑施工企业在国内的利润增长点有限。为了开拓新的业务，建筑施工企业将目光投向国际市场是不错的选择。加之，经济全球化的不断发展以及国家"一带一路"倡议、"走出去"发展战略等的实施，都为建筑施工企业走向国际市场创造了便利条件。但是，国际市场是异常复杂的，充满了机遇的同时也处处有挑战，走出国门的建筑施工企业要面临新的游戏规则，包括法律法规、竞争规则、国家政策、道德规范以及风俗习惯等。所以，走向国际市场的过程中建筑施工企业将面临更大的合规风险。根据相关统计，2015 年 7 月 31 日的数据显示，世界银行公布的黑名单中中国企业和个人不足 40 个；而 2018 年 7 月 31 日的数据显示时，世界银行黑名单上的企业和个人有 88 个，其中 2017 年被列入制裁名单的中国企业和个人为 53 个，而截至 2018 年 7 月 31 日，已有 38 个企业和个人列入制裁名单。2017 年入榜的 53 个企业中，工程及相关的咨询、技术公司占比较大。通过数据可以看出，世界银行黑名单中的中国企业和个人呈现增加趋势。这种增加趋势说明，我国越来越多的企业走出国门，尝试开拓国际市场，但是，与此同时也暴露了中国企业合规管理水平较低的现状。

建筑施工企业要想顺利开拓国际市场在应对技术、资金、市场等传统商业风险的同时必须重视合规风险，应当将合规风险的识别与预防放到风险防控工作的首位。建筑施工企业要想成功地走出去，就必须考虑不同国家的法律政策、道德规范以及风俗习惯等。合规管理便可以帮助建筑施工企业入乡随俗，提前识别和预防合规风险，顺利地承接项目、推进项目的实施，从而加快走出去的步伐，并在国际市场中抢占先机。

第2章　施工企业公司治理体系与合规管理

2018年4月21日，北京师范大学中国企业家犯罪预防中心在北京正式发布《2017中国企业家刑事风险分析报告》，并在2019年4月20日发布了《企业家刑事风险分析报告（2014—2018）》。《2017中国企业家刑事风险分析报告》详细统计分析了2016年12月1日至2017年11月30日期间公开的刑事判决案例中针对企业家犯罪2319件案例。

在该分析报告中，针对20个产业进行分析，发现传统制造业，金融、保险业，综合（含投资类），建筑业、房地产业，批发和零售业这五个行业占据了67%。该分析报告统计发现，2292名犯罪企业家中，企业内部职务明确的高达2144人，尤其是企业负责人（包括法定代表人、董事长、经理、厂长、矿长等正职和副职）高达1459人，占比68.1%。由此可以看出，一旦企业惹上刑事责任，企业负责人通常难辞其咎。纵观该分析报告，我们发现企业家犯罪几乎贯穿了企业生产经营的各个环节，尤其是在日常安全管理、财务管理、工程承揽、融资、物资采购等领域，尤为明显。同时指出，民营企业家触犯频次最高的五大罪名依次为：非法吸收公众存款罪（1494次，19.71%）、虚开增值税专用发票罪（955次，12.6%）、职务侵占罪（744次，9.82%）、合同诈骗罪（520次，6.86%）以及单位行贿罪（488次，6.44%）。

以上是刑事方面，近日关于浙江前女首富周晓光资金链崩断，4套千万别墅将拍卖的消息在网络上热传。从一无所有到攒出百亿身家，成为浙江"女首富"。然而现在她深陷财务危机，背后公司多次申请破产重整，自己还成为了民事案件的被执行人。据拍卖信息，自2021年8月2日起，浙江省金华市中级人民法院接连4天每天都会在阿里拍卖上开拍一套豪宅。2018年，周晓光还凭借36亿美元的身家稳坐浙江女首富的宝座。但如今，这家浙江大型民营企业新光集团，突然被曝出数十亿元债务违约，企业陷入流动性风波。浙江前女首富3年损失百亿身家。这还不算民事案件涉诉案件最多的。

中某建设集团股份有限公司是一个集建筑安装、建筑设计、装饰装潢、土石方、钢结构、地基基础、市政道桥、消防工程和建筑幕墙等为一体的综合性特大型企业集团，成立于20世纪80年代，具有房屋建筑工程施工总承包特级资质和对外承包工程资格，同时具有市政公用工程施工总承包壹级及建筑装饰装修、钢结构工程等12项专业承包壹级资质和建筑工程设计甲级资质，是OHSMS、EMS、QMS三个管理体系认证单位。

就是这么一个具有特级资质的特大型企业，陷入了众多诉累之中。根据搜索到的裁判文书，正在作为被执行人的有138件，历史被执行人的4255件，执行总金额：896440415元。被执行案件中正在列为失信人的737件，历史被执行案子中列为失信人的413件，被执行案件中被限制高消费案件 1307 件，终止本次执行案件 1401 件，股东股权被冻结案件 102 件，历史股权被冻结 122 件，现在正在进行的开庭公告 2679 个，历史开庭公告 260 个，最近的立案信息 2208 个，关联企业风险的有 2464 件。以上这些信息已经是非常恐怖的数字了，因为该特大型企业大量的出借资质，让众多的挂靠人挂靠公司，造成了比较严重后果，该特大型企业在公司治理中有严重不合规的行为，以至在全国的法院中涉及的案件已经遍地开花了，企业大量财产被查封，包括大楼被查封，股权被查封冻结。

那么怎么在合规的角度来看施工企业公司治理的规范化，是我们紧要的任务，除了出借资质，其他还有众多的不合规的风险。我们是以"合规"的角度而不是单纯以"合法"的角度为讨论的基础前提。我们通过众多的角度发现施工企业在实践中不合规的风险，结合相关中央及地方的规范性文件，并针对我国施工企业公司治理体系的薄弱之处提出切合实际、恰当可行的合规建议。

2.1　施工企业公司治理中的风险识别和合规建议

那么最近几年，伴随着我国社会主义市场经济改革的持续纵深发展，合规话题已成为企业在全球范围的竞争态势下的一个热门话题。我国的施工企业发生违规经营、内部出现腐败、职务舞弊等事件被曝光的越来越多，都显示着其内部控制在合规管理方面的不足。

2.1.1　合规风险之一：出借资质，挂靠的风险

2.1.1.1　企业借用资质和违法分包是建筑工程合同中经常遇到的两种情形

最高人民法院在云南建工集团第十建筑有限公司与胡洪、保山市伟业房地产开发有限公司建设工程施工合同纠纷，（2013）民申字第 1608 号再审民事裁定书中："本院认为，所谓借用资质，是指没有资质的实际施工人使用有资质的建筑施工企业名义承揽工程的违法承包活动。所谓违法分包，根据 2000 年国务院《建设工程质量管理条例》第七十八条第二款规定，包括总承包单位将建设工程分包给不具备相应资质条件的单位。"

案例简述 1：

上文所说的中某建设集团股份有限公司，这个特级资质的特大型企业，大量的出借资质，让众多的挂靠人挂靠公司，陷入了众多诉累之中，造成了比较严重的风险和后果。

出借资质其实就是让大量没有资质的企业挂靠自己，那么作为被挂靠企业，它是法律上的承包主体，是该建设工程债权的享有者和债务的承担者。但是大量挂靠主体以被挂靠企业的名义对外签订采购合同，在工程施工中往往出现挂靠主体与供应商等第三人之间的债务纠纷，法院肯定会判决被挂靠企业承担给付责任，当被挂靠企业再向挂靠人行使追偿权时，也往往会因为前者的承担能力欠缺而落空。

那么被挂靠企业除了要对外承担债务外，对建设工程的安全质量同样也要承担连带赔偿责任。对建设工程本身不符合质量标准造成的损失，被挂靠企业与挂靠人承担连带赔偿

责任；在建设工程施工过程中造成他人生命、身体、财产损失的，被挂靠企业与挂靠人承担连带赔偿责任。伤亡等安全事故一旦发生，往往给被挂靠企业带来非常严重的损失，有时完全可以带来毁灭性的后果，所收取的管理费可能远远不足以弥补所承担的损失。

而且，被挂靠企业还可能面临行政处罚，甚至被降低资质等级或吊销资质证书。《中华人民共和国建筑法》（简称《建筑法》）第六十六条规定："建筑施工企业转让、出借资质证书或者以其他方式允许他人以本企业的名义承揽工程的，责令改正，没收违法所得，并处罚款，可以责令停业整顿，降低资质等级；情节严重的，吊销资质证书。"最重要的，如果发生重大质量安全事故，被挂靠人可能还要承担刑事责任。

案例简述2：

2017年3月24日，原天津市住建委所属市质安总队在对河西区监管的建设项目开复工抽查中发现，天津某项目个别栋号存在混凝土强度不符合设计要求的质量问题。建设楼体的混凝土强度应为C25，而施工时却使用的是C15，导致结构强度不够，被住建委点名批评，最终造成18栋主体完成的住宅楼，被迫全部拆除重建。

根据质量事故调查报告的批复认定，该事故是一起重大工程质量事故。作为施工总承包单位：将企业资质出借给自然人，未履行企业质量管理责任；未按照国家有关建筑工程质量施工规范和标准施工，存在混凝土施工期间随意加水、养护不到位及混凝土强度检验造假等问题；工程质量控制资料不真实，与工程进度不同步；不执行建设行政主管部门下达的停工令，导致施工单位的质量管理体系失控。

那么造成的损失是多大呢，只是主体完工的情况，建筑成本大概在2000元/m²。如果以99100m²的全部住宅建设面积计算，该项目的建设成本约在2亿元。全部拆除，将损失约2亿元的建设费用。上述费用还不包括天房集团给业主的赔偿，如果以5万元/m²的价格，全部住宅都销售完毕来计算，对于业主的赔偿最高则为2年5个月按月支付的总金额约4.95亿元（全部选择等房的情况），最低则为全部一次性赔偿，总计约2.97亿元（全部选择退房的情况）。

并且住房和城乡建设部根据《建设工程质量管理条例》第六十一条规定，将施工单位建筑工程施工总承包一级资质降为建筑工程施工总承包二级资质的行政处罚。企业多名负责人被免职并相继接受纪律审查和监察调查。

2.1.1.2 合规建议

1. 被挂靠企业防范法律风险的主要就是不采取挂靠方式承包建设工程，而是采取内部承包协议的方式，因为内部承包是法律所允许的，将挂靠项目实实在在地转变为被挂靠企业的自有项目。内部承包协议的签订双方是施工企业和企业项目经理，也就是说只有企业的项目经理才能与企业签订内部承包协议。因此，被挂靠企业应当先与挂靠人签订劳动合同、建立劳动关系、购买社会保险。将挂靠人聘为被挂靠企业员工。由被挂靠企业或者项目经理组织、派遣项目的具体管理人员。建设工程的项目负责人、技术负责人、核算负责人、质量管理人员、安全管理人员等人员均由被挂靠企业与其签订劳动聘用合同，其工资以挂靠企业名义进行支付。如果实际挂靠人并不具备项目经理人资质，最好与有资质的项目经理签订内部承包协议，实际挂靠人作为合同的担保人承担连带责任，这样被挂靠企业的权益更能得到保证。

2. 被挂靠企业防范法律风险另一重点就是加强管理，而不是只收管理费了事。要切实可行的严格控制工程质量，被挂靠企业要成立专门的项目管理组，甚至可以要求比工程监理更严格。因为质量一旦出现问题，被挂靠企业所受的损失将比所获得的利益大得多，甚至会危及被挂靠企业的生存。并且项目的建设资金应由被挂靠企业进行具体管理。在建设项目资金的管理上要有一套行之有效的规则，以确保项目资金完全用于项目支出。即将项目管理纳入到被挂靠企业正常的财务管理中，严格防范挂靠人拿到发包人支付的工程款后挪用、占有甚至携款潜逃，必须监督挂靠人将款项用于项目建设。

2.1.2 合规风险之二：企业负责人贯彻落实"三重一大"集体决策制度不到位

2.1.2.1 企业要重视和加强党政建设，在执行"三重一大"决策制度时，不断完善监督考评机制，发现存在的问题和不足，及时采取有效措施予以改进，确保决策取得实效

"三重一大"，是重大事项决策、重要干部任免、重要项目安排、大额资金的使用，必须经集体讨论做出决定的制度（简称"三重一大"制度）。最早源于 1996 年第十四届中央纪委第六次全会公报。对党员领导干部在政治纪律方面提出的四条要求的第二条纪律要求。具体表述如下："认真贯彻民主集中制原则，凡属重大决策、重要干部任免、重要项目安排和大额度资金的使用，必须经集体讨论作出决定。" 2005 年中共中央颁布的《建立健全教育、制度、监督并重的惩治和预防腐败体系实施纲要》（中发〔2005〕3 号）第六款第十三条提出："加强对领导机关、领导干部特别是各级领导班子主要负责人的监督。要认真检查党的路线、方针、政策和决议的执行情况，监督民主集中制及领导班子议事规则落实情况，凡属重大决策、重要干部任免、重大项目安排和大额度资金的使用，必须由领导班子集体作出决定。"

案例简述：

某县国企新建科技大楼项目，按规定应经公开招投标程序，该县县长从照顾本县建筑企业出发，为该项目量身定制了一套只有本县建筑企业才有资格参加投标的相关规定，该县某建筑公司如愿中标。该工程在建设过程中，由于监理单位严重失职，工程质量存在严重问题，经群众举报后，被省建设主管部门叫停，并责令拆除重建，造成直接经济损失 500 多万元。在此案例中，如未发生建筑工程质量安全问题，也就是一个违规招投标的问题，性质相对轻些。但是出了质量安全事故，造成了大额财政资金损失和恶劣的社会影响，性质就严重得多了。因此，该国企董事长作为直接责任人应负直接责任。这属于不经集体决策，由领导干部个人或少数人决定重大事项，造成严重经济损失、国有资产流失的恶劣影响。

某市政府采取定向挂牌出让的方式出让 4 宗土地，面积 560 亩，并且答应要返还土地

出让金 1.83 亿元用于商业配套项目和基础设施建设，但是该工程最终未按照协议约定投资到位，实际上变成了变相减免土地出让金了。这里面温泉旅游度假中心项目，按照《协议》规定，某公司以 4.48 万元／亩的价格定向挂牌取得 423 亩，对超过 4.48 万元／亩的土地出让金 1.26 亿元，某市政府答应即征即返，但是某公司要在该宗土地上投资 18 亿元建设以五星级会所、综合体育旅游文化设施、高档住宅为主要内容的旅游度假中心项目。那么该公司取得土地后两年内，实际完成投资仅仅 2.15 亿元，其中宾馆酒店投资 1.3 亿元、种草基地投资 8500 万元，没有按照协议约定投资到位。市政府的上述做法，完全不符合《招标拍卖挂牌出让国有建设用地使用权规定》（国土资源部第 39 号令）"工业、商业、旅游、娱乐和商品住宅等经营性用地……应当以招标、拍卖或挂牌方式出让"，《国务院办公厅关于规范国有土地使用权出让收支管理的通知》"任何地区、部门和单位都不得以'招商引资'、'旧城改造'、'国有企业改制'等各种名义减免土地出让收入……或者以土地换项目、先征后返、补贴等形式变相减免土地出让收入"的规定。在此案例中，定向挂牌出让土地、返还土地出让金的问题，致使某公司也陷入了被调查、被追责的境地。这属于虽经集体决策，但是不依法依规决策，决策后管理不善或者执行不力等，造成严重经济损失、国有资产流失的。

"三重一大"问题，表现最多的还是不经集体决策，由领导干部个人或少数人决定重大经济事项，"一言堂"的现象经常发生，究其原因还是在思想意识、政策把握上不够具体，官本位在作怪。有的单位虽然有"三重一大"决策制度，但很多也流于形式，并未真正发挥决策制度优势。更有甚者参与决策的领导班子成员往往在讨论时才知晓决策事项的具体内容，甚至有的部门存在临时提交、议题不成熟提交的情况，使决策事项议而不深，集体决策程序成了走过场，决策的科学性和正确性得不到保证，"三重一大"决策制度的执行也大打折扣。最终是制度条款原则性多，缺少详细的内容、具体标准、执行力度和督促落实的具体措施。

2.1.2.2 合规建议

1. 在重大决策上增强集体决策意识，完善内部管理制度。违反"三重一大"决策制度是导致腐败案件发生的重要原因，集体决策制度是加强企业领导班子建设的重要保证，企业领导班子及成员是否坚持集体决策原则，内部管理制度是否完善，是体现领导班子整体素质的明显标志。企业的高管人员受到司法制裁，从案件的发生领域看，基本都与"三重一大"决策事项有关。企业领导班子及成员要形成一般事项的报告机制、重要事项的会商机制以及决策事项的议事机制，严格按照股东会、董事会和经理层三级决策权限划分，履行决策程序，对"三重一大"事项进行集体决策，有效避免了决策风险，提高了决策质量。

2. 在重要人事任免上应当实行公开选拔，集体决定。要对首次提拔担任领导职务的干部，实行任职试用期制度。试用期满后，经考核胜任现职的，正式任职；不胜任的，免去试任职务。

3. 在重大项目安排上，要健全决策组织体系，健全法人治理结构，形成一般事项的报告机制、重要事项的会商机制以及决策事项的"三会"议事机制，对"三重一大"事项进行集体决策，有效避免了决策风险，提高了决策质量。

4. 在大额度资金使用上，以资金安全运行和有效使用为目标，坚持预算控制，集中管理，建立了资金管理信息系统，实时监控和掌握各单位资金流转信息。企业对各分公司、子公司的资金实行集中统一管理，是应对资金流转中出现的异常状况，能够及时采取有效措施控制风险。

2.1.3　合规风险之三：企业股东认缴资金过高的风险

2.1.3.1　有限公司以全部资产为限对外承担责任，自然人股东以出资额为限对公司承担责任

2013 年《公司法》修订后，取消了最低注册资本和出资期限的限制，所以在之后几年，除了公司的设立数量呈爆发式的增长外，注册资本的金额也越来越高，就算业务没那么多，成立公司的时候也要先认缴个千万甚至上亿元的注册资本。但是认缴不是不缴，认缴出资额越高，股东的责任和风险就越大，在认缴制下，自然人股东则应以认缴的注册资本为限对公司承担责任，认缴的出资额大小，决定了股东对外承担责任的大小，如果无法按期足额缴纳，会有以下风险。

案例简述：

北京市第一中级人民法院在（2020）京 01 民终 5500 号判决书表述：本院认为，《最高人民法院关于民事执行中变更、追加当事人若干问题的规定》第十七条规定："作为被执行人的企业法人，财产不足以清偿生效法律文书确定的债务，申请执行人申请变更、追加未缴纳或未足额缴纳出资的股东、出资人或依公司法规定对该出资承担连带责任的发起人为被执行人，在尚未缴纳出资的范围内依法承担责任的，人民法院应予支持。"

欣江峰公司与邦泰公司买卖合同纠纷一案，一审法院经审理于 2015 年 12 月 16 日作出（2015）昌民（商）初字第 10197 号民事判决书，判决：邦泰公司向欣江峰公司支付货款 3649575 元，于判决生效后七日内履行。判决生效后邦泰公司未履行生效法律文书确定的义务，欣江峰公司于 2016 年 1 月 20 日向一审法院申请强制执行，一审法院以（2016）京 0114 执 767 号案件立案执行。执行过程中，被执行人邦泰公司名下无可供执行财产，一审法院于 2016 年 7 月 20 日作出（2016）京 0114 执 767 号执行裁定书，裁定终结本次执行程序。后欣江峰公司向一审法院申请追加国某公司、瀛润达公司和刘毅为本案被执行人。

另查，邦泰分公司成立于 2009 年 12 月 25 日，公司类型为有限公司（分公司），负责人为刘毅。2014 年 3 月 17 日，邦泰公司召开股东会形成股东会决议，内容有：同意公司的注册资本为 6000 万元；股东国某公司以货币形式出资 600 万元，出资时间 2018 年 2 月 18 日，股东刘毅以货币 5400 万元出资，出资时间 2018 年 2 月 18 日。同日，国某建设（集团）有限公司北京邦泰分公司申请进行企业改制。2014 年 3 月 26 日，国某建设（集团）

有限公司北京邦泰分公司名称变更为邦泰公司，法定代表人为刘士成。公司章程第七条中约定：股东国某公司，出资数额 600 万元，出资时间 2018 年 2 月 18 日，出资方式货币；股东刘毅，出资数额 5400 万元，出资时间 2018 年 2 月 18 日，出资方式货币。2014 年 10 月 15 日，邦泰公司股东会形成股东会决议，内容为：① 同意吸收瀛润达公司为新股东；② 同意国某公司将其持有的 600 万元股份（占注册资本的 10%），转让给瀛润达公司。③ 同意修改后的公司章程。同日，国某公司与瀛润达公司签订《北京国某邦泰建筑工程有限公司股权转让协议》（以下简称《股权转让协议》），国某公司将其在邦泰公司 10% 股权（600 万元货币出资）转让给瀛润达公司，瀛润达公司同意接收上述股权。转让双方自签字之日起，股权交割清楚，转让前引起的债权债务由转让人承担，转让后再发生的债权债务由受让人承担。邦泰公司第一届第二次股东会决议形成的决议内容为，同意由瀛润达公司、刘毅组成新的股东会；变更后的投资情况为瀛润达公司出资 600 万元，刘毅出资 5400 万元；同意修改后的公司章程。修改后的公司章程第七条约定：股东刘毅，认缴出资数额 5400 万元，出资期限 2018 年 2 月 18 日，出资方式货币；股东瀛润达公司，认缴出资数额 600 万元，出资期限 2018 年 2 月 18 日，出资方式货币。国某公司认可，其将持有的邦泰公司股份转让给瀛润达公司时，瀛润达公司未支付对价。

一审法院认为，瀛润达公司为邦泰公司股东，邦泰公司章程显示瀛润达公司的出资认缴时间为 2018 年 2 月 18 日，现该出资期限已经届满，瀛润达公司未提交证据显示其已经足额履行了对邦泰公司的出资义务，邦泰公司因财产不足以清偿生效法律文书所确定的债务，瀛润达公司应当对邦泰公司的债务承担连带责任，故一审法院追加瀛润达公司为被执行人并无不当。瀛润达公司辩称其成为邦泰股东的工商登记资料等存在造假的情形，并非瀛润达公司真实意思的表示，但瀛润达公司对此并未提起行政诉讼，要求变更相应的登记。欣江峰公司基于对工商登记信息的信任而要求追加其为被执行人并无不当。瀛润达公司称其注册资本为 500 万元，不可能出资 600 万元对欣江峰公司进行投资。一审法院认为，公司的投资行为并不以其自身注册资本为限，我国公司法也未禁止公司超出其本身注册资本对外进行投资，瀛润达公司的该项抗辩意见不能成立。瀛润达公司称在其与国某公司签订的《股权转让协议》中对欣江峰公司的债务负担进行了约定，但该项约定系瀛润达公司与国某公司之间的内部约定，不能对抗欣江峰公司的权利。瀛润达公司称其公司股东结构已发生变化，不应对之前的债务承担连带责任。但股东的变更并不等同于公司的变更，瀛润达公司主体并未发生变化，其仍应当以公司的名义对欣江峰公司的债务在未足额出资范围内承担连带责任。综上所述，依照《中华人民共和国公司法》第二十八条第一款，《最高人民法院关于适用〈中华人民共和国公司法〉若干问题的规定（三）》第十三条第二款，《最高人民法院关于民事执行中变更、追加当事人若干问题的规定》第十七条、第三十二条之规定，判决：驳回瀛润达公司的诉讼请求。

这就是公司不能清偿的债务，股东在其未实缴出资本息范围内承担补充赔偿责任。此时，以未实缴出资本息范围为限，公司的债权人可以要求未履行出资义务的股东对公司债务不能清偿的部分承担补充赔偿责任。

风险就仅仅如此了吗，不是的，认缴出资的股东未按期足额缴纳出资不仅要向公司承担补缴的责任，还要向其他已按期足额缴纳出资的股东承担违约责任。有限责任公司的股东以非货币出资时，在公司设立时的非货币财产出资额实际价额显著低于公司章程所定价额的情况下，该股东应当补足差额，且公司设立时的其他股东承担连带责任。而股份有限公司成立后，只要发起人未按章程缴足出资，其应当补缴，且其他发起人承担连带责任。并且，公司或其他股东要求未履行出资义务的股东向公司全面履行出资义务的，不受诉讼时效的限制。另外，不按期足额出资，股东还可能会被认定为虚假出资，受到行政处罚，严重的情况下还要承担刑事责任。

2.1.3.2　合规建议

1. 合理控制注册资本数额，在确定注册资本数额时，需要考虑公司发展的实际需要、公司未来为取得某项资质可能需要的注册资本数额，以及公司与股东的税务筹划，既不可盲目求大，也不可过于贪小。不符合注册标准肯定也是不能注册，而且，注册资本只是设立公司的条件之一，公司要维持基本运营，还需要场地、设备、员工等，不花钱也能办公司是不可能的。

2. 在缴付出资时缴付的形式与实质并重，防止因出资瑕疵被认定为未履行或者未全面履行出资义务。以货币出资的，要注意保留缴付凭证，最好通过银行转账、票据等可以追溯的方式。对于以非货币财产出资的，各方股东应共同委托资产评估机构对资产价值进行评估，以评估价或者低于评估价认定缴付出资的数额。并且要求公司出具出资证明书。根据公司法的规定，公司对已经交付出资的股东，应当出具出资证明书。所以股东可以要求公司出具出资证明书。

2.1.4　合规风险之四：企业管理中的商业贿赂

2.1.4.1　1996年11月15日，国家工商行政管理总局颁布的《关于禁止商业贿赂行为的暂行规定》首次在我国对商业贿赂的含义作了界定

商业贿赂，是指经营者为销售或者购买商品而采用财物或者其他手段贿赂对方单位或者个人的行为，包括行贿和受贿两种行为。根据《反不正当竞争法》规定，经营者不得采用财物或者其他手段贿赂下列单位或者个人，以谋取交易机会或者竞争优势。无论商业贿赂的目的是基于个人利益还是为了公司利益，都已背离了企业依法合规经营的法律要求。

案例简介：

41岁的杨某原系某省桥梁工程公司交通工程处处长、某省交通工程有限公司经理、某高速广告公司经理。杨某在某高等级公路、东北绕城公路和机场联络线的波形梁及其附属构件等材料的采购过程中，采用增设中间商、虚报单价的手段，套取材料差价3129万余元存放于他自己实际控制的诸多公司账上。在此期间，杨某从上述公司账户共提款1491万余元非法占有。同时，杨某还利用职务之便，采取空股分红的手段，侵吞公款

13.3 万元。

法院查明杨某还存在行贿行为。杨某在交通工程公司承建某高等级公路工程中，通过办理波形梁采购业务，套取了巨额差价款。某省高速公路开发总公司在对工程进行审核后，初步打算对其负责的工程总报价下浮 10% 进行结算，杨某遂找到交通厅原厅长卢某某帮忙，最终降低下浮比，按下浮 3% 进行结算。为此，交通工程公司多得工程款 700 万元。此外，1998 年下半年，卢某某决定某公路的交通工程（含波形梁采购任务）由交通工程公司承建。1999 年 3 月、4 月间，杨某先后两次送给卢某某人民币 250 万元。1996 年 4 月至 1997 年 8 月，杨某为答谢某省高等级公路管理局原局长高某某在承建工程中的帮忙，先后三次共送给对方人民币 140 万元。

案发后，公安机关查获以杨某之名购买的位于广州市东山区价值人民币 459 万余元的房屋一套，以高速广告公司之名购买的广州市天河北路房屋一套、别克车一辆。警方还从相关涉案人处追缴赃款人民币 570 万余元、国库券 20 万元、美元 3.35 万元。

法院审理认为，被告人杨某利用职务便利，套取巨额公路建设资金用于个人投资、购房及行贿上级、馈赠部下；同时还利用职务之便，采取空股分红的手段，侵吞公款 13.3 万元，其行为已构成贪污罪，且贪污数额为人民币 1504 万余元，属数额特别巨大，给国家造成重大经济损失，情节特别严重，应依法严惩。

另外被告人杨某为谋取不正当利益，多次给予国家工作人员财物共计人民币 390 万元，使国家利益遭受重大损失，其行为还构成行贿罪，应对其数罪并罚。贵阳市中级人民法院一审以贪污罪、行贿罪等数罪并罚判处死刑。

2.1.4.2 合规建议

反商业贿赂一直是施工企业合规制度体系中的重点内容。从对实施或参与商业贿赂的人员建立行为规范，从反商业贿赂管理过程中，企业需要落实制定的相关规章制度和相关工作流程。施工企业要把商业贿赂行为列为严重违反规章制度的行为，进行处罚，严重的可以解除劳动合同。千万不要因为下属员工或者经理的某些商业贿赂行为在客观上为企业获得了一定利益，企业领导对此行为长期默许，当时不予追究，事后发现该员工存在其他问题，反而以其有商业贿赂行为严重违反规章制度，与其解除劳动合同。这样的话企业经营管理人员以及其他员工，以商业贿赂的手段为自己以及为企业攫取利益，都将使公司陷入违规境地，从而最终损害公司的商业声誉和经济利益，企业严格合规治理，从制度层面严格规范。

2.1.5 合规风险之五：企业管理中的企业股东会风险

2.1.5.1 我国《公司法》对公司组织机构的设置、人员构成、职权和议事规则作出了一些强制性规定

这些规定和文件为公司治理中的合规管理提供了政策和法律依据。《中央企业合规管理指引（试行）》中明确了董事会、监事会、经理层等不同层级主体合规管理职责，并要

求中央企业设立合规管理委员会，与企业法治建设领导小组或风险控制委员会等共同承担合规管理的组织领导和统筹协调工作。股东会对合规风险的防控是对股东之间而言，股东和股东会层面风险防范和控制的目标是确保股东按照其对公司的贡献和承担的责任相适应的程度行使权利和履行义务，并且原则上按照出资比例行使表决权和受益权，以及行使知情权、质询权、检查权等股东权益，同时还要确保企业利益和股东整体利益。不过，特别注意的是，股东会一定要按照公司法规定的股东会议召集的程序或者公司章程规定的股东会议召集的程序进行，否则股东会决议极有可能因为违反程序而被撤销；在召开股东会议时，决议内容也不能违反法律、法规的规定，一旦违反，如决议被确认无效，还有可能给企业惹来官司，得不偿失。

案例简述：

北京市延庆区人民法院（2020）京 0119 民初 4650 号民事判决书：法院经审理认定事实如下：某校车公司于 2013 年 11 月 18 日设立，股东为张某、翟某、田某某，持股比例分别为 62.5%、18.75%、18.75%，张某为执行董事，曹某某为监事。某校车公司章程约定，股东会由全体股东组成，是公司的权力机构；股东会会议分为定期会议和临时会议，召开股东会会议，应当于会议召开十五日以前通知全体股东；定期会议按每月定时召开，代表十分之一以上表决权的股东、执行董事、监事提议召开临时会议的，应当召开临时会议；股东会会议应由执行董事召集和主持，执行董事不能履行或者不履行召集股东会会议职责的，由监事召集和主持，监事不召集和主持的，代表十分之一以上表决权的股东可以自行召集和主持。

2020 年 5 月 7 日上午 8 时，某校车公司于北京市朝阳区高碑店新村东区召开临时股东会，主持人张某，并作出 2020 年第（1）次临时股东会会议纪要：会议议题：① 融资贷款违约追偿问题，结论：（2019）豫 0191 民初 29415 号，（2019）豫 0191 民初 31209 号两个案件，某校车公司败诉，且由于新冠疫情影响，公司至今未恢复运营，无任何收入，某公司无力偿还郑州安驰、河南安和两公司的欠款。某公司及连带担保人将被动接受安驰、安和司法追偿程序。② 瑞安人力服务费追缴。会议结论：某公司承认瑞安人力公司的《服务费催收函》内容及金额，但公司目前受疫情影响，企业陷入经营困难，无力偿还相关费用。③ 某公司疫情期间运营费用缺口问题。会议结论：目前某公司无任何收入，但某公司将尽力保障每一位员工的合法权利。④ 基于会议事项①、②、③条，股东张某拟出让个人名下股权，用于某债务偿还及薪酬支付等各项运营费用。当日，张某通过微信将上述内容发送给田某某，田某某于次日回复：张某，根据《公司法》及公司章程，张某于 2020 年 5 月 7 日上午 8:00 召开的某校车 2020 年第（1）次临时股东会会议，召开程序不合法，临时股东会决议无效。在没有通知全体股东，侵犯了未通知股东的合法权益，则应当被认定为"恶意串通，损害第三人利益"，违反了"效力性强制性的法律、行政法规"，属于无效的股东会决议。

2020 年 6 月 28 日，田某某诉至本院，请求撤销某校车公司于 2020 年 5 月 7 日作出的《股东会决议》。审理中，某校车公司称，张某于 2020 年 4 月 21 日通过 EMS 向田某某在某校车公司备案的地址，也是田某某代理人在庭前确认的田某某的送达地址发出会议通知，5 月 2 日该邮件被退回，同时提交了邮寄快件的视频，田某某对该视频的真实性和关联性均不予认可。

本院认为，本案系公司决议撤销纠纷。《中华人民共和国公司法》第二十二条第二款规定，股东会或者股东大会、董事会的会议召集程序、表决方式违反法律、行政法规或者公司章程，或者决议内容违反公司章程的，股东可以自决议作出之日起六十日内，请求人民法院撤销。本案中，某校车公司的公司章程规定，股东会由全体股东组成，是公司的权力机构；股东会会议分为定期会议和临时会议，召开股东会会议，应当于会议召开十五日以前通知全体股东，定期会议按每月定时召开，代表十分之一以上表决权的股东、执行董事、监事提议召开临时会议的，应当召开临时会议；股东会会议由执行董事召集和主持，执行董事不能履行或者不履行召集股东会会议职责的，由监事召集和主持，监事不召集和主持的，代表十分之一以上表决权的股东可以自行召集和主持。由此可见，某校车公司的股东会有严格的召集人和召集程序，应当于会议召开十五日以前通知全体股东。股东会会议通知按公司章程规定提前 15 日有效送达股东是股东得以参加股东会并行使其干预权的前提。通过查明的事实可知，张某系某校车公司的执行董事，其有权召集与主持某校车公司股东会会议，但田某某在庭审中否认收到参会通知，某校车公司亦未能举证证明按照公司章程规定提前 15 日向田某某送达股东会会议参加通知，导致田某某最终未能实际参会，故案涉股东会的召集程序明显违反了公司法规定及某校车公司章程规定，应予撤销。综上所述，依照《中华人民共和国公司法》第二十二条第二款之规定，判决如下：

撤销 2020 年 5 月 7 日某（北京）校车运营管理有限公司第（1）次临时股东会决议。

2.1.5.2　合规建议

股东会层面合规风险防控重点是防范和控制控股的股东及实际控制人滥用控制权损害企业及企业其他股东利益，防范企业出现内部人控制，尤其是落实企业对重大关联交易的回避表决机制。合规风险防控重点是落实股东会和董事会的职能，尤其在董事和监事的委派或选举方面。在企业重大事项批准方面，在企业发展战略、经营计划和投资策略方面，在企业经营目标、财务预决算和利润分配方案审批方面，全部要落实股东会的批准权。将所有股东的权益和权利落实在每一项具体的行为流程中，以控制企业运营中的合规风险。除了要注意股东会一定要按照公司法规定的股东会议召集的程序或者公司章程规定的股东会议召集的程序进行外，股东会会议由股东按照出资比例行使表决权，就是说股东有多少股权比例行使多大的表决权。

其实对于表决权，股东之间也是可以通过章程的约定，进行重新的表决权的划分的。就有限责任公司表决权比例的效力来看，《公司法》规定股东会会议作出修改公司章程、增加或者减少注册资本的决议，以及公司合并、分立、解散或者变更公司形式诸如此类重大决定的，必须经代表三分之二以上表决权的股东通过。对于其他一般性的决议事项则由章程约定表决方式，既可以是 1/2，也可以是 2/3 或者全体一致通过。对于有限责任公司可以通过章程约定表决权不受股权比例的限制，举例来看：某公司拟进行增资，公司首先要召开股东会，股东甲在某公司拥有 20% 的股权，原则上股东甲仅代表了公司 1/5 的表决权，股东乙拥有某公司 30% 的股权，二人对于公司增资均持反对意见，合计拥有某公司 50% 股权，他们的意见代表了公司 1/2 的表决权，显然是不能达到 2/3 多数表决权通过的。如果某公司在公司章程中约定了股东乙 30% 的股权拥有 50% 的表决权，那甲乙二人便拥有了 70% 的表决权，表决比例超过了 2/3 资本多数决，公司即无法实现本次增资的意愿。那么这样股权的表决权通过章程的方式进行约定改变了企业以出资比例享有表决权的原则性规定，使得企业经营更加具有了自身的独特性与灵活性，赋予了股东间更大的协商空间。

2.1.6　合规风险之六：企业管理中的企业董事会及监事会风险

2.1.6.1　董事会是企业的经营决策机构，对企业的合规管理承担最终责任

董事会层面风险防范和控制的目标有两个方面：一是延续股东和股东会权利，同样也是防范企业出现内部人控制，即防范和控制经营管理层滥用运营控制权，损害股权的利益；二是防范决策失误。监事会更是作为企业内部的监督机构，监事会的角色定位就是防止董事会、管理层滥用职权，损害企业和股东利益。监事会的合规管理职能，就是监督董事会和高级管理层合规管理职责的履行情况。防范内部人控制的重点是明确董事会与经营层的分工，落实董事会的职能，尤其在高级管理人员的聘任、职能设置、薪酬待遇、考核、奖惩方面，在企业发展战略和经营计划方面，在企业财务预决算和利润分配方案制订方面，在企业重大事项审批方面，落实董事会的决策权。

2.1.6.2　合规建议

董事会、监事会层面的风险防范和控制的程序措施就是完善和严格履行董事会会议制度和监事会会议制度，是企业战略意义上的风险防范和控制，是通过会议的提议、召集、通知、举行、审议和表决、作出决议、下发等程序安排，将董事会、独立董事和监事的职责落实在每一项具体的行为流程当中。为了加强合规在企业治理中的作用，董事会之下可以设置合规委员会，作为董事会下设的专门工作机构，主要负责推进和指导企业合规管理工作。企业在各项业务运行、财务管理乃至审计监督等环节，都要接受合规部门的独立审查。

2.1.7　合规风险之七：企业管理中的其他高级管理人员风险

2.1.7.1　总经理层面的高级管理人员是公司经营层，统一领导各个层次的经营管理活动

总经理层面主要的职能是制定经营目标、方针、战略，制定利润的使用、分配方案，制定、修改和废止重大规章制度，指挥和协调各组织机构的工作和相互关系，确定它们的职责和权限。作为企业经营管理的执行者，企业管理人员根据岗位分工对企业合规管理负

相应管理责任，对企业违规或员工违规给股东造成损失的应承担具体的管理责任。不难看出，施工企业合规管理的实质就是对施工企业中管理人员的行为的规范、约束和管理。施工企业的一切经营管理活动无不是通过管理人员的行为来完成和实现的。因此，如果说到施工企业的合规建设，我们有必要从管理人员的角度来透视、分析和观察企业合规体系的建立和完善。从管理人员的角度，探究施工企业合规体系构建的源头和重点；同时，希望结合法律政策和施工企业现实出发，从公司法意义上的企业合规治理和广义的企业合规建设角度，从施工企业人力资源的角度从而为具体的合规体系构建操作奠定一个方向基础。企业合规体系构建及其涉及各领域、各环节的具体制度制定与实施，是一个组织化、系统化的工程，需要结合企业发展的自身情况、市场环境与发展目标，与企业创新与变革相结合，不断更新和迭代的动态保障体系，与施工企业经营发展及其不同时期的目标实现同步。

2.1.7.2　合规建议

生产经营活动的井然有序依赖管理流程，每一项具体的经营管理活动都必须有明确的作业流程，最简单的如公司印鉴使用流程、公司投资立项流程，等等。企业应建立有效的内部控制评价机制。评价机制的参考标准不仅可为企业自我评估和改进其内部控制提供依据，还可以通过评价机制对整个体系的运作状况进行综合评估，使公司高层管理层找到内部控制的薄弱环节，以采取相应的改进措施，促进体系的不断完善。近年来，强化合规管理、防范合规风险都成为了全球企业发展方向，企业的经营活动离不开法律的保驾护航，企业日常经营层面的风险防范和控制是企业发展战略执行环节的重要组成部分，经营层面的风险防范和控制措施是完善企业的内部风险控制体系，又称内部控制或内控制度、内控体系。经营层应明确合规管理部门及其组织机构，为其履行职责配备充分和适当的合规管理人员，将责任和权利分配给相关角色，并确保合规管理部门的独立性。企业合规审计是企业内部审计部门对作为企业内部控制核心内容的企业合规管理的适当性和有效性进行的内部审计。企业合规审计既属于企业内部控制范畴，也是企业合规管理体系的重要的、基本的构成要素。这一点已被有关企业合规管理的国际组织的标准、指南以及我国国家标准、指引和办法所确认。定期对公司的合规管理情况进行独立审计也是企业合规风险管理的重中之重。

2.1.8　合规风险之八：企业管理中的税务风险

2.1.8.1　企业应当基于有效防控税务合规风险的目的，以企业和员工经营管理中的涉税处理为对象，开展包括税务合规制度制定、税务风险识别、税务合规审查、税务风险应对、涉税责任追究、涉税行为监督及考核评价、税务合规培训等有组织、有计划的管理活动

建立健全企业税务合规管理体系，做好事先防范，确保企业及员工的涉税处理符合法律法规、监管规定、行业准则、企业章程、规章制度以及国际条约、规则等要求。

企业的税务风险主要有：

发生纳税义务未及时申报缴纳增值税；

增值税发票虚开问题，包括材料费发票虚开和劳务费发票虚开；

对内对外两套账；

公账、私账资金混同；

重大并购重组税务处理不合规。

建筑施工企业的上述行为违反了企业所得税实施条例等相关规定，存在被税务部门纳税调整补缴企业所得税和滞纳金的风险。

案例简介：

1. 某县税务局稽查局根据群众举报，以某县劳服建安有限公司涉嫌税收违法为由立案检查。此后，稽查局 3 次送达相关税务文书，要求某县劳服建安公司提供资料，并告知拒不提供应当承担的法律责任。某县劳服建安公司以账簿、凭证等资料被盗抢丢失为由一直未提供，也没有提供上述资料被盗抢的证据。稽查局认为，某县劳服建安公司以此阻挠税务机关对其进行税务检查，属于情节严重的逃避、拒绝或阻挠税务机关检查的情形，除了要求其补税并交纳罚款外，对某县劳服建安公司拒绝税务机关检查的行为，给予 5 万元罚款的行政处罚。某县劳服建安公司提起诉讼，要求撤销该行政处罚，一审法院维持了稽查局的处罚决定，二审法院驳回上诉，维持原判，某县劳服建安有限公司败诉。

2. 乙公司是央企甲集团旗下 100% 直接控制的孙公司。根据集团内外部行政管理的要求，甲集团通过无偿划拨的方式，将乙公司股权无偿划转至自己名下，乙公司由甲集团的孙公司变成子公司；短时间内，甲集团再次通过无偿划转的方式，将所持有的乙公司 100% 股权划转至同一控制的子公司丙公司名下，乙公司成为新的 100% 控股的孙公司。独立地看，上述两步划转行为均符合企业所得税特殊税务处理的规定，但整体来看，两次划转间隔不足 12 个月，不能满足特殊性税务重组"重组后的连续 12 个月内不改变重组资产原来的实质性经营活动"的规定，被税务机关要求补缴税款，给企业带来了风险。

大部分央企在其并购重组过程中，基本符合了企业所得税特殊性税务重组的相关规定，可以享受递延纳税等税收优惠。但在具体实操环节，一些央企对并购重组中的税务风险不够重视，或对相关税收法律法规掌握不全、理解有误，很容易埋下隐患。

2.1.8.2　合规建议

企业需要培养税务合规思维，更多的关注涉税风险，避免侥幸心理，提升安全价值的比例。在可能的情况下可以考虑牺牲部分的效益，将涉税风险转嫁到他方，从而实现税务合规利益。在企业内部设立独立的合规部门，配备专职合规工作人员，对企业内部可能存在的涉税风险进行合规调查，设置并执行应急处置预案。必要时可聘请外部律师开展税务合规调查、税务合规评价以及对税务筹划的可行性进行甄别和分析，并且要加强合同管理和发票审核。在制度层面，建议对发票开具和管理建立规范制度，企业应结合具体的业务配套完善相关业务凭证，包括款项支付凭证、业务合同、货物单据等，在税务统筹规划中，建议结合企业实际业务情况设计，尽量避免产生开具发票而业务不实际发生的情形。

企业在面对纳税检查的时候，总是表现出不理性的一面。而不理性的根本原因，在于企业对自身税务处理的合规程度不自信。如果出现税务违规，被税务机关立案检查或稽查，应当积极应对，与税务机关有效沟通，配合询问、账簿资料调取、账户信息调查及实地检查等工作。如果确因违规处理，造成国家税款损失的，应当及时补缴税款和滞纳金，并接受罚款。如果有异议的，也应当及时启动税务处罚听证、税务行政复议、税务行政诉讼等程序，行使陈述、申辩权，维护企业合法权益。如果企业偷税漏税，则可能引发刑事责任。根据《刑法》第二百零一条，纳税人采取欺骗、隐瞒手段不申报的，属于逃税行为。除此之外，股东挪用资金的行为又可能触犯职务侵占罪、挪用资金罪等财产类犯罪。因挪用资金、侵占公司财产和不申报纳税是两种行为，对上述情形应当数罪并罚。

2.1.9 合规风险之九：合规管理中的劳动关系风险

2.1.9.1 近年来，随着立法的完善以及员工法律意识的强化，当前劳动争议正呈现出数量增长快、类型变化多、企业败诉率高、处理难度大等特点

劳动争议涉及的事情虽小，但是影响大，如果处理不好，对于一个企业的权威性、可信性都会产生很大的削弱，作为企业及管理人员，应当引起足够的重视。主要的风险点有：

未签订劳动合同的法律风险；

公司规章制度制定、公示风险；

试用期期间的风险；

保密协议风险；

竞业禁止风险；

解除劳动合同的风险；

违约金的法律风险；

高管的劳动关系的法律风险。

2.1.9.2 合规建议

1. 未签订劳动合同的法律风险防范

企业在员工入职一个月内，或者在上一份劳动合同到期后一个月内，没有及时签订／续签劳动合同。企业故意拖延劳动合同的订立时间，会给企业带来劳动关系管理法律风险。企业必须承担不订立劳动合同的法律责任。因为用人单位自用工之日起超过一个月不满一年未与劳动者订立书面劳动合同的，应当向劳动者每月支付二倍的工资。

2. 公司规章制度制定、公示风险防范

用人单位在制定、修改或者决定有关劳动者切身利益的规章制度或者重大事项时，应当经职工代表大会或者全体职工讨论，提出方案和意见，与工会或者职工代表平等协商确定，必须通过民主程序制定，不能违反国家法律、行政法规及政策规定，最重要的是制定好的规章制度必须向劳动者公示。

3. 试用期期间的风险防范

企业在与劳动者确立劳动关系之后，在试用期内给予劳动者极度不合理的薪酬待遇，并在试用期届满时，随意找出理由辞退劳动者，给企业带来劳动纠纷法律风险；企业漠视法律法规的规定，擅自延长试用期，迟迟不与劳动者签订合同，不向劳动者发放全额薪酬，不为劳动者缴纳社保，使得企业面临着较大的法律风险。试用期最短 1 个月，最长 6 个月，并且试用期只能约定一次。试用期工资标准有限制，即劳动者在试用期的工资不得低于本单位相同岗位最低工资的 80%，并不低于用人单位所在地的最低工资标准。试用期解除劳动关系理由应充分。

4. 保密协议风险防范

根据我国《反不正当竞争法》规定，"商业秘密"是指不为公众所知悉、能为权利人带来经济利益、具有实用性并经权利人采取保密措施的技术信息和经营信息。《劳动合同法》第 23 条第二款规定："对负有保密义务的劳动者，用人单位可以在劳动合同或者保密协议中与劳动者约定竞业限制条款。"该条款将劳动者的保密义务延续到了劳动合同终结后。因此，劳动者与用人单位之间的保密约定，既可以以保密条款的形式写入劳动合同，也可以单独订立一份保密协议，两种形式的效力是相同的。

5. 竞业禁止风险防范

竞业限制人员限于用人单位的高级管理人员、高级技术人员和其他负有保密义务的人员，并不限于公司高管。从公司法角度来看，同业禁止期限为公司高管任职期间，而劳动法意义上的竞业限制仅限于离职后的两年内。劳动法目前对于在职期间是否应遵守竞业限制义务，并无明确规定。因此，从预防利益冲突角度，企业合规体系与制度完善，应注意从公司法、劳动合同法法律规范的不同角度，对包括公司高管、重点环节、重点岗位人员的行为预防、行为识别和行为处罚等方面建立一个全面、有效的机制。

6. 解除劳动合同的风险防范

规章制度要公示并签字，那么违纪处理也要公示并签字。并且除用人单位维持或提高劳动合同约定条件续订劳动合同，劳动者不同意续订的情形外，如果劳动合同期满终止，用人单位不续签劳动合同，应向劳动者支付经济补偿金。用人单位违规不签无固定期限劳动合同的，在解除或终止合同时，应按规定的经济补偿标准的双倍支付赔偿金。离职解雇手续须严谨办理。

7. 违约金的法律风险防范

企业为增强对劳动关系管理的约束力，在不清楚相关法律规定的情况下，在合同中增加了违约金条款，指明劳动者若违反劳动合同必须支付给企业大笔违约金。根据《劳动合同法》中的规定，除特定情形之外，劳动合同中不能约定由劳动者承担违约金的条款。违约金条款非但不能生效，还有可能给企业带来法律风险。

8.高管的劳动关系的法律风险防范

如果从劳动法角度探讨施工企业合规建设中对"劳动者"的作用和规范，是远远不够的。并且，就现实的《劳动法》《劳动合同法》而言，对员工作为劳动者的范围，并未对较低层级的普通员工和较高层级、参与公司经营决策和管理的管理者进行区分，一个公司的总经理、董事长，甚至法定代表人，同样会与企业建立劳动关系，双方之间的权利义务，也同样适用上述同一部法律。根据《公司法》规定，董事、监事、高级管理人员如出现法律禁止性情形时，企业应当与解除职务。但上述情形所列与劳动法中所列用人单位可以与劳动者解除劳动合同的法定情形并不完全一致。在确定构建企业合规体系之前的设计时，应从《公司法》《劳动法》的双重视角，来建设合规管理的体系。

2.2 施工企业治理体系的合规依据

开展施工企业治理体系的合规管理，首先要在企业管理人员中牢固树立法律意识，将企业所有经营活动细节及其管理所涉及的方方面面，一个一个地对照相关法律或法律原则、精神，将企业经营活动和管理限制在法律范围内，并在管理规定中设置触法预警报警机制，防止出现合规风险。建立这样的制度，是企业合规体系建设的第一步。显然，树立法律意识，通晓和研究相关法律，是施工企业合规体系建设所必需的。

中共十九届四中全会审议通过了《中共中央关于坚持和完善中国特色社会主义制度、推进国家治理体系和治理能力现代化若干重大问题的决定》。在这其中，法治保障是建设国家治理体系的重要组成部分。而对于企业来说，合规体系构建，显然正是从企业层面"法治化"建设的显著标志。在当下中国，体系化、系统化的企业合规建设还处在刚刚起步阶段。在法律政策层面，截至目前仅有《中央企业合规管理指引（试行）》和《企业境外经营合规管理指引》。但即便如此，仍然不妨碍我们在普遍层面讨论、思考广泛意义上的企业合规体系构建。

从国际标准化组织 ISO 发布的《合规管理体系指南》到国家质检总局与国家标准化管理委员会联合发布的国家标准《合规管理体系指南》，再到国资委发布《中央企业合规管理指引（试行）》，以及随后在部分央企开展的合规体系建设试点，都一再表明了企业合规在法治化背景下的现实趋势。因此，提升企业内部控制水平，将合规管理和内部控制进行有效融合，更好地控制企业抵制违规经营、防止内部腐败和职务舞弊等不合规行为是施工企业迫在眉睫的问题。

2014 年 12 月，国际标准化组织发布了《ISO：2014 合规管理体系指南》，该标准适用于各种类型的组织，为在组织内部建立、发展、实施、评估、保持和提升有效的合规管理体系提供指引。

2017 年 12 月，我国国家标准化管理委员会发布了《合规管理体系指南》GB/T 35770—2017 国家标准，这部国家标准同样采用了 ISO 标准，为中国企业建立合规管理体系提供了指南。

2018 年 11 月 2 日国务院国资委公布实施《中央企业合规管理指引（试行）》（国资发法规〔2018〕106 号），该文件共分为六章，包括总则、合规管理职责、合规管理重点、合规管理运行、合规管理保障和附则，已公布的地方《指引》基本上均是地方国资委在沿用中央《指引》架构的基础上进一步细化，同时根据自身理解进行了相应的调整或创新。

自国资委发布的《中央企业合规管理指引（试行）》以来，截至 2020 年 4 月 30 日，先后已有上海、天津、重庆、河北、江苏等 8 个省/自治区/直辖市国资委（以下简称"地方国资委"）发布了针对各自出资监管企业的合规管理指引或指导意见（以下统称"地方《指引》"）：

2018 年 12 月 28 日上海市公布实施关于印发《上海市国资委监管企业合规管理指引（试行）》的通知（沪国资委法规〔2018〕464 号）。

2020 年 1 月 13 日天津市公布实施《天津市市管企业合规管理试点工作意见》（津国资法规〔2019〕27 号）。

2019 年 11 月 1 日重庆市公布实关于印发《重庆市市属国有企业合规管理指引（试行）》的通知（渝国资发〔2019〕17 号）。

2020 年 1 月 13 日河北省公布实施《关于落实〈省国资委监管企业合规管理指引（试行）〉的通知》。

2019 年 11 月 6 日江苏省公布实施的江苏省国资委关于印发《省属企业合规管理指引（试行）》的通知（苏国资〔2019〕110 号）。

2019 年 12 月 13 日山东省公布实施的山东省国资委关于印发《省属企业合规管理指引》的通知（鲁国资法规〔2019〕3 号）。

2020 年 1 月 7 日内蒙古自治区公布实施的《关于建立企业合规管理体系的指导意见》（内国资法规字〔2020〕12 号）。

2020 年 3 月 5 日广东省公布实施关于印发《广东省省属企业合规管理指引（试行）》的通知（粤国资综合〔2020〕8 号）。

合规管理是施工企业稳健运营、发展壮大的基石。良好的施工企业公司治理可以促进企业的股权结构合理化，加强施工企业的内部控制，降低企业的代理成本，增强企业的核心竞争力，提高企业的经营业绩，实现企业的可持续发展。缺失规范优良的治理规范，企业就将面临效率低、内部控制失效、重大风险持续、发展速度受限等困境。因此，完善治理结构、健全规章制度、加强制度执行力、规避企业面临的法律风险都是施工企业合规管理的重要内容。完善公司法人治理结构要求在实行所有权与经营权两权分离的制度安排上，建立起科学的激励和监督机制。只有施工企业的所有者、经营者、管理者、监督者恪尽职守，又不越位，才能形成良好的运行机制，使企业持续保持活力。为此，需要科学地配置公司的控制权，保证股东会的最终控制权，保证董事会的独立决策权，保证监事会的有效监督权，保证经理自主经营管理的权力。

2.3 企业风险管理下公司治理和合规检查

施工企业公司治理是通过一系列的包括正式或非正式的、内部的或外部的体制来调动公司与所有利益相关者之间的关系，保证公司决策的科学化，从而实现维护公司各方面利益最大化的一种运营体系。这种科学有效的决策不仅需要通过对市场等外部作用的发挥，公司治理机制存在的差异，更要求股东大会、董事会和监事会等公司内部建立的治理体制机制发挥积极的作用。强化合规管理，提高治理的有效性。始终把合规放在执行前面，向合规要安全、要质量、要效益。首先，突出根植一种文化、规划一条主线、构建三大机制，实现依法合规管理从风险防范为主转向全员普法、风险防范、合规管控、法律监督和依法维权"五位一体"协调推进。其次，落实管工作管合规责任，将合规管理贯穿生产经营的各个环节，让制度规矩真正成为高压线，实现管理责任到位。

合规管理对施工企业的内部治理体制机制而言是对董事会以及监事会依法行使职能的一种重要的补充，是完善公司治理的重要方面。对于监事会来说，监事会的主要作用是对公司的董事会和高级管理人员的监督，而合规部门则是对公司及公司员工的经营行为合规状况进行监督；监事会偏重事后的监督监管，而合规管理则偏重事前和事中的监督和实时管理。合规管理部门与监事会可以形成对公司的全面的监督管理。

第3章 施工企业资质合规风险识别与管理

案例1：收购有资质的企业是目前施工企业常见的资质获取途径之一，本案例涉及的企业就是在资质平移时未识别到风险，最终导致资质被撤销。

2014年7月9日，徐州A公司在申报房屋建筑工程施工总承包一级资质时，虚报业绩，将其他企业进行施工的"金融商务第一街区B3-1号地块工程"列为业绩进行申报，在资质申报时未被发现，获得房屋建筑工程施工总承包一级资质。

2018年8月30日，徐州A公司将建筑工程施工总承包一级资质平移给徐州B公司。

2021年4月2日，经住房和城乡建设部调查核实，确认徐州A公司在申报资质时利用虚假材料、以欺骗的手段取得建筑工程施工总承包一级资质，并决定撤销徐州B公司建筑工程施工总承包一级资质的行政许可。

在此案例中，徐州A公司在2014年使用违法手段申请资质，并在2018年成功将该资质进行平移，但是仍在2021年被发现其违法行为。就徐州B公司而言，其损失可谓惨重，想必其已经支付了资质平移的对价，但是资质最终被撤销，后续需要如何向徐州A公司进行追偿，将是一个难题。

案例2：根据相关法律规定，出借资质的企业需对工程质量承担责任。本案例涉及的企业就是因工程项目发生重大质量事故，被调查发现将企业资质出借给自然人，最终获得资质降级的行政处罚。

2017年3月24日，原天津市住建委所属市质安总队在对河西区监管的建设项目开复工抽查中发现，某住宅小区项目10号楼混凝土强度未达到设计要求。天津市建筑设计院和天津大学建筑设计研究院依据复核验算混凝土强度取值和原施工图设计文件计算模型，逐栋逐层逐部位逐节点对已施工的1～19号楼、19A号楼和地下车库进行了结构安全验算。根据设计复核及专家组论证意见，依据施工图设计文件、施工合同等相关资料和目前已完工部位，从技术角度认为需拆除的栋号为1号楼、2号楼、5号楼、10号楼、19号楼、19A号楼地面以上建筑，不含地下车库。根据天津市人民政府关于该住宅小区质量事故调查报告的批复（津政函〔2019〕42号）认定，该事故是一起重大工程质量事故。

在此事故中，天津市某建筑工程总承包公司是该住宅小区的施工总承包单位。该企业被认定为将企业资质出借给自然人，未履行企业质量管理责任；未按照国家有关建筑工程质量施工规范和标准施工，存在混凝土施工期间随意加水、养护不到位及混凝土强度检验造假等问题；工程质量控制资料不真实，与工程进度不同步；不执行建设行政主管部门下达的停工令，导致施工单位的质量管理体系失控。

最终，住房和城乡建设部决定给予该天津市某建筑工程总承包公司建筑工程施工总承包一级资质降为建筑工程施工总承包二级资质的行政处罚。

在此案例中，天津市某建筑工程总承包公司将资质出借给自然人，实际进行施工的是该自然人，最终发生质量事故后，导致天津市某建筑工程总承包公司被给予资质降级的行政处罚。该案例给施工企业敲响警钟，提示施工企业资质合规管理的重要性。施工企业出借资质，短期内可能获得业绩经历和资质使用费等利益，但因项目的质量、安全、资金等重大事项均不被企业控制，一旦有任何环节失控，最终承担责任的主体只会是出借资质的企业。

3.1 施工企业资质合规风险识别与合规建议

施工企业资质合规管理重要性：

《建筑法》第 13 条规定："从事建筑活动的建筑施工企业、勘察单位、设计单位和工程监理单位，按照其拥有的注册资本、专业技术人员、技术装备和已完成的建筑工程业绩等资质条件，划分为不同的资质等级，经资质审查合格，取得相应等级的资质证书后，方可在其资质等级许可的范围内从事建筑活动。"

施工企业资质，实质上是政府部门对施工企业从事工程建设活动进行准入性审查后颁发的行政许可文件，也是政府部门对建筑行业进行管理的具体体现。换言之，施工企业若不具备相关资质标准，其将不被允许从事相关工程建设活动。若其违规从事工程建设活动，不仅会在民事层面导致相关的合同无效，而且企业也将面临行政层面的处罚。

另一方面，由于政府部门从企业的注册资本、专业技术人员、技术装备和已完成的工程业绩等方面对企业进行考察评价并向企业颁发相应等级的资质证明，一定程度上可认为是政府部门对企业的综合实力进行了评价，因此企业的资质不仅可以体现其被允许从事工程建设的项目规模范围，也可以体现其实际具有掌控能力的工程建设的项目范围。企业在进行市场竞争时，其具有的资质证书将直接体现其业务水平和综合实力，是其拓展业务的敲门砖。

对于施工企业而言，健康持续的发展需要企业的合规管理落实到方方面面。其中企业资质的风险认识和合规管理无疑是重中之重，因为施工企业的资质不仅关系到企业的发展，更关系到企业的生存。

施工企业的资质关乎进行承接工程、开展工程建设等事项，与企业生产经营息息相关。资质合规管理是施工企业主动防范风险、实现全面风险防控的重要环节，资质的合规管理应当从资质获得、维护和使用全流程出发。一些企业不重视资质合规管理，为了追求短期效益，作出不合规行为，给企业带来重大损失。

3.1.1　合规风险之一：利用虚假资料进行资质申报被撤销资质

3.1.1.1　典型案例

案例 1：某建筑公司在申报市政公用工程施工总承包一级资质的业绩材料中：① 某地污水收集管网工程Ⅱ标项目，企业填报指标 6733.48 万元，实际合同价 358 万元，审计报告审定金额 204.4 万元；② 某道路工程 A 线项目，企业填报指标 6180.95 万元，实际中标价与合同价 136.57 万元，审核造价 208.29 万元。

2021 年 1 月 29 日，住房和城乡建设部对上述建筑公司出具建督撤字〔2021〕7 号行政处罚，决定撤销该单位市政公用工程施工总承包一级资质的行政许可，且该单位自撤销之日起 3 年内不得再次申请上述行政许可。

案例 2：江西某建筑工程有限公司在申报建筑工程施工总承包一级资质的业绩材料中：① 某医院大楼建设项目，企业填报指标 1.32 亿元，实际审定造价 416 万元；② 某地环境检测执法指挥中心项目，企业填报指标 3.1 万 m²，实际面积 3449.59m²；③ 某地保障性住房建筑工程第 4 标段项目，企业填报指标 11.1358 万 m²，实际指标 10797m²；④ 三江大厦工程项目，企业填报指标 26 层，实际指标 17 层（含地下一层）。

2021 年 1 月 29 日，住房和城乡建设部对上述公司出具建督撤字〔2021〕8 号行政处罚，决定撤销该单位建筑工程施工总承包一级资质的行政许可，且该单位自撤销之日起 3 年内不得再次申请上述行政许可。

案例 3：江西某建筑公司在申报市政公用工程施工总承包一级资质的业绩材料中，有两个项目其实不存在。

2021 年 1 月 8 日，住房和城乡建设部对上述公司出具建督撤字〔2021〕3 号行政处罚，决定撤销该单位市政公用工程施工总承包一级资质的行政许可，且该单位自撤销之日起 3 年内不得再次申请上述行政许可。

3.1.1.2　风险提示

《建筑业企业资质管理规定》第 35 条，"申请企业隐瞒有关真实情况或者提供虚假材料申请建筑业企业资质的，资质许可机关不予许可，并给予警告，申请企业在 1 年内不得再次申请建筑业企业资质。"

实践中，一些施工企业为了获取资质，不惜使用虚假材料申请资质。此种做法，不仅破坏了建筑市场"公平竞争、优胜劣汰"的原则，而且在一定程度上"架空"了法律和制度，将会受到行政部门的严厉处罚。

3.1.2　合规风险之二：未通过资质动态核查被限期整改

3.1.2.1　典型案例

案例：2021 年 1 月 26 日，江苏省住房和城乡建设厅发布的《关于责令部分建筑业企业限期整改的公告》，公告显示经对建筑业企业资质动态核查后，共计 364 家建筑业企业存在资质不合规的情况，主要是净资产不达标和建造师不达标。

上述 364 家企业均被江苏省住房和城乡建设厅责令限期整改。整改期间，企业将不得申请建筑业企业资质的升级、增项，不能承揽新的工程；逾期仍未达到建筑业企业资质标准要求条件的，资质许可机关可以撤回其建筑业企业资质证书。

3.1.2.2 风险提示

《建筑业企业资质管理规定》第 39 条，"企业在接受监督检查时，不如实提供有关材料，或者拒绝、阻碍监督检查的，由县级以上地方人民政府住房城乡建设主管部门责令限期改正，并可以处 3 万元以下罚款。"

《建筑业企业资质管理规定》第 40 条，"企业未按照本规定要求提供企业信用档案信息的，由县级以上地方人民政府住房城乡建设主管部门或者其他有关部门给予警告，责令限期改正；逾期未改正的，可处以 1000 元以上 1 万元以下的罚款。"

随着建筑业企业资质动态核查步入行业常态化，越来越多的建筑企业受到核查，动态考核不合格的企业会责令整改或撤销企业资质，并且整改期内不得参与工程招标投标，不参加动态考核的企业则会被直接清出建筑市场，不得参加当地的任何招标投标工程。可以说，不管是被清出建筑市场还是责令整改、撤销企业资质，对建筑企业来说，都是不小的损失。

3.1.3 合规风险之三："挂证"行为导致不利后果

3.1.3.1 典型案例

案例 1：某国际工程咨询有限公司安徽分公司违规使用"挂证"人员，且未经注册造价工程师本人同意，擅自将其注册证书变更注册至另一企业。

2021 年 2 月 4 日，住房和城乡建设部发布的建办标函〔2021〕64 号文件，决定对上述企业违规行为在全国建筑市场监管公共服务平台上予以通报，并向社会公布。

案例 2：2009 年 6 月 27 日，上海闵行区在建的某商品房小区工地内，发生一幢 13 层楼房整体倾倒事故，造成 1 名工人死亡，也就是所谓的上海"楼倒倒"事件。该事故被认定的事故等级为一般事故，其社会影响被认定为超大事件，性质十分恶劣。

在此案件中，挂证的项目经理未参与现场施工，最终被追究刑事责任。法院认为，对于挂证的项目经理，其虽然挂名担任工程项目经理，实际未从事相应管理工作，但其任由施工方在工程招投标及施工管理中以其名义充任项目经理，默许甚至配合施工方以此应付监管部门的监督管理和检查，致使工程施工脱离专业管理，由此造成施工隐患难以通过监管被发现、制止，因而对本案倒楼事故的发生仍负有不可推卸的责任，最终被追究刑事责任，被判有期徒刑三年。

3.1.3.2 风险提示

"挂证"行为是指个人将自己的资格证书挂靠到非供职企业名下，以获取报酬的行为。目前，"挂证"已成为建筑行业公开的"潜规则"，这一行为催生了中介服务黑色链条，给建筑工程项目监管和质量安全及其他专业领域的安全埋下了重大隐患，严重扰乱了社会秩序。

目前法律对于"挂证"行为虽没有明确的惩戒措施，但挂证人并非可以不用承担任何风险，挂证协议可能会因涉及损害社会公共利益而被认定为无效合同，因此挂证人在企业未支付报酬时将无法获得法律上的救济。同时，在工程质量等出现问题的时候，挂证人也将面临严重处罚甚至牢狱之灾。

对于"挂证"企业而言，将面临被进行通报、计入不良行为记录、列入建筑市场主体黑名单、一定期限内不得承接工程项目等系列行政处罚措施。

3.1.4　合规风险之四：出借资质行为导致不利后果

3.1.4.1　典型案例

案例 1：吴某通过挂靠江西某公司，获得了某项目的开发人资格，吴某是该项目的实际控制人。吴某为方便自己以江西某公司的名义控制项目，私刻了江西某公司的公章，并在《招标通知书》和《建设工程施工招标备案资料》以及与施工单位订立的《建设工程施工合同》中均使用了该枚私刻的公章。

为了获得资金进行项目运转，吴某与雷某签订《借款合同》，并且吴某使用其私刻公章以江西某公司的名义在担保人处盖章。后，吴某将上述借款均用于项目建设。

因借款纠纷，吴某、雷某、江西某公司进入诉讼。

（2016）最高法民申 425 号民事裁定书中，最高院认为江西某公司应对吴某的借款行为承担担保责任。最高院认为《借款协议》上江西某公司作为担保人加盖公章，虽然该公章系伪造的，但吴某多次使用该枚公章从事一系列经营活动，且该公章已为施工单位和相关政府职能部门确认，可以推定江西某公司对吴某使用该枚公章知情，也使得雷某对该公章形成合理信赖，因此江西某公司为涉案款项提供担保的行为合法有效。

案例 2：2011 年 8 月，某地建投公司与某施工企业签订《道路工程 BT 合同》，约定某地道路工程由某施工企业以 BT 模式进行投资建设。2012 年 3 月，某施工企业与何某签订《内部承包合同》，将案涉道路工程中的 2.7 标段分包给何某，合同中约定，"承包人使用某施工企业资质施工本项目，承包人应上交某施工企业总造价2%的管理费、0.5%质量安全基金、0.1%财务基金；同时承担政府及税务部门规定的营业税、所得税等一切费用，在支付工程进度款中预扣。"何某承接工程后，又将其承接的 2.7 标段中的沥青路面层分项工程分包给尚某。

工程竣工后，因尚某以何某、某施工单位、某地建投公司为被告提起诉讼，请求其支付工程款。关于尚某应获得的工程款，某施工单位认为应该扣除管理费。

对此，（2018）最高法民终 586 号二审判决书中，最高院认为尚某应获得的工程款中不应扣除管理费。最高院认为《内部承包合同》为无效合同，管理费系当事人因履行无效合同获取的利益，某施工单位一、二审中亦未提交证据证明其实际履行了管理职责。因此，某施工单位主张在尚某获得的工程款中扣除管理费的，缺乏法律及事实依据，不予支持。

案例3：2017年9月15日，青海某公司与江西某公司签订施工合同，但实际该工程由杜某承接并施工，青海某公司仅系出借资质给杜某，青海某公司与杜某直接无挂靠协议。该项目资金均由江西某公司支付给青海某公司，青海某公司扣除相应比例管理费后再支付给杜某。

施工过程中，杜某向青海某公司提供了其购买真金板材料而产生由某材料公司开具的13份增值税专用发票，合计金额1282717.95元，税额218062.05元，价税合计1500780.00元，并于2017年12月认证抵扣进项税。

2020年11月18日，国家税务总局海东市税务局对青海某公司出具东税稽罚〔2020〕17号行政处罚通知，认为其与某材料公司并无执业业务往来，但此项目使用的货物真实，其取得某材料公司开具的13张增值税发票是虚开的，因此依据《中华人民共和国税收征收管理法》第64条第2款"纳税人不进行纳税申报，不缴或者少缴应纳税款的，由税务机关追缴其不缴或者少缴的税款、滞纳金，并处不缴或者少缴的税款百分之五十以上五倍以下的罚款"之规定，对少缴的增值税218062.05元处以百分之五十的罚款，即109031.03元；对少缴的城市维护建设税10903.10元处以百分之五十的罚款，即5451.55元，罚款合计114482.58元。

3.1.4.2　风险提示

由于市场竞争激烈，为了提高企业业绩及获得资质使用费（也叫作"管理费"），施工企业出借资质的行为并不罕见，也就是俗称的"挂靠"。

施工企业将资质出借给个人或其他企业，从短期来看获得了业绩的增加，且可以收取一定比例的资质使用费。但是，从长期来看，施工企业出借资质的行为将给其带来巨大且不可控的潜在风险。

第一是经济损失的风险。首先是承担项目损失的风险。施工企业一般不对挂靠项目进行管控，因此将面临成本、结算、维修等方面金额的无法控制。一旦挂靠项目出现亏损，挂靠人极有可能直接退出项目，而建筑企业将面临成本失控、结算拖延、维修索赔等经济损失风险。其次是代偿农民工工资的风险。《保障农民工工资支付条例》（中华人民共和国国务院令第724号）第36条规定："建设单位或者施工总承包单位将建设工程发包或者分包给个人或者不具备合法经营资格的单位，导致拖欠农民工工资的，由建设单位或者施工总承包单位清偿。施工单位允许其他单位和个人以施工单位的名义对外承揽建设工程，导致拖欠农民工工资的，由施工单位清偿。"在实践中，资质使用方资金实力、履约能力均不可控，拖欠农民工工资的情形屡见不鲜，从而导致施工企业面临进一步的经济损失风险。最后是管理费无法收取的风险。《民法典》开始实施后，删除了收缴管理费的相关规定，因此法院将不再对管理费进行收缴，但是在出借资质的情况下施工企业收取管理费的行为，是否能获得法院的支持，仍不明朗，甚至各地法院观点并不统一。从以往的判例来看，法院对于管理费的判决，存在已经支付的无须返还、尚未支付的无须再付的判例，也存在根据案情酌定管理费的判例，甚至存在令施工企业将管理费全额返还给实际施工人的判决，总之关于管理费的判决情况的司法可预见性较低。

第二是行政处罚风险。《建筑法》第 66 条规定："建筑施工企业转让、出借资质证书或者以其他方式允许他人以本企业的名义承揽工程的，责令改正，没收违法所得，并处罚款，可以责令停业整顿，降低资质等级；情节严重的，吊销资质证书。对因该项承揽工程不符合规定的质量标准造成的损失，建筑施工企业与使用本企业名义的单位或者个人承担连带赔偿责任。"因此，施工单位允许他人挂靠的，可能被处以罚款、没收违法所得，甚至停业整顿、降低资质等级、吊销资质证书，对施工单位的影响极大。

第三是税务处罚风险。在税收征管方面，按照相关税收政策规定，以被借用资质企业对外经营，并由被借用资质企业承担相关法律责任的，应由被借用资质企业对外付款，且被借用资质企业为增值税的法定纳税义务人。实践中，资质借用方为了方便行事，往往由用自己的账户进行材料款的支付并要求开具以被借用资质企业为抬头的增值税专用发票，由此具有被认定为虚开增值税发票的风险。另外，资质借用方为了尽量减少工程项目经营所得应缴纳的企业所得税，可能出现增加成本支出、隐瞒销售收入的情况，这一税收风险实际转嫁给了被借用资质企业。一旦被税务部门查出将按偷税逃税的处理，将由被借用资质企业承担相应的处罚。

第四是经营能力下降风险。施工企业通过出借资质赚取资质使用费，该费用取决于挂靠项目的合同金额或产值金额，与企业自身的经营管理和技术管理无关。长此以往，施工企业就会慢慢失去技术储备、人才储备、知识储备和管理经验储备，即使有自营项目也难以做好、难以盈利，从而整个企业丧失基本的经营能力，沦为一个仅有资质的空壳企业，这显然也不是长久的发展之计。

3.1.5　合规风险之五：借用资质行为导致不利后果

3.1.5.1　典型案例

案例 1：陈某长期借用合肥某施工企业的资质，用以承接工程并进行建设。在重庆某项目中，陈某以合肥某施工企业的名义与某大型国资企业签订施工合同，施工合同中约定工程款最终根据审计结果确定。施工合同签订后，实际项目由陈某负责进行施工。

施工完成后，某大型国资企业拖延审计进程，甚至工程竣工三年后审计结果也未出具。此外，因合肥某施工企业因与某大型国资企业在安徽、浙江等地均有项目合作，故合肥某施工企业拒绝运用诉讼手段向某大型国资企业追讨工程款。

对于陈某而言，其虽有心直接起诉某大型国资企业，但担心审计结果尚未出具，若进入诉讼程序将面临漫长复杂的造价鉴定。况且，陈某与某大型国资企业没有直接合同关系，即使进入诉讼程序，也无法获得工程价款优先受偿权。由此，陈某的大量资金被拖欠占用，给陈某造成了巨额损失。

案例 2：陈某经朋友介绍，将其承接的某道路工程挂靠在无锡某公司名下，以无锡某道路工程的名义与某地交通局签订施工合同。该道路工程施工过程中，陈某逐渐发现无锡某公司债务缠身，甚至公司的基本户已经被银行查封冻结。

工程竣工后，陈某有心与某地交通局协调，变更工程款收账的银行账户，但是某地交通局因其内部管理规定及合规制度要求，表示难以配合变更工程款收账的银行账户的变更。一时之间，陈某陷入进退两难的局面。

3.1.5.2 风险提示

个人、企业虽有承接项目的渠道，但是由于不具有相关施工资质，从而借用其他企业的施工资质来进行项目承接和建设。这种借用资质的行为，一度成为江浙一带建筑市场的常态，成为了大部分建筑企业的主要经营模式，甚至有部分企业、个人通过这种模式确实取得了不菲的收益。

在目前的实践中，除非出现重大质量安全事故，建筑业的行政主管部门通常难以对挂靠行为进行有效约束并对相关企业降低资质等级或吊销资质证书。甚至在民事诉讼中发现挂靠行为的，也少见法院向行政主管部门提出司法建议要求相关行政处罚。

但事实上，借用资质的行为对于资质借用方，同样有难以预计的风险。

1. 若被借用资质企业涉诉或破产，导致企业资金冻结、被强制执行的情况下，资质借用方将无法顺利取得工程款。

由于资质借用方是以被借用资质企业的名义承接工程并进行工程建设，为掩人耳目，大部分挂靠项目的工程款都是支付到被借用资质企业的银行账户，然后再由被借用资质的企业扣除管理费后支付给资质借用方。然而，被借用资质的企业的运营状态对于资质借用方而言并不可控，若其涉及诉讼或者破产，将直接导致银行账户被查封冻结、账户中的款项被法院直接划走，由此，资质借用方将陷入非常被动的局面。

2. 资质借用方能否依据《最高人民法院关于审理建设工程施工合同纠纷案件适用法律问题的解释（一）》（法释〔2020〕25 号）第 43 条直接向发包人主张工程款在实务中存在争议。

《最高人民法院关于审理建设工程施工合同纠纷案件适用法律问题的解释（一）》（法释〔2020〕25 号）（以下简称《建设工程司法解释（一）》）第 43 条规定，"实际施工人以转包人、违法分包人为被告起诉的，人民法院应当依法受理。实际施工人以发包人为被告主张权利的，人民法院应当追加转包人或者违法分包人为本案第三人，在查明发包人欠付转包人或者违法分包人建设工程价款的数额后，判决发包人在欠付建设工程价款范围内对实际施工人承担责任。"

其中，并未直接提到资质借用方是否可以突破合同相对性直接起诉发包人，这也导致实务中对于资质借用方是否可以直接起诉发包人充满争议，甚至各地法院所持观点并不完全统一。虽资质借用方可转化思路，主张其与发包人形成了事实建设工程施工合同关系并要求发包人向其支付工程款，但以事实合同的法律关系起诉对资质借用方的举证要求更加严格，资质借用方需举证证明其系实际施工的主体。

3. 被借用资质企业可能不愿意配合资质借用方索要工程款，导致资质借用方无法顺利回款。

由于被借用资质企业可能与发包人在多个项目存在合作关系，或者是希望可能与发包人在后续项目进行合作，因此被借用资质的企业往往不愿意以强势的态度向发包人索要工程款或者以自己名义起诉发包人索要工程款，这将导致资质借用方无法顺利回款，造成损失。

3.1.6　合规风险之六：发生安全、质量事故导致资质不保

3.1.6.1　典型案例

典型案例 1：某项目工地发生一起板房坍塌较大生产安全事故，造成 7 人死亡，2 人重伤，安徽某建设公司因现场安全管理不到位被认定为对事故的发生负有责任。

2020 年 11 月 27 日，住房和城乡建设部对上述公司出具建督罚字〔2020〕65 号行政处罚，决定该公司责令停业整顿 180 日的行政处罚，停业整顿期间，该单位在全国范围内不得以建筑工程施工总承包资质承接新的工程项目。

典型案例 2：某公路建设项目的建设过程中，某建设公司造成隧道质量缺陷，维修费用高达 9000 万余元，被认定为重大质量事故。同时，该建设公司作为施工单位，在投标阶段存在串通投标行为，在隧道施工过程中存在转包、偷工减料、弄虚造假等问题。

2020 年 9 月 18 日，住房和城乡建设部对上述公司出具建督罚字〔2020〕63 号行政处罚，决定将该建设公司公路工程施工总承包一级资质降低为公路工程施工总承包二级资质的行政处罚。

3.1.6.2　风险提示

建设工程一旦出现安全或者质量事故，根据事故程度，施工企业及责任人员可能被罚款、被降低资质、被吊销资质证书；如造成重大安全质量事故，构成犯罪的直接责任人员将被追究刑事责任。

现实中很多施工企业有这样的认识误区，认为总包单位与分包单位已签订了分包合同、安全协议、质量保证书，明确了安全责任、工伤事故、质量事故由分包单位自负，总包单位就没有责任了。

事实上，《建设工程安全生产管理条例》第 24 条规定："建设工程实行施工总承包的，由总承包单位对施工现场的安全生产负总责。总承包单位应当自行完成建设工程主体结构的施工。总承包单位依法将建设工程分包给其他单位的，分包合同中应当明确各自的安全生产方面的权利、义务。总承包单位和分包单位对分包工程的安全生产承担连带责任。分包单位应当服从总承包单位的安全生产管理，分包单位不服从管理导致生产安全事故的，由分包单位承担主要责任。"

《建筑法》第 55 条规定："建筑工程实行总承包的，工程质量由工程总承包单位负责，

总承包单位将建筑工程分包给其他单位的，应当对分包工程的质量与分包单位承担连带责任。分包单位应当接受总承包单位的质量管理。"

甚至，《刑法》第137条规定的工程重大安全事故罪，"建设单位、设计单位、施工单位、工程监理单位违反国家规定，降低工程质量标准，造成重大安全事故的，对直接责任人员，处五年以下有期徒刑或者拘役，并处罚金；后果特别严重的，处五年以上十年以下有期徒刑，并处罚金"。

因此，施工单位在安全、质量方面必须采用穿透式管理，否则一旦分包单位出现安全质量问题，总包单位也难辞其咎。在资质方面，一旦发生质量、安全事故，施工单位被责令停业整顿、降低资质或是吊销资质的风险极大。

3.1.7 施工企业资质合规建议

3.1.7.1 定期开展资质合规自查

企业自查，是指建筑业企业对照《施工总承包企业特级资质标准》（建市〔2007〕72号）、《建筑业企业资质标准》（建市〔2014〕159号）进行自检，并对不合规的地方作出整改。

企业自查时，需重点对以下情况进行合规管理：

1. 企业申请建筑业企业资质时，应如实提交有关申请材料。

2. 建筑业企业资质证书有效期为5年。施工企业需要继续从事建筑施工活动的，需在资质证书届满前，向原资质许可机关提出延期申请。

3. 企业在建筑业企业资质证书有效期内名称、地址、注册资本、法定代表人等发生变更的，应当在工商部门办理变更手续后1个月内办理资质证书变更手续。

4. 企业发生合并、分立、重组以及改制等事项，需承继原建筑业企业资质的，应当申请重新核定建筑业企业资质等级。

5. 企业遗失建筑业企业资质证书的，应及时向资质许可机关申请办理遗失补办建筑业企业资质证书。企业在申请补办前，需要在公众媒体上刊登遗失声明。

3.1.7.2 积极应对行政部门建筑资质动态核查

行政部门对企业进行建筑资质动态核查，主要有信息系统核查和实地核查两种手段。信息系统核查是指信息系统自动比对系统中的企业信息与人员信息是否满足相关核查标准，并给出结论；实地核查是指各级建设行政管理部门到企业的办公地点或者要求企业到指定地点，对企业资质达标情况进行现场核查。

各级建设行政主管部门将根据企业的信用评价情况实行差别化实地核查，有下列情形之一的企业，可能作为实地核查的重点对象，需要企业特别注意积极应对。

1. 未按时报送建筑业统计报表或建筑业统计报送时存在弄虚作假行为的；

2. 一年内发生过较大以上质量安全事故或发生过两起以上一般质量安全事故的；

3. 资质申请时存在弄虚作假行为的；

4. 被投诉举报的;

5. 无安全生产许可证或过期未办理延续的;

6. 有严重失信行为或其他违法违规行为的。

3.1.7.3　探索合法的内部承包制

内部承包制,是指建筑施工企业将其承包的全部或部分工程交由其下属分支机构或在册的项目经理等本企业职工个人承包施工,建筑施工企业对工程施工过程及质量进行管理,并在资金、技术、设备、人力等方面给予支持。内部承包制是企业的一种经营模式,并不违反法律的禁止性规定,系合法有效的模式。

对于施工企业而言,因国内建筑业环境中业务承接过程中人的因素占很大影响,且建筑施工过程是非常依赖施工组织者的主观能动性,因此,施工企业具有推行企业内部承包责任制的天然需求。

同时,推行内部承包制,将资质借用方转变为内部承包制的项目负责人,被借用方转变为推行内部承包制的施工企业,是替代出借资质、借用资质等不合规的资质使用行为的绝佳办法。

对于施工企业,可按照从以下方面探索并构建合法的内部承包制度。

1. 明确项目的责任承担主体应是施工企业。施工合同、专业分包合同、采购合同的签约及付款主体应是施工企业,施工企业负责对外承担权利义务。

2. 项目负责人应与施工企业共建管理团队。项目负责人等项目主要人员应与企业签订劳动合同,并按照相关规定缴纳社保。共建项目管理团队是为了提升项目管理水平,让施工单位更加深入地掌控项目,让施工单位利用其管理经验为项目提供支持,成为项目真正的负责人,并可以让施工单位掌握项目的进度、实际成本,了解项目实际情况,以此降低项目风险。

3. 项目负责人与施工企业约定利益合理分配,共担风险。施工单位是否收取固定收益,是法律上是否将认定为借用资质、出借资质的重要判断因素。法律禁止借用资质、出借资质的根本的原因是,资质借用方可能不具有承接项目的经验与能力,将导致建设工程质量不合要求。因此,项目负责人与施工企业约定对利益进行合理分配,收益共享,风险共担,将激励施工企业深入参与项目管理,利用其工程经验对施工过程进行指导和监管,不仅形式上避免了被认定为借用资质或出借资质,实际上也保障了项目质量。

4. 施工企业应加强项目过程管控。过程管控包括严格按照合同要求施工、保证施工质量、保证分包付款、保证结算资料落地、保证项目过程和竣工验收,并遵守公司的关于施工项目管理的相关规定,如质量管理体系、计量管理体系、进度管理关系等。

3.1.7.4　加强执业员工资质管理

企业拥有的执业人员的种类、数量、等级是进行资质核定的重要标准,因此,企业应做好员工资质合规管理,为企业资质申请、升级做好准备。

工程建设相关的职业资格考试具有考试广度大、理论性强、记忆量大的特点,因此对于一些工作时间较长、学历较低的老员工而言通过难度较高，对于一些工作时间较短、学历较高的年轻员工而言通过难度较低。但因为工程建设是一项实践性非常强的工作，即使通过职业资格考试，甚至拿到执业资格证书，也无法确保能够胜任复杂的工程实践工作，因此有些企业仅仅将具有执业资格的员工挂职项目经理，但实际的管理工作由常务副经理负责。这种做法虽一时解决了企业当下的燃眉之急，但从长远来看，不仅是不利于调动员工获得执业资格的积极性，进而促进企业综合实力提升，而且违背国家设立施工企业资质管理制度的初衷。

施工企业可将关键岗位与执业资格挂钩，将执业资格作为员工提拔、任免的关键依据，做到"有证无证发展、待遇不一样"，以提高员工报名参加职业资格考试的积极性。对于一些没有执业资格证书但经验丰富的员工，可以设置过渡期限期取证，或设置相应的奖惩措施增加其取证的压力；对于一些没有执业资格证书但工作实绩特别突出的临近退休年龄的员工，可调任适合岗位继续发挥业务专长。

3.1.7.5 加强技术工人管理

施工企业拥有的技术工人不仅是资质申报的一项关键指标，也是施工企业保质保量完成项目的关键因素。随着社会的发展，粗放式的技术工人管理模式将逐渐被淘汰，技术工人的含金量也将不断提高，企业应加强技术工人的管理，做好资质申请、升级的准备工作，也是为企业发展做好铺垫。

具体而言，施工企业可从以下方面做好技术工人管理。

1. 施工企业可招收所需专业的技工学校毕业生或在城镇和农村招收合同制工人作为自有技术骨干工人。

2. 自有技术骨干工人应与企业直接签订劳动合同，属于企业的正式员工，享有企业的相关社保、福利待遇。

3. 施工企业需结合现状和发展方向，明确哪些岗位属于关键技术岗位，应使用自有工人；哪些岗位属于非关键技能岗位，可以外包劳务工人为主。

4. 施工企业可定期对自有技术工人进行技能培训，鼓励其成为中高级技工和技师，引导其走高技能人才之路。

3.2 施工企业资质合规依据

3.2.1 建筑业资质制度现状

3.2.1.1 建筑业企业资质管理行政部门

国务院住房城乡建设主管部门负责全国建筑业企业资质的统一监督管理。国务院交通运输、水利、工业信息化等有关部门配合国务院住房城乡建设主管部门实施相关资质类别建筑业企业资质的管理工作。

省、自治区、直辖市人民政府住房城乡建设主管部门负责本行政区域内建筑业企业资质的统一监督管理。省、自治区、直辖市人民政府交通运输、水利、通信等有关部门配合同级住房城乡建设主管部门实施本行政区域内相关资质类别建筑业企业资质的管理工作。

省级以下的资质管理行政职能部门，由于地域及经济发展等情况的差异，各地实行资质管理时，在实施过程和实施机构有不同的差异。具体主要有以下三种不同模式：

1. 专业分类管理模式，即由政府相关职能部门，根据职能分工来从事资质管理事宜。例如，山东省省住房和城乡建设厅作为省级建设行业主导部门，管理省内相关企业的建设资质运行；其下辖建管局、勘察设计处和城乡规划处分别负责省内建筑、勘察和设计企业的相关资质管理工作。

2. 综合管理模式，即由政府职能部门组织人员设立综合管理部门从事资质管理事宜。例如，江苏省住房和城乡建设厅作为省级建设行业主管部门，下设行政审批办公室，对省内建筑行业企业的资质审批、监督、运营等进行统一管理。

3. 折中管理模式，该模式介于上述两种模式之间，由省住房和城乡建设厅和下辖职能部门共同管理。例如，安徽省住房和城乡建设厅自身负责建筑企业的资质审批内容，下辖的相关职能子级部门辅助相关事宜。

3.2.1.2　资质动态监管与清出现状

自告知承诺审批制在各省市地区陆续试点开始，建筑资质动态审核也开始逐渐常态化。主管部门对建筑市场的监管方式由"先审查，再许可"逐渐转变为"先按承诺许可，再监管"。

资质动态监管，是指对企业取得资质后是否继续符合资质标准进行动态核查。与资质年检不同的是，资质年检是建筑企业主动参加考核，以确保资质证书能够继续使用，而动态审核则是主管部门对建筑企业的动态监管，一般情况下由主管部门进行抽查。动态核查不是"实时"核查，是由省级建设主管部门主导，定期进行的。具体操作方式一般在核查前进行通知，公布本批次核查企业的名单，以及所需提供的材料和材料报送的截止日期等内容，被抽查到的企业按照要求进行材料报送。

资质检查内容一般包括：① 核查企业的工程业绩和主要技术指标情况；② 核查企业的主要管理和技术、经济注册人员变动情况；③ 核查包括企业资本金在内的有关财务指标变动等情况；④ 重点核查企业工程质量和安全生产管理的各项制度、措施落实情况，是否发生工程质量、安全生产事故，或者存在质量安全隐患；⑤ 核查企业是否存在其他违法违规行为。

对经核查认定已不符合相应资质标准的企业，建设主管部门将撤回其资质；对核查过程中发现存在违法违规行为的注册人员，建设主管部门将给予相应的行政处罚。

3.2.1.3　施工企业资质需求未来趋势

1. 工程总承包模式大力推行下，企业对施工和设计双资质的需求更加迫切工程总承包模式近年来被大力推行，将会逐渐成为工程建设中越来越主流的承包模式。《房屋建筑和市政基础设施项目工程总承包管理办法》（以下简称《工程总承包管理办法》）第10条第1句规定："工程总承包单位应当同时具有与工程规模相适应的工程设计资质和施工资质，或者由具有相应资质的设计单位和施工单位组成联合体。"

对于有志在工程总承包项目中一展身手却不具备双资质的施工企业，虽可利用"联合体"模式参与工程总承包项目，但从主动性和机动性的角度考量，申请双资质应是最优选择。

2. 新基建的广阔市场，要求施工企业切实做好资质管理

新基建，即以新发展理念为引领，以技术创新为驱动，以信息网络为基础，面向高质量发展需要，提供数字转型、智能升级、融合创新等服务的基础设施体系。目前来看，新型基础设施主要包括三个方面内容：信息基础设施、融合基础设施、创新基础设施。

新基建，是目前火热的业务拓展领域，也是施工企业的重大机遇。新基建的新，在融合基础设施和信息基础设施方面，是新的设备和传统土建的结合，创新基础设施方面，是传统土建的新用途。

因此，有志于进入新基建的广阔市场的施工企业，需切实做好资质管理，及时完成资质升级，获得市场准入资格。例如施工企业参与5G基站建设，需要具备通信工程施工总承包资质。物流、人工智能、工业互联网、新能源汽车充电桩等领域的新基建工程项目，可能会涉及电子与智能化工程、建筑机电安装工程、输变电工程等专业承包资质。

3.2.2 建筑业资质制度改革重点解读

自2017年2月21日《关于促进建筑业持续健康发展的意见》（国办发〔2017〕19号）、2019年8月1日《全国深化"放管服"改革优化营商环境电视电话会议重点任务分工方案》，到2020年7月2日住房和城乡建设部发布《建设工程资质标准框架（征求意见稿）》，直至2020年11月30日住房和城乡建设部发布的《建设工程企业资质管理制度改革方案》，建筑业资质改革制度即将展开，施工企业应重点关注建筑业资质改革情况。

3.2.2.1 资质改革主要内容

就目前的改革方案而言，建筑业资质制度将面临以下重大变革：

1. 通过对资质类别、资质层级的合并，建筑业企业资质等级将大幅减少。

2. 10类施工总承包特级资质将合并为施工综合资质，施工综合资质可承包各行业的施工总承包业务，且承接工程规模不受限制。

3. 施工总承包资质将分为13个行业，各个行业类别一般分为甲、乙两个等级。其中，施工总承包甲级资质在本行业内承揽业务规模不受限制。

4. 专业承包资质将迎来大幅压减，由48个行业类别减到18个行业类别，各行业类别一般分为甲、乙两个等级。

5. 劳务资质调整为专业作业资质，并由审批制改为备案制。

3.2.2.2　资质改革配套措施

住房和城乡建设部开展建设工程企业资质管理制度改革的同时，将同步推出相关配套措施，保障资质改革制度的顺利完成，该配套措施亦将对施工企业产生重大影响：

1. 资质相关管理规定和标准将迎来全面修改，修改趋势为逐步放宽对企业资金、主要人员、工程业绩和技术装备等的考核要求，适当放宽部分资质承诺业务规模上限。

2. 资质完善改革设置 1 年过渡期，过渡期届满后实行简单换证，即按照新旧资质对应关系直接换发新资质证书，不再重新核定资质。

3. 资质审批权将进行有条件地下放，方便企业就近办理资质手续；审批手续将进一步优化，加快推动企业资质审批事项线上办理，实行全程网上申报和审批，逐步推行电子资质证书，实现企业资质审批"一网通办"，并在全国建筑市场监管公共服务平台公开公布企业资质信息。

4. 住房和城乡建设部将全面推行"双随机、一公开"监管方式和"互联网＋监管"模式，加大对转包、违法分包、资质挂靠等违法违规行为的查处力度，强化事后责任追究。

5. 注册人员职业资格管理制度将进行修订和完善，修改的方向为进一步明确注册人员在工程建设活动中的权利、义务和责任，推动建立个人执业责任保险制度，持续规范执业行为，落实工程质量终身责任制。

3.2.2.3　资质完善改革的后续影响

1. 建筑业市场竞争或将更加激烈

本次改革的主要目的在于放宽市场准入限制、激发市场主体活力、推动建筑业转型升级，因此总体而言对建筑业是重大利好。同时，本次改革也会带来专业壁垒的突破，加剧相关市场的竞争，促进行业的集成整合。特别是施工综合资质的出现，为建筑业横向打通房建、市政、公路、水利、通信、航空和铁路等各建设领域提供机会，拥有施工综合资质的企业可以跨行业承接工程总承包业务，将导致建筑业市场竞争更加激烈。

2. 优质执业人员将成为衡量企业综合实力的重要标准

目前资质改革的趋势还体现在淡化企业资质管理，强化个人执业资格管理。按此趋势来看，市场选择一家企业的标准将更多地从企业拥有什么资质，转向企业拥有什么水准的人员上。执业人员的项目经验、专业能力和执业水平将直接体现企业的综合实力。

3. 企业信用信息将发挥重要作用

除执业人员的能力水平外，企业的综合实力的体现维度还包括企业的业绩和信用。随着信用体系的健全，以及信用信息在越来越多的环节作为评价尺度，企业在经营中的实际表现将可以在市场竞争中得到直接体现。目前，住房和城乡建设部的全国建筑市场监管公共服务平台（"四库一平台"）已实现企业库、人员库、项目库、信用库，四库互联互通，有效实现了全国建筑市场的信息化监管。可以预见，资质改革完成之后，无论是资质申请升级，还是企业参与工程项目投标，企业的信用信息都将发挥重要作用。

3.2.3 建筑业资质制度具体规定

3.2.3.1 资质管理规定类

1.《建筑业企业资质管理规定》（中华人民共和国住房和城乡建设部令第 22 号）

（1）合规依据简介

2015 年 1 月 22 日颁布，2016 年 10 月 20 日生效，2018 年 12 月 22 日《住房城乡建设部关于修改〈建筑业企业资质管理规定〉等部门规章的决定》修订本规定第 14 条。

本规定主要规定了建筑业企业资质申请与许可、延续与变更、监督管理、法律责任等相关事宜，是建筑业企业资质最为重要的合规依据。

（2）防范风险相关重点条款

第三十五条 申请企业隐瞒有关真实情况或者提供虚假材料申请建筑业企业资质的，资质许可机关不予许可，并给予警告，申请企业在 1 年内不得再次申请建筑业企业资质。

第三十六条 企业以欺骗、贿赂等不正当手段取得建筑业企业资质的，由原资质许可机关予以撤销；由县级以上地方人民政府住房城乡建设主管部门或者其他有关部门给予警告，并处 3 万元的罚款；申请企业 3 年内不得再次申请建筑业企业资质。

第三十七条 企业有本规定第二十三条行为之一，《中华人民共和国建筑法》《建设工程质量管理条例》和其他有关法律、法规对处罚机关和处罚方式有规定的，依照法律、法规的规定执行；法律、法规未作规定的，由县级以上地方人民政府住房城乡建设主管部门或者其他有关部门给予警告，责令改正，并处 1 万元以上 3 万元以下的罚款。

第二十三条 企业申请建筑业企业资质升级、资质增项，在申请之日起前一年至资质许可决定作出前，有下列情形之一的，资质许可机关不予批准其建筑业企业资质升级申请和增项申请：

（一）超越本企业资质等级或以其他企业的名义承揽工程，或允许其他企业或个人以本企业的名义承揽工程的；

（二）与建设单位或企业之间相互串通投标，或以行贿等不正当手段谋取中标的；

（三）未取得施工许可证擅自施工的；

（四）将承包的工程转包或违法分包的；

（五）违反国家工程建设强制性标准施工的；

（六）恶意拖欠分包企业工程款或者劳务人员工资的；

（七）隐瞒或谎报、拖延报告工程质量安全事故，破坏事故现场、阻碍对事故调查的；

（八）按照国家法律、法规和标准规定需要持证上岗的现场管理人员和技术工种作业人员未取得证书上岗的；

（九）未依法履行工程质量保修义务或拖延履行保修义务的；

（十）伪造、变造、倒卖、出租、出借或者以其他形式非法转让建筑业企业资质证书的；

（十一）发生过较大以上质量安全事故或者发生过两起以上一般质量安全事故的；

（十二）其他违反法律、法规的行为。

第三十八条　企业未按照本规定及时办理建筑业企业资质证书变更手续的，由县级以上地方人民政府住房城乡建设主管部门责令限期办理；逾期不办理的，可处以 1000 元以上 1 万元以下的罚款。

第三十九条　企业在接受监督检查时，不如实提供有关材料，或者拒绝、阻碍监督检查的，由县级以上地方人民政府住房城乡建设主管部门责令限期改正，并可以处 3 万元以下罚款。

第四十条　企业未按照本规定要求提供企业信用档案信息的，由县级以上地方人民政府住房城乡建设主管部门或者其他有关部门给予警告，责令限期改正；逾期未改正的，可处以 1000 元以上 1 万元以下的罚款。

2.《建筑业企业资质管理规定和资质标准实施意见》（建市〔2015〕20 号）

（1）合规依据简介

2015 年 1 月 31 日颁布，2015 年 3 月 1 日生效。2015 年 11 月 9 日《住房城乡建设部关于调整建筑业企业资质标准中净资产指标考核有关问题的通知》修订本规定第 37 条第 1 款，2020 年 1 月 16 日《住房和城乡建设部关于修改〈建筑业企业资质管理规定和资质标准实施意见〉的通知》修订本规定第 1 条"资质申请和许可程序"第（十三）款。

本规定主要涉及资质申请和许可程序、申报材料要求、资质证书、监督管理等相关事宜的细则，是企业进行资质申请的详细教程。

（2）风险防范重点条款

（二十八）各级住房城乡建设主管部门及其他有关部门应对从事建筑施工活动的建筑业企业建立信用档案，制定动态监管办法，按照企业诚信情况实行差别化管理，积极运用信息化手段对建筑业企业实施监督管理。

县级以上人民政府住房城乡建设主管部门和其他有关部门应当对企业取得建筑业企业资质后，资产和主要人员是否满足资质标准条件和市场行为进行定期或不定期核查。

（二十九）企业申请资质升级（含一级升特级）、资质增项的，资质许可机关应对其既有全部建筑业企业资质要求的资产和主要人员是否满足标准要求进行检查。

（三十）企业应当接受资质许可机关，以及企业注册所在地、承接工程项目所在地住房城乡建设主管部门和其他有关部门的监督管理。

（三十一）对于发生违法违规行为的企业，违法行为发生地县级以上住房城乡建设主管部门应当依法查处，将违法事实、处罚结果或处理建议告知资质许可机关，并逐级上报至住房城乡建设部，同时将处罚结果记入建筑业企业信用档案，在全国建筑市场监管与诚信平台公布。企业工商注册地不在本省区域的，违法行为发生地县级以上住房城乡建设主管部门应通过省级住房城乡建设主管部门告知该企业的资质许可机关。

（三十二）对住房城乡建设部许可资质的建筑业企业，需处以停业整顿、降低资质等级、吊销资质证书等行政处罚的，省级及以下地方人民政府住房城乡建设主管部门或者其他有关部门，在违法事实查实认定后 30 个工作日内，应通过省级住房城乡建设主管部门或国务院有关部门，将违法事实、处理建议报送住房城乡建设部；住房城乡建设部依法作出相应行政处罚。

（三十三）各级住房城乡建设主管部门应及时将有关处罚信息向社会公布，并报上一级住房城乡建设主管部门备案。

（3）《施工总承包企业特级资质标准实施办法》（建市〔2010〕210 号）

2010 年 11 月 30 日颁布并生效，2015 年 11 月 9 日《住房城乡建设部关于调整建筑业企业资质标准中净资产指标考核有关问题的通知》对本规定第二部分指标说明"（一）资信能力"第 2 条进行了修订。

本规定对施工总承包企业进行资质申请及审核、指标、资质证书及承包范围、材料清单及填报要求等方面事项进行了规定。

（4）《住房和城乡建设部关于建设工程企业发生重组、合并、分立等情况资质核定有关问题的通知》建市〔2014〕79 号

2014 年 5 月 28 日发布并生效，2016 年 6 月 16 日《住房和城乡建设部关于建设工程企业资质管理资产考核有关问题的通知》修订本规定第 1 条。

本规定对建设工程企业重组、合并、分立后涉及资质重新核定办理的有关事项进行了明确，即可按照有关规定简化审批手续，经审核净资产和注册人员等指标满足资质标准要求的，直接进行证书变更。

有关具体申报材料和程序按照《关于建设部批准的建设工程企业办理资质证书变更和增补有关事项的通知》（建市函〔2005〕375 号）等要求办理。

3.2.3.2 违规处罚规定类

1.《建设工程企业资质申报弄虚作假行为处理办法》（建市〔2011〕200 号）

（1）合规依据简介

2011 年 12 月 8 日发布并生效。

本规定对建设工程企业资质申报中存在弄虚作假的行为，涉及的主管部门、处理流程、处罚结果等事宜进行了明确。

（2）防范风险相关重点条款

第十二条　对资质申报中弄虚作假的企业，住房城乡建设主管部门按照行政审批权限依法给予警告，并做如下处理：

（一）企业新申请资质时弄虚作假的，不批准其资质申请，企业在一年内不得再次申请该项资质；

（二）企业在资质升级、增项申请中弄虚作假的，不批准其资质申请，企业在一年内不得再次申请该项资质升级、增项；

（三）企业在资质延续申请中弄虚作假的，不予延续；企业按低一等级资质或缩小原

资质范围重新申请核定资质，并一年内不得申请该项资质升级、增项。

第十三条　对弄虚作假取得资质的企业，住房城乡建设主管部门依法给予行政处罚并撤销其相应资质，且自撤销资质之日起三年内不得申请该项资质。

第十四条　被核查企业拒绝配合调查，或未在规定时限内提供相应反映真实情况说明材料的，不批准其资质申报。

第十六条　对参与企业资质申报弄虚作假或为企业提供虚假证明的有关单位或个人，住房城乡建设主管部门给予通报批评或抄报有关部门依法进行处理。

第十八条　住房城乡建设主管部门将企业资质申报中的弄虚作假行为作为企业或个人不良行为在全国诚信信息平台予以发布。

2.《关于加强建筑市场资质资格动态监管完善企业和人员准入清出制度的指导意见》（建市〔2010〕128号）

本规定于2010年8月13日发布并生效，主要对以下重点内容作出了指导意见：

（1）工程质量安全是建筑市场资质资格动态监管的重要内容，发生质量安全事故将"一票否决制"。具体而言，在质量安全事故进行调查处理的同时，相关的企业的资质升级、增项，资格认定、注册等事项的处理将全部暂停。质量安全事故调查结束后，根据调查结果降低或吊销有关责任企业和注册人员资质资格。对事故负有责任但未给予降低或吊销资质处罚的企业，一年内不得申请资质升级、增项。

（2）加大对资质资格申报弄虚作假查处力度。具体而言，经核查确实存在弄虚作假行为的，对其申请事项不给予行政许可，在一年内不受理其资质升级和增项申请，在住房城乡建设主管部门网站和各级有形建筑市场予以通报，并记入企业和个人信用档案；对于存在伪造印章等严重违法行为的，移交公安或司法部门处理。

（3）加强建筑市场动态监管。具体而言，主管部门将充分利用信息化等手段，对企业取得资质后是否继续符合资质标准进行动态核查。省级住房城乡建设主管部门每年动态核查的比例将不低于在本地区注册企业总数的5%。

（4）在建立健全全国建筑市场诚信平台以及注册人员、企业、工程项目和质量安全事故数据库的基础上，完善各类企业和注册人员诚信行为标准，健全诚信信息采集、报送制度，实现各地诚信信息互通、互用和互认，建立有效的诚信激励和失信惩戒机制。

3.2.3.3　资质标准类

1.《建筑业企业资质标准》（建市〔2014〕159号）

2014年11月6日颁布的，2015年1月1日开始实施。2016年10月14日住房和城乡建设部发布《住房和城乡建设部关于简化建筑业企业资质标准部分指标的通知》，简化标准2016年11月1日开始实施。

该标准中将建筑业企业资质分为施工总承包、专业承包和施工劳务三个序列，其中施工总承包序列设有12个类别，一般分为4个等级（特级、一级、二级、三级）；专业承包序列设有36个类别，一般分为3个等级（一级、二级、三级）；施工劳务序列不分类别和等级。同时，该标准中对于各类建筑业企业资质标准需要具备的条件及对应可承包的工程范围进行了规定。

具体内容可在住房和城乡建设部网站查找：住房和城乡建设部网站（http://www.mohurd.gov.cn）⇒ 建设工程企业资质行政审批专栏 ⇒ 资质标准。

2.《施工总承包企业特级资质标准》（建市〔2007〕72 号）

2007 年 3 月 13 日颁布并生效，对施工总承包企业特级资质标准需要具备的条件及对应可承包的范围进行了规定。

后住房和城乡建设部建筑市场监管司 2017 年 6 月 1 日颁布《施工总承包企业特级资质标准》（征求意见稿），拟对施工总承包特级资质标准进行修订，但目前正式文件尚未出台。

《施工总承包企业特级资质标准》及《施工总承包企业特级资质标准》（征求意见稿）的具体内容可在住房和城乡建设部网站查找：住房和城乡建设部网站（http://www.mohurd.gov.cn）⇒ 建设工程企业资质行政审批专栏 ⇒ 资质标准。

3.3 施工企业资质合规检查

3.3.1 资质获取合规检查—自行申请资质—申请资料的真实性—夸大业绩/虚构业绩

企业合并、分立、重组方式获得资质—原申请环节真实性审查

3.3.2 资质使用合规检查—合规应对动态核查—企业净资产达标/企业建造师达标

资质证书有效期自查—建立企业资质证书管理数据库
在建项目资质使用情况检查—出借资质整改/借用资质整改
建立合法的内部承包制度，代替资质不合法行为

3.3.3 资质升级准备检查—完工项目资料妥善保存，作为资质升级业绩材料

执业人员资质管理，建立激励制度鼓励员工获得执业人员资质
技术工人管理，探索自有骨干工人与劳务分包结合模式

第4章 施工企业项目承接的合规风险识别与管理

2008 年至 2012 年，A 区管委会陆续对辖区内的建设工程开展建设工作，2008 年上半年，范某找到负责该项工作的区规划建设局工作人员陈某，请陈某利用职务上的便利帮助其承接该区建设项目，并表示会按一定比例给其好处费，陈某表示同意。从 2008 年至 2012 年期间，在陈某的帮助下，范某先后以六家公司名义，分别与该区管委会签订相关道路及新城家园小区景观绿化施工合同。范某自 2008 年至 2012 年从所获得的工程款中先后多次给予陈某好处费，共计 61.8 万元。2011 年下半年，范某与时任 B 区管委会副主任，后又任 C 区管委会副主任的杨某相识。在杨某的帮助下，范某先后又承接到四个建设工程项目，为了感谢在承接建设工程项目过程中杨某给予的关照，自 2011 年下半年至 2013 年，范某共计送给杨某现金 82 万元。案发后，法院依法判决被告人范某犯行贿罪，判处有期徒刑十年。

【思考】

1. 对于施工企业来讲，有时候可能面临两难的处境，行贿可以拿到项目，不行贿可能拿不到项目，左边是经济利益，右边是违法风险，如何选择？

2. 如果行贿行为发生在三年前，今日还能否追究刑责，刑事责任有时效限制，还是终身追责？

3. 行贿罪的法定最高刑是多少，通过行贿手段获得项目承接，可能导致的最重刑事处罚是什么？

4. 为了公司利益行贿，拿到项目后由公司承建，公司享有经济利益，个人只是履行职务的行为，能否追究个人责任？

4.1 施工企业项目承接过程中的风险识别与合规建议

施工企业项目承接活动由很多环节组成，每个环节都会受到规则的约束，一旦跨越规则的约束，就会构成合规风险。

施工企业在项目承接过程中的主要风险点与合规建议如下。

4.1.1 合规风险之一：通过行贿手段承接项目的合规风险

在施工企业各个业务环节中，行贿受贿行为在项目承接环节发生的概率应当是最高的。因为项目承接环节涉及发包权的处置、承揽建设工程项目将给施工企业带来经济效益等利益分配事项。面对巨大的经济利益，无论是发包人还是承包人，往往容易跨越法律底线。而行贿受贿行为一旦发生，不仅仅是行政处罚、给企业带来经济损失那么简单，往往还需要承担刑事责任。

4.1.1.1 典型案例

2008年初，建筑公司为承建中心医院住院大楼建设工程，由时任该公司股东及董事的张某通过李某（另案处理）请托时任中共某市委常委、纪委书记廖某（另案处理）利用职权或者地位上形成的便利条件，帮助建筑公司承包该工程。后在廖某等人的运作下，建筑公司最终实际承建中心医院住院大楼建设工程。建筑公司承建该工程后，在实际施工过程中出现了逾期支付工程款的问题，张某再次通过李某请托廖某解决工程进度款的及时收取问题。为感谢廖某、李某在上述事项上提供的帮助，张某于2009年至2012年期间从建筑公司以业务款名义支取款项后，分多次送给廖某、李某共计人民币240万元。案发后，法院依法判决被告单位建筑公司犯单位行贿罪，判处罚金人民币240万元；张某犯单位行贿罪，判处有期徒刑一年六个月。

4.1.1.2 合规分析

单位行贿罪是指单位为谋取不正当利益而行贿，或者违反国家规定，给予国家工作人员以回扣、手续费，情节严重的行为。单位行贿罪的处罚实行双罚制，即对单位判处罚金，并对其直接负责的主管人员和其他直接责任人员，处五年以下有期徒刑或者拘役，并处罚金。另外，因行贿取得的违法所得归个人所有的，依照行贿罪的规定定罪处罚，行贿罪较单位行贿罪的法定刑要高得多。本案中，被告单位建筑公司为谋取不正当利益，给予国家工作人员钱款，情节严重；被告人张某作为建筑公司的股东、董事，为给建筑公司谋取不正当利益而具体实施行贿行为，系建筑公司所犯单位行贿罪的其他直接责任人员，其行为亦构成单位行贿罪。

4.1.1.3 合规建议

1.行贿系列犯罪除案例中提到的单位行贿罪外，还包括以下几种类型：

（1）行贿罪，指为谋取不正当利益，给予国家工作人员以财物的行为，或者在经济往来中，违反国家规定，给予国家工作人员以财物，数额较大的行为，或者违反国家规定，给予国家工作人员以各种名义的回扣、手续费的行为。处罚为：处五年以下有期徒刑或者拘役，并处罚金；因行贿谋取不正当利益，情节严重的，或者使国家利益遭受重大损失的，处五年以上十年以下有期徒刑，并处罚金；情节特别严重的，或者使国家利益遭受特别重大损失的，处十年以上有期徒刑或者无期徒刑，并处罚金或者没收财产。与单位行贿罪的主要区别在于行为主体是个人还是单位。

（2）对有影响力的人行贿罪，指为谋取不正当利益，向国家工作人员的近亲属或者其他与该国家工作人员关系密切的人，或者向离职的国家工作人员或者其近亲属以及其他与其关系密切的人行贿的行为，处罚为：处三年以下有期徒刑或者拘役，并处罚金；情节严重的，或者使国家利益遭受重大损失的，处三年以上七年以下有期徒刑，并处罚金；情节特别严重的，或者使国家利益遭受特别重大损失的，处七年以上十年以下有期徒刑，并处罚金。

（3）对单位行贿罪，指为谋取不正当利益，给予国家机关、国有公司、企业、事业单位、人民团体以财物的行为，或者在经济往来中，违反国家规定，给予各种名义的回扣、手续费的行为。处罚为：处三年以下有期徒刑或者拘役，并处罚金。

（4）对非国家工作人员行贿罪，指为谋取不正当利益，给予公司、企业或者其他单位的工作人员以财物，数额较大的行为。处罚为：处三年以下有期徒刑或者拘役，并处罚金；数额巨大的，处三年以上十年以下有期徒刑，并处罚金。

（5）对外国公职人员、国际公共组织官员行贿罪，指为谋取不正当商业利益，给予外国公职人员或者国际公共组织官员以财物的行为。处罚为：处三年以下有期徒刑或者拘役，并处罚金；数额巨大的，处三年以上十年以下有期徒刑，并处罚金。

2. 合规建议

施工企业承接的每一个项目都不可能是凭空出现的，都是努力和付出的结果，在承接项目过程中，投入人力、物力、财力是正常现象，有些时候通过非法的方式体现，就构成了违法或者犯罪，但有些时候，合法的投入能够通过合法的方式操作。施工企业在项目承接过程中需要机会、信息、引荐、撮合、协助、促成等一系列环节，第三方为每一个环节提供的服务都可以合法支付对价，通过居间服务合同的方式体现。

如果第三方掌握项目机会，整合了项目信息，为施工企业提供了引荐、撮合的服务，并最终促成了项目承接，双方之间的合同关系符合居间服务合同的要件，施工企业可以依据居间服务合同关系向第三方支付合法的服务费。

但如果，第三方并未提供实际的居间服务，而是利用手中的权力促成项目承接，就是一种事实上的权力寻租行为，也是行贿罪打击的主要目标。面对此类情况，施工企业的合规做法是，杜绝行贿行为的发生。

还有一类情况是，第三方提供虚假的服务，提供的信息、引荐、撮合等都是虚假的，目的是骗取施工企业的服务费或者相关保证金，所以施工企业在与居间服务商接洽过程中应当注意对其考察，并对相关信息进行甄别。

4.1.2　合规风险之二：因串通招标投标导致的合规风险

串通招标投标行为是指投标者之间串通投标，抬高或压低标价，以及投标者为排挤竞争对手而与招标者相互勾结的行为。串通投标不仅直接伤害其他投标人的合法权益，损害招标投标法律制度，对参与串通投标的施工企业本身也有伤害，参与串通投标的施工企业往往是因为投机心理严重，不是通过加强企业管理、降低成本、提高工程质量来增强竞争力，通过公平竞争达到中标目的，而是注重短期行为，试图通过串通投标获得一点眼前利益或者谋取中标，长此以往，企业发展也将陷入恶性循环。而串通招标投标的法律后果，轻则导致中标合同无效，行政处罚，重则需要承担刑事责任。

4.1.2.1 典型案例

被告人梁某系梁家社区居委会主任，其组织建筑施工队并挂靠 A 建筑公司，承揽工程，获取利润，A 建筑公司收取管理费。2016 年 7 月、2017 年 1 月，某怀念堂工程施工进行公开招标，招标人系梁家社区，招标方负责人梁某。为了让 A 建筑公司顺利中标怀念堂工程，梁某与王某（A 建筑公司法定代表人）协商，通过在招标公告中增加限制性条款限制其他企业投标，联系另外两家公司陪标等方式串通投标，王某承诺，若项目中标，由梁某负责此项目施工。最后怀念堂工程施工由 A 建筑公司中标，中标金额为 5313 余万元，项目均由梁某负责施工。案发后，法院判决被告人梁某犯串通投标罪，判处有期徒刑一年，并处罚金 12 万元。被告单位 A 建筑公司犯串通投标罪，追缴违法所得 107 万元，判处罚金 50 万元。被告人王某犯串通投标罪，判处有期徒刑十个月，并处罚金 10 万元。

4.1.2.2 合规分析

串通投标罪是指投标人相互串通投标报价，损害招标人或者其他投标人利益，情节严重，或者投标人与招标人串通投标，损害国家、集体、公民的合法利益的行为，处罚为三年以下有期徒刑或者拘役，并处或者单处罚金。本案中，被告人梁某、被告单位 A 建筑公司及被告人王某以不正当手段串通投标，使公开招标、投标流于形式，扰乱了招投标活动秩序，损害了国家、集体、公民的合法利益，损害了其他投标人的利益，情节严重，其行为均构成串通投标罪，属于共同犯罪，被告单位构成单位犯罪，依法均应负刑事责任。

4.1.2.3 合规建议

首先，施工企业本身不应当制定通过串通投标方式承接项目的经营策略，这样的经营策略，不仅会增加企业违规风险，还将导致企业的经营重心转移，一旦企业经营重心转移到通过违法手段获取利益上，必将放松对自身履约能力的建设，长此以往，企业的市场竞争力会逐渐降低。而串通投标的操作方式本身也需要付出成本，导致降低项目利润，也必将会降低企业的综合实力。

其次，即便施工企业本身没有采取串通投标承接项目的经营方式，也应当加强对项目承接工作人员的合规管控，避免项目承接工作人员为了自身的业绩或者业务提成而采取串通投标的行为，一旦串通投标的行为事发，工作人员的行为被定性为履行职务的行为，相关后果也将由施工企业承担。

最后，招标投标过程是企业综合实力比拼的过程，唯有加强企业综合实力建设，不仅能在每一个招标投标的项目中增加中标可能性，长远来讲，也是企业长远发展的合法、有效途径。

4.1.3 合规风险之三：导致合同无效的合规风险

合同无效，是指合同虽然已经成立，但因其严重欠缺有效要件，在法律上不按当事人之间的合意赋予其法律效力的情形。合同无效后，该合同自始没有法律约束力，合同双方均无法依合同得到利益保障，所以施工企业在承接项目及签署合同过程中应当避免出现合同无效的情形。

4.1.3.1　典型案例

2012 年 9 月 19 日，鸿天房公司（发包人）与建筑公司（承包人）签订《总承包合同》，约定由建筑公司承建天都项目工程，工程造价暂定 3 亿元。2013 年 6 月 28 日，建筑公司中标案涉工程，中标价暂定为 21111 万元。2013 年 7 月 25 日，鸿天房公司与建筑公司基于中标结果签订《施工合同》。2016 年 5 月 20 日，建筑公司向鸿天房公司发出工程验收、结算、付款催告书，要求鸿天房公司支付工程款 8003 万元及利息，但双方无法就工程款支付问题协商达成一致意见，建筑公司起诉到人民法院，最终法院判决鸿天房公司向建筑公司给付工程款 3977 万元及利息。

4.1.3.2　合规分析

案涉工程系面向社会销售的商品住宅小区，在当时的法律架构下，案涉工程系关系社会公共利益、公共安全的建设工程项目，属于《中华人民共和国招标投标法》（简称《招标投标法》）第三条规定的必须进行招投标的项目。双方当事人于 2012 年 9 月 19 日签订的《总承包合同》属于标前合同，因违反相关法律、行政法规效力性强制性规定，应认定为无效合同。虽然 2013 年 6 月 28 日完成案涉工程招投标手续后双方签订《施工合同》并备案，但双方标前合同中关于工程价款、工期、工程质量等实质性条款的谈判，已影响到中标结果，属于"先定后招"的违法行为，建筑公司中标无效，双方据此签订的《施工合同》，因违反《招标投标法》第四十三条和五十五条的规定，亦属于无效合同。

4.1.3.3　合规建议

根据《民法典》及相关法律规定，施工企业在项目承接过程中签署的承包合同，如果存在以下情形，应当认定合同无效[①]：（1）承包单位与发包单位以虚假的意思表示签署的合同，也就是签假合同；（2）违反法律、行政法规的强制性规定签署的合同；（3）违背公序良俗签署的合同；（4）承包单位与发包单位恶意串通，损害他人合法权益签署的合同；（5）承包单位未取得建筑施工企业资质或者超越资质等级签署的合同；（6）没有资质的实际施工人借用有资质的建筑施工企业名义签署的合同；（7）建设工程必须进行招标而未招标或者中标无效签署的合同；（8）转包、违法分包签署的合同；（9）建设单位未取得建设工程规划许可证等规划审批手续签署的合同（在起诉前建设单位取得规划审批手续的，不影响合同效力）。合同中的下列免责条款无效：（1）造成对方人身损害的；（2）因故意或者重大过失造成对方财产损失的。施工企业在项目承接过程中签署的承包合同，如果存在以下情形，可以请求人民法院或者仲裁机构予以撤销：（1）基于重大误解签署的合同，行为人可以请求撤销；（2）一方以欺诈手段，使对方在违背真实意思的情况下签署的合同，

---

① 根据《民法典》的规定，法律行为无效的情形还包括无民事行为能力人实施的民事法律行为，但施工企业在项目承接过程中较难遇到该种情况。

受欺诈一方可以请求撤销；（3）第三人实施欺诈行为，使一方在违背真实意思的情况下签署的合同，对方知道或者应当知道该欺诈行为的，受欺诈方可以请求撤销；（4）一方或者第三人以胁迫手段，使对方在违背真实意思的情况下签署的合同，受胁迫方可以请求撤销；（5）一方利用对方处于危困状态、缺乏判断能力等情形，致使合同成立时显失公平的，受损害方可以请求撤销。

所以，施工企业在项目承接及签署合同过程中应当避免发生上述情形。

4.1.4 合规风险之四：签署黑白合同的合规风险

黑白合同是指合同当事人就同一事项订立两份以上内容不相同的合同，一份对内，一份对外。"黑白合同"是一种违规行为，存在较大的风险。首先，若对外的合同只是为了规避法律规定，系双方当事人虚假的意思表示，按照《民法典》的相关规定应当认定为无效；其次，对内的合同一般都是因为存在违规情形而无法公之于世，合同本身的效力存在瑕疵，难以作为确定双方之间权利义务关系及解决纠纷的依据，所以相当于当事人之间没有合同约定。也可能存在两份合同均有效，不知道依据哪份合同确定当事人之间权利义务关系的情形。所以，签署黑白合同后，双方当事人的合法权益都无法得到有效保障。

4.1.4.1 典型案例

新地公司开发建设蓝色智谷7栋楼及地下车库工程，按照当时的法律规定，属于必须进行招标的项目。2014年11月22日，新地公司与建筑公司通过招投标方式签订《建设工程施工合同》约定，发包人：新地公司，承包人：建筑公司。承包范围：建筑、安装施工图纸工作内容。签约合同价格1592万元。2015年4月29日承包人应发包人的要求又另行就涉案工程签订建设工程施工合同一份。两份合同的主要区别在于，工程款的支付条件、违约责任不一致。按照后面一份合同对发包人有利，承包人出于无奈签订该合同。后双方因工程款支付等问题发生争议，建筑公司起诉，要求按照中标合同确定工程款支付及违约责任承担，新地公司抗辩称，后签订的合同系双方最后的、真实的意思表示，应当依据后签订的合同确定双方的权利义务关系。

4.1.4.2 合规分析

《建设工程司法解释（一）》第二条规定："招标人和中标人另行签订的建设工程施工合同约定的工程范围、建设工期、工程质量、工程价款等实质性内容，与中标合同不一致，一方当事人请求按照中标合同确定权利义务的，人民法院应予支持。"本案中，涉案项目属于法律规定必须招标的项目，原、被告亦通过招标投标程序签订了建设工程施工合同，并进行了备案，虽然双方又另行签订了合同，但根据前述规定，原告请求按照中标合同确定权利义务的，依法应予支持。

4.1.4.3 合规建议

黑白合同签订后，在适用方面可能存在以下几种情形：（1）黑合同有效，白合同无效，或者白合同有效，黑合同无效，即两份合同中，其中一份合同无效，则应当按照有效的合同确定当事人之间的权利义务关系。（2）两份合同均有效。本案即属于两份合同均有效的情况，此种情况下也存在两种情形，一是有法律明确规定适用哪一份合同，如本案中，最高人民法院的司法解释明确规定适用中标合同；二是没有法律明确规定适用哪一份合同，需要法官根据两份合同签订的时间先后、当事人的真实意思表示、实际履行情况等来裁判适用哪份合同。（3）两份合同均无效。《建设工程司法解释（一）》第二十四条规定："当事人就同一建设工程订立的数份建设工程施工合同均无效，但建设工程质量合格，一方当事人请求参照实际履行的合同关于工程价款的约定折价补偿承包人的，人民法院应予支持。实际履行的合同难以确定，当事人请求参照最后签订的合同关于工程价款的约定折价补偿承包人的，人民法院应予支持。"

对于施工企业来讲，签署黑白合同的风险显而易见，最直观的就是，在合同履行过程中不确定依据哪份合同期待利益，在发生纠纷时不知道适用哪一份合同解决纠纷。合规的做法应当是拒绝签署黑白合同，但有时候，施工企业作为乙方，受制于甲方，若发生此种情形，从最大限度保障己方利益出发，应当结合前述关于黑白合同的适用情况，在操作过程中尽量保证对己方有利的合同能够最终被适用。

4.1.5　合规风险之五：转包、违法分包行为的合规风险

工程转包，是指建设工程的承包人将其承包的建设工程倒手转让给第三人，使该第三人实际上成为该建设工程新的承包人的行为。工程分包，分为合法分包和违法分包，违法分包是指建设工程的承包人将依法不允许分包的施工内容进行分包、违反法定形式分包或者将建设工程分包给不具有相应施工资质的实际施工人。转包和违法分包行为均是法律所禁止的行为，一旦发生，除了合同无效，涉及行政处罚外，作为实际施工人，可能因为转包人或者违法分包人的存在，导致利润摊薄，收取工程款多一层障碍，招致经济损失；作为转包人或者违法分包人，可能因为无法摆脱与涉案建设工程、实际施工人的关系而对涉案建设工程的施工质量、施工安全等承担法律责任，从而给自身带来无法估量的风险。

4.1.5.1　典型案例

2012 年 5 月 27 日，A 建筑公司（承包人）与置业公司（发包人）签订《施工协议书》，主要内容：A 建筑公司承建"玖郡 6 号庄园"工程，A 建筑公司承诺本工程在任何情况下不得出现转包现象，否则造成的损失全部由 A 建筑公司承担。但 A 建筑公司在实际履行施工协议过程中，将案涉工程全部转包给 B 建筑公司等 7 家施工企业，该 7 家施工企业的施工资质均低于 A 建筑公司，其中还有自然人工头。施工过程中，工程所在地建设工程质量安全监督部门给 A 建筑公司下达的《工程质量问题整改通知单》中记载"玖郡项目ABCD 区严重质量问题"等内容。后双方因工程款支付、工程质量等问题诉至法院，诉讼期间通过司法鉴定证实案涉工程存在大量工程质量问题。法院经审理后依法判决：① 置

业公司支付 A 建筑公司工程欠款 15261 万元及利息；② A 建筑公司在置业公司尚欠其工程款 15261 万元范围内，对案涉工程尚未出售的房屋（不包括土地使用权）享有优先受偿权；③ A 建筑公司支付置业公司工程质量缺陷修复费用 12817 万元；④ 确认 A 建筑公司与置业公司签订的与案涉玖郡项目工程施工有关的合同、协议均无效。

4.1.5.2 合规分析

本案中，A 建筑公司与置业公司在承接该项目及签订《施工协议书》过程中可能不存在违法违规行为。但 A 建筑公司基于转包目的承接项目，承接项目后非自行施工，而是将项目肢解后转包给 7 家单位施工，亦属于项目承接环节中应当注意的合规风险。而且，本案双方当事人签订的《施工协议书》明确约定，任何情况下不得出现转包现象，否则由 A 建筑公司负全责。A 建筑公司在明知转包不仅违法，还明确违约的情况下，依然转包工程，并且将其作为总承包方承建的建设工程转包给低施工资质等级的施工企业或者工头等自然人施工，有违诚信原则，亦有损承揽合同的信赖基础，显然实际施工人的施工能力与合同约定的施工人 A 建筑公司相比有所减损，案涉工程质量缺陷与 A 建筑公司转包行为间存在一定的因果关系，最终法院判决 A 建筑公司承担巨额的工程质量赔偿责任。

4.1.5.3 合规建议

对于施工企业来讲，转包的风险分为两类：一类是接受发包人转包工程，自身为实际施工人；另一类是承接工程后转包工程，自身为转包人。

自身为实际施工人的情况下，应当注意留存实际施工的证据，避免全部施工资料以转包人的名义报送，由转包人与发包人对接并结算，自身无法证明实际施工，主张工程款难度增加。

自身为转包人的情况下，应当注意对实际施工人的选择和监督，应当对实际施工人的相关资质、施工能力做全面考察，避免因实际施工人的施工质量不合格、现场管理不规范等问题而令转包人承担赔偿责任。

当然，转包行为不仅存在违法风险，也存在经营风险，能够杜绝或者避免是最合规的方式，在无法拒绝的情况，应尽量做到保护自身权益。

4.1.6 合规风险之六：挂靠行为导致的合规风险

挂靠，是指施工企业允许他人在一定期间内使用自己企业名义对外承接工程的行为。挂靠与出借资质和借用资质是一个问题的两种说法。挂靠为法律所禁止，采取挂靠的形式承揽工程，可能会受到相应的行政处罚。同时，对于被挂靠企业来说，以其名义承揽工程，签署合同，办理施工管理手续，无论其是否实际参与施工，都应当对该建设工程的施工过程以及施工质量和安全承担责任；对于挂靠人来说，与发包方签署的合同及相关施工管理文件上均不体现其身份，其实际完成施工任务，有时却无法证明自己是实际施工人，导致较大的经济损失。

4.1.6.1　典型案例

2012 年 7 月,开发公司(发包人)与建筑公司(承包人)签订《合作框架协议》,约定承包范围为工程图纸范围内的土建、水电安装工程。2012 年 8 月,开发公司与建筑公司签订《总包管理协议》,明确建筑公司作为总承包人按决算总价 0.8% 向各项目部收取管理费。8 月 3 日,建筑公司与陈某等四人就案涉工程四个标段分别签订了《工程承包合同》,关于工程范围、工期、结算与支付等主要条款的约定与前述《合作框架协议》内容一致,管理费的约定与《总包管理协议》约定一致。上述合同签订后,陈某等四人进场施工,并由陈某等四人直接与开发公司进行结算。2018 年 8 月 2 日,开发公司向建筑公司发出《解除合同通知书》。建筑公司起诉开发公司,要求开发公司继续履行双方签订的合同并立即支付工程款 1 亿元及利息。一审法院判决:驳回建筑公司的诉讼请求。二审法院判决:驳回上诉,维持原判。

4.1.6.2　合规分析

从案涉合同的签约情况看,第三人陈某等四人自始便以建筑公司委托代理人身份参与案涉《合作框架协议》的磋商与签订。此后,建筑公司与陈某等四人分别就案涉工程四个标段签订的《工程承包合同》,明确约定,建筑公司并不实际进行案涉工程的施工,陈某等四人自负盈亏,并向建筑公司交纳各自施工段总价款 0.8% 的管理费。从案涉合同的履行过程看,虽然开发公司与建筑公司签订了四份《建设工程施工合同》,但该合同并未实际履行,案涉工程项目资金的筹备和实际施工以及工人工资、设备租赁等均由陈某等四人负责,并且,开发公司直接与陈某等四人进行结算。以上事实可以充分证明,案涉工程项目由开发公司指定陈某等四人承建,陈某等四人参与了建筑公司与开发公司之间案涉一系列合同的签订,并以实际施工人的身份履行建筑公司应履行的施工义务以及行使合同权利的全过程,符合没有资质的个人借用其他有资质的施工单位的名义承揽工程的情形,开发公司知晓陈某等四人借用建筑公司资质承建工程,且认可由陈某等四人完成案涉工程施工任务。因此,一审判决认定:"陈某等四人与建筑公司之间系挂靠关系,开发公司与陈某等四人之间直接形成承包案涉工程的权利义务关系,开发公司与建筑公司之间不存在实际的建设工程施工合同关系。"

4.1.6.3　合规建议

对于施工企业来讲,挂靠的风险亦分为两类:一类是持有施工资质,被实际施工人挂靠,自身为名义施工人;另一类是无施工资质或者持有较低等级的施工资质,挂靠有施工资质或者持有较高等级施工资质的企业,自身为实际施工人。

自身为名义施工人的情况下,实际施工人往往没有施工资质,或者持有较承建工程要求较低等级的施工资质,其在施工能力、施工管理水平等方面往往存在不足,发生施工质量问题的风险较高,一旦发生质量问题或者安全事故,名义施工人作为备案的施工单位,无法逃脱责任,所以施工企业应当加强对实际施工人的监督和管理。另外,有些工程是由实际施工人与发包人直接接洽和对接,直接办理结算,可能导致名义施工人的管理费无法兑现，基于挂靠行为违法，名义施工人又无法通过法律手段追讨，导致对于名义施工人来讲，承担了施工责任风险，却没有任何收益，得不偿失。

自身为实际施工人的情况下，往往工程款通过名义施工人的账户流转，应当注意与名义施工人之间关于工程款结算问题的约定，虽然如果发生纠纷寻求法律途径解决时该项约定会被认定为无效，但是相关书面文件和证据的留存，起码对证明自身属实际施工人身份有些帮助。

当然，挂靠行为不仅存在违法风险，也存在经营风险，能够杜绝或者避免是最合规的方式，在无法拒绝的情况，应尽量做到保护自身权益。

4.1.7 合规风险之七：违反法定程序承接项目的合规风险

建设工程项目往往涉及较大的社会公共利益，施工企业在项目承接过程中，遇到法律规定必须履行招标程序的项目，应当通过招投标的形式承接，否则可能导致承包合同无效，预期利益得不到保障，还可能给企业带来经营风险和损失。另外，一旦通过招标投标的方式承接项目，无论是必须招标的项目，还是发包人选择招标的项目，都应当遵循《招标投标法》的相关规定，避免违反法定程序导致中标无效。

4.1.7.1 典型案例

投资公司（发包人）与建筑公司（承包人）于 2013 年 11 月 9 日签订《建设工程施工合同》约定，建筑公司承建投资公司中城建·世界名城项目 A、B 区，工程价款 6.69 亿元。2012 年 8 月，建筑公司进场施工，2015 年下半年完成合同内大部分工程后撤场。建筑公司向一审法院起诉，请求判令：① 投资公司给付工程款 10719 万元及相应利息；② 建筑公司对案涉工程款享有优先受偿权。法院经审理判决：① 投资公司给付建筑公司工程款 3873 万元及其利息；② 建筑公司就其承建的案涉工程在 2824 万元范围内享有建设工程价款优先受偿权。

4.1.7.2 合规分析

本案法律事实发生时，《工程建设项目招标范围和规模标准规定》仍然有效，案涉《建设工程施工合同》约定的建设项目为商品住宅，工程价款为 6.69 亿元。根据前述法律规定，案涉工程应履行招标投标程序。双方未履行招标投标程序签订的《建设工程施工合同》应为无效。建设工程施工合同被认定无效后，鉴于承包人为工程建设投入的劳务及建筑材料已经物化到该建筑工程之中，无法适用《中华人民共和国合同法》（简称《合同法》）第五十八条规定的财产返还原则，而应适用本条规定的折价补偿及损失赔偿原则。同时，《最高人民法院关于审理建设工程施工合同纠纷案件适用法律问题的解释》第二条规定："建设工程施工合同无效，但建设工程经竣工验收合格，承包人请求参照合同约定支付工程价款的，应予支持。"本案中，建筑公司基于实际履行情况主张 1 亿多元的工程价款，但法院在建筑公司已经完成大部分工程，将其劳务及建筑材料物化到已完工程中，且投资公司在建筑公司撤场后已实际接收案涉工程并将部分工程交付业主使用的情况下，根据上述法律规定，以合同约定的固定总价为基础，扣除建筑公司未完工程部分，认定投资公司应向建筑公司支付的欠付工程款数额，较建筑公司的诉讼请求减少 7000 多万元。

4.1.7.3　合规建议

施工企业项目承接违反法定程序的后果是明确的，一般会导致所签署的建设工程施工合同无效。一旦合同无效，只能依据民法典规定的补偿原则和司法解释规定的参照原则确定给付施工企业的工程款金额，而且合同中关于违约责任等条款的约定均无效，施工企业的权益得不到有效保障。所以，程序应当遵守，法律规定的红线不应当触碰，否则必将承担违法的不利后果。

除了主观上敲响警钟外，客观上也要加强管控，加强对项目承接工作人员的合规培训，起码使其了解哪些项目必须通过招投标程序承接，以及在招投标程序中应当遵守哪些规则，避免因为不了解相关规定而触碰法律红线。

4.1.8　合规风险之八：中标前与招标人进行实质性磋商的合规风险

在招标投标过程中，施工企业在中标前与招标人进行实质性谈判磋商的行为，违背了招标投标法律制度的初衷，使招标投标程序流于形式，系法律所禁止的行为。如果这种在确定中标人之前与招标人提前协商的行为影响中标结果，将导致中标无效。

4.1.8.1　典型案例

2014 年 2 月，建筑公司（承包人）向置业公司（发包人）出具《标前承诺》，内容为"一、本承诺书作为《施工合同》及《施工合同补充条款》生效的必要条件……三、我司理解并知道《施工合同》属于备案合同，对于甲乙双方不具备履行的法律效力。甲乙双方应共同遵守和实际执行的合同条款为《施工合同补充条款》和其后双方共同签订的书面文件、协议、备忘录、承诺书等"。《标前承诺》尾部说明"以上是在我司全面、真实了解和掌握了置业公司及其开发的邦泰中心综合情况后做出的慎重承诺，在合同履行期限内一直有效"。2014 年 2 月 9 日，建筑公司向置业公司提交《报价书》，承诺"取费后总价优惠13.5%"。2014 年 2 月 12 日，置业公司收到建筑公司出具的《报价书》和《标前承诺》后向建筑公司发送《中标通知书》，随后监理公司通知建筑公司进场施工。同日，建筑公司与置业公司签订《补充条款》，2014 年 2 月 20 日，建筑公司按照《补充条款》约定向置业公司缴纳履约保证金 100 万元。之后又经招标代理机构与置业公司再次发出《中标通知书》并备案。

4.1.8.2　合规分析

《招标投标法》第四十三条规定："在确定中标人前，招标人不得与投标人就投标价格、投标方案等实质性内容进行谈判。"此为法律的禁止性规定。第五十三条规定："投标人相互串通投标或者与招标人串通投标的，投标人以向招标人或者评标委员会成员行贿的手段谋取中标的，中标无效。"本案中，建筑公司在 2014 年 2 月向置业公司出具《报价书》和《标前承诺》，作出同意接受《补充条款》约束的意思表示并缴纳履约保证金，在置业公司单方发出《中标通知书》后监理公司立即通知建筑公司进场施工，之后又经招标代理机构与置业公司再次发出《中标通知书》并备案，以上行为足以说明，置业公司、建筑公司在招标启动前已进行充分磋商谈判并开始施工，招投标仅为表象，施工人在投标前即已通过招标之外的方式确定，事后中标并非公平有效的招投标结果，故双方所签的《施工合同》并非真实意思表示，依据《招标投标法》第五十三条规定，建筑公司和置业公司签订的《施工合同》和《补充条款》均违反法律禁止性规定，均无效。

4.1.8.3　合规建议

关于在中标前投标人与招标人进行实质性磋商的行为是否必然导致中标无效的问题，实践中有争议，支持中标必然无效的一方认为，依据《招标投标法》第四十三条，违反法律禁止性规定则无效；反对中标必然无效的一方则认为，《招标投标法》未规定违反第四十三条禁止性规定的法律后果，所以不能必然无效，而依据《招标投标法》第五十五条，依法必须进行招标的项目，招标人违反本法规定，与投标人就投标价格、投标方案等实质性内容进行谈判，影响中标结果的，中标无效。所以，非必须进行招标的项目，中标可能有效。从前述案例的裁判结果来看，法院可以依据《招标投标法》第五十三条，将投标人与招标人在中标前进行实质性磋商谈判的行为认定为串通，从而认定中标无效。从这个角度来看，无论是必须招标的项目，还是非必须招标的项目，只要投标人和招标人在中标前进行实质性磋商谈判，均会导致中标无效。

另一个关键的问题是，什么是实质性内容，《招标投标法》第四十三条规定的是"投标价格、投标方案等"，对该条款的理解应该是，对中标结果有影响的沟通，应该都属于实质性内容的沟通。实践中比较常见和典型的一类是，施工单位在中标前已经进场施工，法院一般认为，施工单位进场施工的行为代表发包人和承包人对合同实质性内容已经达成一致意见，是典型的在中标前进行实质性磋商的行为，施工企业应该注意。

4.1.9　合规风险之九：对建设单位未尽到审查义务的合规风险

建设工程在开工前应当取得施工许可证，施工企业在项目承接过程中，有义务审查建设单位是否持有合法的建设工程规划审批文件，以及申领施工许可证的其他条件是否满足，或者是否能够满足。否则，若因用地、规划等审批手续不齐全，导致无法按时办理施工许可证，无法按时开工，将增加施工企业的成本；如果最终无法取得施工许可证，合同无法继续履行，施工企业已经投入的人力、物力可能较难收回，将给施工企业带来较大的经济损失和经营风险。若在未办理施工许可证的情况下开工，属于严重的违规行为，不仅存在较大的安全隐患，将给施工企业带来经济损失，还有可能招致行政处罚。

4.1.9.1　典型案例

经依法招标投标，开发公司（发包人）与建筑公司（承包人）于2014年6月30日签订《施工合同》，并于2014年11月11日经行政主管部门备案，合同总价款2亿元。案涉工程至诉讼时未取得施工许可证。建筑公司于2014年9月1日进场施工，因开发公司无法按期交付后续施工图纸，案涉工程于 2015 年 1 月 28 日停止施工。停工前，桩基工程已经施工完毕，土方开挖进行了部分施工。之后建设公司诉至法院，要求解除合同并由开发公司支付已完工程款。诉讼过程中，法院委托司法鉴定机构对已完工程造价进行鉴定，鉴定结论为 4090 万元。法院判决：① 解除开发公司与建筑公司于 2014 年 6 月 30 日签订的《施工合同》；② 开发公司给付建筑公司工程款本金 4090 万元及利息；③ 建筑公司在开发公司欠付其工程款 4090 万元的范围内对涉讼工程享有优先受偿权。

4.1.9.2　合规分析

建筑公司与开发公司之间签订的《施工合同》依法经过招标投标程序，系双方真实意思表示，且不存在违反法律、行政法规强制性规定的情形，故该合同依法有效。根据《建筑法》规定和合同约定，申请办理施工许可证是建设单位即开发公司的法定义务和约定义务，是工程合法开工的前提条件。因开发公司未能取得施工许可证且未能按期交付后续施工图纸导致工程停工，且自停工之日起至起诉时仍未取得施工许可证，致使双方签订的《施工合同》客观上无法继续履行，故建筑公司起诉主张解除《施工合同》，获得了法院的支持，同时法院支持按照造价鉴定结论支付工程款。对于建筑公司来讲，虽然其诉讼请求得到支持，但合同约定的案涉工程总价款 2 亿元，因合同解除导致建筑公司丧失了可得利益的损失，为履行合同准备的人力、物力，在合同解除后还需要另行安置，实际上给建筑公司造成了较大的损失。

4.1.9.3　合规建议

虽然办理施工许可证是建设单位的义务，施工企业作为承包单位，不是办理施工许可证的义务主体。但是，项目是否办理施工许可证，特别是，是否能够办理施工许可证，与施工企业的利益息息相关。如果项目无法办理施工许可证，将导致项目无法合法施工，施工企业的权益无法得到保障，还可能带来行政处罚。所以，施工企业在进场前或者在签署施工合同前，一定要注意对建设单位相关资质和条件的考察，确保建设单位具备办理施工许可证的条件，尽最大限度避免承接无法办理施工许可证的项目。

4.1.10　合规风险之十：未签订书面合同的合规风险

书面合同以有形的形式展现合同内容，一旦双方发生纠纷，书面合同可以作为解决纠纷的依据。若仅有口头约定，发生纠纷时，不仅较难展现合同内容，更甚者较难证明合同关系的存在，从而使自身合法权益较难得到保障。

4.1.10.1　典型案例

2018 年 12 月，置业公司（发包人）就名瑞广场工程进行公开招标。2019 年 1 月 16 日，置业公司向建筑公司（承包人）发出《中标通知书》，后建筑公司进场搭设了工棚、办公室和塔吊。2019 年 1 月 23 日，置业公司函告建筑公司，要求缴纳履约保证金并签署施工合同，否则取消其中标资格。2019 年 1 月 31 日，建筑公司致函置业公司："我司已按招标文件缴纳履约保证金的现金部分及对应的银行保函。但贵司坚持全额提交履约保证金，并且不同意在合同条款中按招标文件要求明确退还流程。以上分歧多次沟通无果导致合同至今尚未签订"。2019年3月12日，置业公司致函建筑公司，取消其中标人资格。建筑公司诉至法院，要求：① 确认合同成立并生效；② 解除合同；③ 返还投标保证金及利息；④ 赔偿直接损失52万元；⑤ 赔偿可得利益损失332万元。法院判决：① 置业公司退还建筑公司保证金50万元及对应利息；② 置业公司向建筑公司赔偿损失16.16万元（招标代理费）。

4.1.10.2 合规分析

本案中，概述投标文件重要内容的投标函及表明承诺内容的中标通知书均较简约，招标文件的合同条款还存在部分空白。双方于2019年1月23日、31日往来函件，也清楚表明双方仍在就合同履行的具体条款进行细节磋商。建筑公司虽进行了部分施工前准备，但并非已履行施工合同主要义务，即不符合《合同法》第三十七条规定的情形，故一审认定双方的建设工程施工合同未成立。由于双方之间建设工程施工合同关系尚未成立，故不存在合同生效及解除问题。对建筑公司主张双方的建设工程施工合同成立、生效并解除合同的请求，法院未予支持。本案建设工程施工合同未成立，建筑公司请求合同履行后可得利益损失，缺乏基础。建筑公司作为施工企业，因未签署书面合同，无法主张合同权利，无法获得相关利益。

4.1.10.3 合规建议

《建筑法》第十五条规定："建筑工程的发包单位与承包单位应当依法订立书面合同，明确双方的权利和义务。"可见，建设工程施工合同属于要式合同，应当采取书面形式。

实践中，很多情况下，双方达成口头一致后就开始履行合同，事后一定要补签书面合同。书面合同不仅以有形形式展现双方的合意内容，明确双方的权利义务关系，在发生纠纷时作为解决纠纷的依据，更重要的是，能够证明双方之间存在合同关系，减轻了当事人的举证责任。

4.2 施工企业项目承接合规依据

4.2.1 党和国家的方针政策

4.2.1.1 党的政策

党的政策，是指中国共产党在领导和团结全国各族人民，以经济建设为中心，坚持四项基本原则，坚持改革开放，自力更生，艰苦奋斗，把我国建设成富强、民主、文明、和谐的社会主义国家过程中制定的政策性文件，如施工企业在项目承接过程中应当遵守中国共产党反腐倡廉的要求。

4.2.1.2 国家政策

国家政策，一般指国家产业政策，是国家制定的，引导国家产业发展方向、引领推动产业结构升级、协调国家产业结构调整、使国民经济健康可持续发展的政策。国家政策未上升到法律和行政法规的层面，不具有法律约束力，但能够为市场主体指明行为方向，施工企业在项目承接过程中应当遵守，如"一带一路"倡议。

4.2.2　施工企业项目承接应当遵守的主要法律

4.2.2.1　《建筑法》

《建筑法》所称建筑活动，是指各类房屋建筑及其附属设施的建造和与其配套的线路、管道、设备的安装活动。按照《建筑法》相关规定，施工企业在项目承接过程中应当遵守如下主要规则：

1. 依法开工

除国务院建设行政主管部门确定的限额以下的小型工程，以及按照国务院规定的权限和程序批准开工报告的建筑工程外，建筑工程开工前，建设单位应当按照国家有关规定向工程所在地县级以上人民政府建设行政主管部门申请领取施工许可证。

2. 应当取得相应资质，并在资质等级许可的范围内从事建筑活动

建筑施工企业的资质等级，代表其在资金实力、专业人员、过往经验等方面的综合能力。《建筑法》规定，从事建筑活动的建筑施工企业，应当取得相应资质，并在其资质等级许可的范围内从事建筑活动。

3. 应当签署书面合同

《建筑法》第十五条明确规定，建筑工程的发包单位与承包单位应当依法订立书面合同。施工企业承接项目涉及的履行内容往往比较复杂，标的额较大，签署书面合同，明确双方权利义务，不仅是法律要求，也是对双方权益的有力保障。

4. 承接项目应符合法定程序

建设工程项目大多关系社会公共安全，所以《建筑法》《招标投标法》等相关法律明确规定了在发包承包过程中必须履行招标程序的项目范围，施工企业在项目承接过程中，如果遇到此类项目，应当通过招标的形式承包。

5. 廉洁自律

建设工程施工项目往往涉及较大的经济利益，在项目承接过程中，发包方手中掌握项目资源，施工企业为了顺利承接项目，往往使尽浑身解数，行贿受贿，权力寻租，项目承接过程也就成了经济犯罪的温床。为此，《建筑法》第十七条明确禁止通过贿赂等不正当手段承揽工程。所以，廉洁自律是施工企业在项目承接过程中应当遵守的行为准则，否则，不仅可能导致经济利益受损，还可能承担刑事责任。

6. 禁止肢解发包

肢解发包，不仅会增加施工过程中的沟通成本，还可能带来安全隐患，所以是《建筑法》明确禁止的行为。施工企业在项目承接过程中要注意不应配合和接受建设单位肢解发包行为。

7. 禁止出借或者借用资质证书

施工企业在项目承接过程中，无论借用别人资质，还是出借资质给别人，首先，所签署的合同无效；其次，因提供资质、签署合同的主体和实际施工的主体不一致，在工程款收取、施工质量、施工安全等方面都存在较大风险。

4.2.2.2 《招标投标法》

《招标投标法》是规范招标投标活动最基本的单行法律，施工企业在项目承接过程中应当遵守如下主要规则：

1. 相关法律规定必须履行招标程序项目范围内的项目，必须通过招标程序承接

2. 禁止串通招投标行为

串通招标投标，需承担民事、行政乃至刑事责任。在民事责任方面，会导致中标无效，所签署的合同无效；在行政责任方面，可能会产生行政罚款；在刑事责任方面，可能构成串通投标罪。

3. 禁止通过行贿的手段谋取中标

如果施工企业通过向招标人或者评标委员会成员行贿的手段谋取中标，属于违法行为，轻则导致中标无效、行政处罚，重则可能触犯行贿罪，受到刑事处罚。

4. 确定中标人前，投标人不得与招标人就投标价格、投标方案等实质性内容进行谈判

如果在确定中标人之前，投标人就与招标人进行项目实质性内容的协商和谈判，将导致中标无效，所签署的合同无效。

5. 中标人受投标文件约束，并不得与招标人再行订立背离中标合同实质性内容的其他协议

施工企业通过招标的形式承接项目，制作投标文件是一项技术性很强的工作。如果为了保证自身利益，获取较高利润，给出的投标条件过低，可能无法中标；如果为了能够中标，作出过高的承诺和让步，这种承诺和让步，在中标后将成为对施工企业有法律约束力的义务。如果施工企业通过作出过高承诺和让步的方式中标，中标后又否定前述让步和承诺，双方在中标合同之外签署背离中标合同实质性内容的其他协议，一般情况下，法院支持以中标合同为准。

4.2.2.3 《政府采购法》

施工企业在项目承接过程中，很多情况下会成为政府采购项目的承建商，在此类项目中，应当遵守《政府采购法》的如下主要规则：

1. 合规经营

《政府采购法》第二十二条规定了供应商参加政府采购活动应当具备的条件，从中可以看出，施工企业若想成为政府采购项目的承建商，具有合法的主体身份、依法纳税、无重大违法行为等合法经营，是基本要求；有良好的商业信誉和健全的财务会计制度等合规经营，也是基本要求。所以，满足合法合规经营的要求，施工企业才有可能进入政府采购承建商的备选目录。

2. 避免违规经营

《政府采购法》第七十七条列举了供应商的违规行为，施工企业在承接政府采购项目过程中，应当避免发生此类违规行为，否则可能受到行政处罚，给企业带来经济损失，还有可能被吊销营业执照，甚至承担刑事责任。

4.2.2.4　《反不正当竞争法》

施工企业作为市场经营主体，每一个承接项目的行为都是参与市场竞争的行为，所以应当遵守《反不正当竞争法》的相关规定：

1. 禁止采用给予财物或者其他手段贿赂发包人，以谋取项目承接

施工企业的工作人员在履行职务过程中贿赂他人，应当认定为施工企业的行为，由施工企业承担责任，所以施工企业加强对其工作人员的管控也是合规建设的重要内容。

2. 不得侵犯商业秘密

商业秘密是企业的财产权利，它关乎企业竞争力，对企业的发展至关重要。通过刺探、窃取等侵犯商业秘密的方式承接项目，不仅可能产生民事赔偿责任，还有可能构成侵犯商业秘密罪。

4.2.2.5　《反垄断法》

施工企业，特别是大型施工企业、已经掌握市场支配地位的施工企业，在项目承接过程中，应当注意不要违反《反垄断法》的相关规定。而且，随着大型施工企业不断发展壮大，逐渐向国际化发展，也应当尽早适应国际反垄断的要求。

1. 不得与其他施工企业达成垄断协议

施工企业在项目承接过程中如果与其他施工企业达成垄断协议，导致未参与该垄断协议的其他施工企业无力参与市场竞争，限制发包单位的选择，属于违反《反垄断法》的行为。

2. 不得滥用市场支配地位

具有市场支配地位的大型施工企业，基于其在资金、人、财、物等方面的优势，以低于成本价承接项目，限制其他施工企业参与市场竞争，有可能被认定成违反《反垄断法》的行为。

4.2.2.6　《民法典》

《民法典》是施工企业在项目承接过程中应当遵守的基本民事法典。

避免所签署的合同无效或者被撤销

《民法典》及相关法律明确规定了合同无效及合同可撤销的情形，对于施工企业来说，如果在项目承接过程中签署的合同被认定为无效或者被撤销，基于合同产生的期待利益无法实现，还可能给企业带来经济损失，所以，施工企业在项目承接过程中应当避免合同无效或者可撤销情形的发生。

4.2.2.7　《刑法》

施工企业在项目承接过程中可能触犯刑法从而导致承担刑事责任的情形很多，在此仅

列举近年来犯案率较高的几种犯罪类型。

1. 行贿罪

行贿罪系列，包括对单位行贿罪、对有影响力的人行贿罪、单位行贿罪等，是指为谋取不正当利益，给予相对人财物的行为。只要施工企业通过行贿的方式承接项目都可能触犯与行贿有关的犯罪，从而受到刑事处罚。

2. 合同诈骗罪

施工企业在项目承接过程中遇到的常见合同诈骗类型是，发包方虽有建设工程项目，但缺乏必要的建设手续，项目无法建设，合同无法履行，通过签订合同骗取了施工企业交纳的保证金或者预付款，导致施工企业经济损失。

3. 诈骗罪

诈骗罪，建设工程领域常见的诈骗类型是虚构并不存在的建设工程项目，以保证金、好处费等形式骗取施工企业的财物。

4. 串通投标罪

串通投标罪，应当是施工企业在项目承接过程中最为高发的犯罪类型。施工企业为了成功承接项目，采取串通投标的方式，轻则会导致企业财产损失，重则需要承担刑事责任。

4.2.2.8 司法解释

最高人民法院《关于审理建设工程施工合同纠纷案件适用法律问题的解释（一）》

该司法解释2021年1月1日施行，融合了之前最高人民法院关于审理建设工程施工合同纠纷案件适用法律问题两个司法解释的核心精神，是人民法院裁判建设工程纠纷案件的重要依据，施工企业在项目承接过程中应当遵守。

1. 超越资质等级许可的业务范围签订建设工程施工合同，应当在建设工程竣工前取得相应资质等级

2. 如果垫资施工，应当在合同中约定垫资利息

3. 注意审核建设单位的项目审批文件是否齐全

4. 依法不属于必须招标的建设工程进行招标后，应当遵守招标结果

4.2.3 施工企业项目承接应当遵守的主要行政法规

行政法规是国务院为领导和管理国家各项行政工作制定的政治、经济、教育、科技、文化、外事等各类规范性文件的总称。

4.2.3.1 《招标投标法实施条例》

《招标投标法实施条例》是对《招标投标法》实施的细化和明确，施工企业在项目承接过程中应当遵守。

1. 关联公司不得参加同一标段投标或者未划分标段的同一招标项目投标

2. 施工企业若想撤回已提交的投标文件，应当在投标截止时间前书面通知招标人

4.2.3.2 《必须招标的工程项目规定》

《必须招标的工程项目规定》由国务院批准，法律效力等同于行政法规。该规定主要规定了必须进行招标的具体项目范围，施工企业应当遵守，在该项目范围内的项目，应当通过招投标的方式承接。

4.2.4 施工企业项目承接应当遵守的主要监管规定

监管规定，亦称规章，包括部门规章和地方政府规章。施工企业所属建设工程行业，应当遵守主管部门制定的监管规定。

4.2.4.1 《建筑工程施工发包与承包违法行为认定查处管理办法》

该办法作为在建设工程施工发包与承包过程中认定和查处违法行为的监管规定，主要规定了违法发包、转包、违法分包及挂靠行为的认定标准和处罚后果，施工企业在项目承接过程中应当遵守，否则可能导致所签署的合同无效、遭到行政处罚，从而给企业造成经济损失。

4.2.4.2 《建筑工程施工发包与承包计价管理办法》

该办法主要规范建筑工程施工发包与承包过程中的计价行为，施工企业在项目承接过程中应当遵守，如：投标报价不得低于工程成本。

4.2.4.3 《中央企业合规管理指引（试行）》

该指引为推动中央企业全面加强合规管理建设而制定，要求中央企业应当加快建立健全合规管理体系。即便非中央企业，为了响应国家政策，保证企业在合法合规的良性道路上发展，也应当参照该指引加强自身的合规管理体系建设。

4.2.5 行业规范、准则

行业准则，是从事某一行业应当遵守的规定，可能是成文的规定，也可能是约定俗成的不成文规定。成文的规定一般由行业协会制定，要求会员必须遵守。行业准则不是法律法规，没有法律上的约束力。但是如果是强行性的行业准则也是必须要遵守的，否则可能遭到行业内部机构的制裁。项目承接活动作为施工企业一项重要的市场经营活动，应当遵守行业规范、准则。

4.2.6 企业章程、规章制度

4.2.6.1 公司章程

施工企业可以通过公司章程建立企业组织架构，并对项目承接活动进行有效管控。

1.明确规定企业经营范围

施工企业的经营范围，通过公司章程予以确定，是施工企业开展经营活动的边界，限定项目承接工作人员只能在企业经营范围内承接项目。

2.明确规定企业的组织架构

在不与《公司法》相违背的前提下，施工企业可以根据自身状况及需求设计各个机构的职责和权限，通过权责划分，确定施工企业在项目承接过程中的审批流程和审批权限，从而对项目承接活动进行有效管控，避免项目承接过程中的各种风险。

4.2.6.2 规章制度

施工企业的规章制度，是施工企业进行外规内化的重要工具，也是施工企业实现合规建设的重要工具。施工企业违反外部规定的法律后果由企业承担，但施工企业作为法律拟制主体，其对外所有行为都是通过其工作人员实施的，工作人员实施行为，法律后果由施工企业承担，这就造成严重的权责不对等，解决这种不对等的关键就是企业的规章制度。企业规章制度可以为员工制定行为准则及违反行为准则的后果，从而有效约束企业员工的行为，不仅能够降低发生违规事件的风险，在违规行为发生后，还可以通过向有过错员工追偿的方式降低企业损失，以及通过对违反规章制度员工的处理，优化企业员工队伍。比如企业规章制度明确规定禁止行贿受贿，一旦员工涉嫌行贿犯罪，企业能够证明属于员工个人行为，就有可能为企业免除刑事责任。

4.2.7 生效合同

一份生效合同，相当于在合同当事人之间建立一个"规"，当事人应当遵守，否则就会产生违约的风险或后果。施工企业在项目承接过程中需要遵守的生效合同不多，《民法典》第四百九十五条规定的预约合同当属其一。

4.2.8 国际条约、规则

国际条约，是国际法的首要渊源，是国际法主体间缔结的相互权利义务关系的书面协议。施工企业在境内的项目承接活动中需要遵守国际条约、规则的情况比较少，但需注意在购买使用境外设备的时候应当遵守与该设备相关的国际条约、规则。如果施工企业到境外开展业务、承接项目，应当遵守相关国际条约、规则。

4.2.9 风俗习惯

风俗习惯，是指个人或集体的传统风尚、礼节、习性，是特定社会文化区域内历代人们共同遵守的行为模式或规范，主要包括民族风俗、节日习俗、传统礼仪等。"百里不同风，千里不同俗"恰当地反映了风俗因地而异的特点。所以，施工企业跨区域开展业务，承接项目，应当了解和遵守各区域的风俗习惯，并予以遵守，才能够达到事半功倍的效果。

4.2.10 道德规范

道德规范是对人们的道德行为和道德关系的普遍规律的反映和概括。道德规范看似与经营行为无关，但是道德规范作为被社会大众普遍接受的行为准则，如果施工企业在项目承接过程中违背道德规范，可能会受到潜在的制裁和明确的负面影响。

4.3　施工企业项目承接的合规检查

4.3.1　加强施工企业项目承接的合规建设

施工企业项目承接的合规，应当是施工企业在项目承接过程中遵守党和国家的方针政策、法律法规、监管规定、行业准则和企业章程、规章制度以及国际条约、规则、生效合同、风俗习惯、道德规范等一切对其有约束力的行为规范。这些行为规范大致可以分为两类：一类是带有法律强制力和制裁后果的法律类规范，违反该类规范，有明确的惩罚后果；另一类是无法律强制力的规范，违反此类规范可能会导致施工企业做出错误的决策或者经营活动受到阻碍等负面后果。所以，项目承接活动作为施工企业一项重要的经营活动，施工企业应当依"规"对项目承接过程中的每一项活动进行合规检查，加强合规建设。

施工企业项目承接的合规建设可以从以下几个方面着手。

4.3.1.1　培养并强化项目承接工作人员的合规意识

施工企业负责项目承接的工作人员，常常认为，合规就是束手束脚，认为通过串通投标、行贿等手段就能成功承接项目，一旦合规，失去了这些违规方式，就可能丧失承接项目的机会，但他们却忽略了，即便通过违规方式能够成功承接项目，违规所埋下的隐患可能会给施工企业带来无穷无尽的风险和损害，一旦违规风险发生，爆发违规事件，企业所承担的经济损失、行政处罚、甚至刑事责任，有可能直接断送企业的生命。而且，长此以往，企业如果习惯了通过违规方式承接项目，会忽视企业自身能力建设，如此恶性循环，也难有长远发展。所以，培养并强化项目承接工作人员的合规意识非常重要，使其能够充分认识到合规建设对企业长远发展的重要意义，其才能够接受和配合企业的合规建设，并用合规的标准约束自身行为。而企业的行为都是通过每一个工作人员的行为展现，工作人员合规了，企业也就合规了。

4.3.1.2　对项目承接工作人员进行合规培训

施工企业项目承接工作人员，仅仅转变观念，认识到企业合规建设的重要性，还远远不够。合规，是对规范性文件的遵守，而规范性文件又是由一个一个行为规范组成的内容庞杂的体系，要求施工企业项目承接工作人员遵守，首先必须让其知悉这些行为规范的内容，以及因此确定的行为边界，所以，对项目承接工作人员进行合规培训尤为重要，不仅培训规范内容，同时也能够通过培训培养和加强项目承接工作人员的合规意识。

4.3.1.3　将遵守合规要求纳入项目承接工作人员的绩效考核指标

对企业员工的合规绩效考核是合规管理的重要组成部分。特别是对于合规文化尚不成熟、长效合规机制还未形成的一些企业，通过合规绩效考核机制来提升合规执行力尤为重要。任何一项规章制度的有效执行，都需要正面激励措施和负面惩戒措施的有效保障，员工绩效考核制度在实现这样的保障方面可以发挥重要作用。施工企业在项目承接过程中应当建立对项目承接工作人员的合规绩效考核机制，将遵守合规要求的情况纳入员工绩效考核指标，对在合规工作中表现突出的员工给予奖励，对于出现违规情形的员工，在绩效考核方面给予相应的负面评价，同时，制定严格的合规责任追究制度，只要发现违规行为出现就要及时依照合规制度进行惩处，达到一定的警示作用，避免同类失当行为再次出现。

4.3.2 在项目承接环节建立内控机制

企业内控，是内部控制的简称，是指企业内部的控制运作。内控管理是企业为保证经营管理活动正常有序、合法运行，采取对财务、人员、资产、工作流程实行有效监管的系列活动。企业内控要求对企业员工、工作流程、资金流、物流的有效管控，建立对企业经营活动的有效监督机制。企业内控涉及企业经营管理活动的方方面面，具体到施工企业项目承接环节，建议可以从如下几个方面着手建设。

1. 建立健全项目承接部门组织架构，明确岗位职责

企业行为是通过人的行为表现的，而人所处的岗位，岗位对应的职责，决定了人的行为标准。施工企业在项目承接部门建立明确的组织架构，每个岗位、每个人都能够职责明确，是对人的行为进行有效控制的基础。

2. 通过对项目承接业务流程的梳理找出风险点

如果施工企业尚未建立完善的合规体系，准备做项目承接环节的合规建设，建议可以先从梳理业务流程，查找风险点开始，找到风险点，找到引发风险点的原因，有针对性地进行规范和管理。

3. 制定业务流程管理制度，实现外规内化

找到风险点以后，需要制定相应的业务流程和管理制度，对风险点进行管理。制定管理制度参照的是外部的规，制定管理制度的过程，也是外规内化的过程，将外规内化成企业的管理制度，遵守管理制度的过程，就是遵守外规的过程，也是达到合规目标的过程。

4. 根据主要风险点建立内控机制

通过岗位职责明确、业务流程梳理，找到风险点，制定管理制度对风险点进行管理和控制，只是一个个零散的控制风险环节，而企业的业务流程，即便局限到项目承接这一个环节的业务流程，也是一个体系化的系统工程，将一个个控制风险点的环节进行有机联动，使其成为相互联系、相互配合的控制体系，从而建立内控机制，才最终实现了施工企业的合规建设。

第5章　施工企业合同管理的合规风险与管理

2018 年 3 月，被告单位 A 建设公司的法定代表人臧某，与被告人杜某经共同商议，由杜某代表连云港某花园工程的总承包方 B 建筑公司，与被告人臧某所代表的被告单位 A 公司签订虚假的某花园小区二期工程承包合同，用以造成被告单位 A 公司已取得了涉案花园小区二期工程承包权的假象，然后双方对外谎称该公司可以将该工程对外分包。在取得被害人信任后，通过与被害人签订分包工程合同，分别收取工程履约保证金的方式，骗取被害人财物共计人民币 74.27 万元。

后被害人举报案发，法院认定被告单位 A 建设公司、杜某以非法占有为目的，在签订、履行合同过程中，骗取对方当事人财物，数额较大，应当以合同诈骗罪追究其刑事责任。被告单位 A 建设公司、杜某共同实施故意，系共同犯罪，被告人臧某作为被告单位 A 建设公司的法定代表人，并具体实施了犯罪行为，应当以被告单位犯罪的责任人员追究其刑事责任，均依法应当判处三年以下有期徒刑或者拘役，并处或者单处罚金。

法院最终判决：一、被告单位 A 建设公司犯合同诈骗罪，判处罚金人民币 30 万元。二、被告人臧某犯合同诈骗罪，判处有期徒刑二年，并处罚金人民币 5 万元。三、被告人杜某犯合同诈骗罪，判处有期徒刑二年，并处罚金人民币 5 万元。四、责令被告单位 A 建设公司、杜某于本判决生效后十日内退赔被害人经济损失。

合同作为企业对外开展经营活动的重要载体，其签订履行对企业生存发展具有重大影响。本案中，经济合同却成了不法当事人"空手套白狼"的敛财工具，社会影响恶劣。最终相关责任人均被绳之以法，而且单位与负责人个人双双遭受刑罚制裁。这无疑令人深思。如何有效防控合同合规风险，牢牢抓好合同管理这一重点领域、重点环节，值得我们的企业高度重视并认真对待。

5.1　施工企业合同管理合规风险识别与合规建议

对于建设工程施工合同需要关心的核心条款主要包括：建设工程的当事人和合同效力、工程概述（名称、地址）和工程范围条款、工期条款、工程质量条款、工程价款及结算条款、工程竣工验收条款、工程质量保修条款、违约责任条款及索赔条款等。其中，最核心的是对有关合同效力的工程范围、工期、质量、工程价款及结算和竣工验收条款的审查，因为这几个条款是施工合同最核心、最重要的内容。下文将从静态审核和动态履行两个角度出发，对合规风险进行简要分析。[①]

静态的建设工程施工合同法律风险

5.1.1 合规风险之一：不法分子虚构工程项目，以收取报名费、合同履约金等方式骗取施工方钱款，构成合同诈骗罪

1.典型案例[②]

自 2010 年以来，被告人张某、陈某、贡某等人在没有建设资金、无法履行合同的情形下，以先后成立的数家公司为平台，虚构相关工程建设项目，通过收取报名资料费、签订合同、收取合同履约金等方式骗取相关人员钱款。在此过程中，被告人陈某、贡某、夏某、杜某 1、蒋某相继加入，同样共同骗取准备承建工程的相关人员或者单位的财物价值共计 2000 余万元。法院判决认为，上述被告人明知没有建设资金、无法真正履行合同，仍以建设相关工程为由，虚构事实、隐瞒真相，在签订、履行合同过程中，骗取对方当事人财物，数额特别巨大，其行为均构成合同诈骗罪。被告人张某、陈某、贡某、夏某、杜某 1、蒋某共同实施骗取对方当事人财物的行为，系共同犯罪；被告人张某、陈某、贡某在共同犯罪中起主要作用，是主犯；被告人夏某、杜某 1、蒋某在共同犯罪中起次要作用，是从犯，依法应当从轻或者减轻处罚。依据《刑法》第 224 条第 5 项等之规定，以合同诈骗罪判处被告人张某有期徒刑 15 年，并处罚金人民币 150 万元；以合同诈骗罪判处被告人陈某有期徒 9 年，并处罚金人民币 40 万元；以合同诈骗罪判处被告人贡某有期徒徒刑 14 年，并处罚金人民币 100 万元；以合同诈骗罪判处被告人夏某有期徒刑 8 年，并处罚金人民币 30 万元；以合同诈骗罪判处被告人杜某 1 有期徒刑 5 年，并处罚金人民币 10 万元；以合同诈骗罪判处被告人蒋某有期徒刑 8 年，并处罚金人民币 30 万元；责令上述被告人在各自犯罪数额内连带退赔被害人损失。原审被告人贡某、杜某 1、蒋某不服判决，提出上诉。二审江苏省高级人民法院驳回上诉，维持原判。

2.合规分析

项目的可行性分析是施工企业必备的内容。施工企业在承接一项工程项目前，应首先核实项目真伪，能否承接如何报价等。如针对该项目发布的招标信息，应通过各种渠道对工程的项目前景进行调研分析，分析项目的地理位置（一般太偏远的私建项目风险较高）、项目工期要求、质量标准、发包单位以往信誉情况、工程建设资金来源等多方面信息。现在随着信息数据化的不断提升，各种第三方平台提供的信息内容已经非常全面准确，前期一些调研信息可以借助第三方平台予以查询。

---

① 雷霆. 合同审查精要与实务指南. 北京：法律出版社，2018：315-316.

② 江苏省高级人民法院（2017）苏刑终 302 号，常设中国建设工程法律论坛第十一工作组：《建设工程施工企业从业人员刑事法律责任及风险防范》，法律出版社 2020 年版，第 89 页.

3. 合规建议

施工企业在签订合同前，应对相对方的主体信息进行严格审查，如借助第三方平台（如企查查、天眼查等）以及官方渠道（如执行网、失信信息网、裁判文书网），对合同相对方主体进行如下方面的信息查询调查：

（1）履行能力审查，看是否涉及重大诉讼纠纷，有无执行案件、失信记录等信息。在现实环境中，经常会遇到一些投资金额大招标投标信息诱人的项目，但经信息查询发现其发包人已经涉及众多诉讼纠纷，甚至已被列为失信人，明显已不具备履行能力。还有一些项目的发包主体，工商信息经查询为刚注册成立的空壳公司，经过对其股东的查询，发现其股东已不具备履约能力或者股东自身的经营规模较小履约能力有限，在此背景情况下应选择慎重签订合同，否则在项目建设过程中极易出现资金问题，造成工程项目停工或者烂尾的风险。

（2）项目前景信息和合同相对方以往业绩审查

项目前景对于日后工程款回收具有重要的保障作用，尤其是对于房地产项目，项目的地理位置、所在城市的购买力等。一个项目如果前景好，后续工程款回收将不会存在太大问题，除非甲方业主单位出现严重的资金问题导致项目资金被占用。另外，还应对合同相对方以往业绩予以调查，通过对以往业绩的分析综合判断合同相对方的管理能力和履约能力。

在获取以上各项评估信息后，由施工企业合同合规管理部门牵头，结合其他对应职能部门的合规意见出具统一的合同评审意见，组织项目部和公司领导进行沟通决策。对于存在有重大风险或分歧的评审意见，应组织项目部与发包单位进行二次谈判或者进一步予以核实确认调研信息，以决定建设工程项目是否承接，并与对方签订合同。

5.1.2　合规风险之二：施工合同签订主体不完全、不准确导致承包人工程款难以回收的风险

1. 典型案例

典型案例 1：某房地产项目由 A、B 二家单位合作开发，其中 A 出地，B 出资。以 B 一方与施工单位签订施工合同。工程竣工验收合格后，B 拖欠工程款不还。施工单位以 B 为被告诉到法院，法院判决施工单位胜诉。但 B 已经无清偿能力，随后施工单位起诉 A，要求 A 承担连带清偿责任，法院以 A 不是施工合同当事人，A 对 B 的工程欠款连带清偿责任于法无据为由，判决施工单位败诉。

典型案例 2：某政府投资项目，授权一家国有公司 A 代签施工合同并履行合同，授权委托书中载明代理人的权限为在工程总投资 5000 万元的范围内，代为签订并履行合同。A 以自己的名义与施工单位的合同中约定，工程投资暂定为人民币 5000 万元，如有增派，据实调整。项目施工完毕后，经决算工程价款为 6700 万元。政府部门在支付了 5000 万元之后，以其余款项超过授权范围为由拒绝付款，而代理人也因长期经营不善而宣告破产，

施工单位 1700 万元欠款无法受偿。

2. 合规分析

合同当事人主体适格，是合同有效成立的前提之一。合格的主体，应当具有相应的民事权利能力和民事行为能力。作为施工企业从事各项工程建设是需要相应的资质证书的，如果施工企业在签订合同时，没有对施工合同中的主体内容进行详细的审查，例如承建单位资信状况、主体资格、资质等级、经营范围以及履约能力等[①]，发包人同样需要相关资质。且需要审核发包人的融资能力以及付款主体。案例 1 为发包人资格不完全给承包人带来的风险；案例 2 为业主设立复杂的代理关系，导致合同主体模糊给承包人带来的风险。

3. 合规建议

积极核实项目的实际投资主体以及发包人的诚信度、履约能力。如某些公司存在数层结构的母子孙结构，应尽量避免与单独的空壳项目公司签订合同，宜将背后投资主体作为签约人或者连带付款责任人追加进合同中来。核实母公司是否存在抽逃出资等行为。签订合同时尽量避免放弃停工权、费用索赔权、优先受偿权等足以影响施工方实质性利益的权利。

5.1.3 合规风险之三：招标文件与合同文件不一致时的法律风险

1. 典型案例

某民营项目业主采取了招投标形式选择施工企业，最终由 A 施工企业成功中标。招标文件里以 5% 的幅度作为价格调差的内容，对此，施工单位也予以了响应。但在双方签订的中标合同中却约定"一切人材机的涨价风险由施工企业承担"的条款。施工企业未予审核就草草签约盖章，并同步进场施工。之后因材料大幅度上涨，施工单位采取停工措施并要求业主单位予以调差。项目业主则以中标合同的上述条款作为拒绝调差的依据，施工单位则要求按照招标文件的调差条款进行执行。对此，双方产生了严重的争议分歧。

2. 合规分析

现有施工企业普遍存在缺乏专业管理人员，管理人员合约管理素养不高，甚至公司领导也不太关注合同风险控制的情况，企业的重心多在于项目承接业务上，合同合规管理意识不强，对于合同合规审查并不重视，合同合规管理工作流于形式，企业内部各部门之间并未形成有效的沟通联系。或者即使建立了齐全的合同管理制度，有规范的合同审批流程，但是在实际操作过程中各部门只是分别合同审查，部门间的审核意见未统一并反馈给项目部。

目前大部门施工企业模式还是由项目部自行招揽承接业务，施工企业内部和项目部之间缺乏联系沟通，导致合同合规的关键成果最终无法予以落实，尤其是面对总承包施工合

① 秦艳萍. 施工企业合同管理法律风险及防控措施. 企业改革与管理，2016 年 11 月，第 207-208 页.

同，有着相当繁多复杂的合同条款，加上甲方的强势地位，更加会将合同合规审查流于形式，应项目部要求未能强制其修改合同或根据主观决策达成合同签订的局面。如果施工企业管理者不重视事前预防，主张先进场施工后再协商解决争议问题的经营想法，结果进场施工后才发现合同条款存在很多模糊不清的约定（如施工范围约定不明、结算条款约定不明等）或者对其自身不利的条款（如放弃工程优先权、违约责任过重等），到时再想提出变更主张则会非常被动。本案从招投标阶段到合同签订过程的把关，不经意间变动了合同实质性条款的内容。最终引发法律纠纷，给施工企业带来不利的后果。

3. 合规建议

结合招标投标文件等内容，加强对合同文本条款的审查与制定。

在实际工作中，施工企业合同（尤其是总承包合同）的签订承包方经常处于弱势地位，发包方在合同条款中规定众多对自身有利的条款，使得施工企业的权利无法得到合理保障。因此，应对合同文本中的重要条款予以审查，如合同计价条款（明确合同计价方式、计价依据、变更如何计价等）、具体施工范围、质量标准（明确施工质量标准、验收标准）、工期要求（明确工期起算点）、付款条款（付款节点、付款方式）、竣工验收条款（验收条件）、违约责任、通知送达条款（明确各方收件信息）、有无优先权放弃以及争议解决条款，对合同条款表述不准确以及权责不均等条款提出合理的评审意见，就不利条款约定尽量与发包方协商，做到公平合理，力争将风险降到最低程度，便于为日后权利的主张提供合法的依据基础，以维护施工企业正当合法权益。对于特别复杂的施工合同，必要的时候还可以聘请外部专家一起参与合同评审。另外，对于施工企业自身作为发包单位的项目（如各项分包业务），施工企业应按照以上重要条款进行设计制定合同文本，合同文本各项内容约定明确，降低可能发生的合同风险，充分调动分包单位工作的积极性。

5.1.4　合规风险之四：当事人未约定实际履行哪份合同，且无法确定实际履行的合同时，以数份合同差价分摊责任进而削减应付工程款

1. 典型案例

2009 年 9 月 28 日，建设单位组织对案涉工程结构和电气施工图纸进行了四方会审。在履行招投标程序之前，施工单位已经完成了案涉工程部分楼栋的定位测量、基础放线等工作。

2009 年 12 月 1 日，经履行招投标程序，该施工单位确定为涉案住宅工程项目的中标人，招标文件载明合同价款采用固定总价方式。12 月 28 日，双方签订中标合同，约定该住宅工程的承包范围、合同价款等，并约定"合同价款采用固定总价方式确定"，"除设计变更现场签证之外，均包括在合同总价之内"，"风险范围以外合同价款调整方法为由发包人、承包人及监理单位三方签证按总价下浮 3% 进行调整"；专用条款第 28.1 条约定，"承包人采购的材料、设备均应符合国标及设计要求，主要材料及新型材料由发包人认质认价。"

法院经审理认为，涉案工程属于应当招标而违法招标，因此中标无效。中标合同签订时间为2009年12月1日，《补充协议》签订时间为同年12月28日，两者仅相隔20天。实际施工范围与两份合同约定并非完全一致。从约定结算价款而言，中标合同约定固定价，《补充协议》约定执行河北省2008年定额及相关文件，建筑安装工程费结算总造价降3%，并约定价格调整、工程材料由甲方认质认价。综上分析，当事人提交的证据难以证明其主张所依据的事实，鉴于当事人对于实际履行合同并无明确约定，两份合同内容比如甲方分包、材料认质认价在履约中均有所体现，故无法判断哪份是实际履行的合同。在无法确定双方当事人真实合意并实际履行的合同时，应当结合缔约过错、已完工程质量、利益平衡等因素，由各方当事人按过错程度分担因合同无效造成的损失。法院认定本案中无法确定真实合意履行的两份合同之间的差价作为损失，基于建设单位作为依法组织进行招投标的发包方，作为对于招标投标法等法律相关规定也应熟知的具有特级资质的专业施工单位的过错，结合本案工程竣工验收合格的事实，由发包人与承包人按6：4比例分担损失。

2. 合规分析

在必须招标投标项目中，当事人基于某些特殊的考量可能会采取未招先定的手段，提前锁定承包人。这种情况下，施工合同虽然无效，但是根据施工合同司法解释的精神，在工程验收合格情况下，仍然会参照无效合同中的结算条款计算工程价款。但是在违法招标或者中标无效的前提下，工程前后签订的数份合同也归于无效。如何锁定实际履行的合同，无疑成为审判实践的关键。如前述案件中，双方未招先定的行为已经违反《招标投标法》规定，导致合同无效，双方在中标后又签订的补充协议，将中标合同中的固定总价合格变更为可调价，更加符合当事人的真实意思表示。双方通过合同变更的轨迹由此可见一斑。对施工单位亦更为有利。

本案中，由于两份合同都有履行的痕迹，当事人无法举证补充协议实际为变更前中标合同的情况下，就存在实际履行合同辨别的困难。最终以两份合同差价根据过错比例分配，实际上最终削减了施工方实际应得的工程款。

3. 合规建议

施工单位必须重视施工合同的动态履行过程，在签订补充协议时候，务必明确该后协议与前协议之间的关系，究竟属于针对实际性内容的部分变更还是针对前协议未尽约定（或约定不明）的漏洞进行补充。此外，施工单位应当积极固定证据，切实地证明双方最真实意思表示并且付诸实际履行的核心协议是哪一份或者几份，从而争取对本方较为有利的结算条款、结算计价规则以及付款条件。

5.1.5 合规风险之五："工程价款及结算条款"约定不明的法律风险

1. 典型案例

某建筑公司承建了某市的办公大楼，《施工合同》专用条款中的第八条和第九条的内容。第8条："工程变更，按通用条款执行，并由发包人、设计院、监理公司及承包商四方签字认可后生效。"第 9 条："竣工验收及结算按通用条款执行，最终按发包人委托的中介审计机构审定的结算额结算。"在最终结算审计合同外的工程价款部分时，业主提出对已经由业主、设计院、承包商、监理公司四方签字的变更签证进行重新审计，理由是根据上述专用条款第 9 条。这实际上是由于合同条款前后矛盾不一致引起的合同纠纷，第 8 条中已经说明由业主等四方签字认可后生效，但第 9 条实际上却隐含了最终的中介审计机构可以推翻上述四方签字认可的条款。

2. 合规分析

施工合同最常见的纠纷就是对工程价款与结算的争议。建设工程价款结算，通常是指对建设工程的发承包合同价款进行约定和依据合同约定进行工程预付款、工程进度款、工程竣工结算的活动。由于任何工程在施工过程中都不可避免涉及变更、现场签证和材料差价的发生，所以均难以"一次性包死，不作调整"。合同中必须对工程价款、价款调整的范围、程序、计算依据和设计变更、现场签证、材料价格的签发、确认作出明确规定。一般工程价款及结算条款包括四个部分：工程价款的计价方式、工程价款的计价方法、工程价款支付安排以及竣工决算和结算。

工程的计价方式直接决定工程款的结算。如果是招投标的工程，首先要审查合同的计价方式是否与招投标文件一致。如果一致的话，则需要关注合同价款确定的具体方式。此外，还需要注意因设计变更、工程质量标准或其他实质性变更而需要调整工程价款的情形。因此，在合同约定中需要加入有关工程价款调整情形、调整方式等条款。根据《建设工程司法解释（一）》第十九条规定，如果合同中没有对设计变更的约定，或者有约定但不明确又不能协商一致的，可以参照签订建设工程施工合同时当地建设行政主管部门发布的计价方法或者计价标准结算工程价款。工程进行到竣工结算的步骤时，施工企业就成功了大半。但是，实践中存在大量合同由于竣工结算条款约定不明确，导致发包方无限期拖延结算，给承包方造成重大损失。

3. 合规建议

加强合同审核。要求竣工结算条款的约定要明确。首先，竣工结算的程序要明确。一般的竣工结算程序是"承包方提交竣工结算文件—发包方及监理审核—审核无异议，在规定时间付款"，有些合同还约定发包方和监理审核完毕之后需要经过会计师事务所审核。其次，各审核环节的时间要明确，不能因时间约定不明确导致发包方无限期拖延审核。最后，善于设置并利用"送审价为准"的条款。如合同条款可以约定："发包方在合同约定的审核时间内未完成审核或未提出异议的，视为对竣工结算文件的认可。"这样，只要承包方能够在提交竣工结算文件时保存证据，就可以防止发包方拖延结算，并在出现拖延结算的情况下通过诉讼主张工程款。这一约定已在《建设工程司法解释（一）》第二十一条中得到体现。[①]

---

① 雷霆. 合同审查精要与实务指南［M］. 北京：法律出版社，2018：341-345.

动态的建筑工程施工合同法律风险

施工合同的履行是双方对合同中的相关内容给予保障和落实的重要基础。因此，该环节对于整个工程的建设来说是非常重要的。为此，双方的人员应该对此给予明确的落实与履行。施工单位在实际的履行施工合同的过程中，如果不对合同的执行和管理给予有效的控制，就会造成施工合同的执行没有到位、不够规范，对各类合同文件和资料的管理效果也不好，从而严重地影响了合同的实际执行效果。[①] 因此，下文将主要对合同管理制度、合同的不当变更、往来资料保管缺失、相关手续及权利行使可能导致的法律风险进行简要分析。

5.1.6 合规风险之六：合同交底制度不完善导致的法律风险

1. 典型案例

湖北省某教学住宅楼项目（建筑面积 $14400m^2$，14 层框架剪力墙结构）的施工合同履行中，由于承包商缺乏合同意识，未做事先的施工合同交底。内部各个部门对合同的执行及变更都一无所知，忽视了施工合同中对施工单位较为苛刻的条款。后来业主抓住承包商工程施工过程中的一些质量问题结合合同条款大做文章，导致施工单位进度缓慢，进度款申请一再迟延。同时，监理工程师又无故拖延施工方报送的各种签证和各种隐蔽工程验收报告，使得施工方的处境十分被动，对业主和监理工程师的各种不规范行为束手无策，项目经理被换了几次，最后工程勉强做完，业主却以工程质量存在隐患为由拖延付款。

2. 合规分析

在施工企业的项目管理中有多种交底，施工企业惯常的做法是重视诸如技术交底、安全交底等，但忽视施工合同交底或者流于形式，并且多认为是合约部门的责任，缺乏系统性管理意识以及执行力。事实上，施工合同的签订抑或履行是一个动态化的过程，施工合同的诞生本身就是招标投标过程博弈的结果，涉及商务文件、技术文件以及答疑澄清、图纸等，可谓一个有机体。且涉及多个部门多状况，包含了承发包双方的权利义务责任的详细内容以及边界。只有综合研究合同条款，明细各自权利义务及责任，才能趋利避害，实现合同目的。从上述案例的教训中可见，合同管理对于施工企业维护好自身的合法利益的重要性，而合同履约管理的第一步工作就是合同交底制度的建立及执行。

3. 合规建议

施工企业应当建立内部合同交底制度并贯彻执行。

施工企业应当建立内部合同交底制度。在合同签订完毕后，及时组织相关部门和人员，深入分析研判合同内容，归纳履约管理的要点。合同交底的内容包括对相关招标投标文件（含答疑内容）、合同以及补充合同、图纸等文件内容进行针对性的二次提炼。

---

① 王佳平. 建筑施工企业合同管理法律风险及防控措施探究［J］. 中国市场，2017，12：264-265.

同时，施工合同交底也是施工企业在履行合同义务过程中企业内部对相关权利、责任、义务的职责分配工作，最终落实到部门及个人，形成有机配合的联动效应。

合同管理部门起草合同交底文件，内容包括双方的权利义务、合同范围以及施工企业违约的风险及责任等。合同交底应当由合约部牵头，成本部、技术部以及现场项目部主要人员等共同参与。通过细致的合同交底，使得一线项目部负责人等主要管理人员充分知悉本合同的承包范围、工期、质量以及违约责任等主要内容，进而识别本工程履约中的潜在风险和机会。以施工合同等作为工程管理的手册，人手一册，随手翻阅。既要规避注意潜在风险，又要善于发现并抓住索赔、变更等机会从而创造效益、增加价款。①

5.1.7 合规风险之七：合同不当变更导致的法律风险

1. 典型案例

2014 年 2 月，发包人与承包人签订《建设工程施工合同》一份，约定承包人承建某商务大厦幕墙门窗工程，月进度款按照报审价的 70% 支付等。承包人进场后发现，发包人因拖欠工程款导致总包停工。但在发包人的一再保证下，承包人开始垫资施工。涉案幕墙工程材料铝型材，由于原定"广东兴发"品牌的厂商需要款到发货，而施工单位的常年合作单位安徽"生信"品牌厂商可以货到付款。施工单位为了减轻垫资压力，经与建设单位代表充分磋商，建设单位负责人同意将铝型材品牌从广东"兴发"变更为安徽"生信"。施工单位代表多次提出要签订变更联系单，建设单位代表以双方合作互信为由拖延。2017 年涉案工程幕墙上墙施工至 85%，由于施工单位多次催促支付工程款未果，因此起诉至人民法院。

发包人提出反诉主张承包人质量违约，根据合同约定"实际采购的材料与本合同附件中约定的材料要求不符合时，除非发包人另有要求时除外，否则承包人应按要求负责更换，并由承包人承担发生的费用，由此延误的工期不予顺延"，由于现场铝型材品牌与合同以及招标投标文件不符合，据此要求拆除更换，并保留追索工期违约责任的权利。法院最终认定支持了发包人的诉请，承包人拆除铝型材并安装广东"兴发"品牌铝型材。由于承包人严重违约，因此付款条件不成就。

2. 合规分析

变更合同是指当事人对已经发生法律效力，但尚未履行或者尚未完全履行的合同进行修改或补充所达成的协议。在合同履行过程中的变更，虽经双方同意，但必须签订书面变更合同。《民法典》第 543 条："当事人协商一致，可以变更合同。"第 544 条规定："当事人对合同变更的内容约定不明确的，推定为未变更。"可见，合同变更需要很强的证据予以证明。作为补充或作为变更书面合同依据予以保护，否则易引起违约的企业法律风险。如果未采用书面形式变更合同或者变更合同的内容不够明确的，则可能会在履行合同中对

---

① 参见蓝仑山. 建设工程施工合同法律实务［M］. 北京：法律出版社，2010：40-41.

合同是否变更产生纠纷，一旦发生争议诉至法院，给诉讼证据的收集提供造成困难，并因此可能被视为合同未变更，而必须按原合同约定进行履约，从而给施工企业造成损失。由于工程项目的复杂性和工程项目施工的长期性，合同执行过程中涉及的工程变更实属正常，但是不少施工企业履约管理人员没有意识到变更合同对施工企业的重要性，缺乏及时变更合同并予留痕的意识，导致合同与实际情况存在差异。

作为承包方的建筑施工企业，更重要是为了维护自己的合法权益，关键在于变更要及时。尤其是业主对自身原因引起的工程量变化，工期的顺延均不出具书面变更，其目的显而易见。甚至有的工程由于村民的阻挠，道路不得不进行改线，由于改线会增加施工成本，施工企业向业主申请变更，业主只是默许改线，但不出具变更书面协议，明显是不承担变更增加的费用。如果承包商在施工中提出了关于设计更改、材料设备换用的合理化建议，经业主工程师同意的可以变更，但如未经工程师同意擅自变更的，即使是合理的，承包商也要对此赔偿损失，且不顺延工期。在变更程序上的疏忽，容易导致业主的反索赔。

3. 合规建议

合同变更导致合同文件前后不一致的情况也会给施工企业带来风险。关于工程洽商、变更等方面的书面协议和文件在合同文件中具有最高效力，且原则上，签署在后的协议和文件效力高于签署在先的。如果工程管理人员在整个合同执行过程中，签署文件时出现了与早期文件不一致而且不利于自己这一方的内容，就会带来额外的损失。[①] 因此，务必重视施工合同的变更，采取联系单、补充协议、会议纪要等多种书面形式明确载明变更合同的具体内容。防止变更书面手续的缺失或者变更内容的未臻明确而视为未变更，甚至构成根本违约。

5.1.8 合规风险之八：合同往来材料丢失导致结算困难的风险

1. 典型案例

某国企在云南中标某光伏项目，在工程做到三分之一时发现业主资金链断裂，因此停工，后进行对账，业主方以资料不齐为由要求该国企多次补充材料，双方经过多轮对账始终未能确定已完工程结算总价。最后该国企施工单位向法院提起诉讼。诉讼中代理律师发现，结算资料只有复印件而没有原件。原来在之前双方对账过程中，应业主方结算部门要求，施工单位将所有相关结算资料的原件提交给了对方，且没有任何书面签收材料（列明明细）。诉讼中业主方又一概否认设计变更以及由此造成的工程造价的签证情况，导致价与量无法确认。而该项目又处于山坡地带，现场因日晒雨淋、台风诸多而破坏严重，无法通过鉴定现场清点等形式固定工程量。最终该施工企业只能以需要补充证据为由申请撤诉。

---

① 余光秀. 建筑施工企业合同管理的风险分析及预防［J］. 中小企业管理与科技, 2010, 34: 19.

2. 合规分析

打官司就是靠证据，合格有效的证据必须是原件，而且与事实有关、有盖章和（或）签名、有明确内容、未超过期限的。不具备法律效力的书面证据只是废纸一张。[①]有些企业的现场管理人员对此并不重视，从合同订立、履行到终止过程中产生的往来资料都没有得到足够的重视。在施工过程中忽视资料管理工作，一旦出现合同纠纷，施工企业常常就会因为没有足够的证据而遭到败诉。像本案中的施工企业，就在于平时没有做到工程资料的一式几份多份原件的备存，以至于在对账过程中又全部上交而没有留底，提交资料没有清单签收，导致一旦争议发生，处处陷入被动。

3. 合规建议

建议施工企业建立合同管理制度，对履约相关资料、档案建立系统制度，编排序号，保管妥当。施工企业一定要高度重视合同管理，重视原件的存档管理，且将存档管理及保存工作保持长时间的阶段，贯穿始终。不管是在签订合同前，还是项目施工中，抑或是项目结束后。

5.1.9　合规风险之九：应当行使的权利没有正确、及时行使的法律风险

1. 典型案例

北京某集团公司诉北京某科技发展公司的索赔争议案中，原告北京某集团公司提出了十余项索赔要求，金额近千万元，其若干索赔要求，因其提出索赔的时间超过了合同规定的索赔期限而被法院认为索赔无效，最终仅获得80余万元的索赔款。该案中原告提出，被告逾期未支付工程款的违约行为是持续的事件，只有该事件结束时才能评估具体的损失。原告主张其提交索赔报告的时间超过了按事件发生时间起算时间，但并未超过该事件结束时间的起算期间，由此认为索赔要求并未超过索赔时效期间。但是法庭指出，被告拖欠工程款是一个持续的事件，甚至在争议提交法庭时，事件仍有可能处于继续状态，如果按原告的逻辑，索赔时效期间甚至还不能开始计算。其索赔要求甚至还不能提出，显然申请人的理由是自缚手脚，不能成立。

2. 合规分析

我国《民法典》合同编针对在合同履行过程中出现的明显履约风险，赋予合同当事人三项自救性质的措施，分别是同时履行抗辩权、后履行抗辩权和不安履行抗辩权。但大多数施工企业并不会正确、有效地行使，甚至生怕得罪发包人而根本不敢行使。比如发包方不按合同约定支付工程进度款，施工企业可以行使抗辩权主张停工，但施工企业没有行使，背后是基于担心单方面停工要承担违约责任（如施工合同中约定不得停工等苛刻约定），结果客观上造成了垫资施工，发包方的欠款数额愈来愈大，问题更难解决的局面。此外，通常情形，合同索赔只有在施工合同约定的索赔时效内才为有效。即施工企业应当

---

① 谢瑞通、韩建平. 建筑施工企业合同管理的几点思考［J］. 甘肃科技，2009，25（1）：105-108.

在合同条款要求的时限内提交书面索赔通知，并按施工合同中索赔程序规定的时限报送索赔证据资料和索赔要求的其他内容。索赔方如不严格遵守索赔时效的规定以及索赔程序，逾期提出索赔要求，其主张将很可能得不到法律支持。

3. 合规建议

在合同履行过程中，应及时对合同履行情况进行定期跟踪，及时掌握工程项目的建设情况，定期形成管理报告并汇报给合同合规管理人员，对于涉及有重大风险的，应快速应对并采取相应措施。建议强化合同履行的动态管理。在充分掌握施工合同的内容情况下，依法按约行使法定权利或者合同权利。抓住索赔（含工期以及费用）机会，严格按照法律或者合同约定的时限、程序等进行书面索赔并有效送达。同时对于变更或索赔需要涉及的项目资料（如文件资料、施工日志、监理记录、现场照片、会议纪要等）进行全过程收集和记录，并形成最终书面签证资料或索赔文件，向合同相对方主张，定期将以上工作履行情况汇报给施工企业管理部门。

5.1.10 合规风险之十："印章滥用和私刻"的合同法律风险

1. 典型案例

江西某企业所承包的施工项目依照工程需求设立工程项目部门，并且派遣专业人员实施全方位管理，但是并没有刻制项目部的印章，在工程施工一年以后，法院向该企业进行了传唤，一名张某人将该企业上告法院，主要目的是索要欠款。但是该企业并没有向张某借过资金，在经过详细的调查后发现是项目负责人以项目部名义借钱，并且使用了该项目部的项目印章，但是该企业认为借款属于项目部负责人个人的借款行为，与企业无关，因为企业并没有刻制关于项目部的印章，因此认为属于无效行为。但是法院认为该企业难以证明项目部的印章属于私自刻制，同时借款方对该情况属于不知道状态，因此最终判断借款资金应该由该企业承担。因此对于施工企业来说，其设置的分公司和项目部中出现的滥用和私刻印章行为存在一定的法律风险。

2. 合规分析

企业法人的意思表示是依靠盖章行为对外作出的，施工企业的印章管理及使用历来是个重点合规问题。依照相关法律法规的规定和要求，有关企业主体要想进行印章的刻制，需要获取有关主体部门出具的证明，并携带相应的批准文书向当地的公安机关进行申请，申请手续得到批准后，由当地公安机关进行刻制和发放，并且刻制印章的企业主体携带印章到相关部门进行备案，待相关部门批准后才能够进行使用，所以，企业的印章刻制程序是受到法律的明确规定和要求的。但是依照实际情况分析，部分企业在设置分公司和开发项目过程中，存在私刻印章的情况。九民会议纪要精神，确定了"认人认章"的司法裁判规则，因此需要规制用章及用章人的对外授权，防止表见代理的发生。

3. 合规建议

施工企业涉及的印章种类繁多，除了施工企业自身的印章（如公章、法人章、合同章、财务章等）之外，针对项目用章还会存在项目章、技术章、资料章等。一般施工企业自身的印章管理较为完善，有专人管理并且需要经过用印审批之后才能盖章，但是随着施工企业规模的扩大，承接项目也随之增多，将全部项目章都归到施工企业自身进行管理，则工作量将会过大。同时，项目部印章的使用频率很高，如果每个用印都需要进行审批，势必会影响效率。反之，如果将项目印章全部放任由项目部自行管理，则会产生滥用印章的风险，对施工企业构成合同表见代理或职务代理的法律风险。因此，施工企业应结合项目的重要性、每个项目部管理能力来决定印章的授权使用范围。此外，还应在对外合同文本中明确项目印章的使用范围以及在刻制项目印章时明确具体用途权限内容。

5.2　施工企业合同管理合规依据

5.2.1　法律及司法解释

1.《中华人民共和国民法典》（简称《民法典》）（中华人民共和国主席令第 45 号发布）

第 469 条【合同订立形式】、第 470 条【合同主要条款与示范文本】、第 490 条【合同成立时间】、第 492 条【合同成立地点】、第 493 条【书面合同成立地点】、第 497 条【格式条款无效的情形】、第 498 条【格式条款的解释】、第 500 条【缔约过失责任】、第 502 条【合同生效时间】、第 503 条【被代理人对无权代理合同的追认】、第 504 条【越权订立的合同效力】、第 505 条【超越经营范围订立的合同效力】、第 506 条【免责条款效力】、第 507 条【争议解决条款效力】、第 510 条【合同没有约定或者约定不明的补救措施】、第 511 条【合同约定不明确时的履行】、第 525 条【同时履行抗辩权】、第 526 条【先履行抗辩权】、第 527 条【不安抗辩权】、第 532 条【当事人变化对合同履行的影响】、第 533 条【情势变更】、第 543 条【协议变更合同】、第 544 条【变更不明确推定为未变更】、第 562 条【合同约定解除】、第 563 条【合同法定解除】、第 565 条【合同解除程序】、第 566 条【合同解除的效力】、第 567 条【合同终止后有关结算和清理条款效力】、第 577 条【违约责任】、第 578 条【预期违约责任】、第 579 条【金钱债务实际履行责任】、第 580 条【非金钱债务实际履行责任及违约责任】、第 581 条【替代履行】、第 582 条【瑕疵履行违约责任】、第 583 条【违约损害赔偿责任】、第 584 条【损害赔偿范围】、第 585 条【违约金】、第 586 条【定金担保】、第 587 条【定金罚则】、第 588 条【违约金与定金竞合时的责任】、第 590 条【不可抗力】、第 592 条【双方违约和与有过失】、第 593 条【第三人原因造成违约时违约责任承担】、第 789 条【建设工程合同的形式】、第 791 条【建设工程的发包、承包、分包】、第 792 条【订立国家重大建设工程合同】、第 793 条【建设工程合同无效、验收不合格的处理】、第 795 条【施工合同的内容】、第 806 条【合同解除及后果处理的规定】。

2.《最高人民法院关于审理建设工程施工合同纠纷案件适用法律问题的解释（一）》（法

释〔2020〕25 号）

第1条、第2条、第3条、第6条、第22条、第23条、第24条。

5.2.2 主管部门监管规范

1.《小企业内部控制规范（试行）》（财会〔2017〕21号）

第4条 小企业内部控制的目标是合理保证小企业经营管理合法合规、资金资产安全和财务报告信息真实完整可靠。

第10条 小企业应当恰当识别与控制目标相关的内外部风险，如合规性风险、资金资产安全风险、信息安全风险、合同风险等。

第15条 小企业建立与实施内部控制应当重点关注下列管理领域：……（六）合同管理。

2.《企业境外经营合规管理指引》（发改外资〔2018〕1916号）

第8条 对外承包工程中的合规要求：企业开展对外承包工程，应确保经营活动全流程、全方位合规，全面掌握关于投标管理、合同管理、项目履约、劳工权利保护、环境保护、连带风险管理、债务管理、捐赠与赞助、反腐败、反贿赂等方面的具体要求。

3.《中央企业合规管理指引（试行）》（国资发法规〔2018〕106号）

第16条 强化海外投资经营行为的合规管理：……（三）定期排查梳理海外投资经营业务的风险状况，重点关注重大决策、重大合同、大额资金管控和境外子企业公司治理等方面存在的合规风险，妥善处理、及时报告，防止扩大蔓延。

第20条 建立健全合规审查机制，将合规审查作为规章制度制定、重大事项决策、重要合同签订、重大项目运营等经营管理行为的必经程序，及时对不合规的内容提出修改建议，未经合规审查不得实施。

4.《上海市国资委监管企业合规管理指引（试行）》（沪国资委法规〔2018〕464号）

第18条 加强对海外投资经营行为的合规管理：（三）定期排查梳理海外投资经营业务的风险状况，重点关注投资保护、市场准入、外汇与贸易管制、环境保护、税收劳工等高风险领域以及重大决策、重大合同、大额资金管控和境外子企业公司治理等方面存在的合规风险，认真制定防控措施，妥善处理、及时报告，防止扩大蔓延。

第22条 建立健全合规审查机制，将合规审查作为规章制度制定、重大事项决策、重要合同签订、重大项目运营等经营管理行为的必经程序，及时对不合规的内容提出修改建议，未经合规审查不得实施。

5.江苏省《省属企业合规管理指引（试行）》（江苏国资法〔2019〕00612）

第19条 加强对以下重点领域的合规管理：（二）合同管理。树立审慎签约、诚信履约的合规文化。重视合同管理与合规审查，关注商业条款及商业条件不对等的商业合同。

第22条 加强对海外投资经营行为的合规管理：（三）定期排查梳理海外投资经营业务的风险状况，重点关注投资保护、市场准入、外汇与贸易管制、环境保护、税收劳工等高风险领域以及重大决策、重要合同、大额资金管控和境外子公司公司治理等方面存在的合规风险，认真制定防控措施。遇有重大风险事件，要妥善处理、及时报告，防止扩大蔓延。

第 24 条 建立健全合规审查机制，将合规审查作为规章制度制定和重大事项决策、重要合同签订、重大项目运营、大额采购销售、大额资金管理等经营管理行为和相关财务、信息技术等专业事项的必经程序，及时对不合规的内容提出修改建议，未经合规审查不得实施。

第 28 条 建立强制合规咨询机制，涉及重大合规风险领域的业务部门，要及时将有关业务提交合规管理（牵头）部门进行事前咨询，主要领域包括但不限于重要合同、海外业务、财务税收、政府事务、采购销售等。

6.《浙江省企业竞争合规指引》（浙江省市场监督管理局公告〔2019〕20 号）

第 10 条 垄断协议潜在风险的识别与防范

为有效识别垄断协议的潜在风险并避免从事垄断协议行为，企业及其员工应当做到：

（一）与具有竞争关系的企业（以下统称竞争者）签订协议前，或者参与行业协会组织的会议前，要求主办方提供相关议程及内容，事先咨询竞争合规专业人员该行为是否具有违法风险；

（八）对签订以下协议应当保持警惕：具有长期（五年或更长时间）排他性条款的协议，包含排他性条款的知识产权许可协议，涉及标准化的协议，涉及联合销售或购买的协议。

第 28 条 竞争合规审核：企业可建立竞争合规审核机制。企业竞争合规管理机构负责对企业生产经营重大决策、拟签订的重要协议等是否符合反垄断法规定进行审核。

7.《广东省省属企业合规管理指引（试行）》（粤国资综合〔2020〕8 号）

第 14 条 省属企业应结合本企业实际加强对以下重点领域的合规管理：……（三）合同管理。严格遵守审慎签约、诚信履约原则，加强对合同签订内容合法性、程序正确性等方面的合规审查。落实合同承办部门主体合规责任，建立健全合同执行评价制度。

工程建设。建立健全工程建设项目合规管理工作体系，强化对工程项目质量、进度、安全、建设资金等环节全过程合规管控，规范履行施工、监理、设计合同，保障建设项目在依法合规的基础上顺利实施。

8.《广州市市属企业合规管理指引（试行）》（穗国资法〔2020〕9 号）

第 18 条 市属企业应结合本企业实际加强对以下重点领域的合规管理：（八）工程建设。建立健全工程建设项目合规管理工作体系，提升对工程项目招投标、质量、进度、安全、建设资金等环节全过程合规管控，规范履行施工、监理、设计等合同。

9.《四川省省属企业合规管理指引（试行）》

第 15 条 加强对以下重点领域的合规管理：（二）合同管理。树立审慎签约、诚信履约的合规文化。重视合同管理与合规审查，禁止签署以合法形式掩盖非法目的的合同，禁止签署可能导致国有权益受损的合同。

第18条 强化海外贸易、投资、经营行为的合规管理：（三）定期排查梳理海外贸易、投资、经营活动的风险状况，重点关注重大决策、重大合同、大额资金管控和境外子企业公司治理等方面存在的合规风险，妥善处理、及时报告，防止扩大蔓延。

第22条 建立健全合规审查机制。将合规审查作为规章制度制定、重大事项决策、重要合同签订、重大项目运营、大额采购和销售、大额资金管理等经营管理行为和相关财务、信息技术等专业事项的必经程序，根据各种合规要求特别是合规管理制度、合规风险清单，及时对不合规的内容提出修改建议，未经合规审查不得实施。

10.《四川省属监管企业"内控、风险、合规"协同管理体系建设指引（试行）》（川国资发〔2020〕10号）

11.《青岛市国资委监管企业合规管理指引（试行）》（青国资委〔2020〕122号）

第18条 加强对以下重点领域的合规管理：（三）合同管理。严格遵守审慎签约、诚信履约原则，加强对合同签订内容合法性、程序正确性等方面的合规审查。落实合同承办部门主体合规责任，建立健全合同执行评价制度。

（九）工程建设。建立健全工程建设项目合规管理工作体系，强化对工程项目质量、进度、安全、建设资金等环节全过程合规管控，规范履行施工、监理、设计合同，保障建设项目在依法合规的基础上顺利实施。

第21条 强化对境外投资经营行为的合规管理：（三）定期开展对境外投资经营行为合规风险评估，形成境外投资经营行为合规风险书面评估报告，并提出整改或预防意见。

定期排查梳理境外投资经营业务的风险状况，重点关注投资保护、市场准入、外汇与贸易管制、环境保护、税收劳工等高风险领域以及重大决策、重要合同、大额资金管控和境外子公司公司治理等方面存在的合规风险。

第25条 建立健全合规审查机制，将合规审查作为规章制度制定和重大事项决策、重要合同签订、重大项目运营等经营管理行为的必经程序，及时对不合规的内容提出修改建议，未经合规审查不得实施。

合规审查按照业务涉及内容，由相应业务部门组织。

第27条 建立强制合规咨询机制，涉及重大合规风险领域的业务部门，要及时将有关业务提交合规管理（牵头）部门进行事前咨询，主要领域包括但不限于重要合同、境外业务、财务税收、政府事务、采购销售等。

12.《贵州省国资委监管企业合规经营管理指引》（黔国资通法规〔2020〕123号）

第14条 加强对以下重点环节的合规管理：……（三）合同管理环节。严格按权限开展商务谈判等活动，严格执行内部管理制度和决策要求拟定、签订、履行合同，加强对各类合同签订前的合规审查、履行过程中的合规管理，保障合同依法合规签订、依约规范履行。

第20条 建立健全合规审查机制，将合规审查作为规章制度制定、重大事项决策、合同签订、重大项目运营等经营管理行为的必经程序，及时对不合规的内容提出修改建议，未经合规审查不得决策、不得签订合同、不得实施。

第 21 条　建立健全合规论证机制，各部门在办理日常业务、执行决策、履行合同等经营活动的各阶段，对识别的合规风险或有关合规问题，确有必要的，可组织相关职能部门进行合规论证。

5.2.3　行业规范

中国工程建设标准化协会《建筑工程合同管理标准》T/CECS 797—2021，自 2021 年 6 月 1 日起施行。主要技术内容：总则、术语、基本规定、勘察合同管理、设计合同管理、施工合同管理、分包合同管理、材料设备供应合同管理、工程总承包合同管理。

第6章 施工企业安全生产的合规风险识别与管理

2021年1月10日，山东某市金矿发生重大爆炸事故造成22人被困。经全力救援，11人获救，10人死亡，1人失踪，直接经济损失6847.33万元。根据国务院《生产安全事故报告和调查处理条例》等有关法规规定，经调查认定山东某投资有限公司和某市均构成迟报瞒报。

追责情况：（1）对山东某投资有限公司法定代表人贾某某、外包负责井下设备安装并违规井口动火作业的烟台某建筑安装工程有限公司实际控制人李某等15名企业相关责任人，依法追究刑事责任。（2）山东某投资有限公司法定代表人贾某某和时任某市委书记姚某，市委副书记、市长朱某，因负有迟报瞒报事故责任，目前由公安机关立案侦查。（3）对某市委、市政府主要负责人等28名公职人员给予党纪政务处分和组织处理。（4）对山东某投资有限公司、浙江某矿山工程有限公司、烟台某建筑安装工程有限公司等五家事故责任单位给予顶格行政处罚，并纳入安全生产领域失信联合惩戒"黑名单"。给予7名责任人行政处罚，其中贾某某、李某自刑罚执行完毕之日起，5年内不得担任任何生产经营单位的主要负责人，并且终身不得担任相关行业生产经营单位的主要负责人。（5）责成某市委市政府分别向上一级党委政府作出深刻检查。

合规分析：（1）事故相关企业未依法落实安全生产主体责任。① 某公司无视国家民用爆炸物品及安全生产相关法律法规规定，未落实安全生产主体责任，企业管理混乱，是事故发生的主要原因。② 浙江某工程公司违反国家民用爆炸物品、外包施工单位安全管理法律法规，安全生产管理混乱。③ 某工程公司未取得矿山施工资质，违规承揽井下机电设备安装工程，未严格执行动火作业安全要求。④ 北京某监理公司派驻的监理人员未经监理业务培训，现场监理人员监理业务能力严重不足。⑤ 某爆破公司违反相关管理规定。（2）政府及业务主管部门未认真依法履行安全监管职责。

6.1 施工企业安全生产合规风险识别与合规建议

国务院国资委曾表示，国家法律规定中有关安全生产的禁止规定和国资委制定的《中央企业安全生产禁令》是做好安全生产工作的基本要求，是不能踩、不准碰的"红线"，中央企业必须遵守、不许逾越，绝不能打折扣、搞变通。

根据2021年1月27日的有关报道，检察机关每年办理的危害生产安全刑事案中，重大责任事故罪是最主要的罪名，占比均超过八成。2017年1月至2020年12月四年共受理生产事故类犯罪案件 9914 件 16488 人，起诉 7978 件 13205 人，起诉率为 80.1%；也就是说一旦被移送审查起诉，十有八九会被提起公诉，进而定罪处罚。

于 2021 年 3 月 1 日起施行的《刑法修正案（十一）》增加了"危险作业罪"，进一步健全了安全生产监管执法的法规依据，有力推动了安全生产领域行政执法和刑事司法的衔接工作。

"危险作业罪"入刑，是我国首次对安全生产领域未发生重大伤亡事故或未造成严重后果，但有现实危险的违法行为追究刑事责任，充分展示了党和国家打击安全生产事前犯罪、防范化解重大安全风险的决心。

6.1.1　合规风险之一：挂靠施工的安全生产合规风险

1. 某县初加工脐橙车间钢结构安装坍塌事故基本情况

某农产品有限公司年初加工脐橙 5.5 万 t，现场工人于 2020 年 12 月 30 日 7 时许进场，事发时，在屋面作业人员 10 名，地面作业人员 9 名。8 时 5 分许，钢结构工程瞬间自东向西整体坍塌，造成 4 人死亡，4 人受伤，其中重伤 2 人。事发直接原因是钢架安装顺序错误，柱底螺栓不符合规范要求，不利气象条件影响。

2. 追责情况

（1）司法机关以涉嫌重大责任事故罪为由对 6 人采取刑事强制措施。包括车间钢结构工程承包人、施工单位法定代表人、实际控制人、监理单位负责人、现场监理员、建设单位法定代表人。

（2）依法对 8 人给予行政处罚，包括监理公司总经理助理、总监、监理工程师，设计单位公司负责人、结构专业设计负责人、设计项目负责人，图审单位设计结构部分审查人，建设单位外聘兼职资料员。

（3）对 8 名公职人员的处理建议。包括 6 人由县纪委监委对其履职情况进行调查处理；2 人向县人民政府作出深刻检查。

3. 合规分析

（1）资质挂靠。施工单位违反《建筑法》第 26 条之规定，允许他人使用本企业的资质证书、营业执照，以本企业的名义承揽工程，仅收取管理费，不依法履行施工项目的法定安全生产义务。

（2）实际承包人违反《建筑工程安全生产管理条例》第 20 条之规定，未依法取得相应资质，不具备安全生产条件，非法承揽 A2 果品车间钢结构工程。

（3）建设单位违反《建筑法》第 24 条、《建筑工程质量管理条例》第 7 条之规定，将A2 果品车间基础工程、检测中心、办公楼建筑工程肢解发包。

（4）施工单位没有建立现场质量、安全生产管理体系，施工项目经理部及管理人员没有到位。

4. 合规建议

（1）深刻认识挂靠施工的违法性、严重危害性。

（2）从企业决策层、管理层角度确立严禁挂靠施工的经营方针。

（3）加强企业内部管理，不允许他人使用本企业的资质证书、营业执照承揽工程。

（4）加大施工现场管理力度，加强企业主体责任，深入贯彻执行各项安全生产法律法规规章制度。

6.1.2 合规风险之二：违法分包的安全生产合规风险

1. 某轨道交通 3 号线南延线"5·11"坍塌事故基本情况

2017 年 5 月 10 日晚上，某市轨道交通 3 号线三期南延工程主体 3131 标现场，市政公司现场生产经理郑某交代现场工长魏某带工人下基坑进行抽排水、检查钢支撑、钢围檩作业。5 月 11 日上午 7 时许，魏某和安排杂工班班长陈某等 5 人下基坑作业。市政公司、某建筑公司违反地铁集团停工通知要求，擅自组织施工作业。11 日上午 10 时左右，基坑内 15-18 轴附近北侧土体突然发生滑塌，滑塌土方约 200m³，导致 15 轴第四层钢管支撑移位，造成在基坑 15 轴附近的 3 名作业人员死亡，1 人轻伤。核定事故造成直接经济损失 345 万元。

事发直接原因是擅自组织实施的土方开挖作业未按照施工方案进行，开挖面开挖坡度偏陡，挖掘机作业时局部超挖，坡顶超载。

并且事后经查明：市政公司超越资质等级与市政总公司签订《某市市政工程总公司工程施工专业分包合同》（合同编号：2016-3131-0003）；市政公司将 3131 标土方工程分包给某建筑公司。

2. 追责情况

建议追究刑事责任 5 人；建议对 17 名责任人员给予党纪政纪处分；建议对 5 家事故责任单位及 13 名责任人员的违法行为给予行政处罚；建议对市住建局等 4 家单位，分别责成其作出书面检查或作书面告诫处理；对于事故可能涉及的相关职务犯罪线索，建议由检察机关继续依法独立调查。

3. 合规分析

（1）市政总公司违法分包、对分包单位管理不力，未认真落实施工单位职责，项目主要管理人员未完全履职。分包单位市政公司及某建筑公司未设置健全的管理机构，现场负责人无相应资质证书。市政总公司未按《房屋建筑和市政基础设施工程施工分包管理办法》第十七条规定履行对分包单位的管理职责。

（2）市政公司违法承包工程，违法分包工程，违反了《房屋建筑和市政基础设施工程施工分包管理办法》第八条、第九条的规定。

（3）管理不到位，对土方开挖工程现场监督整改不力，未有效督促落实建设单位的停工通知。

（4）现场管理架构不健全，不落实停工通知，安排工人到危险区域作业且无相应安全防范措施。

（5）某建筑公司项目管理人员配备不足，在明知地铁集团停工通知的情况下擅自组织施工，且不按施工方案进行土方开挖作业，现场超挖，未及时消除安全隐患。

4. 合规建议

（1）深刻认识违法分包施工的违法性、严重危害性。

（2）从企业决策层、管理层角度确立严禁违法分包的经营方针。

（3）严把分包项目的入口关，做到依法依规合法分包。

（4）加强企业内部管理，加大施工现场安全管理力度，加强对分包单位的日常管理。

（5）明确认识到总包单位对安全生产负总责的主体责任，深入贯彻执行各项安全生产法律法规规章制度。

6.1.3 合规风险之三：资质不满足要求的安全生产合规风险

1. 某区建筑工地塔式起重机倒塌事故基本情况

按照事故塔式起重机拆卸合同约定和拆卸告知表中明确的时间安排，于2020年3月13日上午7时30分左右，华某公司塔式起重机拆卸项目部负责人刘某某带领塔式起重机拆卸工周某某、李某、王某某、袁某某，安全员李某，塔式起重机司机莫某等6名作业人员到达事发建筑工地，在中某集团公司对华某公司项目部作业人员进行技术交底后，准备开始拆卸作业。作业前，监理单位和施工单位旁站人员拉好警戒线后当即离开现场。11时12分左右，塔式起重机起重臂在空载状态下再次回转至西侧时，失去平衡，由西向东偏北侧开始翻转，塔式起重机上4名作业人员和塔式起重机上部结构一起坠落地面。事故造成3人死亡、1人受伤，直接经济损失627万元。经调查认定，这是一起较大生产安全责任事故。

事发直接原因是事故塔式起重机拆卸过程中，在塔式起重机过渡节与塔身未可靠连接的状态下，安装单位现场负责人指挥无资格作业人员违反塔式起重机操作手册及塔式起重机拆卸专项方案中的相关要求，操作塔式起重机进行了回转、变幅及吊运作业，致使爬升架受到附加倾覆力矩，造成爬升架杆件及连接部位失效，平衡臂、起重臂及回转总成等上部结构缺少支撑，失去平衡，整体翻转坠落，是事故发生的直接原因。

2. 追责情况

（1）免予责任追究人员2人。

（2）建议移送司法机关追究刑事责任人员1人。

（3）建议对责任人员4人给予行政处罚。

（4）建议对其他责任人员4人进行相应处理。

（5）对责任单位华某公司、中某集团公司、方某监理公司、龙某房地产公司，建议由某市应急管理局依法给予行政处罚。对于以上事故责任单位涉及违反《中华人民共和国建筑法》《建筑工程安全生产管理条例》等法律法规有关规定的其他行为，建议由建设主管部门依法依规作出相应处理。

3.合规分析

（1）事故塔式起重机安装单位华某公司未能满足企业相应资质的条件，安全生产管理不力，未能及时发现并消除生产安全隐患。

公司技术负责人长期缺位，未能满足建筑企业起重设备安装工程专业承包壹级资质标准要求的条件，由资料员在自行编制的塔式起重机拆卸专项施工方案上代为签字，违反《建筑法》第十三条、《建筑业企业资质管理规定》第二十八条和《建筑起重机械安全监督管理规定》第十条、第十二条之规定。

（2）事故塔式起重机承租使用单位中某集团公司未认真履行安全生产主体责任，对事故塔式起重机安装拆卸单位监督管理不力。

（3）工程监理单位方正监理公司履行监理责任不到位，未按照法律法规规定实施监理。

（4）建设单位龙某房地产公司未认真落实安全生产责任制，对发现的安全问题督促整改不力。

（5）行业主管部门及属地政府安全生产监管不力。

4.合规建议

（1）深刻认识施工作业企业资质不满足要求的违法性、严重危害性。

（2）从企业决策层、管理层角度高度重视项目承发包的资质要求。

（3）加大项目承发包合同订立、履约阶段的合同管理，依法依规约定各方安全生产责任义务，明确安全管理边界。

（4）加大施工现场安全管理力度，加强对场内作业人员的日常管理。

（5）项目参与各方要深入贯彻执行各项安全生产法律法规规章制度。

6.1.4 合规风险之四：主体责任缺失的安全生产合规风险

1.某县迁建工程业务楼的天面构架模板发生坍塌事故基本情况

2020年10月8日，某县看守所迁建工程业务楼的天面构架模板发生坍塌事故，造成8死1死，事故直接经济损失共约1163万元。2020年12月30日，市人民政府官网公布《某县"10·8"较大建筑施工事故调查报告》，调查组认定，该事件是一起生产安全责任事故。2020年10月8日10时至11时，某县水唇镇自动站监测，气温24℃左右，东北方风力3级、阵风5级，无降水；排除因地震、恶劣天气等自然灾害因素引发事故的可能性。

事发直接原因是违规直接利用外脚手架作为模板支撑体系，且该支撑体系未增设加固立杆，也没有与已经完成施工的建筑结构形成有效的拉结；天面构架混凝土施工工序不当，未按要求先浇筑结构柱，待其强度达到75%及以上后再浇筑屋面构架及挂板混凝土，且未设置防止天面构架模板支撑侧翻的可靠拉撑。

2.追责情况

调查组建议对施工单位、监理单位的12人追究刑事责任，其中施工企业6人于2020

年 11 月被市检察院批捕，1 人于 2020 年 12 月被市公安局拘留；各单位对事故负有责任，建议依法实施处罚，并列入信用联合惩戒（黑名单）对象；对于建设单位有关人员，县委、县政府主要领导，市住建局有关人员分别按照责任给予不同处理；还建议对涉嫌非法围标、非法挂靠的苏某某、叶某某等人，由司法机关依法追究法律责任。

3. 合规分析

（1）涉事施工企业安全生产主体责任严重缺失，违法违规建设经营，施工管理混乱。

违反了《安全生产法》第四条有关生产经营单位必须遵守本法和其他有关安全生产的法律、法规，加强安全生产管理，建立、健全安全生产责任制和安全生产规章制度，改善安全生产条件，推进安全生产标准化建设，提高安全生产水平，确保安全生产的规定。违反第十八条主要负责人对本单位安全生产工作负有职责、第二十二条生产经营单位的安全生产管理机构以及安全生产管理人员履行下列职责的有关规定。

（2）层层违法转包、分包给没有相关证照和资质的个人。

（3）主要负责人和有关安全管理人员没有到施工现场履行管理职责，只派出实习生到施工现场收集资料。

（4）公司三级安全教育培训记录造假，安全生产检查台账记录造假。

4. 合规建议

（1）提高企业安全意识，安全生产必须遵守有关的法律、法规、规章、制度、规范。

（2）施工企业依法制定安全生产责任制，安全生产责任制涵盖全体人员和全部生产经营活动。

（3）完善各项安全生产规章制度并狠抓落实。

（4）以安全生产责任制落实为抓手促企业安全生产主体责任落实，以企业安全生产管理体系保障为抓手促企业安全生产责任制落实。

（5）加强安全生产管理，改善安全生产条件，推进安全生产标准化建设，提高安全生产水平。

6.1.5　合规风险之五：不严格执行有关技术质量安全标准规范的安全生产合规风险

1. 某发电厂"11·24"冷却塔施工平台坍塌特别重大事故基本情况

2016 年 11 月 24 日 6 时许，某发电厂三期扩建工程冷却塔施工现场，混凝土班组、钢筋班组先后完成第 52 节混凝土浇筑和第 53 节钢筋绑扎作业，离开作业面。7 时 33 分，7 号冷却塔第 50～52 节筒壁混凝土从后期浇筑完成部位开始坍塌，沿圆周方向向两侧连续倾塌坠落，施工平台及平桥上的作业人员随同筒壁混凝土及模架体系一起坠落，事故持续时间 24 秒。事发时，90 余位工人正在作业。事故导致 73 人死亡。依据《企业职工伤亡事故经济损失统计标准》GB 6721—1986 等标准和规定统计，核定事故造成直接经济损失为 10197.2 万元。

事发直接原因是冷却塔施工单位某烟塔工程有限公司施工现场管理混乱，未按要求制定拆模作业管理控制措施，对拆模工序管理失控。事发当日，在 7 号冷却塔第 50 节筒壁混凝土强度不足的情况下，违规拆除模板，致使筒壁混凝土失去模板支护，不足以承受上部荷载，造成第 50 节及以上筒壁混凝土和模架体系连续倾塌坠落。调查组认定，工程总承包单位某电力设计院有限公司对施工方案审查不严，对分包施工单位缺乏有效管控，未发现和制止施工单位项目部违规拆模等行为。同时也认定其他有关单位存在着有违各种安全生产法规标准的行为。后经法院审理查明，建设单位某股份有限公司丰城三期发电厂在未经论证、评估的情况下，违规大幅度压缩合同工期，提出策划并与工程总承包单位某电力设计院有限公司、监理单位上海某工程咨询有限公司、施工单位河北亿某烟塔工程有限公司（以下简称"河北亿某公司"）共同启动"大干 100 天"活动，导致工期明显缩短。河北亿某公司项目部编制并经各方审查同意的《7 号冷却塔筒壁施工方案》存在严重缺陷，未制定针对性的拆模作业管理控制措施。

2. 追责情况

省政府向国务院作出深刻检查，对企业及监管部门的 47 名责任人员依法依纪分别给予不同的党纪政纪处分、诫勉谈话、通报、批评教育。施工企业河北亿某公司建筑工程施工总承包一级资质和安全生产许可证被依法吊销。2020 年 4 月 24 日，法院对"11·24"冷却塔施工平台坍塌特大事故所涉 9 件刑事案件进行了公开宣判，对 28 名被告人和 1 个被告单位依法判处刑罚。

3. 合规分析

（1）安全技术措施存在严重漏洞，没有严格执行有关技术质量安全标准规范。项目部未将筒壁工程作为危险性较大分部分项工程进行管理，施工方案在强制性条文部分列入了《双曲线冷却塔施工与质量验收规范》GB 50573—2010 第 6.3.15 条"采用悬挂式脚手架施工筒壁，拆模时其上节混凝土强度应达到 6MPa 以上"，但并未制定拆模时保证上节混凝土强度不低于 6MPa 的针对性管理控制措施；筒壁工程施工方案存有重大缺陷，未按要求在施工方案中制定拆模管理控制措施，未辨识出拆模作业中存在的重大风险。在 2016 年 11 月 22 日气温骤降、外部施工条件已发生变化的情况下，项目部未采取相应技术措施。在上级公司提出加强冬期施工管理的要求后，项目部未按要求制定冬期施工方案。

（2）施工企业现场安全生产管理不到位，没有落实主体责任。

（3）安全生产管理机制不健全，违规出借资质，现场管理混乱。

（4）有关单位管理层安全生产意识薄弱，安全生产管理机制不健全。

（5）有关单位安全生产教育培训不到位。

（6）有关单位未履职尽责，监管不到位。

4. 合规建议

（1）提高企业安全意识，安全生产必须遵守有关的法律、法规、规章、制度、规范。

（2）深刻认识到安全生产与技术、质量、工期管理的相互促进、紧密相关，一切技术、质量、工期计划和措施都要建立在生产安全的前提之下。

（3）严格执行有关技术质量安全标准规范。

（4）健全安全生产管理机制，提高管理层安全生产意识。

（5）高度重视危险性较大分部分项工程的安全风险及管理难度，制定并严格执行专项施工方案。

（6）加强施工现场一线的安全生产管理，提高全员安全风险意识，加大各专业之间的管理协调力度。

（7）加大经济投入，利用现代化管理措施，实时监控现场实况，及时预警。

6.1.6　合规风险之六：专项施工方案审查不符合规定的安全生产合规风险

1. 河北某市某项目施工升降机轿厢坠落重大事故基本情况

2019 年 4 月 25 日 6 时许，某建筑公司施工人员陆续到达河北某市某项目 1 号楼建筑工地。步某等 11 人陆续进入施工升降机东侧厢（吊笼），准备到 1 号楼十六层搭设脚手架。轿厢上升到九层卸料平台（高 24m）时，施工升降机导轨架第 16、第 17 标准节连接处断裂、第 3 道附墙架断裂，导致施工升降机轿厢（吊笼）坠落的重大事故，造成 11 人死亡、2 人受伤，直接经济损失约 1800 万元。

事发直接原因是事故施工升降机第 16、第 17 节标准节连接位置西侧的两条螺栓未安装、加节与附着后未按规定进行自检、未进行验收即违规使用造成事故。

2. 追责情况

给予事故单位降低资质、暂扣或吊销安全生产许可证、罚款等行政处罚，有关责任人员给予罚款、撤职、党纪处分、吊销资格证书、终身不予注册等处理。对 35 名有关责任人依法依规追究责任。

3. 合规分析

（1）施工升降机安装专项施工方案的审批流于形式，公司技术负责人未签字盖章，未按规定进行方案交底和安全技术交底，违反了《建设工程安全生产管理条例》第二十六条第一款、《建筑起重机械安全监督管理规定》第二十　条第四项和《危险性较大的分部分项工程安全管理规定》第十一条第二款等规定。

（2）企业安全生产主体责任不落实，工程项目现场安全生产管理混乱。

（3）安全教育培训不到位。

4. 合规建议

（1）提高企业安全意识，认真组织审批专项施工方案。

（2）深刻认识到安全生产与技术、质量、工期管理的相互促进、紧密相关，一切技术、质量、工期计划和安排都要建立在生产安全的前提之下。

（3）不仅要严格审批，避免形式化，还要建立严格的执行检查制度。

（4）高度重视专项施工方案的审批管理，健全安全生产管理机制，提高管理层安全生产意识。

（5）加强施工现场一线的安全生产管理，提高全员安全风险意识，加大各专业之间的管理协调力度。

6.1.7　合规风险之七：对下属企业安全监管不到位的安全生产合规风险

1. 某石油公司爆炸火灾事故基本情况

2013 年 5 月 15 日，某石油公司与林某公司签订的合同分包方式为劳务作业分包。6 月 2 日第一联合车间早调度会后，王某将 6 月 1 日未下发的 939 号罐动火票动火作业有限期改为 6 月 2 日，并安排罐区外人员进行现场动火作业监护。后施工人员使用气焊等工具对腐蚀的仪表小平台板进行拆除作业时，939 号罐突然发生爆炸着火，进而导致其他罐体着火爆炸。造成 4 人死亡，直接经济损失 697 万元。近 3 年来该公司连续发生多起同类事故，在社会上造成恶劣影响。

事发直接原因是非法分包的大连林某建筑工程公司作业人员在三苯罐区一储罐罐顶违规违章进行气割动火作业，切割火焰引燃泄漏的甲苯等易燃易爆气体，回火至罐内引起储罐爆炸。

2. 追责情况

某石油公司大连项目部经理贾某和林某公司总经理杨某等 3 人移送司法机关处理。给予相关监管领导党纪政纪处分。

3. 合规分析

（1）某石油公司没有认真吸取以往的事故教训，对下属企业安全监管不到位、不得力，违反《中央企业安全生产监督管理暂行办法》第十一条关于中央企业应当对其独资及控股子企业（包括境外子企业）的安全生产认真履行有关监督管理责任的规定。

（2）某石油分公司企业安全生产主体责任和安全生产责任制不落实，动火作业安全管理混乱，安全员擅自涂改动火作业票证，现场动火监护不力。

（3）某项目部对工程承包商管理不力，管理人员安全意识淡薄，企业安全基础薄弱、安全管理松懈，作业人员特种作业证过期失效。

4. 合规建议

（1）提高企业安全意识，安全生产必须遵守有关的法律、法规、规章、制度、规范。

（2）施工企业依法制定安全生产责任制，安全生产责任制不仅涵盖本级企业及从业人员，还要涵盖下属公司、项目部。

（3）落实企业安全生产主体责任和各项安全生产责任。

（4）加大对下属各类安全生产主体及人员的管理力度，加大惩处力度，避免监管形式化。

（5）针对重要危险源，加大监管力度，从细节做起，层层把关。

（6）重视施工现场一线操作人员的安全风险教育。

6.1.8 合规风险之八：应急演练和施工人员安全教育重视不够的安全生产合规风险

1. 某县高速公路安石隧道重大涌水突泥事故基本情况

2019 年 11 月 26 日 17 时 21 分许，由某省公路工程集团有限公司承建高速公路隧道，突发涌水突泥，距掌子面 42m 正在进行仰拱施工的 6 名作业人员被困，工友当即自发组织现场救援。18 时 10 分许，发生二次突泥涌水，造成前去救援的 7 名工人被困。两次灾害事故共造成 12 人死亡、10 人受伤，直接经济损失 2525.01 万元。

事发直接原因是安石隧道存在一隐伏含水破碎带，随着时间推移和隧道施工扰动产生的裂缝逐步贯通、渗流通道扩张，当隧道拱顶围岩强度达到极限临界状态时，突发第一次涌水突泥。事后，大量物源迅速淤积在局部堵塞点，其势能急剧增高，压力增大，造成第二次涌水突泥。第一次涌水突泥后，现场盲目施救，事故现场失去控制，导致伤亡人员进一步扩大。

2. 追责情况

给予 8 家责任单位的违法行为作出行政处罚；对 26 名有关责任人依法依规追究责任，企业内部处理 2 人；对地方政府及相关监管部门责任人员 9 人分别进行不同处理；对事故单位及责任人员进行了行政处罚。

3. 合规分析

（1）施工单位对应急演练和施工人员安全培训教育重视不够。违反《安全生产法》第二十二条第四项组织应急救援演练、第二十五条应当对从业人员进行安全生产教育和培训的规定。

（2）参建各方对复杂地质条件下建设项目的安全风险，尤其是涌水突泥的风险意识不强。

（3）没有牢固树立安全发展理念，没有真正把安全放在首位。

（4）勘察设计、施工、监理等环节对风险管控不到位。

（5）职能部门行业安全监管力度不够。

4. 合规建议

（1）提高企业安全意识，安全生产必须遵守有关的法律、法规、规章、制度、规范。

（2）施工企业依法制定安全生产责任制，加大制度执行力度。

（3）重视安全生产基础工作，避免各项制度的纸面化。

（4）针对重要危险源，加强风险评估和风险预警。

（5）重视施工现场一线操作人员的安全风险教育培训。

（6）加强应急救援演练，注重实际演练效果，并进行严格考核。

6.1.9 合规风险之九：无安全技术交底的安全生产合规风险

1. 上海某厂房坍塌重大事故基本情况

5 月 16 日 11 时 10 分左右，某厂房内，沙某找来的 15 名人员在二层东南侧就餐，某公司 4 名人员在二层东南侧临时办公室商谈工作，刘某、沙某分别找来的 6 名人员分别在二层（A-3 轴）扎钢筋、一层柱子（A-4 轴）底部周围挖掘、二层楼梯间楼板拆除时，厂房东南角一层（南北向 A0~B 轴，东西向 3~7 轴）突然局部坍塌，引发二层（南北向 A0~D 轴，东西向 1~7 轴）连锁坍塌，将以上 25 名人员埋压。事故造成 12 人死亡，10 人重伤，3 人轻伤，直接经济损失约 3430 万元。

事发直接原因是厂房一层承重砖墙（柱）本身承载力不足，施工过程中未采取维持墙体稳定措施，南侧承重墙在改造施工过程中承载力和稳定性进一步降低，施工时承重砖墙（柱）瞬间失稳后部分厂房结构连锁坍塌，生活区设在施工区内，导致群死群伤。

2. 追责情况

移交司法机关 8 人，给予党纪、政务处分 16 人；对 3 家事故相关企业及相关负责人的违法违规行为给予罚款、吊销资质、吊销安全生产许可证等行政处罚。

3. 合规分析

（1）无安全技术交底。违反《建设工程安全生产管理条例》第二十七条："建设工程施工前，施工单位负责项目管理的技术人员应当对有关安全的技术要求向施工作业班组、作业人员作出详细说明，并由双方签字确认"的规定。

（2）企业内部审批流程管理不到位。

（3）企业安全生产主体责任落实不到位，项目施工现场内违规设置办公区、生活区，现场管理混乱。

（4）行业监管部门监督检查不到位。

4. 合规建议

（1）提高企业及全部从业人员的安全意识。

（2）深刻认识到安全生产与技术、质量、工期管理的相互促进、紧密相关，一切技术、质量、工期计划和措施都要建立在生产安全的前提之下。

（3）明确安全生产相关人员的岗位责任制，加大日常学习力度，确保各岗位人员做好本职工作。

（4）高度重视安全技术交底工作，做到交底对象正确，交底内容全面，交底及时有效。

（5）加强施工现场一线的安全生产管理，提高全员安全风险意识，加大各专业之间的管理协调力度。

6.1.10 合规风险之十：具有现实危险性作业的安全生产合规风险

1. 某市人民法院开庭审理被告人付某山、王某彬、李某德危险作业罪案基本情况

被告人付某山、王某彬、李某德在未取得采矿许可及安全生产许可的情况下，于 2021 年 1 月底至 2 月 7 日、2 月 17 日至 3 月 17 日，在青藤山 2 号采点进行非法采矿，被告人李某德驾驶挖机进行挖矿作业，被告人付某山、王某彬在现场进行管理，3 月 18 日被国土所执法人员现场查获。贵州省安全生产专家库专家认定：青藤山 2 号采点已构成重

大生产安全事故隐患。同时，经贵州省有色金属和核工业地质勘查局一总队认定：青藤山2号采点在自然降雨及人类工程活动时，可能诱发滑坡、泥石流等安全隐患，威胁周边车辆、人员安全。

事发直接原因是在未取得采矿许可及安全生产许可的情况下，危险作业已构成重大生产安全事故隐患。

2. 追责情况

2021 年 6 月 25 日，经过法庭审理，法院当庭采纳检察机关指控的犯罪事实和提出的量刑建议，以付某山、王某彬、李某德犯危险作业罪，分别判处 6 个月至 8 个月不等的有期徒刑。

3. 合规分析

（1）对矿山开采未采取安全防范措施而具有现实危险性。违反《刑法》第一百三十四条之一〔《中华人民共和国刑法修正案（十一）》第四条〕的明确规定。

（2）未依法审批，缺乏专业培训。

（3）法律意识淡薄。

4. 合规建议

（1）企业及从业人员要牢固树立安全发展理念。

（2）认真学习安全生产有关法律法规规章制度，做到合规生产。

（3）提高全员法律意识，有针对性地提高全员对安全生产刑事风险的认识。

（4）加强安全生产教育培训，寻找专业合规教育培训资源，做到培训有实效。

（5）条件允许的情况下，组织全员尤其是主要管理人员，参加此类案件的庭审，促使相关人员认识到危险作业的巨大法律风险，从而更加有效地进行生产作业事前计划和管理。

（6）针对可能的危险生产作业，严格依法报经主管部门依法依规审批，确保作业无危险，有危险不作业。

6.2　施工企业安全生产合规依据

6.2.1　党和国家的方针政策

安全生产是关系人民群众生命财产安全的大事，是经济社会协调健康发展的标志，是党和政府对人民利益高度负责的要求。党中央、国务院历来高度重视安全生产工作，党的十八大以来作出一系列重大决策部署，推动全国安全生产工作取得积极进展。

安全生产"十三五"规划主要任务概要：（一）要构建更加严密的责任体系。1.强化企业主体责任。2.落实安全监督管理责任。3.严格目标考核与责任追究。（二）要强化安全生产依法治理。1.完善法律法规标准体系。2.加大监管执法力度。3.健全审批许可制度。4.提高监管监察执法效能。（三）要坚决遏制重特大事故。

2020年4月中共中央总书记、国家主席、中央军委主席习近平就安全生产作出重要指示，强调，各级党委和政府务必把安全生产摆到重要位置，树牢安全发展理念，绝不能只重发展不顾安全，更不能将其视作无关痛痒的事，搞形式主义、官僚主义。要针对安全生产事故主要特点和突出问题，层层压实责任，狠抓整改落实，强化风险防控，从根本上消除事故隐患，有效遏制重特大事故发生。

2021年1月13日，中央纪委国家监委网站发布了《中央纪委国家监委开展特别重大生产安全责任事故追责问责审查调查工作规定（试行）》（以下简称《规定》），《规定》共六章44条，对中央纪委国家监委开展责任事故追责问责审查调查工作的指导思想、基本原则、工作职责、相关单位分工以及启动机制、以事立案、审查调查措施、证据要求、结果公布等作出明确规定，提出具体要求。

这是中央纪委国家监委适应纪检监察体制改革新形势新任务新要求制定的又一部重要法规，明确了中央纪委国家监委开展责任事故追责问责审查调查的职责定位，规范了工作程序，确立了协作配合机制，提出了纪律要求，对于提升责任事故追责问责审查调查的规范化、法治化水平，促进工作高质量发展，推动安全生产责任制落实，建设更高水平的平安中国，具有十分重要的意义。

此外，中央纪委国家监委、中央宣传部、应急管理部办公厅联合印发了《关于在特别重大生产安全责任事故追责问责审查调查中加强协作配合的意见（试行）》，对相关部门间的职责分工、线索移送、材料移交、情况通报、对外公布等内容提出具体要求，明确了各自的职责分工和协作配合机制，与《规定》共同构成中央纪委国家监委开展特别重大责任事故追责问责审查调查工作的主要制度框架。

6.2.2 法律

6.2.2.1 《建筑法》

该法是我国第一部规范建筑活动的部门法律，它的颁布施行强化了建筑工程质量和安全的法律保障。主要规定了建筑许可、建筑工程发包承包、建筑工程监理、建筑安全生产管理、建筑工程质量管理及法律责任等方面的内容，计8章85条。确立了安全生产责任制度、群防群治制度、确立的安全责任追究制度、安全生产教育培训制度、安全生产检查制度、伤亡事故处理报告制度。

6.2.2.2 《安全生产法》

该法是安全生产领域的综合性基本法，它是我国第一部全面规范安全生产的专门法律，是我国安全生产法律体系的主体法，是各类生产经营单位及其从业人员实现安全生产所必须遵守的行为准则，是各级人民政府及其有关部门进行监督管理和行政执法的法律依据，是制裁各种安全生产违法犯罪的有力武器。

6.2.2.3 《刑法》

该法从以下几个方面对违反有关建设工程安全生产的行为作了具体规定：在生产、作业中违反有关安全管理的规定，因而发生重大伤亡事故或者造成其他严重后果的；虽未发生重大伤亡事故或者未造成其他严重后果，但有现实危险的违法行为；安全生产设施或者安全生产条件不符合国家规定，因而发生重大伤亡事故或者造成其他严重后果的；施工单位违反国家规定，降低工程质量标准，造成重大安全事故的；在安全事故发生后，负有报告职责的人员不报或者谎报事故情况，贻误事故抢救，情节严重的；分别规定了不同的刑事处罚尺度。

6.2.2.4 《突发事件应对法》

突发事件的预防与应急准备、监测与预警、应急处置与救援、事后恢复与重建等应对活动，适用该法。该法规定所有单位应当建立健全安全管理制度，定期检查本单位各项安全防范措施的落实情况，及时消除事故隐患。建筑施工单位应当制定具体应急预案，并对生产经营场所、有危险物品的建筑物、构筑物及周边环境开展隐患排查，及时采取措施消除隐患，防止发生突发事件。

6.2.3 行政法规

6.2.3.1 《安全生产许可证条例》

该条例是为了严格规范安全生产条件，进一步加强安全生产监督管理，防止和减少生产安全事故，根据《安全生产法》的有关规定制定的条例。国家对包括建筑施工企业在内的矿山企业、危险化学品、烟花爆竹、民用爆炸物品生产企业实行安全生产许可制度。企业未取得安全生产许可证的，不得从事生产活动。

6.2.3.2 《建设工程安全生产管理条例》

该条例是根据《建筑法》《安全生产法》制定的行政法规，是我国工程建设领域安全生产工作发展史上具有极其重要意义的大事，也是工程建设领域贯彻落实《建筑法》和《安全生产法》的具体条例，标志着我国建设工程安全生产管理进入法治化、规范化发展的新阶段。条例较为详细地规定了建设、勘察、设工、施工、监理及其他有关单位的安全责任，政府行政部门对建设工程安全生产实施监督管理的责任等。

该条例确立了或进一步明确了十三项主要制度。其中，依法批准开工报告的建设工程和拆除工程备案制度，三类人员考核任职制度，特种作业人员持证上岗制度，施工起重机械使用登记制度，政府安全监督检查制度，危及施工安全、工艺、设备材料淘汰制度，生产安全事故报告制度，以上七项涉及行政部门的安全生产监管制度；涉及施工企业的有六项安全生产制度得以进一步明确，即安全生产责任制度，安全生产教育培训制度，专项施工方案论证审查制度，施工现场消防安全责任制度，意外伤害保险制度，现场安全事故应急救援制度。

6.2.3.3 《国务院关于特大安全事故行政责任追究的规定》

该规定主要从各级政府部门对特大安全事故的预防、各级政府部门对特大安全事故处理、各级政府部门负责人对特大安全事故应承担的法律责任三个方面进行了的规定。

6.2.3.4 《特种设备安全监察条例》

该条例规定了特种设备的生产（包括设计、制造、安装、改造、维修）、使用、检验检测及其监督检查，应当遵守本条例。房屋建筑工地和市政工程工地起重机械、场（厂）内专用机动车辆的安装、使用的监督管理，由建设行政主管部门依照有关法律、法规的规定执行。

6.2.3.5 《国务院关于进一步加强安全生产的决定》

该决定分为五个部分：提高认识，明确指导思想和奋斗目标；完善政策，大力推进安全生产各项工作；强化管理，落实生产经营单位安全生产主体责任；完善制度，加强安全生产监督管理；加强领导，形成齐抓共管的合力。

6.2.3.6 《生产安全事故报告和调查处理条例》

该条例是为了规范生产安全事故的报告和调查处理，落实生产安全事故责任追究制度，防止和减少生产安全事故，根据《中华人民共和国安全生产法》和有关法律而制定。条例适用范围。生产经营活动中发生的造成人身伤亡或者直接经济损失的生产安全事故的报告和调查处理，适用本条例；环境污染事故、核设施事故、国防科研生产事故的报告和调查处理不适用本条例。条例对事故报告、事故调查、事故处理时限、内容、具体要求作了明确规定。

6.2.4 部门规章

6.2.4.1 《建筑施工企业安全生产许可证管理规定》

该规定规定了国家对建筑施工企业实行安全生产许可制度，建筑施工企业未取得安全生产许可证的，不得从事建筑施工活动。在工程招投标阶段，没有安全生产许可证的，也无法参加投标活动。本规定从施工企业取得安全生产许可证申请条件、变更注销补办、监督管理、法律责任方面作了具体规定。

6.2.4.2 《安全生产违法行为行政处罚办法》

制定本办法的目的是为了制裁安全生产违法行为，规范安全生产行政处罚工作。依照《行政处罚法》《安全生产法》及其他有关法律、行政法规的规定制定。本办法从安全生产违法行为行政处罚的种类、生产经营单位的主要负责人未依法履行安全生产管理职责导致生产安全事故发生的处罚、生产经营单位转让安全生产许可证的处罚等方面作了具体规定。

6.2.4.3 《安全生产行政复议规定》

该规定为了增强安全生产行政复议的公信力和透明度，明确当事人可以口头提出申请行政复议，符合条件的行政复议案件可以进行听证、调解和赔偿。安全监管监察部门作出的生产安全事故调查报告、不具有强制力的行政指导行为和信访答复行为、生产安全事故隐患认定、公告信息发布以及法律、行政法规规定的非具体行政行为不属于安全生产行政复议范围。

6.2.4.4 《建筑起重机械安全监督管理规定》

该规定为加强建筑起重机械的安全监督管理，防止和减少生产安全事故，保障人民群众生命和财产安全，依据《建设工程安全生产管理条例》《特种设备安全监察条例》《安全生产许可证条例》制定。建筑起重机械的租赁、安装、拆卸、使用及其监督管理，适用本规定。规定了出租单位、从事建筑起重机械安装、拆卸活动的单位、建筑起重机械使用单位和安装单位、施工总承包单位的责任义务。

6.2.4.5 《安全生产培训管理办法》

该办法分总则、安全培训机构、安全培训、安全培训的考核、安全培训的发证、监督管理、法律责任、附则，对安全培训工作做出了相关规定。

6.2.4.6 《特种作业人员安全技术培训考核管理规定》

该规定对生产经营单位特种作业人员的安全技术培训、考核、发证、复审及其监督管理工作作了相关规定。

6.2.4.7 《危险性较大的分部分项工程安全管理规定》

该规定所称危险性较大的分部分项工程是指房屋建筑和市政基础设施工程在施工过程中，容易导致人员群死群伤或者造成重大经济损失的分部分项工程。从专项施工方案编制、审核，专家论证会的适用、组织论证，现场安全管理、违反规定处罚等方面作了具体规定。

6.2.4.8 《中央企业安全生产监督管理暂行办法》

该办法全文四十三条，共六章，分别为总则、安全生产工作责任、安全生产工作基本要求、安全生产工作报告制度、安全生产监督管理与奖惩、附则。本办法牢牢把握出资人的安全生产监管定位，紧密结合中央企业的实际，以强化中央企业的安全生产主体责任和安全生产责任制为主线，以推进建立现代安全生产管理体系为重点，以加强安全业绩考核为手段，重点细化了中央企业主要负责人的责任制，要求中央企业必须按照"统一领导、落实责任、分级管理、分类指导、全员参与"的原则，逐级建立健全安全生产责任制和安全生产组织机构，配备相应的人员，尤其对企业主要负责人、主管生产的负责人和主管安全生产工作的负责人的责任进行了明确，同时要求中央企业要认真履行对出资企业的监管责任。

6.2.4.9 《中央企业安全生产禁令》

该禁令规定：一、严禁在安全生产条件不具备、隐患未排除、安全措施不到位的情况下组织生产。二、严禁使用不具备国家规定资质和安全生产保障能力的承包商和分包商。三、严禁超能力、超强度、超定员组织生产。四、严禁违章指挥、违章作业、违反劳动纪律。五、严禁违反程序擅自压缩工期、改变技术方案和工艺流程。六、严禁使用未经检验合格、无安全保障的特种设备。七、严禁不具备相应资格的人员从事特种作业。八、严禁未经安全培训教育并考试合格的人员上岗作业。九、严禁迟报、漏报、谎报、瞒报生产安全事故。

6.2.4.10 《中央企业负责人经营业绩考核办法》

该办法对央企负责人经营业绩考核作了相关规定，第三十四条规定建立重大事项报告制度。企业发生较大及以上生产安全责任事故等，对经营业绩产生重大影响的，应及时向国资委报告。第四十八条规定企业发生下列情形之一的，国资委根据具体情节给予降级或者扣分处理：违规经营投资造成国有资产损失或其他严重不良后果，按照有关规定对相关责任人进行责任追究处理；情节严重的，给予纪律处分或者对企业负责人进行调整；涉嫌犯罪的，依法移送国家监察机关或司法机关查处。

6.2.5 规范性文件

6.2.5.1 《危险性较大的分部分项工程安全管理规定》

该通知包括危大工程范围、专项施工方案内容、专家论证会参会人员、专家论证内容、专项施工方案修改、监测方案内容、验收人员、专家条件、专家库管理部分内容。对危险性较大的分部分项工程范围、超过一定规模的危险性较大的分部分项工程范围进行了详细规定。

6.2.5.2 《房屋建筑和市政基础设施项目工程总承包管理办法》

该办法关于安全生产方面的规定有，建设单位不得对工程总承包单位提出不符合建设工程安全生产法律、法规和强制性标准规定的要求等内容。工程总承包单位对承包范围内工程的安全生产负总责。工程总承包单位和工程总承包项目经理在设计、施工活动中有转包、违法分包等违法违规行为或者造成工程质量安全事故的，按照法律法规对设计、施工单位及其项目负责人相同违法违规行为的规定追究责任。

6.2.5.3 《国家安全发展示范城市评分标准（2019版）》

该标准规定施工企业安全生产不仅仅涉及施工场界内的人员、财产安全，也关于城市荣誉。施工企业也要深刻认识到国家安全发展示范城市创建的重要意义，要高度重视并做好国家安全发展示范城市创建相关的工作，以创建工作为有利契机和重要抓手，全面加强工程项目安全各项工作。

6.2.5.4 《建筑施工项目经理质量安全责任十项规定（试行）》

该规定内容概述：项目经理必须取得相应资格和安全生产考核合格证书；必须对工程项目施工质量安全负全责；必须按照工程设计图纸和技术标准组织施工；必须组织对进入现场的建筑材料、构配件、设备、预拌混凝土等进行检验；必须组织做好隐蔽工程的验收工作，参加有关验收并签字；必须在起重机械安装、拆卸，模板支架搭设等危险性较大分部分项工程施工期间现场带班；必须将安全生产费用足额用于安全防护和安全措施，不得挪作他用；必须定期组织质量安全隐患排查，及时消除质量安全隐患；必须组织对施工现场作业人员进行岗前质量安全教育；必须按规定报告质量安全事故，立即启动应急预案，保护事故现场，开展应急救援。

6.2.5.5 《中央管理的建筑施工企业（集团公司、总公司）主要负责人、项目负责人和专职安全生产管理人员安全生产考核管理实施细则》

该细则从依法予以撤销、吊销、注销、变更、撤回、重新考核安全生产考核合格证书方面作了具体规定。

6.2.5.6　《中央企业安全生产考核实施细则》

该细则规定了依法依规、从严处罚、分类分责三项原则。从严制定较大以上生产安全事故的扣分和降级标准，加大了对重复发生事故的处罚力度，将安全生产考核与企业负责人年薪、企业年度薪酬总额挂钩。

6.2.5.7　《建筑施工企业安全生产管理机构设置及专职安全生产管理人员配备办法》

该办法适用于从事土木工程、建筑工程、线路管道和设备安装工程及装修工程的新建、改建、扩建和拆除等活动的建筑施工企业安全生产管理机构的设置及其专职安全生产管理人员的配备。主要包括建筑施工企业安全生产管理机构职责，专职安全生产管理人员职责、配备，安全生产领导小组的职责等内容。

6.2.5.8　《房屋市政工程生产安全事故报告和查处工作规程》

该规程为规范房屋市政工程生产安全事故报告和查处工作，落实事故责任追究制度，防止和减少事故发生，根据《建设工程安全生产管理条例》《生产安全事故报告和调查处理条例》等有关规定而制定。房屋市政工程生产安全事故，是指在房屋建筑和市政基础设施工程施工过程中发生的造成人身伤亡或者重大直接经济损失的生产安全事故。

6.2.5.9　《房屋建筑和市政基础设施工程施工安全监督规定》

该规定所称施工安全监督，是指住房城乡建设主管部门依据有关法律法规，对房屋建筑和市政基础设施工程的建设、勘察、设计、施工、监理等单位及人员履行安全生产职责，执行法律、法规、规章、制度及工程建设强制性标准等情况实施抽查并对违法违规行为进行处理的行政执法活动。包括施工安全监督的主要内容、施工安全监督的程序、监督机构监督措施方面的内容。

6.2.5.10　《建筑施工企业主要负责人、项目负责人和专职安全生产管理人员安全生产管理规定实施意见》

该意见规定企业主要负责人的范围包括法定代表人、总经理（总裁）、分管安全生产的副总经理（副总裁）、分管生产经营的副总经理（副总裁）、技术负责人、安全总监等。意见还包含专职安全生产管理人员的分类、安全生产考核的内容、安全生产考核合格证书的暂扣和撤销方面的有关内容。

6.2.6　有关制度

6.2.6.1　施工企业安全生产许可制度

根据《安全生产法》《安全生产许可证条例》《建筑施工企业安全生产许可证管理规定》对施工企业实行安全生产许可制度，依据《建筑施工企业安全生产许可证动态监管办法》的有关规定对施工企业安全生产进行动态监管。施工企业未取得安全生产许可证，不仅不能合法经营，而且也不得参加工程项目的施工投标活动。建设单位或其委托的工程招标代理机构在编制资格预审文件和招标文件时，应当明确要求建筑施工企业提供安全生产许可证，以及企业主要负责人、拟担任该项目负责人和专职安全生产管理人员相应的安全生产考核合格证书。

6.2.6.2 安全生产责任制度

安全生产责任制度，就是对各级负责人、各职能部门、各类施工人员在管理和施工过程中，应当承担的责任作出明确的规定。安全生产责任制度是施工企业最基本的安全管理制度，是施工企业安全生产管理的核心和中心环节。具体来说就是将安全生产责任分解到施工单位的主要负责人、项目负责人、班组长以及每个岗位的作业人员身上。

6.2.6.3 安全生产教育培训制度

《建筑法》第四十六条规定："建筑施工企业应当建立健全劳动安全教育培训制度，加强对企业安全生产的教育培训，未经安全生产教育培训的人员，不得上岗作业"，《建设工程安全生产管理条例》中关于建筑施工企业"安管人员"安全生产考核管理的规定，在法律法规层面确定了安全生产教育的重要地位。除进行一般安全教育外，特种作业人员培训还应按照《特种作业人员安全技术培训考核管理规定》的有关规定执行，按国家、行业、地方和企业规定进行本工种专业培训、资格考核、取得《特种作业人员操作证》后上岗。

6.2.6.4 特种作业人员持证上岗制度

《建设工程安全生产管理条例》第二十五条规定：垂直运输机械作业人员、安装拆卸工、爆破作业人员、起重信号工、登高架设作业人员等特种作业人员，必须按照国家有关规定经过专门的安全作业培训，并取得特种作业操作资格证书后，方可上岗作业。

6.2.6.5 危大工程专项施工方案管理制度

依据《建设工程安全生产管理条例》第26条和《危险性较大的分部分项工程安全管理办法》的规定，施工单位应当在危险性较大的分部分项工程施工前编制专项方案，对于超过一定规模的危险性较大的分部分项工程，施工单位应当组织专家对专项方案进行论证。

6.2.6.6 起重机械安全监督管理制度

《建设工程安全生产管理条例》第35条规定：施工单位应当自施工起重机械和整体提升脚手架、模板等自升式架设设施验收合格之日起30日内，向建设行政主管部门或其他有关登记部门登记。登记标志应当置于或者附着于该设备的显著位置。《建筑起重机械安全监督管理规定》（建设部令第166号）对建筑起重机械的租赁、安装、拆卸、使用及其监督管理进行了详细规定，各级建设主管部门依法依规对其管辖范围内的相关工作进行监管。

6.2.6.7 危及施工安全的工艺、设备、材料淘汰制度

《建设工程安全生产管理条例》第四十五条规定："国家对严重危及施工安全的工艺、设备、材料实行淘汰制度。具体目录由国务院建设行政主管部门会同国务院其他有关部门制定并公布。"

严重危及施工安全的工艺、设备、材料是指不符合生产安全要求，极大可能导致生产安全事故发生，造成人民生命和财产重大损失的工艺、设备、材料。

6.2.6.8 施工现场消防安全管理制度

《建设工程安全生产管理条例》第三十一条规定："施工单位应当在施工现场建立消防安全责任制度，确定消防安全责任人，制定用火、用电、使用易燃易爆材料等各项消防安全管理制度和操作规程，设置消防通道、消防水源，配备消防设施和灭火器材，并在施工现场入口处设置明显标志。"该规定确定了施工企业要建立消防安全责任制度。公安部、住房和城乡建设部关于进一步加强建设工程施工现场消防安全工作的通知（公消〔2009〕131 号）、住房和城乡建设部关于进一步加强建筑施工消防安全工作的通知（建质电〔2010〕53 号），对施工消防安全工作作出了进一步明确规定，施工企业必须按要求建立并落实消防安全责任制度。

6.2.6.9 生产安全事故报告制度

《安全生产法》第八十条规定："生产经营单位发生生产安全事故后，事故现场有关人员应当立即报告本单位负责人。单位负责人接到事故报告后，应当迅速采取有效措施，组织抢救，防止事故扩大，减少人员伤亡和财产损失，并按照国家有关规定立即如实报告当地负有安全生产监督管理职责的部门，不得隐瞒不报、谎报或者迟报，不得故意破坏事故现场、毁灭有关证据。"《建设工程安全生产管理条例》第五十条规定："施工单位发生生产安全事故，应当按照国家有关伤亡事故报告和调查处理的规定，及时、如实地向负责安全生产监督管理的部门、建设行政主管部门或者其他有关部门报告。"上述法律法规对生产安全事故报告制度作了相应规定。《生产安全事故报告和调查处理条例》对安全事故的报告和调查处理作出了进一步明确的规定。因此，一旦发生生产安全事故，施工企业应当负起及时报告的义务。

6.2.6.10 生产安全事故应急救援制度

《安全生产法》第七十八条规定："生产经营单位应当制定本单位生产安全事故应急救援预案，与所在地县级以上地方人民政府组织制定的生产安全事故应急救援预案相衔接，并定期组织演练。"《建设工程安全生产管理条例》第四十八条规定："施工单位应当制定本单位生产安全事故应急救援预案，建立应急救援组织或者配备应急救援人员，配备必要的应急救援器材、设备，并定期组织演练。"上述法律法规对生产安全应急救援制度作了相应规定，施工企业必须依法依规履行相应应急救援责任和义务。

6.2.6.11 安全生产组织机构设置管理制度

根据《建筑施工企业安全生产管理机构设置及专职安全生产管理人员配备办法》（建质〔2008〕91 号）的相关规定，本办法适用于从事土木工程、建筑工程、线路管道和设备安装工程及装修工程的新建、改建、扩建和拆除等活动的建筑施工企业安全生产管理机构的设置及其专职安全生产管理人员的配备。施工企业应成立安全生产委员会，负责领导企业安全生产工作。设置独立的安全生产管理机构，在企业主要负责人的领导下开展本企业的安全生产管理工作。施工企业应在建设工程项目部成立安全生产领导小组，负责施工现场的安全生产工作。

6.2.7 合同约定

按照《安全生产法》第四十五条、《建设工程安全生产管理条例》第二十四的规定，在同一作业区域内进行生产经营活动不同生产单位，总包单位应当与分包单位签订安全生产管理协议，分包合同中应当明确各自的安全生产方面的权利、义务。因此，有关生产各方应签订安全生产协议，但总承包单位和分包单位对分包工程的安全生产承担连带责任。住房和城乡建设部施工总承包、工程总承包合同示范文本对此提供了范例内容。

《建设项目工程总承包合同示范文本（GF—2020—0216）》通用条款第7条（安全文明施工）对安全生产、文明施工有关工作作出了约定，从安全生产要求、安全生产保证措施、文明施工、事故处理、安全生产责任方面展开，对发包人、承包人双方的安全文明施工责任义务进行了约定。

《建设工程施工合同示范文本（GF—2017—0201）》通用条款第6条（安全文明施工与环境保护，安全文明施工内容列在6.1内）对安全生产、文明施工、环境保护工作作出了约定，从安全生产要求、安全生产保证措施、特别安全生产事项、治安保卫、文明施工、安全文明施工费、紧急情况处理、事故处理、安全生产责任方面展开，对发包人、承包人双方的安全文明施工责任义务进行了约定。

6.2.8 国际条约

6.2.8.1 国外建设工程安全管理模式简介

目前全球发达国家建筑安全管理主要有美国、英国、德国模式三种模式。美国1970年通过的OSHAct中明确提出："政府的安全和健康管理的目标是通过各种努力保证全国每个劳动者的健康和安全"，并非常强调政府对安全和健康事务的管理。英国与美国监管模式不同，管理部门进行安全和健康管理的出发点和主要原则是谁造成危险谁负责对工人及公众进行保护，政府不会采用强制性技术标准规定企业和项目应采用何种技术措施去达到法律要求。德国管理模式有别于以上两种模式，德国劳动保护由政府经济劳动部下设的劳动保护局和职业联合会双管理。

6.2.8.2 《建筑安全卫生公约》

第九届全国人民代表大会常务委员会第二十四次会议决定（2001年10月27日通过）：批准于1988年6月20日经第75届国际劳工大会通过、并于1991年1月11日生效的《建筑业安全卫生公约》；同时声明：在中华人民共和国政府另行通知前，《建筑业安全卫生公约》暂不适用于中华人民共和国香港特别行政区。该公约也称167号公约或称建筑施工安全卫生公约，为建筑施工安全卫生的国际标准。我国成为国际上实施该公约的第15个国家。

6.3　施工企业安全生产合规检查

6.3.1　合规检查与安全检查

施工企业安全生产检查（以下简称安全检查）指检查施工企业基础安全管理内容、执行与遵守安全生产行政许可和备案情况、现场安全管理情况。施工企业安全生产合规检查（以下简称"合规检查"）指为掌握企业各部门、各下属公司、项目部对党和国家的方针政策、法律、行政法规、部门规章、规范性文件、有关制度的遵循情况，合规管理部门设立、运行和管理有效性等情况，由本企业各级合规管理部门对各职能部门、下属公司、项目部安全生产的合规性进行检查。合规检查的范围要超过安全检查，合规检查内容与安全检查内容的侧重点也不同。合规检查从上到下，带有全局性，而安全检查带有专项性。

6.3.2　合规检查

1. 合规检查依据

应以党和国家的方针政策、法律、行政法规、部门规章、规范性文件、有关制度为基本依据，以企业各项规章制度建立、落实、执行为重点。

2. 合规检查范围

涵盖企业决策机构、安全生产管理机构、各职能部门及下属公司、项目部、相关部门，涉及各级主体的高层、中层、普通员工，乃至施工现场一线的从业人员。

3. 合规检查原则

应以安全生产领域多发、易发风险点为导向。应覆盖本企业各部门、下属公司、项目部及从业人员的各类安全生产全部经营管理活动。总部、下属、项目部要分工不分家，积极配合、沟通协作、务实工作，并确保真实、完整、准确。对发现的风险点要及时整改并反馈整改情况。

4. 合规检查内容

合规政策的贯彻落实情况、合规管理工作的实施状况以及实现合规管理目标的实际情况。各部门、下属公司、项目部和员工是否正确理解和把握法律、法规、准则、规章制度的相关内容并能严格执行。当法律、法规和准则发生变化时，是否及时修订和完善已制定的各项规章管理制度、操作规程、实施细则等。检查各岗位履职尽责情况。检查岗位设置、岗位分工是否符合合规控制要求。发现违规操作问题、合规风险隐患是否及时上报，处置纠正措施是否合规有效。在检查期间内是否发生了违规问题或受到过监管部门的处罚。是否遵守和执行有关合规管理意见。安全生产检查基础安全管理的内容。

5. 合规检查方式

分为常规检查、专项检查。总部合规管理部门每年度应至少组织一次全系统、全员的常规检查，下属公司应每半年至少组织一次管理范围的常规检查，项目部开展日常合规检查。总部、下属公司合规管理部门根据管理需要，对特定事项、特定部门进行不定期的专项检查。

6. 合规检查形式

包括现场检查和非现场检查。根据合规内控或安全生产业务经营管理的要求，到被检查下属单位、项目部、施工现场进行实地现场检查。非现场检查通过调阅业务档案、要求被检查单位报送各种文件资料、运用网络监控等工具进行风险分析，提供需要信息。

7. 合规检查准备

总部合规管理部、各下属公司分管领导、各级合规部负责人，组织成立合规检查小组，确定检查组组长、副组长、检查组成员。合规检查小组应明确检查对象、目的、范围、内容、重点、依据、工作时间、方式、方法、要求等，并根据检查需要制定合规检查方案。

8. 合规检查实施

按照检查计划，合规检查小组到达被查单位后，检查组组长说明检查的目的、内容、工作安排及检查实施过程中需要被查单位协助配合的要求和有关事项。合规检查小组向被检查单位负责人说明检查的目的和内容，听取被检查单位负责人介绍本单位合规管理情况及存在的问题。根据检查要求，调阅被检查单位的制度、业务合同等有关资料。按照各个检查项目的检查要点进行实质性检查。

9. 合规检查反馈和整改

合规检查小组完成各单位计划工作后，应立即梳理汇总检查文件资料，当场向被检查单位和人员反馈检查情况。被检查单位和人员应立行立改，坚决改正不足和错误，彻底消除安全生产风险。被检查单位和人员在规定时间内，以书面方式向合规检查小组反馈整改情况。

6.3.3 安全检查基础管理内容

1. 安全生产责任制（是否建立、健全以下安全生产责任制度，并以文件形式下发）

（1）主要负责人安全生产责任制查企业是否下发文件，安全生产责任制文本是否结构完整、条理清楚、责任明确。

（2）分管负责人安全生产责任制。

（3）安全管理人员安全生产责任制。

（4）岗位安全生产责任制。

（5）职能部门安全生产责任制。

2. 安全管理机构

设置专门安全生产管理机构并配备符合规定的专职安全管理人员，查相关文件机构设置和人员配备是否符合要求。

3. 组织制定安全生产规章制度、操作规程和应急救援预案（是否制定以下安全生产规章制度，并以文件形式下发）

（1）安全教育培训制度。

（2）安全生产奖惩制度。

（3）安全会议制度。

（4）安全检查制度。

（5）隐患整改制度。

（6）安全设施、设备管理制度。

（7）作业场所防火、防爆、防毒管理制度。

（8）作业场所职业卫生管理制度。

（9）劳动防护用品（具）管理制度。

（10）事故管理制度。

（11）是否制定岗位操作安全规程（安全操作法），以文件形式下发，并在相应岗位上公示查企业下发的文件和有无岗位安全操作规程文本，文本结构是否完整、条理清楚、规定明确。

（12）事故应急救援预案并报当地安监部门备案：查应急救援文本及备案，注明是否应急救援预案结构完整规范，应急救援组织或指定兼职应急救援人员明确，物资和器材按规定配备，明确定期组织演练，能定期修改完善。

4. 安全管理台账（根据企业制定的有关安全生产规章制度，查看对应的台账、记录，检查企业安全生产规章制度的落实情况）

（1）安全会议台账检查：检查是否根据制度定期召开会议，主要领导亲自参加，会议议题明确，决定落实到位。

（2）安全检查台账：根据制度定期组织检查，检查结果登记清楚，发现问题应记录解决期限和结果，主要负责人要定期参加安全检查。

（3）隐患整改台账：检查台账是否完整记录隐患整改期限、内容、责任人和整改结果。

（4）安全设施登记、维护保养及检测台账：记录完整、规范。

（5）特种设备登记及检测、检验台账：记录完整、规范。

（6）职业卫生检测台账：记录完整、规范。

（7）动火、进入受限空间等 8 大危险作业票证记录：记录完整、规范。

（8）管理台账：事故及未遂事故发生时间、地点、上报、原因、处置方法、责任追究记录完整。

（9）安全费用投入台账：隐患整改、安全培训、安全评价等费用列支清晰。

（10）重大危险源登记档案查重大危险源档案：记录重大危险源及有关安全措施、应急措施等内容，并报安监部门备案。

（11）应急救援预案演练记录查演练记录：记录演练时间、内容、评价和总结。

5. 安全培训教育（企业主要负责人、安全管理人员、相关从业人员是否进行安全培训教育，是否具备相应资格）

（1）主要负责人和安全管理人员是否经有关主管部门考核合格，并取得安全资格证书：查主要负责人、安全管理人员资格证书是否在有效期内。

（2）特种作业人员是否经专门安全作业培训，并取得特种作业操作资格证书：抽查特种作业人员资格证书是否在有效期内。

（3）其他从业人员是否经相关知识的教育和培训并考核合格：查相应教育培训记录，应提供每一名培训人员姓名、工种、培训时间、培训内容、考核成绩、本人签字等记录。

（4）采用新工艺、新技术、新材料或使用新设备，是否对从业人员进行专门的安全教育和培训：查相应教育培训记录。

（5）换岗、离岗 6 个月以上从业人员是否经复工前的安全教育培训：查相应教育培训记录。

（6）新职工入厂三级安全教育培训情况。

第7章　施工企业工程质量的合规风险识别与管理

2020年3月7日19时14分，正值新冠疫情暴发和肆虐之时，集中隔离作为重要防疫措施被普遍采用。令人震惊的是，位于福建省泉州市鲤城区的欣佳酒店所在建筑物发生坍塌事故，造成29人死亡、42人受伤，直接经济损失5794万元。事发时，该酒店为泉州市鲤城区新冠肺炎疫情防控外来人员集中隔离健康观察点。隔离酒店的倒塌不仅导致了极其严重的人员伤亡，更是引起了全国范围的普遍关注。

经调查，欣佳酒店坍塌原因有：（1）事故责任单位泉州市某机电工贸有限公司将欣佳酒店建筑物由原四层违法增加夹层改建成七层，达到极限承载能力并处于坍塌临界状态，加之事发前对底层支承钢柱违规加固焊接作业引发钢柱失稳破坏，导致建筑物整体坍塌。（2）国务院事故调查组认定，泉州市某机电工贸有限公司、欣佳酒店及其实际控制人杨某无视国家有关城乡规划、建设、安全生产以及行政许可等法律法规，违法违规建设施工，弄虚作假骗取行政许可，安全生产责任长期不落实。相关工程质量检测、建筑设计、消防检测、装饰设计等中介服务机构违规承接业务，出具虚假报告，制作虚假材料，帮助事故企业通过行政审批。（3）福建省、泉州市、鲤城区三级住房城乡建设管理部门没有认真履行建筑主管部门安全监管责任，对欣佳酒店建筑物等长期存在的违法建设行为没有制止和查处，组织开展违法建设整治、房屋安全隐患排查整治、住房和城乡建设领域"打非治违"工作不力，严重失职失察。随后，各相关责任主体均依法承担了相应法律责任。

质量是兴国之道、富国之本、强国之策。建设工程质量是质量强国战略的重要组成部分。党中央、国务院历来高度重视工程质量。围绕不断提高工程质量、促进建筑业健康发展，党中央、国务院出台了一系列重要的方针政策。在以习近平同志为核心的党中央坚强领导下，我国质量强国建设已经成为全社会的共识和自觉行动，随着我国建筑工程行业的发展繁荣，我国的建筑工程质量水平不断提高，工程质量管理工作总体水平不断提高，工程质量竞争力不断增强。

随着企业经营合规受重视程度地不断提升，国务院国资委印发了《中央企业合规管理指引（试行）》，住房和城乡建设部及全国相关建设主管部门自2020年起逐步启动和深入开展安全生产专项整治三年行动，继续开展行业安全质量整治工作。一系列监管动向和举措都要求施工企业把合规经营提到更高层面。对建筑施工企业自身发展而言，为了应对激烈的市场竞争、谋求生存和发展，企业必须形成过硬的施工管理能力。一旦发生质量问题，将给施工企业造成严重后果不仅使企业在拓展市场上的百般努力前功尽弃、付之东流，更重要的是使企业可能遭遇投标承接壁垒或进入受限制名单等，陷入经营困境。因此，抓好质量合规是涉及企业生存发展、闯市场、占市场的长期性、战略性问题。

7.1 施工企业工程质量合规风险识别及合规建议

7.1.1 合规风险之一：发现施工图纸存在问题未及时处理的风险

7.1.1.1 典型案例

2007 年 12 月 15 日，某机械公司（发包人）经招投标程序与中标人某建设公司（承包人）签订《钢结构厂房桩基及基础工程合同》。次日，发包人向承包人递交岩土勘察报告和现场总平面图各一份。施工期间，承包人函告发包人，称合同签订后才收到地质勘探报告，开挖后发现大面积淤泥且超出整个标书土方量，为此承包人拿出多种施工方案报批但未获回复。2008 年 3 月，发包人通知承包人变更工程量，并在与监理单位商定后提出三、四类桩处理办法；但承包人报告称三、四类桩已无法正常进行下道工序施工；发包人、承包人和监理、检测、设计单位开会并形成纪要，内容为：出现三、四类桩问题的原因与地质状况和重型机械碾压有关，要求对地基进行处理。3 月 25 日，承包人书面报告称，因土质问题，无法进行下道工序施工；3 月 26 日，监理单位通知承包人暂停施工。2008 年 5 月 21 日，发包人和监理公司对桩基质量进行检测，江苏省某工程检测有限公司出具检测报告，结论为：共检测 474 根，其中一类桩 90 根，二类桩 83 根，三类桩 210 根（指桩身有明显缺陷，对桩身结构承载力有影响），四类桩 91 根（指桩身存在严重缺陷）。对该检测报告结论双方均无异议。

法院另查明，争议工程在施工过程中，发包人对承包人工序进行了批质量验收，批质量验收均为合格；对于桩长度、承台的施工、发包人在庭审中确认承包人均是按图施工。又查明，发包人一审庭审中称，本案争议工程现尚未取得工程建设规划许可证、施工许可证；工程图纸现已经过审查，但因未交纳费用，发包人尚未取得经过审查的图纸。

审理期间，某建设工程质量监督站对于本案争议工程产生倾斜、断裂的鉴定分析意见主要为：运土路线没有作特殊的加固处理，不符合地质条件；建设单位与监理单位在该工程施工前，没有按照基本建设的正常施工程序办理施工图审查与质监和安监等手续。

二审法院认为，案涉工程出现质量问题是由于一系列因素综合造成，应当认定建设单位与施工单位都应当承担相应的责任。具体而言，发包人没有按正常施工程序办理施工图审查与质监和安监手续，对承包人提出的优化方案未予重视和答复，且使用重型机械碾压施工道路，其聘请的监理单位亦未有效履行监理职责；承包人发现问题后虽提出优化方案，但在方案未获采纳后，未能从工程质量安全出发，进一步提出调整要求，而是仍按原方案实施，对施工道路也没有及时加固。二审法院认为，发包人应对本案工程质量问题的发生承担 80% 的责任，承包人应当承担 20% 的责任。

发包人不服二审判决向最高人民法院申请再审，最高人民法院作出（2012）民提字第20号民事判决，将双方责任比例调整为发包人对涉案工程质量问题的发生承担70%的责任，承包人承担30%的责任。[①]

7.1.1.2　合规风险分析

《建设工程质量管理条例》第28条规定："施工单位必须按照工程设计图纸和施工技术标准施工，不得擅自修改工程设计，不得偷工减料。施工单位在施工过程中发现设计文件和图纸有差错的，应当及时提出意见和建议。"因此，一般认为，承包人的基本法定和约定义务之一，就是必须严格按图施工，无权修改工程设计。但如果发包人提供的图纸存在问题或差错的，施工单位此时应如何处理呢？

建设单位必须按照法定的建设程序，提供通过审查的相关设计文件及图纸。《建设工程质量管理条例》对此也有明确。该条例第5条规定："从事建设工程活动，必须严格执行基本建设程序，坚持先勘察、后设计、再施工的原则。"第十一条规定："建设单位应当将施工图设计文件报县级以上人民政府建设行政主管部门或者其他有关部门审查。施工图设计文件未经审查批准的，不得使用。"

《2017版施工合同示范文本》通用条款第1.6.2条也有约定："承包人在收到发包人提供的图纸后，发现图纸存在差错、遗漏或缺陷的，应及时通知监理人。"第1.6.3条："图纸需要修改和补充的，应经图纸原设计人及审批部门同意，并由监理人在工程或工程相应部位施工前将修改后的图纸或补充图纸提交给承包人，承包人应按修改或补充后的图纸施工。"

但在工程质量因发包人提供图纸存在问题而出现重大质量问题的情形下，发包人与承包人均可能因存在过错而需承担相关责任。对发包人而言，如果违反诚信原则，在签订合同之前未提交岩土工程详细勘查报告或未提交经过审核的施工图纸，违反《建设工程质量管理条例》规定的基本建设程序，为质量事故发生埋下隐患；发包人未能会同监理单位、设计单位对于承包人提出的合理建议予以充分重视并研究相应措施，亦未能会同监理单位对承包单位提出的其他相关施工优化方案进行审查及组织专家论证等，甚至一味强调工程造价为不变价，并以承包人施工应当采取何种方案与建设单位无关为由，对施工单位调整设计方案的建议未予重视与答复，应承担相应的质量责任。

而对于承包人而言，作为专业施工单位，承包人如果在没有看到岩土详细勘查报告或经过审核的施工图情况下，即投标承揽工程，本身就不够慎重，发现特殊地质情况后虽提出建议，但在发包人不予认可之后仍不计后果、依据白图冒险施工，对出现的工程质量问题采取了一种放任态度，相应主观状态和做法应得到否定性评价。如果承包人真正关心工程质量，应当与发包人就地质情况所带来的问题进行协商，协商不成，明知工程无法继续应当采取措施避免损失的扩大，却为谋取合同利益而忽视质量风险。

7.1.1.3　合规建议

设计文件和图纸等是工程质量保障的基础。结合相关规定及施工合同示范文本约定，在承接工程和施工之前，建议承包人要求发包人交付的施工图等文件一定要经法定建设施工程序审查批准。施工单位在拿到图纸时应仔细审核图纸，并按图纸要求进行工程量核对、施工方案编制等工作。若施工单位在此阶段发现图纸存在问题，应当做好记录，并在建设单位组织图纸会审时，向设计人员请示或要求设计人员说明。

如承包人在施工中发现设计文件或图纸存在可能导致严重质量问题的情形时，一方面，绝对不能擅自按照自己的意图调整图纸，即便设计图纸确有错漏需要修改，也应当由建设单位向设计人发出指令；另一方面，也绝对不要接受发包人或监理人坚持施工的指令或者一切责任由其自行承担的书面承诺。建议一定要以工程质量为核心及时采取合理措施，在合法正式图纸和方案确定之前可加强与监理人、发包人沟通，必要时向政府主管部门及时汇报并暂停施工，否则亦有可能要承担部分工程质量不合格的法律责任。对于"三边"工程，在承接和施工期间，更要务必慎重对待相关设计和图纸事宜。

7.1.2　合规风险之二：供应、使用质量不合格建筑材料的风险

7.1.2.1　典型案例

2012年9月10日至2013年6月3日，某建材供应商为承包人承建的位于烟台某工业园硝苯装置区硝苯装置基础工程项目供应耐酸混凝土和耐酸砂浆总价款720705元。承包人收到上述材料后，建材供应商多次要求其支付材料款未果。承包人辩称，建材供应商给承包人供货属实，对建材供应商主张的单价及供货数量予以认可，对建材供应商增加的部分亦予以认可。但建材供应商所供货物存在质量问题，有部分货物不能使用，给承包人造成了损失，提出反诉要求对该部分质量不合格材料的货款328394元予以扣减并赔偿损失。

关于耐酸混凝土的质量问题，建材供应商主张为耐压强度20MPa，并称承包人提供的2013年7月20日的专题会议纪要会议内容中24.4MPa被认为是合格的可以印证其该主张。承包人则称根据其提供的检测报告及建材供应商随产品提供的合格证、检验报告，耐酸混凝土的耐压强度标准应为25MPa。2013年6月7日，项目监理部召开循环水吸水池裂缝处理及硝酸罐耐酸砂浆层处理专题会议，决定对已施工耐酸砂浆层予以破除。应建设方要求，承包人共拆除24个混凝土基础、15个设备，后重新施工、安装。承包人称，导致拆除并重新施工的原因是建材供应商提供的建筑材料不合格，由此给承包人造成了系列损失，包括耐酸混凝土和耐酸砂浆材料费损失、拆除部分人工费损失、重新施工费用损失、设备拆除及重新安装费用损失等。本案中还有区建设工程质量检验测试中心出具的混凝土试件抗压强度检测报告一份，载明试件抗压强度为13.7MPa，为设计强度的55%。

建材供应商对承包人减少价款、赔偿损失的请求予以认可，但对已拆除混凝土基础的材料用量、货值及损失的具体数额提出异议，并向法院提交鉴定申请。经委托，烟台嘉信

有限责任会计师事务所于 2014 年 8 月 18 日出具工程造价鉴定意见书，其鉴定结论中上述各损失项目及数额分别为：耐酸混凝土和耐酸砂浆材料费合计 328394 元、耐酸混凝土和耐酸砂浆拆除费用 51192.83 元、耐酸混凝土和耐酸砂浆施工费用 57449.77 元、设备安装及拆除费用 160784.06 元，合计 597820.66 元。原、承包人双方对上述工程造价鉴定意见书均无异议。

法院审理后认为，建材供应商向承包人提供的耐酸砂浆与部分耐酸混凝土存在质量问题。因建材供应商的供货存有瑕疵，承包人可以要求建材供应商减少价款。现承包人提出减少已破除的耐酸砂浆及耐酸混凝土对应价款 328394 元的抗辩主张，其主张减少的金额亦与鉴定结论一致，故对承包人该项抗辩主张予以支持。此外，因建材供应商供货不合格而给承包人造成损失，其应当向承包人承担赔偿损失的责任。现承包人要求建材供应商赔偿其因供货不合格导致的拆除费、施工费损失及因拆除导致的设备安装及拆除费用损失，其主张合法有据，予以支持。根据该鉴定意见，耐酸混凝土和耐酸砂浆拆除费用、施工费用及设备安装及拆除费用合计 269426.66 元，故对反诉建材供应商要求反诉承包人赔偿损失 269426.66 元的反诉请求予以支持。[①]

7.1.2.2　合规风险分析

建筑材料是保证建筑工程质量的首要条件。承包人应当从源头抓起，杜绝不合格的建筑材料的使用，确保建筑工程施工质量，为有效地控制工程质量奠定基础。而一旦把控不严，接受了不合格建筑材料的供应甚至使用，不仅可能带来质量不合格的严重后果，还可能由此承担施工合同违约责任以及主管部门的行政处罚。

《建设工程质量管理条例》第六十四条规定，施工单位在施工中偷工减料的，使用不合格的建筑材料、建筑构配件和设备的，或者有不按照工程设计图纸或者施工技术标准施工的其他行为的，责令改正，处工程合同价款百分之二以上百分之四以下的罚款；造成建设工程质量不符合规定的质量标准的，负责返工、修理，并赔偿因此造成的损失；情节严重的，责令停业整顿，降低资质等级或者吊销资质证书。

7.1.2.3　合规建议

施工材料合格与否，直接关系建设工程质量高低。因此，对于施工材料，由建设单位委托见证取样检测的建筑材料、建筑构配件和设备等，未经监理单位见证取样并经检验合格的，施工企业不得擅自使用。按规定由施工单位负责进行进场检验的建筑材料、建筑构配件和设备，应报监理单位审查，未经监理单位审查合格的不得擅自使用。

在建筑材料进场前，一方面，施工单位应深入消化工程设计文件、施工图、施工合同、施工组织设计等与工程材料有关的文件，熟悉文件对材料品种、规格、型号、强度等级、生产厂家与商标的规定和要求。掌握所用材料的质量标准，了解材料的基本性质，应用特性与适用范围，必要时对主要材料、设备、构配件的选择向业主提供合理建议。另一

[①]　中国裁判文书网，（2014）莱山商初字第 189 号。

方面，需加强对材料供应商的评估以确保产品质量，掌握材料质量、价格、供货能力的信息，选择可靠的供货厂家可获得质量好、价格低的材料资源，而且有助于保证工程质量，降低工程造价。对供货厂家评估时，一般需在下列范围内收集证明资料：企业资质证明、产品生产许可证明；产品鉴定证明；产品质量证明；厂家质量管理体系情况；产品生产能力证明；与该厂家合作的证明；用户评价；其他特殊要求的证明。对供货经销商进行评估时，一般需在如下范围内收集证明资料：经营许可证明；产品质量证明；用户评价；与该经销商合作的证明。对业主供应的材料，应及时提供信息；对承包商供应的材料，要及时对订货申报进行审检、论证，报业主同意后方可订货。

在建筑材料进场时，物单必须相符。材料进场时，应检查到场材料的实际情况与所要求的材料在品种、规格、型号、强度等级、生产厂家与商标等方面是否相符，检查产品的生产编号或批号、型号、规格、生产日期与产品质量证明书是否相符，如有任何一项不符，应要求退货或要求供应商提供材料的资料。标志不清的材料可要求退货（也可进行抽检）。进入施工现场的各种原材料、半成品、构配件都必须有相应的质量保证资料。包括：生产许可证或使用许可证、产品合格证、质量证明书或质量试验报告单。合格证等必须盖有生产单位或供货单位的红章并表明出厂日期、生产批号和出厂合格证。

在建设材料进场后，不同种类、不同厂家、不同品种、不同型号、不同批号的材料必须分别堆放，界限清晰，并有专人管理。避免使用时造成混乱，便于追踪工程质量，对分析质量事故的原因也有很大帮助。应用新材料前必须通过试验和鉴定，代用材料必须通过计算和充分论证，并要符合结构构造要求。施工现场配备的各种施工设备与设施需与施工需求相匹配，并且满足施工安全、环保的要求。对于安装试运行出现问题或验收不合格的施工机具需按照合同约定予以处理。施工机具与设施安装、拆卸作业是安全性、技术性很强的实施过程。针对危险性较大或技术复杂工程的专项施工方案不仅包括施工机具与设施的安装、拆卸过程，而且包括相应的使用过程，其内容需按照国家有关法律法规及规范标准的要求进行编制，以满足施工过程风险防范的要求。人是施工机具与设施管理的核心因素。为保障其安全运行，在各类特种机具及设施的验收过程，需重点关注人员资格的审核。施工机具在使用过程中需符合定机、定人、定岗、持证上岗、交接、维护保养等规定。施工企业需建立必要的施工机具档案，制订施工机具技术和安全管理规定。

7.1.3 合规风险之三：未按施工技术方案要求和工序施工的风险

7.1.3.1 典型案例

2020年1月5日，某生态休闲旅游开发项目一期一（1）二标段发生一起较大坍塌事故，造成6人死亡，6人受伤。事故直接经济损失为1115万元。

某市应急管理局公布的该起事故调查报告显示，事故直接原因为门楼高大模板支撑体系架体未按照施工方案要求进行搭设，⑯轴线处400mm×1200mm梁支架沿梁跨度方向扫地杆、第一步水平杆缺失，使得水平杆步距超过方案设计步距的两倍，致使梁支架的稳定性不满足设计承载要求，且门楼高大模板支撑体系在搭设完毕后未按要求进行验收。现场在进行浇筑时，违反专项施工方案中采用对称浇筑的要求，对门楼坡屋面采用不对称浇筑，实际产生的附加弯矩增加了B轴线处400mm×2560mm梁支架立杆承受的压力，导致该处梁支架稳定性不满足设计承载要求。现场浇筑完竖向结构（KZ1和KZ3两根框架柱）后，未按照方案中"竖向结构强度达到50%以后，再浇水平构件"的要求，随即开始梁板浇筑，由于竖向结构强度不够，B轴线处400mm×2560mm梁钢筋随支架变形下挠，将框架柱拉倒，增加了事故的规模和惨烈程度。经对现场高大模板支撑体系架体材料（钢管、扣件、可调顶托）进行取样，并送检，发现部分材料不合格，导致架体承载力及稳定性低于专项方案的设计预期。上述原因叠加，导致事故发生。

7.1.3.2　合规风险分析

施工工序的科学设计和合理是施工质量的重要保障。如为了有效地提高梁体混凝土的抗裂性能，建筑施工中往往采用预应力筋，而为了使得钢筋达到建筑所需要的应力要求，往往对预应力筋进行张拉操作，其具体要求是超张拉以及持荷要达到2分钟，但若在实际的操作过程中，超张拉以及持荷未能达到2分钟的要求，其预应力值就不可能得到可靠的控制。

施工实践中，如果承包人没有严格按工序施工，违背了施工技术方案及要求，很可能造成施工质量出现问题。以电气工程为例，如在塑料管预埋过程中，没有做好细节工序的施工，没有在管道连接处加上套管，或仅仅加上套管，而没有用粘合剂粘合连接处，又或者在连接处用黑胶布绕几圈处理，处理措施不到位，会使管道容易受到渗水影响，导致绝缘性差，缩短使用周期，引发后期质量隐患。

特别是，针对特殊的危险性较大的分部分项工程，更是必须严格落实施工技术方案及相关管理要求。住房城乡建设部办公厅先后发布了《危险性较大的分部分项工程安全管理规定》（住房城乡建设部令第37号）、关于实施《危险性较大的分部分项工程安全管理规定》有关问题的通知（建办质〔2018〕31号）等相关文件，要求对基坑工程、模板工程、脚手架工程、拆除工程等危险性较大的分部分项工程，应当组织专家论证、制定专项施工方案等相关保障措施，确保质量和安全。

7.1.3.3　合规建议

在施工期间，承包人应当严格按施工质量国家相关技术标准和合同约定的质量标准进行施工，并做好各类施工记录，实时记录施工过程质量管理的内容。尤其是完善和落实施工技术方案、现场交底等基本质量管理制度，杜绝野蛮施工、任意施工、不按方案施工。充分运用现场质量检查作为工序质量监控的主要手段，包括：（1）开工前的检查——是否具备开工条件；（2）工序交接检查——三检制度（自检、互检、专检），未经监理工程师（或建设单位项目技术负责人）检查认可，不得进行下道工序施工；（3）分项、分部工程完工后的检查等。

在自身严格管理、规范施工的同时，承包人应当主动接受监理单位及发包人的监督，发现问题及时整改，避免因为工序问题导致后续更加严重的质量问题，承担更加严重的违约责任及其他法律责任。

7.1.4 合规风险之四：未按验收规范组织验收的风险

7.1.4.1 典型案例

某大型工程局集团有限公司作为某市城市轨道交通工程施工总承包三工区的施工单位，在该工程施工过程中，一地铁站5-7轴基底隐蔽前未经验槽即进行后续混凝土垫层施工。最终，该单位因相关行为违反了《广东省建设工程质量管理条例》第十九条第二款"各工序应当按施工技术标准进行质量控制，每道工序完成后，应当进行检查并形成记录。相关各专业工种之间，应当进行交接检验。未经监理工程师或者建设单位技术负责人检查签字认可，不得进行下道工序施工"的规定等，被主管部门处以罚款处罚。

7.1.4.2 合规风险分析

《建设工程质量管理条例》第30条规定："施工单位必须建立、健全施工质量的检验制度，严格工序管理，做好隐蔽工程的质量检查和记录。隐蔽工程在隐蔽前，施工单位应当通知建设单位和建设工程质量监督机构。"包括隐蔽工程在内，建筑工程质量验收应划分为单位工程、分部工程、分项工程和检验批。其中，单位工程按下列原则确定：（1）具备独立施工条件并能形成独立使用功能的建筑物或构筑物为一个单位工程。（2）规模较大的单位工程，可将其能形成独立使用功能的部分划分为若干个子单位工程。分部工程：按专业性质、工程部位确定。分项工程：按主要工种、材料、施工工艺、设备类别等进行划分。检验批：按工程量、楼层、施工段、变形缝等进行划分。

检验批质量验收是最小验收单位和验收工作的基础，一般由专业监理工程师组织，质检员、工长参加验收，检验批质量验收合格应符合下列规定：（1）主控项目的质量经抽样检验均应合格。（100%）（2）一般项目的质量经抽样检验合格。（80%）（3）具有完整的施工操作依据、质量检查记录。

分项工程质量验收在检验批验收基础上进行，一般由专业监理工程师组织，施工项目专业技术负责人参加。分项工程质量验收合格应符合下列规定：（1）所含检验批的质量均应验收合格；（2）所含检验批的质量验收记录应完整。

分部工程质量验收以分项工程验收合格为基础，但并不是分项工程验收简单相加，需增加两类检查项目：（1）见证取样试验或抽样检测：涉及安全、节能、环保和主要使用功能的地基基础、主体结构和设备安装分部工程。（2）观感质量验收：综合给出质量评价，评价为"差"的检查点应返修处理。一般由总监理工程师组织，承包人项目负责人参加，勘察、设计等单位相关负责人根据分部工程具体内容决定是否参加。分部工程合格的基本标准包括：（1）所含分项工程的质量均应验收合格；（2）质量控制资料应完整；（3）有关安全、节能、环保和主要使用功能的抽样检验结果符合相应规定；（4）观感质量应符合要求等。

对于过程验收，一方面，承包人应当按照建筑施工和验收流程及时通知监理人及发包人进行验收，在前序工程未经验收合格的情况下，后续施工不应继续进行。另一方面，承包人应及时返工或整改，否则将承担相应法律责任。如《公路水运工程质量监督管理规定》第 42 条规定："施工单位对施工中出现的质量问题或者验收不合格的工程，未进行返工处理或者拖延返工处理的，责令改正，处 1 万元以上 3 万元以下的罚款。"发包人也可能依据施工合同相关约定，追究承包人的相应违约责任。

7.1.4.3　合规建议

分部分项工程或检验批工程，尤其是隐蔽工程被后续施工遮盖后，其施工质量的检验及认定难度很大。如果不认真做好相关工程的质量检查验收工作，非常容易给工程总体留下质量隐患。

因此，在过程工程完成前，承包人除了要检查、检验并做好记录之外，还建议及时通知发包人、监理单位或相关建设工程质量监督机构。但如果承包人通知发包人检查而发包人未能及时检查的，承包人有权暂停施工，可以主张顺延工期，并要求发包人赔偿因此造成的停工、窝工和材料构件积压等损失。

7.1.5　合规风险之五：管理不到位，责任意识淡薄的风险

7.1.5.1　典型案例

2020 年 6 月 25 日，某码头工程现场施工过程中，上游侧上横梁悬臂段混凝土浇筑时发生坍塌，造成正在施工的 3 名作业人员坠入江中，其中 1 人当场获救，另外 2 人死亡，直接经济损失 300 多万元。

码头共建设 2 个 5000t 级（水工结构按 10000t 级考虑）的公用件杂货泊位，设计年吞吐量为 120 万 t。工程建设内容及结构形式主要由码头平台、汽车引桥、道路、生产辅助设施等组成，码头平台长 230m，平台宽 28m，在下游端码头后沿新建一座 22m×12.5m 的配电房；工程上下游端部各设置 1 座 9m 宽、长度分别为 118.4m 和 194.8m 的汽车引桥，与物流园区形成循环道路，道路主干道宽 15m、12m，次干道宽 9m，汽车引桥与大堤衔接处采用平交方式。

事故发生后，某市应急管理局立即委托第三方检测机构安徽省建筑工程质量第二监督检测站对该工程的构件混凝土、钢筋进行检测。检测结论为：回弹法抽检构件现龄期混凝土抗压强度推定值在 33.3～43.3MPa，达到设计强度等级（C30）要求，抽检 2 组钢筋试样拉伸性能、弯曲性能及重量偏差检验项目均符合《钢筋混凝土用钢第 2 部分：热轧带肋钢筋》GB/T 1499.2—2018 标准规定要求。

经调查，事故直接原因为，现场作业人员未严格按照水上横梁及平台专项施工方案规定的"混凝土坍落度控制 16～18cm，浇筑从横梁尾端向前端进行，以 30cm 为一下灰层，斜面向前推进分层下灰，分层振捣"要求施工，而是为了图省事，现场混凝土浇筑作业指挥人员违章指挥工人采用一次性浇筑约 90cm 厚度混凝土加振捣棒赶料的违规方式作

业，致使混凝土局部堆载过高，荷载超过了施工方案的荷载值，导致悬臂段坍塌，发生事故。

7.1.5.2　合规风险分析

材料和机械设备是施工的工具和方法，但施工现场的最终决定因素和实施因素都是人，包括发包人、承包人、监理人等各方工作人员，也包括各方内部工作人员，如承包人的管理人员、技术人员、劳务作业人员等。在类似的质量问题或事故中，最终出具的质量问题或事故原因调查报告中，必然会出现的共通因素都是"人"的因素。如"施工现场管理松弛，各项质量、安全管理制度流于形式""施工队伍素质不强，不执行法规、标准，违章指挥、违章作业，思想上存在盲目性、冒险性、随意性"等，因为施工参与人员的主观原因，包括故意或过失疏忽，是导致质量问题风险的根源之一。尤其是从承包人质量管理合规风险的角度，如何做好用制度管好人、管好质量，是防范质量合规风险的重要内容。

7.1.5.3　合规建议

建议承包人结合企业自身情况，积极完善质量合规人力资源体系，为质量管理制度的落实、质量技术手段的运用，提供坚实基础。

一方面，建议完善质量合规机构人员。施工企业应结合企业自身情况和质量管理需要，科学设计质量合规管理组织机构，明确质量合规机构的层次和职责，并与质量管理制度中其他有关内容一致。确定组织机构时，管理层次、部门或岗位的设置均应与工程规模、施工复杂程度、专业特点、人员素质相适应，并根据项目管理需要设立质量管理部门或岗位。大型企业可设立独立合规部门，中小型可视情设置合规专职岗位人员，采用岗位说明书、职位说明书等方式明确岗位任职条件。积极促进管理人员切实提高合规意识，带头依法依规开展经营管理活动，认真履行承担的合规管理职责，强化考核与监督问责。

另一方面，建议提高质量专业人员素质。施工企业质量管理最终取决于质量专业岗位及现场施工管理人员。而管理岗位人员的教育程度、工作经验与培训要求的集成结果往往决定了其专业技能的水平。因此，施工企业可采取包括招聘、调岗、培训等措施优化配置质量条线人力资源，务必确保施工企业从事工程建设活动的专业技术人员应当在注册许可范围和聘用单位业务范围内从业，对签署技术文件的真实性和准确性负责，依法承担质量安全责任。施工企业主要负责人、项目负责人及专职安全生产管理人员应当取得安全生产考核合格证书。工程一线作业人员应当按照相关行业职业标准和规定经培训考核合格，特种作业人员应当取得特种作业操作资格证书。工程建设有关单位应当建立健全一线作业人员的职业教育、培训制度，定期开展职业技能培训。

同时，建议不断提高质量培训的针对性和实操性，明确和优化培训范围、层次、方式、内容、时间进度、讲师和教材等，如按高管层、中层、一般管理人员、一线操作人员层次，按公司、项目部等不同层级进行培训。按工程、技术、设备、物资等分专业进行系统质量管理培训。按木工、焊工、电工等不同工种进行岗位培训或技术交底。达到增强质量意识、增加技术知识和提高技能的目的，为提高质量管理水平服务。

7.1.6　合规风险之六：未完工程，承包人可能无法计取工程款，还可能承担严重的违约责任

7.1.6.1　典型案例

2005 年 8 月 31 日，承包人与发包人签订了一份《合作协议》，就双方战略合作事宜达成一致意见。发包人承诺在 2005 年年底前将浙江衢州、广东清远和山东临邑三地投资兴建工业园区规划面积的一半（约 12 万 m²）的钢结构工程项目承包给承包人，承包人以 253 元 /m²（含设计、制作、运输和安装）的优惠综合单价承接上述三地的钢结构工程项目。2007 年 10 月 12 日，承包人与发包人签订了一份项目名称为"公司生产车间和库房"的《建设工程设计合同》，合同第五条设计费用及支付方法 5.1 约定设计费为 126 万元，5.2 约定支付方法为参照双方签订的钢结构工程承包合同中的付款方式。同日，承包人与发包人还签订了一份《生产车间和库房钢结构工程承包合同》，约定由承包人承建发包人生产车间和库房钢结构工程，总建筑面积为 48000m²，合同总价为 1136.4 万元其中包括 76.8 万元的施工安装费用。

上述《建设工程设计合同》及《生产车间和库房钢结构工程承包合同》签订后，承包人即开始进行工程施工，涉案工程并未全部施工完毕且停工至今。此后，施工单位承包人诉请要求发包人支付工程款，发包人反诉要求判令承包人对为发包人所建的存在安全隐患的钢结构工程进行修复和加固。

造价方面，经司法鉴定，鉴定结论为发包人生产车间和库房钢结构工程造价为 5601601.58 元。质量方面，经司法鉴定，鉴定结论为涉案工程的施工设计图纸有多处不满足当时所依据的国家设计规范的要求，存在安全隐患。法院认为，根据《中华人民共和国建筑法》第五十二条第一款"建筑工程勘察、设计、施工的质量必须符合国家有关建筑工程安全标准的要求，具体管理办法由国务院规定"及第五十六条"建筑工程的勘察、设计单位必须对其勘察、设计的质量负责。勘察、设计文件应当符合有关法律、行政法规的规定和建筑工程质量、安全标准、建筑工程勘察、设计技术规范以及合同的约定"的规定，承包人作为涉案工程施工图纸的设计者应当对施工图纸是否符合上述要求承担法律责任。因依据鉴定报告的鉴定结论，施工设计图纸有多处不满足当时所依据的国家设计规范的要求，存在安全隐患，结合《中华人民共和国建筑法》第五十八条"建筑施工企业对工程的施工质量负责"的规定，承包人作为涉案建设工程的设计及施工的工程承包人，是涉案建筑产品的直接生产者，其应对建设工程的质量负有直接和最终的责任，综上所述，一审法院认为发包人主张承包人依据上述存在安全隐患的设计图纸进行施工所完成的涉案工程亦存在安全隐患符合常理，承包人虽主张涉案工程已停工数年未发生垮塌等安全事故应不存在安全隐患属证据不足。根据《最高人民法院关于审理建设工程施工合同纠纷案件适用法

律问题的解释》第十条"建设工程施工合同解除后，已经完成的建设工程质量合格的，发包人应当按照约定支付相应的工程款；已经完成的建设工程质量不合格的，参照本解释第三条规定处理"及第三条"建设工程施工合同无效，且建设工程经竣工验收不合格的，按照以下情形分别处理：（一）修复后的建设工程经竣工验收合格，发包人请求承包人承担修复费用的，应予支持；（二）修复后的建设工程经竣工验收不合格，承包人请求支付工程价款的，不予支持"的规定，作为承包方的承包人所承建的涉案工程未经竣工验收，因其施工所依据的设计图纸存在安全隐患，其又未能提供证据证明其所完成的工程质量合格，在法院限定的时间内承包人也未明确提出要求对涉案工程质量是否合格或修复费用数额进行鉴定，结合建设工程施工合同纠纷案件中涉及的工程质量争议必须坚持质量优先的审判原则，承包人要求发包人支付相应已完工程款证据不足，可待其对存在安全隐患的工程进行修复并经竣工验收质量合格后另行向发包人主张。关于承包人所主张的要求发包人支付已完成加工制作的墙面板、屋面板及相应辅材款的问题，一审法院认为，可待承包人对存在安全隐患的工程进行修复并经竣工验收质量合格后一并向发包人主张。山东高院对前述一审认定全部予以了维持。

7.1.6.2 合规风险分析

工程质量不合格即工程质量未达到国家法定或合同约定的质量标准，无法顺利通过竣工验收。工程质量不合格可能存在多方面原因，如外部自然环境、恶劣地貌、意外事件、业主或第三方原因等，但很多可能因素也可能存在于施工企业内部，包括企业理念、资质、施工能力、核心技术、人力资源、资金实力、运营模式、管理能力、材料质量控制等。工程质量验收不合格，可能导致承包人承担多方面的法律后果。

民事责任方面，《民法典》第八百零一条规定："因施工人的原因致使建设工程质量不符合约定的，发包人有权请求施工人在合理期限内无偿修理或者返工、改建。经过修理或者返工、改建后，造成逾期交付的，施工人应当承担违约责任。"2021新《建设工程司法解释（一）》第十二条也规定："因承包人的原因造成建设工程质量不符合约定，承包人拒绝修理、返工或者改建，发包人请求减少支付工程价款的，人民法院应予支持。"也就是说，工程质量合格是计取工程价款的基本条件，如果工程质量不合格，施工单位不仅无法计取工程款，需要自行承担修复费用，还可能需要赔偿建设单位因质量问题发生的损失。

行政责任方面，如《建设工程质量管理条例》第六十四条规定："违反本条例规定，施工单位在施工中偷工减料的，使用不合格的建筑材料、建筑构配件和设备的，或者有不按照工程设计图纸或者施工技术标准施工的其他行为的，责令改正，处工程合同价款百分之二以上百分之四以下的罚款；造成建设工程质量不符合规定的质量标准的，负责返工、修理，并赔偿因此造成的损失；情节严重的，责令停业整顿，降低资质等级或者吊销资质证书。"第七十二条规定："违反本条例规定，注册建筑师、注册结构工程师、监理工程师等注册执业人员因过错造成质量事故的，责令停止执业1年；造成重大质量事故的，吊销执业资格证书，5 年以内不予注册；情节特别恶劣的，终身不予注册。"

综上所述，在工程质量不合格的情况下，施工企业可能构成违约，不仅不能直接按照合同约定承担工程款，还依法应承担返工、改建责任及费用，如拒绝修理、返工或者改建，将直接被减少或不能收取工程款，甚至进一步向对方赔偿因此造成的损失。承包人以及工程师都有可能进一步承担行政处罚甚至刑事责任等相关风险。

7.1.6.3　合规建议

工程竣工验收合格是承包人最主要的合同义务和法定义务，是向发包人交付合格能够使用、满足国家质量规范和合同约定质量标准的基础。为实现这一目标，需要承包人采取体系化的综合措施和管理方式。

为确保质量管理合规，施工企业应当综合法律法规、规范性文件、行业规范、公司规章制度等，完善质量全流程管控程序，严格推行工程质量安全手册制度，对重要节点进行逐项审查识别。如需要关注的重要节点和事项包括但不限于：① 不得违法分包、转包工程。② 项目经理资格符合要求，并到岗履职。③ 设置项目质量管理机构，配备质量管理人员。④ 编制并实施施工组织设计。⑤ 编制并实施施工方案。⑥ 按规定进行技术交底。⑦ 配备齐全该项目涉及的设计图集、施工规范及相关标准。⑧ 由建设单位委托见证取样检测的建筑材料、建筑构配件和设备等，未经监理单位见证取样并经检验合格的，不得擅自使用。⑨ 按规定由施工单位负责进行进场检验的建筑材料、建筑构配件和设备，应报监理单位审查，未经监理单位审查合格的不得擅自使用。⑩ 严格按审查合格的施工图设计文件进行施工，不得擅自修改设计文件。

在施工中，严格依法依约完成施工，并及时申请和配合完成竣工验收。具体来说，按照国家标准《建筑工程施工质量验收统一标准》GB 50300—2013 或其他合同约定的质量技术标准完善施工后，按照合同约定自检后按流程发起竣工验收流程，对验收发现的问题，需整改到位，并及时申请复验。在复验合格后，按照竣工验收备案制度规定提交竣工验收报告。必要时，施工企业的工程项目质量管理部门需按照规定对完工项目进行全面的工程质量检查。在竣工验收合格后，应当及时完善和提交竣工验收备案等相关工程资料，如向发包方移交的竣工资料；送交施工企业档案管理部门归档的竣工技术资料；施工企业管理制度所规定的记录。

7.1.7　合规风险之七：施工期间存在违规或违约行为导致出现各类工程质量事故，造成严重生命财产损失

7.1.7.1　典型案例

1999 年 1 月 4 日晚 6 时 50 分，重庆綦江彩虹桥发生整体垮塌，造成 40 人死亡，轻重伤 14 人。该桥于 1994 年 11 月 5 日开工，1996 年 2 月竣工，1996 年 3 月 15 日，该桥未经法定机构验收核定即投入使用。

经调查，"1·4 事故"专家组初步认定某桥整体垮塌是一起人为责任事故。其中违法

设计、无证施工、管理混乱、未经验收等问题，是导致事故发生的重要原因。工程质量方面导致垮塌的直接原因主要有：一是吊杆锁锚问题。主拱钢绞线锁锚方法错误，不能保证钢绞线有效锁定及均匀受力，锚头部位的钢绞线出现部分或全部滑出，使吊杆钢绞线锚固失效。二是主拱钢管焊接问题。主拱钢管在工厂加工中，对接焊缝普遍存在裂纹、未焊透、未熔合、气孔、夹渣等严重缺陷，质量达不到施工及验收规范规定的二级焊缝验收标准。三是钢管混凝土问题。主钢管内混凝土强度未达设计要求，局部有漏灌现象，在主拱肋板处甚至出现 1m 多长的空洞。吊杆的灌浆防护也存在严重质量问题。四是设计问题。设计粗糙，随意更改。施工中对主拱钢结构的材质、焊接质量、接头位置及锁锚质量均无明确要求。在成桥增设花台等荷载后，主拱承载力不能满足相应规范要求。间接原因主要有：建设过程严重违反基本建设程序，未办理立项及计划审批手续、未办理规划国土手续、未进行设计审查、未进行施工招投标、未办理建筑施工许可手续、未进行工程竣工验收。同时，该项目还存在设计、施工主体资格不合法情形，项目图纸系私人设计并借用重庆市政勘察设计研究院的图签出图，施工承包主体无市政工程承包资质并出借资质给个人包工头施工。建设行政主管部门职责不实、管理缺位、监督不严等，都是本次事故发生的重要原因。

经审理，原县委书记张某判处无期徒刑，县委原副书记林某判处死刑缓期二年执行，县建委原主任张某、原副主任孙某，县原副县长贺某等 12 名被告人，分别判处有期徒刑或并处罚金，施工承包总负责人费某判处有期徒刑 10 年等。

7.1.7.2　合规风险分析

工程质量事故，是指由于建设、勘察、设计、施工、监理等单位违反工程质量有关法律法规和工程建设标准，使工程产生结构安全、重要使用功能等方面的质量缺陷，造成人身伤亡或者重大经济损失的事故。工程质量事故也属于工程质量不合格范畴，但程度和后果都更为严重。

根据工程质量事故造成的人员伤亡或者直接经济损失，工程质量事故分为 4 个等级：

（1）特别重大事故，是指造成 30 人以上死亡，或者 100 人以上重伤，或者 1 亿元以上直接经济损失的事故；

（2）重大事故，是指造成 10 人以上 30 人以下死亡，或者 50 人以上 100 人以下重伤，或者 5000 万元以上 1 亿元以下直接经济损失的事故；

（3）较大事故，是指造成 3 人以上 10 人以下死亡，或者 10 人以上 50 人以下重伤，或者 1000 万元以上 5000 万元以下直接经济损失的事故；

（4）一般事故，是指造成 3 人以下死亡，或者 10 人以下重伤，或者 100 万元以上 1000 万元以下直接经济损失的事故。

等级划分所称的"以上"包本数，所称的"以下"不包括本数。

一旦施工单位在施工期间未严格落实质量及合规相关要求，导致发生质量安全事故，基于工程质量事故的严重性质，且往往具备较大社会影响力，施工企业及员工不仅需要承担民事违约和行政责任，还可能进一步受到刑事责任追诉。

7.1.7.3　合规建议

一方面，从质量事故预防角度，建议承包人综合采取多项质量管理控制措施，包括严格执行相关的建设规范、规定、作业规程及设计要求等，严格执行各项工程管理制度的有关规定，严格建立质量管理组织合理落实检查制度，严格贯彻"防检结合，以防为主"的方针，控制影响工程质量的各种因素，严格把好各个关口，抓好工程施工全过程的质量管理和控制。

另一方面，从质量事故的处理和应对角度，建议承包人在事故发生后，保护事故现场，采取有效措施抢救人员和财产，防止事故扩大；因抢救人员、疏通交通等原因，需要移动物件时，应做出标识，绘制现场平面简图并做好书面记录，妥善保存事故现场重要痕迹、物证，并拍照或录像；凡影响下一道工序的工程质量事故，未经处理前应做出隔离标识，并不得继续施工，以免事故进一步扩大。同时，积极配合查明事故原因，并作出相应处理。

7.1.8　合规风险之八：工程质量问题达到法定条件，可能导致的刑事风险

7.1.8.1　典型案例

2007 年 8 月 13 日 16 时 45 分左右，湖南省凤凰县正在建设的堤溪沱江大桥发生特别重大坍塌事故，造成 64 人死亡，4 人重伤，18 人轻伤，直接经济损失 3974.7 万元。堤溪沱江大桥工程是湖南省凤凰县至贵州省铜仁大兴机场凤大公路工程建设项目中一个重要的控制性工程。大桥全长 328.45m，桥面宽度 13m，桥墩高 33m，且为连拱石拱桥。

经调查，事故的直接原因为由于大桥主拱圈砌筑材料未满足规范和设计要求，拱桥上部构造施工工序不合理，主拱圈砌筑质量差，降低了拱圈砌体的整体性和强度，随着拱上荷载的不断增加，造成 1 号孔主拱圈靠近 0 号桥台一侧约 3 至 4m 宽范围内，即 2 号腹拱下的拱脚区段砌体强度达到破坏极限而坍塌，受连拱效应影响，整个大桥迅速坍塌。事故的主要原因：一是施工单位路桥公司道路七公司凤大公路堤溪沱江大桥项目经理部，擅自变更原主拱圈施工方案，现场管理混乱，违规乱用料石，主拱圈施工不符合规范要求，在主拱圈未达到设计强度的情况下就开始落架施工作业。二是建设单位湘西自治州凤大公路建设有限责任公司，项目管理混乱，对发现的施工质量问题未认真督促施工单位整改，未经设计单位同意擅自与施工单位变更原主拱圈设计施工方案，盲目倒排工期赶进度，越权指挥，甚至要求监理不要上桥检查。三是工程监理单位湖南省金衢交通咨询监理有限公司，未能制止施工单位擅自变更原主拱圈施工方案，对发现的主拱圈施工质量问题督促整改不力，在主拱圈砌筑完成但强度质量尚未测出的情况下即签字验收合格。四是设计和地质勘察单位华罡设计院，违规将勘察项目分包给个人，地质勘察设计深度不够，现场服务和设计交底不到位。五是湖南省、湘西州交通质量监督部门对大桥工程的质量监管严重失职。六是湘西自治州、凤凰县两级政府及湖南省有关部门对工程建设立项审批、招标投

标、质量和安全生产等方面的工作监管不力。州政府要求盲目赶工期，向"州庆"50周年献礼。

最终，由司法机关对事故负有责任的湘西自治州公路局局长、党组书记兼凤大公路建设有限公司董事长，大桥一号拱圈施工队包工头，路桥公司道路七公司项目经理部材料采购部负责人，湘西自治州公路局工务科副科长兼凤大公司工程部部长等24人追究刑事责任。

7.1.8.2　合规风险分析

通过以上重大质量事故典型案例不难发现，质量事故往往具备特别重大的社会影响，造成大量严重的财产和人身损失，相关责任人员包括施工企业都可能受到严重的刑事责任追诉等，造成难以挽回的严重后果。

质量问题往往是引发安全事故的重要诱因。实践中，存在大量因施工质量管控不严、发生倒塌等人身财产损害的实例，相关责任单位和人员如构成刑事追诉标准，往往以工程重大安全事故罪、不报谎报安全事故罪等予以认定处罚。

《刑法》第一百三十七条规定："建设单位、设计单位、施工单位、工程监理单位违反国家规定，降低工程质量标准，造成重大安全事故的，对直接责任人员，处五年以下有期徒刑或者拘役，并处罚金；后果特别严重的，处五年以上十年以下有期徒刑，并处罚金。"《刑法》第一百三十九条规定："在安全事故发生后，负有报告职责的人员不报或者谎报事故情况，贻误事故抢救，情节严重的，处三年以下有期徒刑或者拘役；情节特别严重的，处三年以上七年以下有期徒刑。"如前所述，在质量安全事故发生后，施工单位应当建立响应报告机制，有关责任人员应当严格依法及时报送，否则随时面临刑事追诉的后果和风险。

此外，建设工程领域往往涉及标的金额高、利益纷繁复杂。对工程质量的监督管理涉及面广、流程环节多，除直接工程质量、安全事故刑事责任外，有关人员还可能涉及行贿受贿、滥用职权等其他有关刑事罪名，有关材料供应单位还可能涉及生产、销售伪劣产品罪等相关刑事责任。

7.1.8.3　合规建议

为防范因质量问题发生的刑事追责风险，建议承包人重点落实质量管理制度、严控施工质量的各个环节和流程。如从施工参与主体审查方面，应严格把关、审核并选择具有相应资质的单位或个人，避免将工程转包或违法分包给无资质的主体，从而导致在发生质量问题后承担刑事责任。从加强主观质量风险防范意识层面，应规范完善企业内部安全管理制度，注重对生产、作业的责任主体进行全面的安全警示教育，确保对安全准则、施工作业操作规程的学习真正落实到工程建设的每一个参与者，提高每个人施工质量的风险意识。从切实加强项目施工现场的质量管理层面，建议着重强化对关键部位工程、危险性较大工程的管理，按规定进行技术交底和岗前教育培训；严格执行专项施工方案、技术交底的编制、审批制度，不得违规作业、盲目施工等。

7.1.9　合规风险之九：迟报、瞒报工程质量事故的法律风险

7.1.9.1　典型案例

2020 年 8 月 18 日，武汉市某安装工程有限公司在某钢铁集团三期装备技改工程矿焦槽设备安装施工现场发生一起高处坠落死亡事故，事故造成 1 人死亡。调查报告认定，该起事故存在瞒报行为，并对承包人项目现场负责人茆某某等 3 人各罚款 1 万元，对承包人法定代表人宋某处上一年年收入 100% 的罚款，对公司罚款 150 万元。

7.1.9.2　合规风险分析

有关部门统计显示，近 3 年全国有关部门接到的生产安全事故举报信息中，查实率约为 40%。其中，建筑行业和工贸行业是被举报和查实数量最多的两个行业。从 2020 年查实的事故瞒报情况看，建筑行业瞒报事故占比最高，占各类查实举报事故总量的近三分之一。尤其值得注意的是，有的央企屡现瞒报。2020 年全国建筑行业发生的事故中有近 7% 存在瞒报行为。迟报、谎报、瞒报在建筑行业的严重程度可见一斑。

迟报事故，是指未按照规定的时间要求报告事故，事故报告不及时的情况。谎报事故，是指不如实报告事故，比如，谎报事故死亡人数，将重大事故报告为一般事故等。瞒报事故，是指获知发生事故后，对事故隐瞒不报。

工程质量事故发生后，事故现场有关人员应当立即向工程建设单位负责人报告；工程建设单位负责人接到报告后，应于 1 小时内向事故发生地县级以上人民政府住房和城乡建设主管部门及有关部门报告。情况紧急时，事故现场有关人员可直接向事故发生地县级以上人民政府住房和城乡建设主管部门报告。

住房和城乡建设主管部门接到事故报告后，应当依照下列规定上报事故情况，并同时通知公安、监察机关等有关部门：

（1）较大、重大及特别重大事故逐级上报至国务院住房和城乡建设主管部门，一般事故逐级上报至省级人民政府住房和城乡建设主管部门，必要时可以越级上报事故情况。

（2）住房和城乡建设主管部门上报事故情况，应当同时报告本级人民政府；国务院住房和城乡建设主管部门接到重大和特别重大事故的报告后，应当立即报告国务院。

（3）住房和城乡建设主管部门逐级上报事故情况时，每级上报时间不得超过 2 小时。

（4）事故报告应包括下列内容：

1）事故发生的时间、地点、工程项目名称、工程各参建单位名称；

2）事故发生的简要经过、伤亡人数（包括下落不明的人数）和初步估计的直接经济损失；

3）事故的初步原因；

4）事故发生后采取的措施及事故控制情况；

5）事故报告单位、联系人及联系方式；

6）其他应当报告的情况。

（5）事故报告后出现新情况，以及事故发生之日起 30 日内伤亡人数发生变化的，应当及时补报。

迟报、漏报、谎报或者瞒报事故的，施工企业也将承担严重的法律后果。

行政责任方面，《生产安全事故报告和调查处理条例》第三十六条规定：事故发生单位及其有关人员有下列行为之一的，对事故发生单位处 100 万元以上 500 万元以下的罚款；对主要负责人、直接负责的主管人员和其他直接责任人员处上一年年收入 60% 至 100% 的罚款；属于国家工作人员的，并依法给予处分；构成违反治安管理行为的，由公安机关依法给予治安管理处罚；构成犯罪的，依法追究刑事责任：（一）谎报或者瞒报事故的；（二）伪造或者故意破坏事故现场的；（三）转移、隐匿资金、财产，或者销毁有关证据、资料的；（四）拒绝接受调查或者拒绝提供有关情况和资料的；（五）在事故调查中作伪证或者指使他人作伪证的；（六）事故发生后逃匿的。第三十九条规定：有关地方人民政府、安全生产监督管理部门和负有安全生产监督管理职责的有关部门有下列行为之一的，对直接负责的主管人员和其他直接责任人员依法给予处分；构成犯罪的，依法追究刑事责任：（一）不立即组织事故抢救的；（二）迟报、漏报、谎报或者瞒报事故的；（三）阻碍、干涉事故调查工作的；（四）在事故调查中作伪证或者指使他人作伪证的。

刑事责任方面，如前所述，《刑法》第一百三十九条规定了不报、谎报安全事故罪，在安全事故发生后，负有报告职责的人员不报或者谎报事故情况，贻误事故抢救，情节严重的，处三年以下有期徒刑或者拘役；情节特别严重的，处三年以上七年以下有期徒刑。

7.1.9.3 合规建议

一旦发生工程质量事故，建议及时保护事故现场，挽救生命财产损失；同时按相关规定以及企业自身管理要求，在规定时间内向发包人、政府主管部门等报送质量事故情况，确保事故得到及时处置。

7.1.10 合规风险之十：未履行质量保修义务的风险

7.1.10.1 典型案例

2012 年 1 月 1 日，承包人与发包人双方就某世纪城商住楼项目签订《陕西省建设工程施工合同》，工程名称为世纪城商住楼，工程地点位于西安市。2013 年 11 月 13 日，工程竣工验收合格。此后，发包人接收使用中华世纪城商住楼。2014 年 5 月 14 日，发包人向承包人发送工作联系单，内容为：世纪城商住楼院内地下塌陷，塌陷比较严重，水池漏水，影响极坏。并要求承包人接到通知后 2 天内积极组织维修，否则发包人将自行组织抢修，发生费用由承包人全部承担。2014 年 5 月 19 日，承包人回复发包人，称其承建的世纪城综合楼工程，因管理未到位，导致 8 号楼梯附近室外回填土局部下沉，承包人项目部回填不实，造成的损失均由承包人承担。2015 年 6 月 3 日，发包人委托第三方维修室外地基下沉、屋面、地下室漏水等质量问题，共花费人民币 1219610.72 元。

一审法院审理本案期间，发包人提出申请，请求对世纪城商住楼项目中承包人施工的回填土部分及承包人施工的屋面、地下室防水施工部分的施工质量进行鉴定。根据一审法院的委托，陕西省建筑检测中心出具司法鉴定意见书，鉴定意见为：综合分析现场查勘记录、卷宗所提供的案情资料，对中华世纪城商住楼工程鉴定情况分析，结合当地工程维修、材料销售市场行情，对工程的修复费用进行预估，该工程修复直接费用约需3570553.09 元。

法院认为，发包人曾于 2014 年要求承包人维修，承包人虽明确表示认可其为己方工程施工或管理问题，但承包人并未实际进行维修，且未能举证证明其履行过维修义务，故发包人有权委托第三方进行维修，费用应当由承包人承担。承包人辩称，涉案工程已过质保期，不予承担保修责任，因证据显示双方已经确认涉案工程质量问题发生于 2014 年，该期间仍为质保期间，故一审法院对于承包人的辩称不予认可。对于建筑检测中心认定涉案工程维修费用 3570553.09 元，法院予以认可，该数额应当由承包人承担。双方签订的《建设工程施工合同》就工程质量保修明确约定，属于保修范围和内容的项目，承包人应在接到修理通知之日后 7 天内派人修理。承包人不在约定期限内派人修理，发包人可委托其他人员修理，保修费用从质量保修金内扣除，发包人聘请第三方机构维修已花费人民币1219610.72 元，一审法院予以认可。综上，承包人应向发包人支付的质量维修费用共计4790163.81 元（3570553.09 ＋ 1219610.72 元）。

7.1.10.2　合规风险分析

建设工程实行质量保修制度。建设工程承包单位在向建设单位提交工程竣工验收报告时，应当向建设单位出具质量保修书。质量保修书中应当明确建设工程的保修范围、保修期限和保修责任等。

在正常使用条件下，建设工程的最低保修期限为：

（1）基础设施工程、房屋建筑的地基基础工程和主体结构工程，为设计文件规定的该工程的合理使用年限；

（2）屋面防水工程、有防水要求的卫生间、房间和外墙面的防渗漏，为 5 年；

（3）供热与供冷系统，为 2 个供暖期、供冷期；

（4）电气管线、给排水管道、设备安装和装修工程，为 2 年。

其他项目的保修期限由发包方与承包方约定。

建设工程的保修期，自竣工验收合格之日起计算。

《建设工程质量管理条例》第六十六条进一步规定："违反本条例规定，施工单位不履行保修义务或者拖延履行保修义务的，责令改正，处 10 万元以上 20 万元以下的罚款，并对在保修期内因质量缺陷造成的损失承担赔偿责任、资信受限等。"

如果施工单位未按照法定和合同约定期限履行质保责任，一方面，可能承担行政处罚责任；另一方面，还可能承担无法或被扣减质量保证金、建设单位经催告后委托第三方进行修复而发生的费用等合同违约后果。

值得施工单位关注的是，缺陷责任期与质量保证期的区分。

关于缺陷责任期，2005年的《建设工程质量保证金管理暂行办法》作出了明确规定。缺陷是指建设工程质量不符合工程建设强制性标准、设计文件，以及承包合同的约定。缺陷责任期一般为六个月、十二个月或二十四个月，具体可由发、承包双方在合同中约定。同时规定，缺陷责任期从工程通过竣（交）工验收之日起计。由于承包人原因导致工程无法按规定期限进行竣（交）工验收的，缺陷责任期从实际通过竣（交）工验收之日起计。由于发包人原因导致工程无法按规定期限进行竣（交）工验收的，在承包人提交竣（交）工验收报告90天后，工程自动进入缺陷责任期。缺陷责任期内，由承包人原因造成的缺陷，承包人应负责维修，并承担鉴定及维修费用。如承包人不维修也不承担费用，发包人可按合同约定扣除保证金，并由承包人承担违约责任。承包人维修并承担相应费用后，不免除对工程的一般损失赔偿责任。

关于质量保修期，《建设工程质量管理条例》第39条规定："建设工程实施质量保修制度。建设工程承包单位在向建设单位提交工程竣工验收报告时，应当向建设单位出具质量保修书。质量保修书中应当明确建设工程的保修范围、保修期限和保修责任等"。第40条进一步规定，即"在正常使用条件下，建设工程的最低保修期限为：（一）基础设施工程、房屋建筑的地基基础工程和主体结构工程，为设计文件规定的该工程的合理使用年限；（二）屋面防水工程、有防水要求的卫生间、房间和外墙面的防渗漏，为5年；（三）供热与供冷系统，为2个采暖期、供冷期；（四）电气管线、给排水管道、设备安装和装修工程，为2年。其他项目的保修期限由发包方与承包方约定。建设工程的保修期，自竣工验收合格之日起计算。"2000年6月26日《房屋建筑工程质量保修办法》已有明确的规定。

直观来说，两者区别是较为明显的。从内涵来说，缺陷责任期指承包单位对所完成的工程产品发生质量缺陷后的修补预留的金额期限；保修期指承包单位对所完成工程的保修期限，超过这个保修期限则无义务实施保修。从期限来说，缺陷责任期指通常为6个月、12个月、24个月；保修期最低为2年（水、电、装修），防水为5年，主体结构、基础为设计的合理使用年限。从法律后果来看，缺陷责任期主要针对保修金的保留期限而言，缺陷责任期满，保修金应当返还施工单位，如果缺陷发生在缺陷责任期内，对于承包人没有进行维修的行为，发包人是可以直接从质保金中扣除的；如果问题发生在保修期内，但是在缺陷责任期外，那么对于施工单位拒不维修的行为可能只能按照法律程序或合同约定的方式处理。

7.1.10.3 合规建议

对于承包人而言，履行质保期的质保维修义务，既是法定的责任，也是一般施工合同的约定义务。建议承包人严格履行质量保修责任，否则，一方面，可能导致受到相关部门的处罚，另一方面，还可能因拒不承担维修义务而向发包人承担相应违约责任或赔偿发包人因此受到的损失。

7.2　施工企业工程质量合规依据

7.2.1　党和国家的方针政策

1. 质量强国

中共十九大报告中强调，我国将加快建设创新型国家，加强应用基础研究，拓展实施国家重大科技项目，突出关键共性技术、前沿引领技术、现代工程技术、颠覆性技术创新，为建设科技强国、质量强国、航天强国、网络强国、交通强国、数字中国、智慧社会提供有力支撑。加强国家创新体系建设，强化战略科技力量。

2. 质量提升行动

《中共中央、国务院关于开展质量提升行动的指导意见》要求：提升建设工程质量水平。确保重大工程建设质量和运行管理质量，建设百年工程。高质量建设和改造城乡道路交通设施、供热供水设施、排水与污水处理设施。加快海绵城市建设和地下综合管廊建设。规范重大项目基本建设程序，坚持科学论证、科学决策，加强重大工程的投资咨询、建设监理、设备监理，保障工程项目投资效益和重大设备质量。全面落实工程参建各方主体质量责任，强化建设单位首要责任和勘察、设计、施工单位主体责任。加快推进工程质量管理标准化，提高工程项目管理水平。加强工程质量检测管理，严厉打击出具虚假报告等行为。健全工程质量监督管理机制，强化工程建设全过程质量监管。因地制宜提高建筑节能标准。完善绿色建材标准，促进绿色建材生产和应用。大力发展装配式建筑，提高建筑装修部品部件的质量和安全性能。推进绿色生态小区建设。

同时坚持强调，必须加强党对质量工作领导。健全质量工作体制机制，完善研究质量强国战略、分析质量发展形势、决定质量方针政策的工作机制，建立"党委领导、政府主导、部门联合、企业主责、社会参与"的质量工作格局。加强对质量发展的统筹规划和组织领导，建立健全领导体制和协调机制，统筹质量发展规划制定、质量强国建设、质量品牌发展、质量基础建设。地方各级党委和政府要将质量工作摆到重要议事日程，加强质量管理和队伍能力建设，认真落实质量工作责任制。强化市、县政府质量监管职责，构建统一权威的质量工作体制机制。

7.2.2　法律

7.2.2.1　《民法典》

新中国第一部法典化的重大法律，合同编中对第十八章专章规定了建设工程合同，是建设工程，以及建设工程质量领域最重要最根本的民事法律渊源。

7.2.2.2　《建筑法》

《建筑法》是我国建筑行业最重要的法律，主要意义在于加强对建筑活动的监督管理、维护建筑市场的秩序，而最重要的目的即是保证建筑工程的质量和安全，促进建筑业健康发展。建筑法所设立的资质制度、工程监理、承发包制度以及建筑工程质量管理等一系列制度，都服务于工程质量保障这一核心目的。

7.2.2.3 《产品质量法》

虽然《产品质量法》明确规定，建设工程不适用本法规定；但是，建设工程使用的建筑材料、建筑构配件和设备，属于前款规定的产品范围的，适用本法。对关系直接关系施工质量的材料设备，应当严格按照本法要求生产经营。

7.2.2.4 《招标投标法》

《招标投标法》第一条开宗明义的强调了立法目的：为了规范招标投标活动，保护国家利益、社会公共利益和招标投标活动当事人的合法权益，提高经济效益，保证项目质量，制定本法。其核心目的在于规范建筑市场承发包秩序，对直接涉及公共利益、基础设施或国有资金来源的项目建设规范发包、保质保量建设。

7.2.2.5 《刑法》

《刑法》中对包括质量原因在内直接造成工程重大安全事故以及不报谎报事故的刑事责任进行了明确规定。

7.2.3 行政法规

7.2.3.1 《建设工程质量管理条例》

本条例是建设工程质量领域最重要的行政法规，是在《建筑法》框架下对建设工程质量问题和相关制度进行全面细化和明确规定的重要文本，规定了一系列重要质量管理制度和措施。尤其是施工单位质量义务，如第二十五条规定施工单位应当依法取得相应等级的资质证书，并在其资质等级许可的范围内承揽工程。禁止施工单位超越本单位资质等级许可的业务范围或者以其他施工单位的名义承揽工程。禁止施工单位允许其他单位或者个人以本单位的名义承揽工程。第二十六条规定了施工单位对建设工程的施工质量负责等。

7.2.3.2 《安全生产事故报告和调查处理条例》

本条例从事故认定、报送、调查、处理等系统规定了安全事故发生后的处理流程，并明确了不报、迟报、谎报的严重法律后果和责任。

其他重要的行政法规还有如，《建设工程勘察设计管理条例》《特种设备安全监察条例》《安全生产管理条例》等。

7.2.4 部分重点部门规章

7.2.4.1 《关于做好房屋建筑和市政基础设施工程质量事故报告和调查处理工作的通知》（建质〔2010〕111号）

该通知是为落实工程质量事故责任追究制度，根据《生产安全事故报告和调查处理条例》和《建设工程质量管理条例》，为完善质量事故报告与调查处理工作制定发布的。该通知中进一步直接明确了质量事故的等级划分和调查处理事宜。

7.2.4.2　《建筑工程五方责任主体项目负责人质量终身责任追究暂行办法》（建质〔2014〕124 号）

为强化工程质量终身责任落实，本办法中进一步明了工程质量终身责任实行书面承诺和竣工后永久性标牌等重要制度。

7.2.4.3　《房屋市政工程生产安全和质量事故查处督办暂行办法》（建质〔2011〕66 号）

本办法是在贯彻落实《安全生产事故报告和调查处理条例》《国务院关于进一步加强企业安全生产工作的通知》等基础上，为进一步规范和加强房屋市政工程生产安全和质量事故的查处工作而专门制定的。

建设工程质量相关的部门规章繁多，比较重要的如《建设工程勘察质量管理办法》《铁路工程质量管理办法》《公路工程质量管理办法》《水利工程质量管理规定》《危险性较大的分部分项工程安全管理规定》《建筑施工企业主要负责人、项目负责人和专职安全生产管理人员安全生产管理规定》《建筑施工企业安全生产许可证管理规定》《房屋建筑和市政基础设施工程竣工验收备案管理办法》《房屋建筑和市政基础设施工程质量监督管理规定》《建设工程质量检测管理办法》《房屋建筑和市政基础设施工程施工图设计文件审查管理办法》等。

7.2.5　质量技术国家标准或规范

对保障人身健康和生命财产安全、国家安全、生态环境安全以及满足经济社会管理基本需要的技术要求，应当制定强制性国家标准；对满足基础通用、与强制性国家标准配套、对各有关行业起引领作用等需要的技术要求，可以制定推荐性国家标准。

工程建设国家标准目前体系较为庞大，其主要制定流程为：国务院有关行政主管部门依据职责负责强制性国家标准的项目提出、组织起草、征求意见和技术审查。国务院标准化行政主管部门负责强制性国家标准的立项、编号和对外通报。省、自治区、直辖市人民政府标准化行政主管部门可以向国务院标准化行政主管部门提出强制性国家标准的立项建议，由国务院标准化行政主管部门会同国务院有关行政主管部门决定。社会团体、企业事业组织以及公民可以向国务院标准化行政主管部门提出强制性国家标准的立项建议，国务院标准化行政主管部门认为需要立项的，会同国务院有关行政主管部门决定。推荐性国家标准由国务院标准化行政主管部门制定。

其中，较为重要的如：《建筑工程施工质量验收统一标准》GB 50300—2013、《建筑装饰装修质量验收标准》GB 50210—2018、《工程建设施工企业质量管理规范》GB/T 50430—2017、《建筑地基基础设计规范》GB 50007—2011、《建筑地基处理技术规范》JGJ 79—2012、《建筑桩基技术规范》JGJ 94—2008、《建筑地基检测技术规范》JGJ 340—2015、《土工试验方法标准》GB/T 50123—2019、《高填方地基技术规范》GB 51254—2017、《岩土工程勘察规范》GB 50021—2001（2009 年版）、《建筑工程地质勘探与取样技术规程》JGJ/T 87—2012、《建筑结构荷载规范》GB 50009—2012、《混凝土结构设计规范》GB 50010—2010（2015 年版）、《混凝土结构工程施工质量验收规范》GB 50204—2015、《建筑变形测量规范》JGJ 8—2016 等。

除此以外，还有众多与质量相关的行业标准或地方性标准，共同发挥质量控制和保障作用。

7.2.6　建设工程施工合同

合同是建设工程施工过程中承发包双方最为重要的履约依据。而工程质量作为施工企业最为核心的履约义务之一，在签订的任何一份施工合同中，双方都会对质量标准、质量责任以及保修责任等进行明确约定，施工企业质量合规必须高度重视施工合同的审查、签订和履行。

以住房和城乡建设部《建设工程合同示范文本（2017）》（简称《示范文本》）为例，《示范文本》合同协议书共计 13 条，主要包括：工程概况、合同工期、质量标准、签约合同价和合同价格形式、项目经理、合同文件构成、承诺以及合同生效条件等重要内容，集中约定了合同当事人基本的合同权利义务。工程质量标准就是合同基本权利义务重要内容之一。而在 20 条的通用合同条款中，不仅专节约定了工程质量，还在合同中多处对质量、保修等事宜进行了另行约定。

通用条款第 5 条即"工程质量"，部分重要约定如：工程质量标准必须符合现行国家有关工程施工质量验收规范和标准的要求。有关工程质量的特殊标准或要求由合同当事人在专用合同条款中约定。5.2.2 条承包人的质量管理约定为：承包人按照第 7.1 款【施工组织设计】约定向发包人和监理人提交工程质量保证体系及措施文件，建立完善的质量检查制度，并提交相应的工程质量文件。对于发包人和监理人违反法律规定和合同约定的错误指示，承包人有权拒绝实施。承包人应对施工人员进行质量教育和技术培训，定期考核施工人员的劳动技能，严格执行施工规范和操作规程。承包人应按照法律规定和发包人的要求，对材料、工程设备以及工程的所有部位及其施工工艺进行全过程的质量检查和检验，并作详细记录，编制工程质量报表，报送监理人审查。

此外，承包人还应按照法律规定和发包人的要求，进行施工现场取样试验、工程复核测量和设备性能检测，提供试验样品、提交试验报告和测量成果以及其他工作。此外，示范文本还对监理人的质量检查和检验、不合格工程的处理、质量争议检测、缺陷责任、质保金与保修义务等进行了详细约定。

7.2.7　企业管理制度

企业管理制度是对企业管理各基本方面规定活动框架，调节集体协作行为的制度。用来约束集体性行为的一套自成体系的活动和行为的规范，主要针对集体而非个人，如各部门、各层次的职权、责任和相互间的配合、协调关系，各项专业管理规定（人事、财务、业务），信息沟通、命令服从关系等方面的制度。

健全的企业管理制度是生产经营单位安全生产的重要保障。而对于施工企业特别是员工而言，在建设施工过程中，为确保质量符合国家标准及合同约定，不仅要遵循外部的政策、法律法规、合同等规范性文件和约定，更要严格遵守公司内部管理制度尤其是质量专项有关的具体制度，同样也是质量合规管理的应有之义。

7.3　施工企业质量合规检查流程

合规检查基本逻辑：

1. 是否违法分包、转包工程；

2. 施工单位是否具备合法施工资质；

3. 施工图设计文件是否审查合格进行施工；

4. 项目经理资格是否符合要求并到岗履职；

5. 项目质量管理机构和质量管理人员是否齐备；

6. 施工组织设计、施工方案尤其是危险性较大分部分项工程专项方案等是否编制完善；

7. 是否按规定进行技术交底；

8. 是否配备齐全该项目涉及的设计图集、施工规范及相关标准。

9. 对于建筑材料、建筑构配件和设备等，是否经建设单位委托见证取样检测或经监理单位同意使用；

10. 是否按照法定和约定的工序规范施工；

11. 施工期间是否存在偷工减料情形；

12. 是否落实建设工程质量终身责任承诺和竣工后永久性标牌制度等；

13. 是否建立质量管理标准化岗位责任制度，将工程质量责任详细分解，落实到每一个质量管理、操作岗位，明确岗位职责，制定简洁、适用、易执行、通俗易懂的质量管理标准化岗位手册；

14. 是否实施样板示范制度；在分项工程大面积施工前，以现场示范操作、视频影像、图片文字、实物展示、样板间等形式直观展示关键部位、关键工序的做法与要求，使施工人员掌握质量标准和具体工艺，并在施工过程中遵照实施；通过样板引路，将工程质量管理从事后验收提前到施工前的预控和施工过程的控制；

15. 是否严格施工质量国家相关技术标准和合同约定的质量标准进行施工，并做好各类施工记录，实时记录施工过程质量管理的内容；

16. 是否做好隐蔽工程质量检查和记录，逐项完善检验批、分项工程、分部工程的质量报验工作；

17. 是否依法依规及时启动和完成竣工验收；

18. 是否建立完善质量问题与事故处理机制。

第8章 施工企业工期的合规风险识别与管理

江西丰城电厂丰电三期工程原本拟建设两座高168m、直径135m的双曲线型自然通风冷却塔。而在2016年11月24日7点左右，江西省宜春市丰城电厂三期在建项目冷却塔施工平台倒塌，发生了特别重大事故，即11·24丰城电厂施工平台倒塌事故。

国务院调查组查明，该事故发生的直接原因系冷却塔施工企业河北亿能烟塔工程有限公司施工现场管理混乱，未按要求制定拆模作业管理控制措施，对拆模工序管理失控。事发当日，在7号冷却塔第50节筒壁混凝土强度不足的情况下，违规拆除模板，致使筒壁混凝土失去模板支护，不足以承受上部荷载，造成第50节及以上筒壁混凝土和模架体系连续倾塌坠落。事故发生的江西丰城电厂三期扩建工程由江西赣能股份有限公司出资建设，是江西省电力建设重点工程。据统计确认，事故现场共计造成73人遇难，2人受伤。

该是事故由国务院成立调查组依法严处，在调查组关于该次事故的调查报告中赫然载明了事故发生的原因之一系建设单位丰城三期发电厂举行"协力奋战100天"动员大会要求工程总承包单位，抢抓晴好天气，加快施工进度，大幅压缩7号冷却塔工期，且未按规定对工期调整的安全影响进行论证评析。

2020年4月24日，江西省宜春市中级人民法院和丰城市人民法院、奉新县人民法院、靖安县人民法院对江西丰城发电厂11·24冷却塔施工平台坍塌特大事故所涉9件刑事案件进行了公开宣判，对28名被告人和1个被告单位依法判处刑罚。

"前事不忘，后事之师""血的教训决不能再用鲜血去验证"，11·24丰城电厂施工平台倒塌事故的发生就是要求我们要始终坚守红线，在事故教训中找准薄弱环节。在该次事故中由于对工期的不正当压缩所产生的一系列安全防范和管理的疏忽是施工企业在项目建设中绝不能够忽视的问题，否则由此造成人身财产的损失以及相关管理人员行政和刑事责任的追究，是任何单位或主体都无法承受的后果。

8.1 施工企业工期合规风险识别与合规建议

工期的合规风险，一方面表现为普通的民事违约责任，则是建筑企业经常被建设单位提起索赔或反索赔的事项，会成为建设单位免除或减轻自己工程款支付责任的借口。另一方面则表现为监管部门的行政处罚风险或更甚为刑事风险。实践中，很多工期合规问题最终可能导致企业对外承担高额的赔偿责任或面临罚款、吊销经营执照等行政处罚，严重的可能基于工期的问题牵连出刑事责任而牵连企业、主要的管理人员。据此，严格把控施工企业工期合规风险，提前有效识别风险并加以防范，是每一个施工企业不可忽视的工作。

8.1.1　合规风险之一：压缩合理工期可能面临被法院认定无效的风险

8.1.1.1　典型案例

2014 年 7 月 26 日，某建筑工程有限公司（一审某建筑公司、反诉某农村信用社，以下简称"某建筑公司"）与某农村信用合作联社（以下简称"某农村信用社"）双方签订《建设工程施工合同（GF—1999—0201）》由某建筑公司承建某农村信用社办公大楼，建筑面积 18377m²，合同约定的承包范围为：基础工程（含地下室）、主体工程、屋面工程等设计图中的有关内容。合同工期 183 天，从 2014 年 6 月 28 日至同年 12 月 31 日。合同还约定如工程量增加工期顺延。合同签订后某建筑公司依约施工，在工程施工过程中，因涉案工程基础超深，历史上罕见的大雨天气导致在施工过程中有塌方延误施工，金库因验收拖延施工，春节期间放假正常停工二十多天，县政府规划变更导致工程停工等客观原因导致工程延误。涉案工程于 2015 年 5 月 26 日验收合格，双方进行工程结算，对工程结算其他事项没有异议。某农村信用社要求某建筑公司承担延误工期的违约责任，以某建筑公司延误工期 160 天（计算至 2015 年 6 月 9 日），春节假日减少 20 天，按 140 天计算违约金 1400000.00 元，因某建筑公司未交违约金并处滞纳金 524587.00 元，共计 1924587.00 元。某农村信用社为此扣留某建筑公司工程款 1924587.00 元。2016 年 3 月 8 日，县住房和城乡规划建设局根据争议工程合同的内容，并按《全国统一建筑安装工程工期定额》标准计算，涉案工程工期按正常工期 635 天的 60% 计算工期应至少为 381 天，约定工期远远低于定额规定，县住房和城乡建设局根据《贵州省建筑市场管理条例》第 18 条第（四）款规定"发包人不得任意压缩工期"的规定，某农村信用社约定工期 183 天属于发包人任意压缩工期的行为。

8.1.1.2　合规风险分析

根据《建设工程质量管理条例》第十条规定："建设工程发包单位不得迫使承包方以低于成本的价格竞标，不得任意压缩合理工期。建设单位不得明示或者暗示设计单位或者施工单位违反工程建设强制性标准，降低建设工程质量。"以及《第八次全国法院民事商事审判工作会议（民事部分）纪要》规定："30. 要依法维护通过招投标所签订的中标合同的法律效力。当事人违反工程建设强制性标准，任意压缩合理工期、降低工程质量标准的约定，应认定无效。对于约定无效后的工程价款结算，应依据建设工程施工合同司法解释的相关规定处理"。现有法律规范及民事商事审判纪要中均存在对限制任意压缩合理工期的条文，其目的是为了避免合同双方的权利义务严重失衡，一方在履约途中因无法完成约定而彻底放弃和承包人在施工过程中肆意追赶工期而出现的工程质量问题。

从民事风险角度，目前根据司法裁判过程中对发包人恶意压缩合理工期问题存在两种司法态度。第一种态度是：工期的约定是发包人、承包人充分协商确定的真实意思表示，应当充分尊重意思自治，严格按照合同约定执行，因为各个企业生产效率不一，定额工期确实不能等同于合理工期。第二种态度是：合理工期是各地行政主管部门根据建筑市场实际情况制定，影响建筑工程施工秩序、施工质量。约定工期过分低于合理工期的，应当认定无效。当前，关于"合理工期"的审判案例并不少见，但是多数法院并未采取"压缩合理工期"为由主张约定工期无效的意见，如（2018）最高法民再163号、北京市高级人民法院（2019）京民终366号、湖南省高级人民法院（2012）湘高法民一终字第98号、上海市高级人民法院（2010）沪高民一（民）终字第26号等。以（2018）最高法民再163号案为例，最高院认为一方面，定额工期通常依据施工规范、典型工程设计、施工企业的平均水平等多方面因素制定，虽具有合理性，但在实际技术专长、管理水平和施工经验存在差异的情况下，并不能完全准确反映不同施工企业在不同工程项目的合理工期。另一方面，本案中，某施工企业作为大型专业施工企业，基于对自身施工能力及市场等因素的综合考量，经与发包人平等协商，在《建设工程施工合同》中约定580日历天的工期条款，系对自身权利的处分，亦为其真实意思表示，在无其他相反证据证明的情况下，不能当然推定发包人迫使其压缩合理工期。故合同关于工期约定有效。

但是不可否认的是，存在部分法院仍旧认为压缩合理工期违反我国《建设工程质量管理条例》等工程建设强制性标准，因而被认定为无效，如铜仁中院（2017）黔06民终901号。

同时，笔者认为，建设工程施工不光是合同双方的意思自治，更多体现建筑市场法律秩序的问题，建筑法律法规之所以限制工期大幅缩减，更大程度是考虑工期缩减对工程质量的影响。因此，不能仅仅从合同法的视野看待工期约定问题。另外如果放任这种现象发生，可能造成发包人肆意压缩工期，承包人在投标阶段话语权显然不足，为了接到项目让企业生存下去，很可能咬牙接下。但就像我们常说的，合同双方的权利义务不能严重失衡，否则很容易导致一方在履约途中因无法完成约定而彻底放弃。工程施工更是如此，即便工期合理，还可能遇上各种影响工期正常完成的因素，何况本就紧张的压缩工期，承包人一旦核算后认为无法收回成本，极容易发生中途停工、提前撤场的情形，届时，发包人要么接受谈判顺延工期，要么双方陷入旷日持久的司法程序。

从行政风险角度，按照《建设工程质量管理条例》第五十六条规定："违反本条例规定，建设单位有下列行为之一的，责令改正，处20万元以上50万元以下的罚款：（二）任意压缩合理工期的"和《建设工程安全生产管理条例》第五十五条规定："违反本条例的规定，建设单位有下列行为之一的，责令限期改正，处20万元以上50万元以下的罚款；造成重大安全事故，构成犯罪的，对直接责任人员，依照刑法有关规定追究刑事责任；造成损失的，依法承担赔偿责任：（二）要求施工单位压缩合同约定的工期的。"故而合理工期问题并非简单的当事人之间的民事权利义务，其本身包含监管部门从加强建设工程安全生产监督管理，保障人民群众生命和财产安全角度所涉及的监管职责，相较于民事法律风险其对合理工期的认定标准更高，且更具有行政主导的色彩。

从刑事风险角度，压缩合理工期本身并不存在完全对应的刑法条文予以约束，但是基于压缩工期随之产生的安全质量责任则存在刑事犯罪的风险，根据《刑法》第一百三十四条重大责任事故罪的规定："在生产、作业中违反有关安全管理的规定，因而发生重大伤亡事故或者造成其他严重后果的，处三年以下有期徒刑或者拘役；情节特别恶劣的，处三年以上七年以下有期徒刑。"

8.1.1.3　合规建议

为了有效地管理和制定合理的施工工期，作为施工企业应当在招投标过程或其他可接触到建设项目具体信息的过程中，提前由专门部门和专业岗位合格的专家科学规划的制定合理的进度计划和进度控制的工作流程，并建立统一的项目工期管理系统。即在于发包人签订施工合同文本甚至是投标时便应当参照工期定额对发包人要求的工期合理性予以论证。而不应当被动地待施工合同签订后或实际施工过程中提出反对意见。如经分析发现发包人的确压缩工期的情况，应当对工期压缩的安全影响进行论证和评估，如论证出不合理或评估不合格的，应当及时表达意见，促成双方协商解决。如论证或评估后可以继续施工的，则应当在实际施工过程中加强管理，增加安全管理措施，切勿为了加快工期而忽视必要的安全及质量问题。

8.1.2　合规风险之二：开工时间不明确直接影响工期延误认定结果不同的风险

8.1.2.1　典型案例

最高人民法院（2019）最高法民申 3651 号再审案中，广西某公司申请再审称：（1）原判决认定的基本事实缺乏证据证明。原判决依据 2010 年 3 月 5 日至同年 9 月 3 日召开的监理例会以及工作会议所形成的会议纪要、监理记录表等认定涉案工程的开工日期，但柳州望泰公司提供的 2010 年 9 月 3 日的会议纪要并没有任何相关记载，原判决认定该基本事实缺乏证据证明。（2）原判决认定事实错误。原判决错误认定涉案工程的开、竣工时间。关于开工时间，《建设工程施工合同》第一部分第三条明确约定，合同工期的开工日期以开工令为准。因此，本案应当以 2010 年 8 月 18 日开工令上注明的开工时间 2010 年 8 月 24 日为准。

柳州某公司提交意见称：原判决认定事实清楚准确。监理例会、会议纪要等书面记录记载开工日期定为 2010 年 3 月 5 日，广西某公司在监理例会记录上签字确认且未提出异议，原判决的认定有充分的证据。

本案中，原审法院认为，广西某公司与柳州某公司 2010 年 3 月 5 日至同年 9 月 3 日多次召开的监理例会以及工作会议所形成的会议纪要、监理记录表等书面记录能够证明工程的实际开工时间，从"截至 2010 年 7 月 31 日止，7 号楼完成五层主体，8 号、9 号、10 号楼要向 7 号楼看齐"的记载可见，广西某公司已经于 2010 年 7 月 31 日前进场施工。原审法院根据 2010 年 3 月 5 日监理例会记录"今日是建设工程第一次生产前例会，今天定为开工日期"的记载,将实际进场施工日期2010年3月5日确定为涉案工程的开工日期,最高人民法院认为原判决关于开工日期的认定符合法律规定。由此通过对开工竣工时间的确认,左右了本案后续对工期延误事实的认定。

8.1.2.2 合规风险分析

按照《建设工程司法解释(一)》第八条规定,实际上现有司法裁判规则对开工日期的认定已经作出明确规定。然而在实务中可能面临的情况是多样的,并不能简单通过某一两种规则可以囊括。严格讲,对于施工企业而言开工时间不明确可能面临的风险有:(1)发包人按照某一对其有利的开工时间证据,提前确定开工的具体时间,后按照合同约定追究施工企业的工期延误责任;(2)施工企业工期索赔过程中,由于未完善开工时间,对于前期投入的人材机损失可能面临难以追偿的风险;(3)因开工时间不明确,即使施工企业已经实际进场开工,但此后又因发包人主张未及时进场而追究违约责任的情况;(4)或者其他基于实际开工前后的安全管理责任等。换句话说,基于实务情况的复杂,开工时间的确定影响着施工企业就工期管理问题的核心因素之一,也是保障施工企业合法权益的前提。

8.1.2.3 合规建议

针对开工时间的认定事宜,我们认为整体上可以从以下要点予以综合把控:(1)在合同文本中明确约定开工条件,以免发生开工条件未满足,承包人无法进场施工需承担相应违约责任的风险;(2)督促合作方在实际进场施工时保留好相应的证据材料,包括但不限于开工报告、监理记录、会议纪要等书面文件,以免实际进场开始施工的日期与约定或记载的开工日期不一致时无法认定的风险;(3)督促发包方协助办理项目施工许可证,以确保施工合法合规进行。在实际认定方面应当结合现有司法解释及项目现场证据进行综合把控和认定,以合法合规合理的方式确定开工时间。

8.1.3 合规风险之三:施工企业建设项目工期延误所产生的合规风险

8.1.3.1 典型案例

2010年6月20日,圣地公司发布招标文件,对其开发的新天地商住中心工程进行招标。2010年7月5日,圣地公司及招标代理单位声远招标代理有限公司向百通公司发放中标通知书(NO:10GC060087),该中标通知书载明:圣地公司的新天地商住中心工程施工于2010年6月29日公开开标后,确定你单位为中标人。建筑面积约138525.08m²,投标报价为费率报价,中标工期535天。

2010年7月7日,圣地公司与百通公司签订《建设工程施工合同》,约定由百通公司承包圣地公司发包的新天地商务中心工程,并约定了工程名称、工程地点、工程内容、工程承包范围、开工日期、竣工日期、质量标准、合同价款、施工组织设计和工期(11.1承包人不能按时开工,应当不迟于协议书约定的开工日期前7天,以书面形式向工程师提出延期开工的理由和要求。11.2因发包人原因不能按照协议书约定的开工日期开工,工程师应以书面形式通知承包人，推迟开工日期。发包人赔偿承包人因延期开工造成的损失，并相应顺延工期）、工程竣工（14.2 因承包人原因不能按照协议书约定的竣工日期或工程师同意顺延工期竣工的，承包人承担违约责任）等内容。合同第三部分专用条款约定了以下事项：十、违约、索赔和争议。24. 违约 24.1 发包方违约责任：延迟支付工程款超过 10 天，发包方除支付延期支付的工程款外，还应按同期银行贷款利率支付应付款利息，并支付应付款的万分之二/日的违约金。发包方工程款支付之日起 10 天内，承包方无正当理由不得停工，超过 10 天仍未能支付的，乙方以书面形式给发包方，乙方停工，如发包方不同意停工，工期相应延期，并赔偿经济损失，从应当支付之日起计算延期支付违约金。因发包方原因造成承包方不能正常施工的，工期应顺延，发包方须承担相关费用并赔偿由此造成的经济损失。31 补充条款。1. 让利：承包方按工程总造价的 6% 下浮给发包方（不可竞争的费用不下浮），承包方不计取工程总承包费，人工单价 38 元/工。……5. 建设工程总工期为 535 天，每超期一天发包方按工程总造价的万分之二对承包方进行罚款。

合同签订后，百通公司对案涉工程进行了施工，圣地公司拨付工程进度款，自 2011 年 6 月 24 日至 2012 年 9 月 15 日，百通公司共向圣地公司出具总额共计 100046151.44 元的工程款收据。除节点款外，圣地公司还向百通公司支付了零星工程款 12360453.64 元。

2012 年 5 月 20 日，圣地公司（甲方）与百通公司（乙方）达成《会议纪要》，议定事项：一、百通公司新天地项目部所借甲方壹仟贰佰壹拾伍万元借款在该工程结构封顶后的进度款中扣还。价款的利息由王某某董事长和倪某某总经理具体商定。二、新天地项目工程中的防水（乙方施工好的除外）、外墙保温、铝合金、电梯、不锈钢扶手、部分水电材料由甲方认质认价，经乙方测算后乙方认为可以做的由乙方施工，否则交由甲方施工。若由甲方施工，该部分工程款按双方大合同约定的付款节点直接在工程款中划扣。三、关于新天地项目工程的工期按 970 万元/月计算，总工期按该工程结算审定总价除以 970 万元/月确定。甲方王某某，乙方相关人员在《会议纪要》上签字。

2013 年 11 月 27 日，百通公司施工部分分户验收合格，但是百通公司并未将涉案工程施工完毕。在百通公司中途撤场后，圣地公司另行组织施工，涉案工程于 2014 年 9 月 16 日竣工综合验收备案完毕。

8.1.3.2　合规风险分析

工期延误是指工程实施过程中任何一项或多项工作的实际完成日期迟于计划规定的完成日期，从而导致整个合同工期的延长。其表现形式可分为节点延误与竣工延误，分别对应的是工程完工前，某项工作的完成迟于施工进度计划中的节点日期和工程竣工验收通过日期迟于合同约定的竣工日期。

从民事风险角度，工期延误在法律性质上属于一种违约行为。在实践中，引发的工期延误的因素有：建设单位的因素、施工企业的因素、设计单位的因素、监理单位的因素、材料供应商的因素、设备供应商的因素、政府主管部门的因素、社会和各种自然条件的因素等。从责任的角度来讲，工期延误可以分为：由发包人承担责任的工期延误、由承包人承担责任的工期延误。具体而言，建设单位的因素、设计单位的因素、监理单位的因素、材料供应商的因素、设备供应商的因素、政府主管部门的因素、社会和各种自然条件的因素导致的工期延误，都有可能由发包人承担工期延误的责任。另一方面，由承包人承担责任的工期延误对于承包人而言是不可索赔的延误，承包人应自费采取赶工措施，否则承担工期违约责任。

从行政风险角度，我国监管部门对于建设项目工期的监管方式，多以通过监管施工许可证具体使用及履行情况进行具体处理。根据《建筑法》第九条规定："建设单位应当自领取施工许可证之日起三个月内开工。因故不能按期开工的，应当向发证机关申请延期；延期以两次为限，每次不超过三个月。既不开工又不申请延期或者超过延期时限的，施工许可证自行废止。"以及《建筑工程施工许可管理办法》第八条规定："建设单位应当自领取施工许可证之日起三个月内开工。因故不能按期开工的，应当在期满前向发证机关申请延期，并说明理由；延期以两次为限，每次不超过三个月。既不开工又不申请延期或者超过延期次数、时限的，施工许可证自行废止。"对此，建设项目施工许可证所载的有效期限及工程具体开停工时间可以作为监管部门监督管理工程工期的具体载体。当对于部分施工企业在施工许可证期满未办理延期或多次办理延期的前提下，施工许可证面临无效或被废止的情形，因而监管部门可以依据《建筑法》第六十四条规定被责令停止施工，或处以罚款。

8.1.3.3 合规建议

在合同执行过程中的工程进度控制是项目合同管理的重要内容之一，在工程实施过程中。工程进度的计划编制和实施全部由承包人负责，作为施工企业应当依据合同规定对工程进度进行控制和管理。作为施工企业可采用以下方式把控工期。具体体现在：

（1）从组织管理上保障工期。① 项目部实行分工负责，各职能部门进行目标管理，建立严格的奖惩制度，围绕总工期制定的工作计划，逐月检查落实，实施奖惩，以保证各项目标按期完成。② 工程总施工进度计划内按系统工程、用树状结构图对其分解，直到相对独立的工作单项。根据每一工序的工作性质和时间合理安排各工序先后顺序，将总工期落实到每月、每日、每个工班，以保证总工期。③ 对单项工程进度按月、旬、周、日建立施工形象监控，用图表直接形象地反映实际进度及时发现差距并采取措施纠正。根据每季度工程实际进度情况，将工期网络图予以调整，并特别注意关键线路的变化。④ 建立每周工程例会、每日现场协调会制度，加强现场指挥调度工作，及时协调人力、财力、材料和机械设备，使工程保持正常有序地施工。⑤ 开展劳动竞赛，掀起施工高潮。工程展开施工后，本着稳中求快的原则，在各施工队、各工班间开展比质量、比进度的劳动竞赛活动，调动广大施工人员的积极性和劳动热情。⑥ 节假日特别是春节期间加强思想工作、提高劳动待遇，以确保所需劳力和提高工人的积极性。

（2）从资源调配上保障工期。施工中提前做好劳动力调配计划和机械调配计划，根据工程需要及时增加专业工种和补充机械设备。

（3）从综合保障上保障工期。① 材料部门根据施工图工程进度计划编制标段所需主要物资用量计划，分阶段列明所需物资的品名、规格、质量和数量，并随时掌握施工材料使用时间的要求以及资源情况，通过申请、订货、采购、运输、储备等各项工作，保证将材料按质、按量、按时、配套地供应到使用地点。② 物质保障部门正确地选购和调遣机械设备，为建设工程提供最适宜的技术装备；加强机械设备的维护、维修和保养，保证设备经常处于良好的技术状态，建立正常的施工程序，均衡生产，创造有利条件，合理地使用机械设备，提高机械设备的使用效率、生产水平和经济效益。③ 财务部门根据工程进度计划及材料购置计划绘制资金使用计划，安排好流动资金。④ 后勤保障部门除做好员工的食宿安排外，还要定期进行卫生检查和防疫工作，保证员工的身体健康，提高战斗力。加强对交通班车的管理和调度，确保上下班人员准时、安全、正点到达预定地点。⑤ 加强外部协调，改善外部环境，增强现场调度，减小施工干扰，协调好机械配合、班组间作业和工序的衔接。

（4）从施工工艺和技术创新等技术措施上保障工期。目前，各大施工企业利用其各地资源优势以及项目经验或借鉴其他优质项目经验总结了大量不同施工环境条件下的施工工艺、方法，为建设工程施工提供了有力的技术保障；同时，发挥信息资源广的优势，积极采用新技术、新工艺、新材料，并发动全体施工人员主观能动性，改进施工方法，优化施工工序，控制工程质量，做到各工序达到一次验收合格率100%，提高生产效率，加快施工进度。另外，采用网络计划技术及其他科学适用的计划方法，并结合电子计算机的应用，对建设工程进度实施动态控制。

（5）从经济措施上保障工期。1）全面落实经济承包责任制，把建设工人的经济收入同生产进度直接挂钩，充分调动建设工人的劳动积极性和创造性。实行奖金包干，设立单项目标奖，在质量、安全达到目标时，完成单项目标工期，给予重奖，充分发挥经济杠杆的作用。2）增强工期计划与经济效益的关联关系。如及时办理工程预付款及工程进度款支付手续；对应急赶工给予优厚的赶工费用；对工期提前给予奖励；对工程延误收取误期损失赔偿金。

（6）利用合同制度措施保障工期。施工进度控制的合同措施主要包括：1）推行 CM 承发包模式，对建设工程实行分段设计、分段发包和分段施工；2）加强合同管理，协调合同工期与进度计划之间的关系，保证合同中进度目标的实现；3）严格控制合同变更，对各方提出的工程变更和设计变更，在监理工程师严格审查后再补入合同文件之中；4）加强风险管理，在合同中应充分考虑风险因素及其对进度的影响，以及相应的处理方法；5）加强索赔管理，公正地处理索赔[①]。

（7）制定应急措施保障工期。为确保建设工程在市政电网停电的情况下也能正常施工，提前配备柴油发电机等发电设备备用，当市政电网停电时，立即启用发电机发电，供

---

① 李怀前．防洪工程建设管理手册［M］．郑州：黄河水利出版社，2016：112．

应现场施工用电,维持连续施工,特别是降水施工和混凝土的连续浇筑。另外还要做好防雨和后勤供应工作,保障建设工人能始终保持充沛的精力与体力,为建设工程优质、安全、如期完成提供坚实的物资保证[①]。

8.1.4 合规风险之四:赶工产生的民事赔偿及刑事处罚风险

8.1.4.1 典型案例

6月24日上午6时30分,丰和公司泥工班组开始对某项目32号楼六层进行混凝土浇筑,浇捣方向为由北向南,泥工班组长陈某带领泥工班共13个人负责具体的施工作业,其中1人在楼下放料,12人在楼层上作业。由于泵车停靠在32号楼西侧20m左右的围墙外,泵车大臂长度62m,在浇筑完整个6-F轴与9-A轴北侧部分后,泵车大臂无法覆盖到剩余部位,因此在下午14时许,泵车移位到了32号楼的西南角继续作业,16时30分许,由于在靠近6-F轴的部位,泵车大臂覆盖范围仍然有限,所以在7-E轴位置先堆了一部分混凝土,再将这些混凝土往7-8F轴那个方向推匀过去,就在混凝土振动棒振捣7~8轴间400mm×1300mm的F轴混凝土梁时,该区域钢管支撑发生变形坍塌,叠合板和混凝土伴随坍塌滑落。当时坍塌区域有10名泥工班组作业人员,有6人直接被叠合板掩埋,4人及时逃出受到了轻微擦伤。其余2人由于在进行混凝土表面收光工作未坠落。事故发生时,中天公司项目负责人黄某正在32号楼一层,听到响声后立即来到坍塌部位,看到被掩埋的人员后(身体未全部被掩埋,上半身还露在外面),立即联系塔吊指挥,通过塔吊掀开叠合板,将伤员抬出。当时6人分别被压在3块板下,最北侧的一块板下压有1人被第一个救出。最南侧的板下的2人被同时救出。最后中间部位的板下3人被救出。120救护车第一时间将6人送往奉贤区中心医院进行救治,1人抢救无效死亡。消防部门16时56分接警,17时06分赶到现场,出动车辆18辆,出动人数120余人,经过消防部门对事发区域进行生命体征探索和组织挖掘救援后,20时30分许确定事故现场无伤亡人员后,由现场总指挥宣布撤离现场。

8.1.4.2 合规风险分析

赶工通常是指建设工程实施过程中,为加快工程进度、缩短工期而改变原进度计划的活动。建设工程赶工一方面意味着承包人需要比一般工程投入更多的人力、物质资源,引起管理人员、措施费用等相关费用的增加。另一方面,因为追赶工期的需要,施工企业忽略施工现场的安全保障问题,出现安全责任事故。

建设工程赶工问题在建设工程领域并不少见,尤其是2020年新冠疫情形势的出现,建设工程项目在防控过后陆续复工,对于这些已经复工或未来拟将复工的工程,其工期是顺延还是需要赶工以如期竣工均是施工企业以及业主需要面对的问题,如工程需要赶工的,相较于正常的施工过程,势必需要面对工程赶工所带来的合规问题。本身工程工期赶

① 中国水利水电第十一工程局有限公司. 城市轨道交通施工技术 [M]. 北京: 中国铁道出版社, 2019: 412.

工属于发包人与承包人之间可以自由协商的内容，但是基于施工企业赶工这一行为，随之会牵扯出其他附随的合规风险应当予以重视。

附随的关联合规风险包括：（1）因工程赶工所涉及的工程质量问题；（2）施工人员赶工所涉及的劳动权利保护问题，包括但不限于加班时间问题、人员管理问题、福利发放问题等；（3）因工程赶工所涉及施工现场安全问题，包括施工安全、消防安全；（4）因工程赶工所涉及的环境保护问题，如建筑渣土的运输、摆放等；（5）因工程赶工所涉及的合同履约问题，如赶工费的支付问题等。对于以上风险所涉及的民事、行政及刑事风险等，可具体参照本书其他对应章节所述内容。

8.1.4.3　合规建议

建筑领域赶工较为常见的情形，无论是建设单位主动要求的工期目标，还是施工企业基于某些特殊原因进行的赶工，作为施工企业都是不得不面对的情况。而施工企业面对赶工，做好前期施工管理与预防措施，以及保证施工过程中的管理才是关键。

因此对于赶工，作为施工企业应当关注和完善以下工作：（1）提升和普及施工企业管理人员或管理水平和劳务公司管理人员、工人赶工安全意识的水平；（2）建立覆盖全员的安全管理组织机构、安全技术措施及施工方案并经专家论证；（3）提高作业人员的安全教育；（4）编制材料进场计划，严格施工进度按需供应；（5）监督作业人员接受安全技术交底；（6）严格把控工程验收标准等内容。

8.1.5　合规风险之五：竣工标准约定不明确产生的认定工期延误、工程款支付条件不成就的风险

8.1.5.1　典型案例

2009 年 5 月，宁夏某房地产开发有限公司（以下简称"甲公司"），与宁夏某建筑工程有限公司（以下简称"乙公司"），签订建设工程施工合同，约定由乙公司承建位于宁夏市某区的工程，到 2010 年 5 月完工，甲公司根据工程施工进度支付相应比例工程款，工程按期竣工之后向乙公司支付剩余工程款。

2010 年 4 月 30 日乙公司向甲公司提交竣工验收报告，甲公司组织勘察单位、设计单位、施工企业以及监理单位对该工程进行了竣工验收，上述四家单位以及甲公司均在验收意见一栏中签署合格的意见并加盖公章。由于乙公司内部发生矛盾，直到 2011 年 6 月 20 日乙公司才向当地建设局提供了相关备案文件并取得了竣工验收备案表。

随后，乙公司要求甲公司支付拖欠剩余的工程款，甲公司认为乙公司直到 2011 年 6 月才取得竣工验收备案表，并未按照约定时间竣工，应承担违约责任，因此拒不支付剩余工程款。乙公司认为其在 2010 年 4 月 30 日已经取得竣工验收报告，取得竣工验收报告之日就是工程竣工之日。双方发生纠纷，诉至法院。

乙公司提出如下诉讼请求：（1）甲公司支付拖欠剩余的工程款 2100392 元及逾期付款银行利息；（2）本案的诉讼费用由甲公司承担。

　　法院经审理查明，判决如下：本案的争议焦点为：关于建设工程竣工日期的认定标准是以竣工验收合格报告为标志，还是以取得竣工验收备案表为标志？

　　法院判定乙公司的实际竣工日期为 2010 年 4 月 30 日，并未构成违约，理由如下：其一依据《最高人民法院关于审理建设工程施工合同纠纷案件适用法律问题的解释》第十四条之规定：当事人对建设工程实际竣工日期有争议的，按照以下情形分别处理：（1）建设工程经竣工验收合格的，以竣工验收合格之日为竣工日期；（2）承包人已经提交竣工验收报告，发包人拖延验收的，以承包人提交验收报告之日为竣工日期；（3）建设工程未经竣工验收，发包人擅自使用的，以转移占有建设工程之日为竣工日期。

　　根据本条规定，乙公司是在 2010 年 4 月 30 日提交的竣工验收报告，甲公司也组织勘察单位、设计单位、施工企业以及监理单位对该工程进行了竣工验收，上述四家单位以及甲公司均在验收意见一栏中签署合格的意见并加盖公章。故法院将讼争工程的竣工时间认定为 2010 年 4 月 30 日并无不妥。

　　其二甲公司还主张工程竣工验收应以取得竣工验收备案表为准，该主张亦不能成立。因为双方合同中没有约定竣工应以取得竣工验收备案表为准，而根据国务院 2011 年 9 月 27 日颁布施行的《建设工程质量管理条例》第四十九条第一款建设单位应当自建设工程竣工验收合格之日起 15 日内，将建设工程竣工验收报告和规划、公安消防、环保等部门出具的认可文件或者准许使用文件报建设行政主管部门或者其他有关部门备案。《建设工程质量管理条例》第五十六条第八款：违反本条例规定，建设单位未按照国家规定将竣工验收报告、有关认可文件或者准许使用文件报送备案的，责令改正，处 20 万元以上 50 万元以下的罚款。根据以上规定可以看出，竣工验收备案只是竣工验收后建设单位所应办理的手续，故是否取得竣工验收备案表并不能作为认定工程是否已竣工验收的依据。

8.1.5.2　合规风险分析

　　实务中，承包人和发包人一般会把竣工日期在建设工程合同中约定，但是，约定的竣工日期不等于实际竣工日期，实际竣工日期容易引起争议。开工日期和竣工日期作为工期认定的不可缺少一头一尾的期限，实务中即使开工日期没有异议或者达成一致，如果对竣工日期有争议也势必影响工程期限的认定，决定工期违约责任的承担，承包人是否超过优先权行使的法定期限，以及后续逾期利息的起算等。通常情况下，所谓竣工日期主要是指工程项目的完工日期，即工程完工后，由发包方进行验收并接收的日期。而竣工日期根据类别又包括计划竣工日期和实际竣工日期。计划竣工日期是指建设工程施工合同所约定的竣工日期；实际竣工日期按照《建设工程施工合同示范文本》所约定的确定日期。以哪个时间点作为工程的竣工日期很重要，法律意义在于可能会涉及支付工程款的本金及利息起算时间、计算违约金的数额、风险转移等一系列法律问题。

8.1.5.3　合规建议

　　对于竣工时间的认定在实践中系一个综合认定事情。目前现有法律规定的认定标准为

《最高人民法院关于审理建设工程施工合同纠纷案件适用法律问题的解释》第九条的规定："当事人对建设工程实际竣工日期有争议的，人民法院应当分别按照以下情形予以认定：（一）建设工程经竣工验收合格的，以竣工验收合格之日为竣工日期；（二）承包人已经提交竣工验收报告，发包人拖延验收的，以承包人提交验收报告之日为竣工日期；（三）建设工程未经竣工验收，发包人擅自使用的，以转移占有建设工程之日为竣工日期。"整体而言，实务中对竣工日期的界定相比较于开工日期则相对争议较小。

8.1.6　合规风险之六：建设单位不当干预施工企业施工进度所产生的风险

8.1.6.1　典型案例

在建筑实务案件中，存在有建设单位在施工企业施工过程中不当的干涉施工进度，以满足其自身部分政治或经济需求的目的。而施工企业为了迎合建设单位对于"工期"的特别需求，出钱出力而最终却反而遭受损失的情况也不少。

例如，建设单位为了达到其许诺的政绩或尽快达到办理预售许可证等目的，在与施工企业签订施工合同后，在原工期范围内强令要求施工企业加快施工进度、压缩工期，而当政治目标基本完成或项目建设进度满足办理预售许可证的基本要求时[①]，便不再要求施工企业继续赶工，甚至基于减缓项目建设资金投入等目的，通过延长工程验收时间、提示工程质量瑕疵等手段拖延施工企业的施工进度。而作为施工企业前期为加快工期进度需要为此投入大量人材机成本或者为了追求前期工期目标可能提前购买了远超市场价格的材料，但当建设单位实现赶工目的而拖延施工进度时，前期投入的损失是施工企业不得不解决的问题。

8.1.6.2　合规风险分析

实务中，建设单位不当干预施工企业施工进度的风险并不常见，但并不意味着其对施工企业的损害能够忽视。作为施工企业而言，施工具体工作的落实需要进行大量的前期准备工作，无论是设备租赁、人员筹备或者是材料采购均发生在具体施工行为之前。在建设单位有赶工需求时，施工企业为此而作出对应的筹备工作，但是当施工进度突然放缓，出现的人工成本、租赁费用支出会导致施工企业出现大量的窝工损失。而此时，施工企业可能还难以利用现有的人材机继续加快施工进度，原因在于建设单位为削减建设资金的前期投入，可能会采用各种手段拖延施工进度，如所有收方、签证、验收的时间均在最长的期限实际进行或者是采取极为严苛的工程质量验收标准，对施工企业提出工程质量瑕疵并要求整改，为此即使施工企业有心施工亦可能面临难以施工的困境，而此时由于施工进度尚处于施工合同约定的工期之内，施工企业难以通过有效的手段维护自身的权利。

---

① 2021 年 2 月 10 日，《东莞市人民政府关于加快打造新动能推动高质量发展的若干意见》（东府〔2021〕1 号），推出一系列重要政策举措促进经济社会实现高质量发展。文件提出"加快商品房供应，稳定房地产市场，对符合条件的装配式建筑商品房项目，形象进度达到地上总层数的三分之一时，允许办理预售许可。"

8.1.6.3 合规建议

施工企业对所有工程的现场作业和施工方法的完备、稳定和安全承担全部责任，安全、准时地完成工程建设是承包人的义务。发包人对这些责任和义务无权改变和干预，否则将形成义务责任的转化，导致工程延期，承包人有权获得工期和经济补偿。所以发包人不能以行政手段直接指挥生产，这对实行招标投标制和合同管理制的工程来说，是严重违反合同规定的行为。为应对上述困境，我们建议，首先施工企业前期应当提前做好与建设单位工期需求的沟通，了解建设单位的需求与预期，以便能够提前做好施工进度计划与前期施工的筹备工作。其次，工程总工期应该是在工程初步设计的施工组织设计基础上，通过工程施工规划论证制定的。如面临建设单位在施工合同要求的标准之外有更高的赶工需求时，应当与建设单位共同制定施工组织计划，并在此之中就人员、材料、机械设备基本情况进行论证分析。其中针对人员问题应当设置较为灵活的用工时间约定、针对购买材料问题应当及时向建设单位确认工程价款、针对机械问题应当设置灵活的解除约定等。最后，在建设单位出现明显的放缓工期信号时，应当及时协调沟通其需求，并及时采取削减人材机成本的措施或向建设单位提出索赔请求等。

8.1.7 合规风险之七：工期索赔超过时效而产生的索赔不能风险

8.1.7.1 典型案例

2003年11月8日，原告广州某住宅公司与被告某建筑公司签订了《某花园别墅和会所总承包合同》（以下简称《合同》），合同约定：由被告承包合同题述的土建工程，工期为270天，工程工期延误违约金为每天10000元计算。其中"专用条款"中约定：发包人在工程竣工验收合格后将发出工程竣工证书，明确竣工日期。2003年11月原告要求被告进场施工。2006年7月25日，原告向被告发出《别墅工程关于场地移交事宜》文件，同时要求花园管理处于2006年7月26日派人进行会所的移交工作。同年7月26日，被告向原告发出《工程交工报告》，内容为：公司承建的别墅和会所施工完毕，通过内部验收，从2006年7月25日起正式移交某住宅公司花园管理处使用，从2006年7月26日起进入工程保修期。同年12月31日，原告向被告发出《别墅和会所总承包工程完工证明书》，2010年5月27日别墅和会所的所有工程（包括原告指定的分包工程）完成城建档案备案验收手续。交付工程后，双方一直未就工程结算价款达成一致意见。2011年3月，被告向法院提起诉讼，要求原告支付欠付的工程款1100多万元以及利息400万元，之后，原告于2012年3月提起本诉讼，要求被告支付工期迟延的违约金790多万元以及相应的利息。

本案争议焦点主要有二：一是工程竣工之日是何时，应如何认定；二是本案中原告请求工期迟延的违约赔偿的诉讼时效应该从何时起算，是否超出了法定的两年的诉讼时效。

原告认为：工程竣工时间应为所有的工程完成城建档案的移交手续时间，即2010年5月27日；本案工期索赔的诉讼时效，应从结算协议最终签署之日起计算，而本案未完成最终结算。被告答辩认为：原告的诉讼请求已经超过法律规定的两年的诉讼时效，涉案工程于 2006 年 7 月 25 日移交给原告使用，该时间工程竣工之日。之后的两年内原告未曾书面提出过要求承担违约责任的主张，法院应驳回原告的诉讼请求。

一审法院判决认为：向人民法院请求保护民事权利的诉讼时效期间为两年，法律另有规定的除外。诉讼时效期间从知道或者应当知道权利被侵害时起计算。本案的争议焦点在于诉讼时效从何时开始起算，鉴于本案存在提前交付工程使用的情形，根据《最高人民法院关于审理建设工程施工合同纠纷案件适用法律问题的解释》第十四条第（三）项的规定：建设工程未经竣工验收，发包人擅自使用的，以转移占有建设工程之日为竣工之日，即本案的 2006 年 7 月 25 日。因此，发包人的主张与上述司法解释规定不合。根据双方签订的合同中对工期的约定，原告在工程交付之时即应当知道超出了合同约定工期的事实，但是其在之后的两年间未主张过工期迟延损失赔偿，因此，至原告于 2012 年 3 月 31 日向本院提起诉讼，已超出法定两年的诉讼时效期间，故其要求被告赔偿工期迟延损失的诉讼请求不予支持。一审法院驳回了原告的诉讼请求。

8.1.7.2　合规风险分析

2019 年 1 月 3 日，《最高人民法院关于审理建设工程施工合同纠纷案件适用法律问题的解释（二）》正式公布，其中第六条第二款规定："当事人约定承包人未在约定期限内提出工期顺延申请视为工期不顺延的，按照约定处理，但发包人在约定期限后同意工期顺延或者承包人提出合理抗辩的除外。"该规定的重大意义在于，其首次在立法层面确立了工期索赔时效规则，结束了长期以来司法实践中关于逾期索赔后工期能否顺延的纷争。在最新的《建设工程司法解释（一）》第十条中，亦延续了前司法解释的规则。

8.1.7.3　合规建议

最新的《建设工程司法解释（一）》关于索赔时效的规定对承包人提出了较高要求，对此，在实务中承包人可以考虑通过以下方式避免或减少索赔权利因超期而失效的风险。

1）合约管控。鉴于逾期申请视为不顺延的约定对权利失效的认定影响重大，签约时，承包人应加强合约管控，在投标条件、谈判条件允许的情况下，争取在合同中避免作出逾期申请视为不顺延的约定（如采用《建设工程施工合同示范文本》（GF—2013）或（GF—2017）签约的，争取在专用条款中排除该条款的适用），以减少索赔权利失效的风险。同时，合同条款中应明确约定发包人的有效送达地址，避免当发生发包人拒收函件、下落不明等情形时索赔受阻。

2）及时行权。若承包人的合同地位尚不足以删改逾期申请视为工期不顺延条款，则应及时行使索赔权利，具体包括：针对合同中的索赔条款对项目管理人员进行重点交底，要求其予以重视并按约索赔；及时做好索赔文件的收发记录、签收回执并妥善留存，以有效证明索赔时间。此外，实践中不乏碍于颜面、担心冒犯发包人而搁置索赔者，所幸最高院认可索赔形式的多样化，提出索赔不限于索赔意向书、索赔报告等固定形式。承包人可以根据项目现场实际情况，灵活采用会议纪要、洽商记录、签证单或联系单、进度计划修订说明、现场施工日志、施工周报等其他书面文件，对索赔事件进行描述并表明顺延主张。

3）变更约定。对于已发生逾期索赔的，施工企业可参照适用《建设工程司法解释（一）》第十条第二款但书条款的规定或使用所在地法院的裁判规则，采取以下方式取得发包人的顺延同意：与发包人签订关于工期顺延的补充协议；如补充协议较难签订，则建议采用会议纪要、联系单等其他形式，并经发包人、监理单位确认，以达到顺延工期的效果。

8.2 施工企业工期合规依据

8.2.1 党和国家的方针、政策

8.2.1.1 《中共中央、国务院关于进一步加强城市规划建设管理工作的若干意见》（2016年2月6日生效）

该意见重点条文包括：第（一）条 指导思想。全面贯彻党的十八大和十八届三中、四中、五中全会及中央城镇化工作会议、中央城市工作会议精神，深入贯彻习近平总书记系列重要讲话精神，按照"五位一体"总体布局和"四个全面"战略布局，牢固树立和贯彻落实创新、协调、绿色、开放、共享的发展理念，认识、尊重、顺应城市发展规律，更好发挥法治的引领和规范作用，依法规划、建设和管理城市，贯彻"适用、经济、绿色、美观"的建筑方针，着力转变城市发展方式，着力塑造城市特色风貌，着力提升城市环境质量，着力创新城市管理服务，走出一条中国特色城市发展道路。

第（二）条 总体目标。实现城市有序建设、适度开发、高效运行，努力打造和谐宜居、富有活力、各具特色的现代化城市，让人民生活更美好。

第（三）条 基本原则。坚持依法治理与文明共建相结合，坚持规划先行与建管并重相结合，坚持改革创新与传承保护相结合，坚持统筹布局与分类指导相结合，坚持完善功能与宜居宜业相结合，坚持集约高效与安全便利相结合。

第（十一）条 发展新型建造方式。大力推广装配式建筑，减少建筑垃圾和扬尘污染，缩短建造工期，提升工程质量。制定装配式建筑设计、施工和验收规范。完善部品部件标准，实现建筑部品部件工厂化生产。鼓励建筑企业装配式施工，现场装配。建设国家级装配式建筑生产基地。加大政策支持力度，力争用10年左右时间，使装配式建筑占新建建筑的比例达到30%。积极稳妥推广钢结构建筑。在具备条件的地方，倡导发展现代木结构建筑。

8.2.1.2 《国务院办公厅关于促进建筑业持续健康发展的意见》（国办发〔2017〕19号2017年2月21日生效）

该意见重点条文包括：第（三）条 加快推行工程总承包。装配式建筑原则上应采用

工程总承包模式。政府投资工程应完善建设管理模式，带头推行工程总承包。加快完善工程总承包相关的招标投标、施工许可、竣工验收等制度规定。按照总承包负总责的原则，落实工程总承包单位在工程质量安全、进度控制、成本管理等方面的责任。除以暂估价形式包括在工程总承包范围内且依法必须进行招标的项目外，工程总承包单位可以直接发包总承包合同中涵盖的其他专业业务。

8.2.1.3 《住房和城乡建设部关于落实建设单位工程质量首要责任的通知》（建质规〔2020〕9 号住房和城乡建设部于 2020 年 09 月 11 日发布并实施）

该通知重点条文包括：党的十八大以来，在以习近平同志为核心的党中央坚强领导下，我国工程质量水平不断提升，质量常见问题治理取得积极成效，工程质量事故得到有效遏制。但我国工程质量责任体系尚不完善，特别是建设单位首要责任不明确、不落实，存在违反基本建设程序，任意赶工期、压造价，拖欠工程款，不履行质量保修义务等问题，严重影响工程质量。

第二条　准确把握落实建设单位工程质量首要责任内涵要求

建设单位是工程质量第一责任人，依法对工程质量承担全面责任。对因工程质量给工程所有权人、使用人或第三方造成的损失，建设单位依法承担赔偿责任，有其他责任人的，可以向其他责任人追偿。建设单位要严格落实项目法人责任制，依法开工建设，全面履行管理职责，确保工程质量符合国家法律法规、工程建设强制性标准和合同约定。

第（一）条　严格执行法定程序和发包制度。建设单位要严格履行基本建设程序，禁止未取得施工许可等建设手续开工建设。严格执行工程发包承包法规制度，依法将工程发包给具备相应资质的勘察、设计、施工、监理等单位，不得肢解发包工程、违规指定分包单位，不得直接发包预拌混凝土等专业分包工程，不得指定按照合同约定应由施工单位购入用于工程的装配式建筑构配件、建筑材料和设备或者指定生产厂、供应商。按规定提供与工程建设有关的原始资料，并保证资料真实、准确、齐全。

第（二）条　保证合理工期和造价。建设单位要科学合理确定工程建设工期和造价，严禁盲目赶工期、抢进度，不得迫使工程其他参建单位简化工序、降低质量标准。调整合同约定的勘察、设计周期和施工工期的，应相应调整相关费用。因极端恶劣天气等不可抗力以及重污染天气、重大活动保障等原因停工的，应给予合理的工期补偿。因材料、工程设备价格变化等原因，需要调整合同价款的，应按照合同约定给予调整。落实优质优价，鼓励和支持工程相关参建单位创建品质示范工程。

8.2.1.4 《住房城乡建设部办公厅关于进一步加强建筑施工安全生产工作的紧急通知》（建办质函〔2017〕214 号住房和城乡建设部于 2017 年 03 月 28 日发布并实施）

该通知重点条文包括：一、深刻认识当前安全生产严峻形势

各地住房城乡建设主管部门要认真研判当前安全生产面临的严峻形势，坚决克服麻痹大意和侥幸思想，进一步强化红线意识和底线思维，以高度责任感和使命感抓好建筑施工安全生产工作。要充分认识近期一些项目集中复工、部分企业赶工期、抢任务对建筑施工

安全生产的挑战，深入分析本地区建筑施工安全生产领域存在的薄弱环节，举一反三，有针对性地采取强有力的应对手段及措施，强化监管，强化责任落实，堵塞漏洞，严防事故发生，扭转当前建筑施工安全生产形势严峻的局面。

8.2.1.5 《住房和城乡建设部关于推进建筑业发展和改革的若干意见》（建市〔2014〕92号住房和城乡建设部2014年7月1日发布并施行）

该意见重点条文提出：（八）强化建设单位行为监管。全面落实建设单位项目法人责任制，强化建设单位的质量责任。建设单位不得违反工程招标投标、施工图审查、施工许可、质量安全监督及工程竣工验收等基本建设程序，不得指定分包和肢解发包，不得与承包单位签订"阴阳合同"、任意压缩合理工期和工程造价，不得以任何形式要求设计、施工、监理及其他技术咨询单位违反工程建设强制性标准，不得拖欠工程款。政府投资工程一律不得采取带资承包方式进行建设，不得将带资承包作为招标投标的条件。积极探索研究对建设单位违法行为的制约和处罚措施。各地要进一步加强对建设单位市场行为和质量安全行为的监督管理，依法加大对建设单位违法违规行为的处罚力度，并将其不良行为在全国建筑市场监管与诚信信息发布平台曝光。

8.2.2 法律与司法解释

8.2.2.1 《民法典》

重点条文：第七百九十五条 施工合同的内容一般包括工程范围、建设工期、中间交工工程的开工和竣工时间、工程质量、工程造价、技术资料交付时间、材料和设备供应责任、拨款和结算、竣工验收、质量保修范围和质量保证期、相互协作等条款。

第八百条 勘察、设计的质量不符合要求或者未按照期限提交勘察、设计文件拖延工期，造成发包人损失的，勘察人、设计人应当继续完善勘察、设计，减收或者免收勘察、设计费并赔偿损失。

8.2.2.2 《建筑法》

重点条文：第九条 建设单位应当自领取施工许可证之日起三个月内开工。因故不能按期开工的，应当向发证机关申请延期；延期以两次为限，每次不超过三个月。既不开工又不申请延期或者超过延期时限的，施工许可证自行废止。

第十一条 按照国务院有关规定批准开工报告的建筑工程，因故不能按期开工或者中止施工的，应当及时向批准机关报告情况。因故不能按期开工超过六个月的，应当重新办理开工报告的批准手续。

第三十二条 建筑工程监理应当依照法律、行政法规及有关的技术标准、设计文件和建筑工程承包合同，对承包单位在施工质量、建设工期和建设资金使用等方面，代表建设单位实施监督。

工程监理人员认为工程施工不符合工程设计要求、施工技术标准和合同约定的，有权要求建筑施工企业改正。

工程监理人员发现工程设计不符合建筑工程质量标准或者合同约定的质量要求的，应当报告建设单位要求设计单位改正。

8.2.2.3　《招标投标法》

重点条文：第十九条　招标人应当根据招标项目的特点和需要编制招标文件。招标文件应当包括招标项目的技术要求、对投标人资格审查的标准、投标报价要求和评标标准等所有实质性要求和条件以及拟签订合同的主要条款。

国家对招标项目的技术、标准有规定的，招标人应当按照其规定在招标文件中提出相应要求。

招标项目需要划分标段、确定工期的，招标人应当合理划分标段、确定工期，并在招标文件中载明。

8.2.2.4　《最高人民法院关于审理建设工程施工合同纠纷案件适用法律问题的解释（一）（2021.1.1）》

重点条文：第二条　招标人和中标人另行签订的建设工程施工合同约定的工程范围、建设工期、工程质量、工程价款等实质性内容，与中标合同不一致，一方当事人请求按照中标合同确定权利义务的，人民法院应予支持。

第六条　建设工程施工合同无效，一方当事人请求对方赔偿损失的，应当就对方过错、损失大小、过错与损失之间的因果关系承担举证责任。

损失大小无法确定，一方当事人请求参照合同约定的质量标准、建设工期、工程价款支付时间等内容确定损失大小的，人民法院可以结合双方过错程度、过错与损失之间的因果关系等因素作出裁判。

第十条　当事人约定顺延工期应当经发包人或者监理人签证等方式确认，承包人虽未取得工期顺延的确认，但能够证明在合同约定的期限内向发包人或者监理人申请过工期顺延且顺延事由符合合同约定，承包人以此为由主张工期顺延的，人民法院应予支持。

当事人约定承包人未在约定期限内提出工期顺延申请视为工期不顺延的，按照约定处理，但发包人在约定期限后同意工期顺延或者承包人提出合理抗辩的除外。

第十一条　建设工程竣工前，当事人对工程质量发生争议，工程质量经鉴定合格的，鉴定期间为顺延工期期间。

第二十二条　当事人签订的建设工程施工合同与招标文件、投标文件、中标通知书载明的工程范围、建设工期、工程质量、工程价款不一致，一方当事人请求将招标文件、投标文件、中标通知书作为结算工程价款的依据的，人民法院应予支持。

8.2.3　行政法规

8.2.3.1　《建设工程质量管理条例》

重点条文：第十条　建设工程发包单位不得迫使承包方以低于成本的价格竞标，不得任意压缩合理工期。

建设单位不得明示或者暗示设计单位或者施工单位违反工程建设强制性标准，降低建设工程质量。

第五十六条 违反本条例规定，建设单位有下列行为之一的，责令改正，处20万元以上50万元以下的罚款：（一）迫使承包方以低于成本的价格竞标的；（二）任意压缩合理工期的；（三）明示或者暗示设计单位或者施工单位违反工程建设强制性标准，降低工程质量的；（四）施工图设计文件未经审查或者审查不合格，擅自施工的；（五）建设项目必须实行工程监理而未实行工程监理的；（六）未按照国家规定办理工程质量监督手续的；（七）明示或者暗示施工单位使用不合格的建筑材料、建筑构配件和设备的；（八）未按照国家规定将竣工验收报告、有关认可文件或者准许使用文件报送备案的。

8.2.3.2 《建设工程安全生产管理条例》

重点条文：第七条 建设单位不得对勘察、设计、施工、工程监理等单位提出不符合建设工程安全生产法律、法规和强制性标准规定的要求，不得压缩合同约定的工期。

第五十五条 违反本条例的规定，建设单位有下列行为之一的，责令限期改正，处20万元以上50万元以下的罚款；造成重大安全事故，构成犯罪的，对直接责任人员，依照刑法有关规定追究刑事责任；造成损失的，依法承担赔偿责任：（一）对勘察、设计、施工、工程监理等单位提出不符合安全生产法律、法规和强制性标准规定的要求的；（二）要求施工单位压缩合同约定的工期的；（三）将拆除工程发包给不具有相应资质等级的施工单位的。

8.2.4 其他

8.2.4.1 《建设工程造价鉴定规范》

本规范对工程造价鉴定活动的基本规则、鉴定依据、鉴定步骤及方法等方面作出了详细规定。工期是建立在施工进度计划基础上的，属于专业工程技术问题。建设工程工期是承包人依据工程技术规范及其施工经验编制的并经发包人批准的施工进度计划，按照特定的工艺流程和组织关系严格有序地完成全部分部分项工程所需要的期间。进度计划通常包括甘特图（横道图）、网络进度计划等，大中型工程建设项目一般采用网络进度计划，其中又包括双代号网络图、单代号网络图、双代号时标网络图、单代号搭接网络图等。施工合同纠纷案件中与工期延误有关的争议事实可参照该规范委托工期鉴定。

部分重点条文：

5.7 工期索赔争议的鉴定

5.7.1 当事人对鉴定项目开工时间有争议的，鉴定人应提请委托人决定，委托人要求鉴定人提出意见的，鉴定人应按以下规定提出鉴定意见，供委托人判断使用：

1 合同中约定了开工时间，但发包人又批准了承包人的开工报告或发出了开工通知，应采用发包人批准的开工报告或发出的开工通知的时间；

2 合同中未约定开工时间，应采用发包人批准的开工时间；没有发包人批准的开工时间，可根据施工日志、验收记录等相关证据确定开工时间；

3　合同中约定了开工时间，因承包人原因不能按时开工，发包人接到承包人延期开工申请且同意承包人要求的，开工时间相应顺延；发包人不同意延期要求或承包人未在约定时间内提出延期开工要求的，开工时间不予顺延；

4　因非承包人原因不能按照合同中约定的开工时间开工，开工时间相应顺延；

5　因不可抗力原因不能按时开工的，开工时间相应顺延；

6　证据材料中，均无发包人或承包人提前或推迟开工时间的证据，采用合同约定的开工时间。

5.7.2　当事人对鉴定项目工期有争议的，鉴定人应按以下规定进行鉴定：

1　合同中明确约定了工期的，以合同约定工期进行鉴定；

2　合同对工期约定不明或没有约定的，鉴定人应按工程所在地相关专业工程建设主管部门的规定或国家相关工程工期定额进行鉴定。

5.7.3　当事人对鉴定项目实际竣工时间有争议的，鉴定人应提请委托人决定，委托人要求鉴定人提出意见的，鉴定人应按以下规定提出鉴定意见，供委托人判断使用：

1　鉴定项目经竣工验收合格的，以竣工验收之日为竣工时间；

2　承包人已经提交竣工验收报告，发包人应在收到竣工验收报告之日起在合同约定的时间内完成竣工验收而未完成验收的，以承包人提交竣工验收报告之日为竣工时间；

3　鉴定项目未经竣工验收，未经承包人同意而发包人擅自使用的，以占有鉴定项目之日为竣工时间。

5.7.4　当事人对鉴定项目暂停施工、顺延工期有争议的，鉴定人应按以下规定进行鉴定：

1　因发包人原因暂停施工的，相应顺延工期；

2　因承包人原因暂停施工的，工期不予顺延；

3　工程竣工前，发包人与承包人对工程质量发生争议停工待鉴的，若工程质量鉴定合格，承包人并无过错的，鉴定期间为工期顺延时间。

5.7.5　当事人对鉴定项目因设计变更顺延工期有争议的，鉴定人应参考施工进度计划，判别是否因增加了关键线路和关键工作的工程量而引起工期变化，如增加了工期，应相应顺延工期；如未增加工期，工期不予顺延。

5.7.6　当事人对鉴定项目因工期延误索赔有争议的，鉴定人应按本规范第5.7.1～5.7.5条规定先确定实际工期，再与合同工期对比，以此确定是否延误以及延误的具体时间。

对工期延误责任的归属，鉴定人可从专业鉴别、判断的角度提出建议，最终由委托人根据当事人的举证判断确定。

5.8.4　因不利的物质条件或异常恶劣的气候条件的影响，承包人提出应增加费用和延误的工期的，鉴定人应按以下规定进行鉴定：

1　承包人及时通知发包人，发包人同意后及时发出指示同意的，采取合理措施而增加的费用和延误的工期由发包人承担；发承包双方就具体数额已经达成一致的，鉴定人应采纳这一数额鉴定；发承包双方未就具体数额达成一致，鉴定人通过专业鉴别、判断作出鉴定；

2　承包人及时通知发包人后，发包人未及时回复的，鉴定人可从专业角度进行鉴别、判断作出鉴定。

8.2.4.2　施工企业工期合规应当遵守的主要行业准则

工期定额是考核工程项目工期的客观标准，是对工期实施宏观控制的必要手段，建设工期定额应由建设行政主管部门或授权有关行业、地区主管部门制定、发布，并进行日常管理和监督工作，亦可作为确定建设项目工期和工程承发包合同工期的规范性文件，具有一定的规定性作用。其中，较为重要的如：《全国统一建筑安装工程工期定额》《建筑安装工程工期定额》、浙江省住建厅《关于做好贯彻执行〈全国统一建筑安装工程工期定额〉的通知》《北京市建设工程工期定额》《北京市房屋修缮工程工期定额》、江苏省省住建厅《关于做好贯彻执行〈全国统一建筑安装工程工期定额〉的通知》、杭州市落实省建设厅《关于做好贯彻执行〈全国统一建筑安装工程工期定额〉的通知》等。

8.2.4.3　《建筑工程施工合同示范文本》

8.3　施工企业工期合规检查流程

合规检查基本逻辑：

1.招标投标过程中初步审核建设工期是否满足工期定额标准；

2.施工前所制定的施工组织设计是否符合工期定额标准及建设情况，是否经过工程施工规划论证；

3.开工时间的确定是否明确且经建设单位及施工企业共同确认；

4.施工进度计划的调整是否符合现有制定规范且经建设单位、监理单位或设计单位的确认；

5.施工过程中是否严格遵守已经制定的施工进度计划；

6.针对赶工情形，应当核实工期调整是否进行安全影响进行论证和评估、相关赶工措施是否落实；

7.竣工时间的确定是否明确且经建设单位及施工企业共同确认；

8.严格把控合同中工期索赔的约定，切实按照合同约定提出索赔主张。

第9章　施工企业用工的合规风险识别与管理

案例一：安徽省亳州市中级人民法院于 2020 年 7 月 28 日作出（2020）皖 16 刑终 227 号终审民事判决，认定被告单位江苏某建设有限公司犯拒不支付劳动报酬罪，判处罚金人民币 40 万元。

生效判决查明：被告单位承建亳州某项目，该公司委派被告人蔡某负责上述两个项目的现场施工管理。2015 年 6 月 5 日，蔡某为逃避支付工人工资，突然从施工现场离去，后项目 17 个班组工人代表到市人社局投诉公司及蔡某拖欠工资，且数额巨大。2015 年 6 月 15 日、16 日，市人社局向某公司下达《劳动保障限期整改指令书》，某公司及其法定代表人被告人刘某委派该公司副总经理孙某来亳州处理该事宜，但孙某拒绝签收整改指令书。2015 年 6 月 23 日，市人社局将《劳动保障限期整改指令书》张贴于项目部。某公司及法定代表人刘某明知人社局已经下达责令支付通知书，仍不支付工人工资。2016 年 1 月 20 日，市人社局将该案移交公安机关，至公安机关受案时，某公司尚拖欠 200 余名工人工资及材料款等费用 694 万余元。某公司对公账户在 2015 年 6 月至 2016 年 2 月期间，可用余额在 400 万元左右。

生效判决认定：本案被市人社局立案调查后，市人社局通知某公司到亳州配合解决问题，某公司虽派员到场但拒绝签收《劳动保障限期整改指令书》，且此后长达半年多的时间一直未积极有效解决拖欠工资事宜，应视为以逃匿方法逃避支付劳动者的劳动报酬的行为。某公司以逃匿的方法逃避支付劳动者的劳动报酬，数额较大，经有关部门责令支付仍不支付，已构成拒不支付劳动报酬罪。

案例二：人力资源和社会保障部于 2020 年 12 月 1 日公布 2020 年第三批拖欠劳动报酬典型案件，江西某建筑劳务有限公司、西安某建筑劳务有限公司、辽宁某建筑装饰设计有限公司、湖北某建设工程有限公司等十家企业上榜，均被当地人力资源社会保障局以涉嫌拒不支付劳动报酬罪移送公安机关处理。①

案例三：澎湃新闻·澎湃号·媒体 2021 年 1 月 27 日发文称，青岛某建筑劳务工程有限公司在某医院综合楼修缮项目施工期间，拖欠农民工工资，经责令改正后拒不整改；市人力资源和社会保障局依法下达《劳动保障监察行政处理决定书》后仍逾期未履行，该局即依据《拖欠农民工工资"黑名单"管理暂行办法》之规定，将青岛某建筑劳务工程有限公司列入拖欠农民工工资"黑名单"，"黑名单"信息将在部门门户网站、"信用中国"（山

---

① 《人力资源社会保障部公布 2020 年第三批拖欠劳动报酬典型案件》，载信用中国官方网站：https://www.creditchina.gov.cn/home/zhuantizhuanlan/nmgzt/nmgzbfb/202012/t20201201_218684.html。

东）网站、国家企业信用信息公示系统（山东）等平台予以公示并由相关部门实施联合惩戒。

9.1 施工企业劳务用工合规风险识别及合规建议

通过对与施工企业经营过程中的用工行为相关的合规管理依据的梳理，我们不难发现，施工企业的用工行为会触及：劳动报酬的计算标准及支付；妇女、未成年人、残疾人、老年人权益保护；公平就业、劳动安全、劳动保障及职业健康保护；劳动合同（包括集体合同）的签订及履行；社会保险（工伤、医疗、失业、生育、养老）；休息休假；职业培训；劳务派遣；以工资支付为核心的农民工权益保护、农民工实名制管理等多个领域。党和国家已经将施工企业的用工问题，特别是农民工合法权益的保护列为守信联合激励和失信联合惩戒的重点领域，将恶意欠薪行为作为严重失信行为进行重点管理和规范。[①] 因此，施工企业劳务用工已经成为当前乃至未来很长一段时期施工企业合规管理的重点和难点，稍有不慎就会碰触合规管理红线，轻则承担民事赔偿责任，重则遭到行政处罚、失信联合惩戒，甚至会因此触犯刑法而被判处刑罚。

在日常经营管理过程中，主动梳理、学习与施工企业用工相关的合规管理规范，以合规依据为基础检视自身经营管理行为，主动识别施工企业用工过程中可能会触及的合规风险点，就显得尤为重要。

9.1.1 合规风险之一：施工企业日常运营过程中用工可能存在的合规风险

1. 必须遵守国家关于妇女、儿童、残疾人、老年人保护的法律、法规及相关规范性文件。

案情简介：湖南省长沙市中级人民法院〔2020〕湘01民终3167号案中，用人单位因女职工王某怀孕期间休息休假、生产后休假、哺乳等原因不予支付其年终奖和话费补贴等引发纠纷。长沙中院二审认为，王某哺乳期间已休完产假处于正常上班状态，故该期间6个月的话费补贴应当支付；休产假系女性职工的法定权利，卓越景观公司应向王某支付2017、2018年的年终奖；王某的生育津贴低于其工资标准，低于部分应由用人单位即卓越景观公司补足；对王某的相关诉讼请求予以支持。

合规风险点分析：生育权、休产假、产后享受哺乳假均是女性劳动者的合法权益，即便该等权利的行使会增加用人单位的负担，给用人单位生产经营活动的开展造成不便，施工企业作为用人单位也必须予以遵守，并为女职工行使权利、享有相关待遇提供便利，否则即会引发合规风险，承担相应的社会责任、法律责任。

2. 必须按照劳动法、劳动合同法及相关规范要求与劳动者签订劳动合同。

---

① 《国务院关于建立完善守信联合激励和失信联合惩戒制度加快推进社会诚信建设的指导意见》（国发〔2016〕33号）就相关内容进行了明确规定。

案情简介：广东省高级人民法院（2019）粤民再 35 号案中，欧某起诉深圳某生态环境有限公司支付未签劳动合同双倍工资及违法解除劳动合同的经济补偿金。

关于未签劳动合同的双倍工资问题。深圳市中级人民法院二审认为：某公司作为用人单位，有义务与劳动者签订书面劳动合同。欧阳某即使作为高级管理人员负责管理与员工签订劳动合同的事宜，但也不能代表公司与自己签订劳动合同。某公司未与欧阳某签订劳动合同，应依照《中华人民共和国劳动合同法》第八十二条的规定支付未签订劳动合同的双倍工资差额。

广东省高级人民法院再审认为：从某公司提交的证据来看，欧阳某是作为某公司的授权代表与公司 19 名员工签订劳动合同，同时也是某公司人事管理制度的审核人。因此，欧阳某的工作职责包含了劳动合同签订事务。本案中，未有证据证明某公司拒绝与欧阳某签订劳动合同，或者某公司明确欧阳某的工作职责不包含欧阳某本人与某公司的劳动合同签订事宜。因此，欧阳某未与某公司签订劳动合同系因其自身未勤勉履行工作职责所致。劳动者因不履行工作职责而获得额外利益，不合情理。欧阳某主张某公司应支付未签订劳动合同的二倍工资差额，违反了《中华人民共和国劳动合同法》第八十二条第一款的立法目的，与诚实信用原则和公平原则相悖，不予支持。

关于违法解除劳动合同的经济补偿金。广东省高级人民法院认为某公司主张欧阳某违反公司财务纪律，导致公司财务混乱，对欧阳某进行调岗调薪处理。但某公司未能提供证据证明欧阳某存在上述失职行为，亦未与欧阳某就工作岗位及薪酬变更协商一致。欧阳某从公司高管被调整为业务员，职位和薪酬都发生了较大的改变，其在请假后再未回到某公司上班，可视为以实际行动解除与某公司的劳动合同。综合本案事实及证据，深圳中院判决认定某公司应向欧阳某支付解除劳动合同的经济补偿金，并无不当。

合规风险点分析：法律对劳动合同签订及解除均有严格而明确的规定，施工企业应当按照法律规定及时与劳动者签订书面劳动合同；解除劳动合同必须符合法律规定，否则即会引发相应的法律风险。

3. 必须遵守相关的休息、休假制度，保障劳动者休息休假的权利。

案情简介：（2017）最高法民再 25 号案中，任某因与重庆某生活超市有限公司、重庆某生活超市有限公司南坪店休息日加班、节假日加班的加班费支付及克扣工资的问题发生争议，该案经重庆市江岸区人民法院一审，重庆市第五中级人民法院二审，重庆市高级人民法院再审后，任某仍然不服，向最高人民检察院申诉，最高人民检察院向最高人民法院提起抗诉。

最高人民法院再审认为：可以确认任某每周工作时间为 6 天，每天工作 8 小时。依据《国务院关于职工工作时间的规定》第三条规定，"职工每日工作 8 小时、每周工作 40 小时"，对每周超出法定工作时间的天数，应视为休息日加班，综合认定任家会休息日加班时间为 70 天，任某应得休息日加班费为 10554.07 元。关于法定节假日加班费。根据《劳动法》第四十四条第二项规定，"法定休假日安排劳动者工作的，支付不低于工资的百分之三百的工资报酬。"某超市已向任某支付法定节假日加班工资 1138.4 元，还应补发 1134.54 元。最高人民法院最终判决撤销重庆市高级人民法院再审判决、重庆市第五中级人民法院二审判决和重庆市南岸区人民法院一审判决，对该案予以改判。

合规风险点分析：用人单位须尊重劳动者休息、休假的法定权利，安排劳动者加班的，应当及时、足额支付加班工资，不得克扣，否则一旦发生纠纷，不但要补足欠付金额，还可能承担经济处罚，甚至行政处罚责任。

4. 必须按时、足额支付劳动报酬。

案情简介：江苏省高级人民法院（2018）苏民再 414 号案中，蔡某与江苏某超大生物有机肥有限公司因拖欠劳动报酬、风险抵押金返还等问题发生争议，蔡某不服江苏省南京市中级人民法院二审判决，向江苏省南京市人民检察院申诉；江苏省人民检察院向江苏省高级人民法院抗诉。江苏省高级人民法院再审认为蔡某主张的 2010 年 1 月至 2013 年 10 月 28 日期间工资的请求已超出了法定的仲裁时效期间，因再审中出现了新证据，故对蔡某自 2013 年 10 月 29 日至 2014 年 11 月 6 日期间的工资请求均应当予以支持。

合规风险点分析：及时、足额向劳动者发放劳动报酬是用人单位的法定义务，拖欠劳动报酬即应承担相应的法律责任，并有可能因此遭到行政处罚。

5. 必须遵守法律、法规关于劳动者工作时间的管理规定。

案情简介：湖南省高级人民法院（2020）湘民再 73 号案中，肖某因经济补偿金、失业金、未休年休假工资报酬和加班工资等问题与岳阳市某批发交易大市场有限公司发生争议。肖某不服湖南省岳阳市中级人民法院二审判决，向湖南省高级人民法院申请再审，该院提审后审理认为：《最高人民法院关于审理劳动争议案件适用法律若干问题的解释（三）》第九条规定："劳动者主张加班费的，应当就加班事实的存在承担举证责任。但劳动者有证据证明用人单位掌握加班事实存在的证据，用人单位不提供的，由用人单位承担不利后果"。本案一审中肖某申请证人易某出庭作证，证明肖某从事保安工作时周六、周日均未休息且未发放加班工资，中南公司虽对此不认可，但并未提供考勤表等相应的证据予以否定易某的证言，应当承担相应的不利后果。判决撤销二审判决，维持一审判决，岳阳市某批发交易大市场有限公司应当支付加班工资。

合规风险点分析：用人单位安排劳动者超过法定工作时间完成工作的，应当支付相应的加班工资，且劳动者提供初步的加班证据之后，用人单位有义务提交包括考勤记录等在内的证据证实其主张，否则即应当承担相应的法律责任。

6. 必须为劳动者购买相应的社会保险。

案情简介：安徽省高级人民法院（2014）皖民提字第 00064 号案中，刘某在萧县第二人民医院工作期间，该院未与其签订书面劳动合同，也未购买医疗保险，刘某在工作过程中突发疾病，支出大量医疗费无法享受社会医疗保险待遇，萧县第二人民医院又拒绝按单位自身规定承担医疗费用，同时还停发刘某医疗期间的工资，为此引发纠纷。

该案经安徽省宿州市中级人民法院作出二审判决后，萧县第二人民医院、萧县黄口镇西南集医院不服，向检察机关申诉。安徽省人民检察院向安徽省高级人民法院提出抗诉，安徽省高级人民法院提审该案，并作出再审判决变更原生效判决，判令萧县第二人民医院与萧县黄口镇西南集医院支付因其未给刘某投保医疗保险而造成的医疗费损失及拖欠的病假工资。

合规风险点分析：为职工投保各类社会保险是包括施工企业在内的用人单位应当承担的社会责任和法定义务，如有违反需赔偿因此给劳动者造成损失的合规风险，并同时有可能招致主管部门的行政处罚。

7. 必须为劳动者提供安全的工作环境。

案情简介：新疆维吾尔自治区高级人民法院（2020）新 40 民终 82 号案中，马某在工地工作过程中从电线杆上坠落受伤，因与甘肃省安装建设集团公司工伤保险待支付问题发生纠纷。新疆维吾尔自治区高级人民法院审理后认为：甘肃省安装建设集团承接工程后将工程劳务部分违法分包给不具有用工主体资格的第三人，一审法院根据查明的甘肃建设公司与王某、蔺某之间的违法分包情形，认定甘肃建设公司承担用工主体责任适用法律正确。马某应当保留与甘肃建设公司的劳动关系，退出工作岗位，并按照上述规定按月领取伤残津贴及护理费，并由甘肃建设公司为其缴纳基本养老保险和医疗保险。

合规风险点分析：用人单位应当为劳动者提供安全的工作环境，本案中马某在工作过程中从空中坠落受伤，其虽然不是施工企业的员工，但是由于施工企业实施了违法分包的行为，实际施工人招用的劳动者受伤产生的法律责任应当由施工企业承担。

9.1.2　合规风险之二：施工企业采购服务过程中可能发生的用工合规风险

施工企业总部或者办公场所食堂、后勤保洁、安保、绿植养护外包，或者接受外部各类咨询服务[①]，相关人员进入企业内部提供服务时，施工企业除了按照相关的服务合同约定履行相应的义务之外，对服务方具体派驻的人员有义务提供安全的工作环境，避免因过失造成他人人身、财产损害；对相关人员进行日常管理时也应当把握好相应的尺度，避免落入被认定为事实劳动关系的风险。

1. 采购外部服务过程中管得太多，引发被认定为事实劳动关系的风险。

案情简介：新疆维吾尔自治区高级人民法院（2020）新 40 民终 1582 号案中，周某因其与某盐业有限责任公司是否存在事实劳动关系的问题发生争议，对新疆维吾尔自治区奎屯市人民法院作出的一审判决不服，上诉至新疆维吾尔自治区高级人民法院，该院审理后认为：原劳动和社会保障部《关于确立劳动关系有关事项的通知》第一条规定："用人单位招用劳动者未订立书面劳动合同，但同时具备下列情形的，劳动关系成立。（一）用人单位和劳动者符合法律规定的主体资格；（二）用人单位依法制定的各项劳动规章制度适用于劳动者，劳动者受用人单位的劳动管理，从事用人单位安排的有报酬的劳动；（三）劳

---

① 如 IT 系统升级，外部机构派驻 IT 工程师进企业；接受人力资源管理或者管理咨询服务时外部咨询团队进驻等。

动者提供的劳动是用人单位业务的组成部分。"上述规定表明，劳动者与用人单位未建立劳动合同，但只要劳动者具有劳动主体资格，从事的工作属于用人单位业务范围，并受用人单位的劳动管理，即可确认劳动者与用人单位有劳动关系。

本案中，周某自 2000 年 7 月开始在某盐业有限责任公司工作至 2019 年 12 月 31 日。2000 年 7 月至 2010 年 3 月期间，孙某雇佣周某从事装卸工作，由孙某向周某结算报酬。该期间，某盐业有限责任公司未与周某有任何经济往来，双方之间不存在劳动关系。2010 年 4 月至 2019 年 12 月，某盐业有限责任公司自认向周某支付了一部分看仓库的费用，2013 年 1 月之后一直干的都是看仓库的活；这期间某盐业有限责任公司与周某直接结算报酬，该期间双方已存在事实上的劳动关系。对于上诉人某盐业有限责任公司主张其与周某没有劳动关系的上诉理由，二审法院不予采信。对于周某主张其与某盐业有限责任公司 2000 年 7 月至 2010 年 3 月存在事实劳动关系的上诉理由，不予采信。

合规风险点分析：施工企业通过签订合同的方式接受外部机构或者个人提供的安保、绿植养护、保洁等服务过程中，如果突破合同约定对外部机构委派的人员进行管理并向其支付劳动报酬，即会产生与该类人员形成事实劳动关系，并进而承担签订书面劳动合同、缴纳各类社会保险的劳动合同义务。因此，施工企业采购外部服务过程中，要严格按照合同约定行使权利、履行义务，一旦越界，就会引发风险。

2. 对外发包给不具备相关资质的主体，一旦发生人身伤亡，即引发承担用工主体责任的风险。

案情简介：广西壮族自治区高级人民法院（2017）桂民再 48 号案中，杜某在孙某自南宁市团德建材有限公司承包经营的砖厂工作期间受伤死亡，南宁市团德建材有限公司起诉要求确认其与杜某之间不存在事实劳动关系。该案经南宁市中级人民法院二审，认定事实劳动关系成立，南宁市某建材有限公司向广西壮族自治区高级人民法院申请再审，该院提审后审理认为：

2013 年某公司与孙某签订《承包合同》，将属于其所有的某砖厂发包给孙某经营。《承包合同》签订后，孙某组织工人进场生产页岩砖，杜某在某砖厂负责打土工作。杜某在某砖厂工作期间，由孙某与团德公司结算承包费用后向杜某等工人支付工资报酬。2013 年 10 月 26 日，杜某在打土时受伤，经住院治疗无效而死亡。杜某的亲属向南宁市劳动人事争议仲裁委员会提出仲裁申请，请求确认杜某与某公司存在劳动关系。该委员会作出南劳人仲裁字〔2014〕第 32 号仲裁裁决书，确认杜某与某公司存在劳动关系。某公司不服仲裁裁决，提起本案诉讼，请求判决确认其与杜某不存在劳动关系。

本案中，杜某在某砖厂工作期间没有签订劳动合同，也没有缴纳社会保险。在这样的情况下，确认劳动关系存在与否，需要重点考虑以下几个方面：一是杜某与某公司是否存在人身隶属关系。杜某是在孙某承包某砖厂后到该厂工作，杜某是孙某招用的工人。且杜某在某砖厂工作期间，在孙某的管理和安排下进行工作，并不受某公司考勤、考核、奖惩、劳动保护等规章制度的管理和约束。故杜某与某公司之间不存在身份上的隶属关系。

二是杜某与某公司是否存在财产依附关系。杜某在某砖厂从事的是打土工作，而该项工作属于孙某承包的生产页岩砖的工作环节之一。且杜某的工作报酬是根据工作量由孙某发放，并非由某公司直接支付。故杜某与某公司之间不存在财产依附关系。综上，杜某不属于某公司招用的劳动者，某公司没有对杜某进行工作安排和管理，杜某的劳动报酬也非某公司直接支付，杜某与某公司之间不存在劳动关系。承担用工主体责任与构成劳动关系并不等同，某公司与孙某签订的《承包合同》无效并不意味着孙某招用的人员与某公司必然形成劳动关系，本案不应适用《关于确立劳动关系有关事项的通知》第四条的规定来认定某公司与杜某之间存在劳动关系。二审判决认定杜某与某公司之间存在劳动关系错误，本院予以纠正。

合规风险点分析：施工企业在日常运营过程中委托外部机构提供绿植养护、食堂、安保等服务，本质上是将该部分工作内容发包给外部机构处理，服务提供方派驻的人员在施工企业提供服务过程中发生意外，施工企业就会面临受害者或其家属通过确认事实劳动关系途径获得赔偿的风险，应当对该类服务采购合同关系给予充分的重视并进行合规风险预控。

3. 购买服务过程中，对服务提供方选任不当，且未能提供安全生产条件，需承担相应的赔偿责任。

案情简介：吉林省高级人民法院（2016）吉民再 165 号案中，张某受王某、宣某雇佣为榆树市某粮食收储有限公司提供劳务过程中受伤引发纠纷。该案经吉林省长春市中级人民法院二审判决后，张某向吉林省人民检察院申诉，该院提起抗诉后吉林省高院经提审认为：王某与宣某共同出资购买铲车并承包某公司的干粮出库和潮粮烘干的上粮项目，某公司提供场地和绞笼。绞笼防护罩存在钢筋间隔状缺少（隔一根锯掉一根）的问题，防护有效性严重受损，且未设置防护网。某公司将生产经营项目、场所、设备发包或者出租给不具备安全生产条件或者相应资质的个人王某与宣某，导致发生生产安全事故给他人造成损害的，应当与王某及宣某承担连带赔偿责任。对张某关于某公司应当承担连带赔偿责任的主张，予以支持。

合规风险点分析：施工企业日常运营采购服务，应当选任具有相应资质条件和能力的服务提供方，且在接受服务过程中尽到相应的配合义务，保障服务提供方派驻人员能够获得安全的工作环境，否则一旦发生意外，就会产生相应的合规风险。

9.1.3　合规风险之三：施工企业劳务派遣用工合规风险

建设工程属于典型的劳动密集型行业，施工企业为了降低劳动力成本，会通过劳务派遣方式实现项目现场或者工厂的劳务用工。《劳务派遣暂行规定》（人力资源和社会保障部令第 22 号）规定，用工单位只能在临时性、辅助性或者替代性的工作岗位上使用被派遣劳动者。临时性工作岗位是指存续时间不超过 6 个月的岗位；辅助性工作岗位是指为主营业务岗位提供服务的非主营业务岗位；替代性工作岗位是指用工单位的劳动者因脱产学习、休假等原因无法工作的一定期间内，可以由其他劳动者替代工作的岗位。施工企业通过劳务派遣解决其主要的用工需求必然违反《劳务派遣暂行规定》，引发合规风险。

案情简介：甘肃省庆阳市（地区）中级人民法院（2020）甘10民终1277号案中，马某等48人向甘肃省华池县人民法院起诉要求王某、甘肃某建筑劳务有限公司、贾某、某国企、建设单位支付农民工工资。一审判决作出后，某国企不服，向庆阳市（地区）中级人民法院提起上诉，该院二审认为：

劳社部发〔2004〕22号《建设领域农民工工资支付管理暂行办法》第十二条规定："工程总承包企业不得将工程违反规定发包、分包给不具备用工主体资格的组织或个人，否则应承担清偿拖欠工资连带责任。"

进厂工人考勤表显示，某国企向贾某挂靠的庆阳某劳务派遣建筑工程有限公司发出中标通知书前，贾某的施工队已经进场。在业务往来中，因庆阳某劳务派遣建筑工程有限公司业务范围所限，无法开具增值税发票，贾某又将部分费用分别在庆阳某工程建设有限责任公司、延安某建筑工程有限公司挂账结算；后上述公司不再与贾某签订挂靠结算协议，贾某又以其实际控制的甘肃某建筑劳务有限公司与某国企签订劳务分包合同，由甘肃某建筑劳务有限公司承接未完成的劳务分包业务。某国企作为工程总承包企业将部分工程违法发包给不具备用工主体资格的贾某，施工中管理混乱，致农民工的工资得不到兑付，应对拖欠马某等47人的工资承担清偿连带责任。

合规风险点分析：施工企业组织施工过程中，无论是个人挂靠劳务派遣公司承接工程，还是通过劳务派遣方式招用农民工，均会违反劳社部发〔2004〕22号《建设领域农民工工资支付管理暂行办法》（劳社部发〔2004〕22号）的规定，产生合规风险，并最终导致施工企业成为农民工工资支付的兜底义务主体。

9.1.4　合规风险之四：施工企业工程项目承接、施工过程中的用工合规风险

施工企业在项目承接、施工过程中大量招用[①]农民工从事工程建设，除了会触及前已述及的妇女、儿童、残疾人、老年人权益保护，公平就业、劳动安全、劳动保障及职业健康保护，社会保险（工伤、医疗、失业、生育、养老），休息休假，职业培训等基础合规风险，还会涉及工程项目承接及施工过程中因农民工群体的特异性和建筑工程领域的特性导致的特殊合规风险：

9.1.4.1　未全面落实建筑工人实名制和工资代发制度引发的合规风险

《保障农民工工资支付条例》（国务院令第七百二十四号）、《建筑工人实名制管理办法（试行）》（建市〔2019〕18号）、《国务院办公厅关于促进建筑业持续健康发展的意

---

① 施工企业招用农民工可能存在多种形式：1.施工企业直接招用劳动者；2.总包单位通过专业分包后，间接招用专业分包单位聘用的劳动者；3.专业分包单位将劳务分包后使用劳务分包单位的劳动者；4.总包单位、专业分包企业、劳务分包企业通过挂靠、转包、违法分包等形式违法招用劳动者。

见》（国办发〔2017〕19 号）等多部法规、政策性文件均要求在建筑领域落实实名制管理，并逐步做到全覆盖。施工企业在项目建设过程中，必须严格执行，规避相应的行政处罚风险。

案情简介：钦州市住房和城乡建设局于 2019 年 9 月 25 日发布《钦州市住房和城乡建设局关于钦州某广场项目施工单位违反建筑工人实名制管理规定造成拖欠农民工工资有关情况的通报》（钦市建管〔2019〕211 号），查明 2019 年以来钦州某广场项目多次发生农民工讨薪事件，认定其原因主要有：一是施工单位未认真执行实名制管理规定，进场作业工人大部分未录入实名制管理公共服务平台，安装的电子考勤门禁设备形同虚设；二是未按规定通过农民工工资专户发放工人工资，大量工资款不走专户拨付；三是未执行分包单位农民工工资委托施工总承包单位通过实名制管理公共服务平台代发制度；四是施工单位以包代管，管理混乱，导致施工劳务层层分包，大部分进场农民工由不具备用工主体资格的"包工头"（自然人）招用和管理；五是建设单位压缩工期，投入的建设资金与工期要求不匹配。……经研究决定对钦州某广场项目有关参建单位作出如下处理：（一）对钦州某房地产开发有限公司进行通报批评并将其在钦州市的所有建设项目列入严管工程；（二）对四川某建筑工程有限公司、江苏某建设有限公司、江苏某建设工程有限公司及广西某建筑劳务有限责任公司等 4 家施工单位进行通报批评、诚信扣分并责令整改，停止他们在钦州市参加房屋建筑和市政基础设施工程投标和承揽新工程项目的资格（从本文下发之日起生效）；（三）对有关单位涉嫌"三包一靠"等发包与承包违法立案查处。①

合规风险点分析：国家落实建筑工人实名制、工资代发等制度，一方面是为了保护农民工的合法权益；另一方面，施工过程中对建筑工人进行规范管理，可以有效规避下游分包商不及时、足额支付农民工工资引发的讨薪风险，更可以有效杜绝恶意讨薪。案例中的施工企业被建设行政主管部门处罚的重要原因就是不规范管理引发多次农民工讨薪。因此，施工企业在用工过程中应当主动落实农民工实名制、工资代发等制度，防范和化解农民工讨薪风险，避免因此遭到行政处罚。

9.1.4.2　施工企业拖欠农民工工资引发的合规风险

无论是施工企业自身还是其合法分包的下游专业分包商，均不得无故拖欠所招用劳动者的工资，否则就将面临被行政处罚、上"黑名单"、被失信联合惩戒，甚至被移送公安机关，追究拒不支付劳动报酬罪刑事责任的风险。

案例一：

案情简介：江西省南昌高新技术产业开发区人民法院于 2020 年 9 月 3 日作出（2020）赣 0191 刑初 215 号刑事判决：

一、被告单位江西某建筑劳务有限公司犯拒不支付劳动报酬罪，判处罚金人民币十万

---

① 《钦州市住房和城乡建设局关于钦州新城吾悦广场项目施工单位违反建筑工人实名制管理规定造成拖欠农民工工资有关情况的通报》，载钦州市人民政府网，http://zwgk.qinzhou.gov.cn/auto2533/bmwj_3055/201909/t20190930_2810067.html。

元（罚金限判决生效后一个月内缴纳）。

二、被告人谢某犯拒不支付劳动报酬罪，判处有期徒刑二年十个月，并处罚金人民币五万元（罚金限判决生效后一个月内缴纳）。

三、责令被告单位江西某建筑劳务有限公司支付被害人程某1班组四名农民工工资人民币十五万六千零六十九元；陈某班组九名农民工工资人民币四十二万三千一百元；李某1班组四十六名农民工工资人民币一百四十一万五千二百元；高某班组六名农民工工资人民币十六万元；黄某班组六名农民工工资人民币三十二万零二百元；程某2班组五名农民工工资人民币十九万九千三百四十元；李某2班组二十六名农民工工资人民币一百五十九万二千二百元；涂某班组七名农民工工资人民币三十二万八千二百二十四元；付某班组六名农民工工资人民币五万五千三百八十二元；葛某班组十一名农民工工资人民币二十一万二千四百元。共计一百二十六名农民工工资人民币四百八十六万二千一百一十五元（其中广西某建设集团有限公司已为江西某建筑劳务有限公司垫付农民工工资人民币三百六十四万三千三百一十五元）。

该判决查明：2017年10月，被告人谢某代表被告单位江西某建筑劳务有限公司与广西某建设集团有限公司签订了本市高新区某公园壹号项目劳务分包合同，承揽某公园壹号项目部分楼房的泥工、木工、水电工、钢筋工等劳务，并雇佣被害人李某2班组、黄某班组等十余个农民工班组进场施工，由谢某负责发工资。施工结束后，广西某建设集团有限公司已向江西某建筑劳务有限公司支付劳务费26699167元，谢某将其收到的部分劳务费挪作他用，导致拖欠以上十个施工班组486万余元工资。

2020年1月15日，南昌高新技术产业开发区劳动监察局向被告单位下达了限期整改指令书，责令其立即支付拖欠的农民工工资，但被告人谢某仍未按指令整改支付。至2020年1月22日，被告单位仍拖欠程某1班组4名农民工工资156069元；陈某班组9名农民工工资423100元；李某1班组46名农民工工资1415200元；高某班组6名农民工工资16万元；黄某班组6名农民工工资320200元；程某2班组5名农民工工资199340元；李某2班组26名农民工工资1592200元；涂某班组7名农民工工资328224元；付某班组6名农民工工资55382元；葛某班组11名农民工工资212400元。共计126名农民工工资人民币4862115元。被告人谢某于2020年4月1日被抓获归案。

另查明：2020年1月23日，广西某建设集团为江西某建筑劳务有限公司垫付农民工工资358006元。2020年8月12日，广西某建设集团启用某公园壹号项目所缴纳的农民工工资保证金3198555.35元，代为垫付农民工工资3185309元。2020年9月2日，广西某建设集团为江西某建筑劳务有限公司垫付农民工工资10万元。

该判决认为：被告单位江西某建筑劳务有限公司、被告人谢某作为被告单位江西某建筑劳务有限公司的法定代表人，系直接负责的主管人员，有能力支付而不支付劳动者的劳动报酬共计人民币4862115元，数额较大，经劳动监察部门责令支付仍不支付，其行为均已构成拒不支付劳动报酬罪。公诉机关指控的罪名成立。鉴于被告人谢某归案后如实供述了自己的罪行，并自愿认罪认罚，依法可从轻处罚。

合规风险点分析：施工企业在劳务用工过程中须严格按照法律、法规的规定履行支付劳动报酬的义务，如因拖欠劳动报酬被劳动监察部门约谈并被责令限期改正，必须积极配合采取一切措施支付拖欠的工人工资，否则，极有可能触犯刑法。无论是单位还是直接负责的主要人员，均有可能构成拒不支付劳动报酬罪，轻则被罚款，重则锒铛入狱。

案例二：

案情简介：山东省青岛市为了加大对施工企业拖欠农民工工资的监管力度，出台《青岛市举报工程建设领域用人单位拖欠劳动报酬违法行为奖励办法（试行）》，鼓励社会公众对工程建设领域用人单位拖欠劳动者劳动报酬的违法行为进行举报。[①]

全国建筑工人管理服务信息平台专门设立"曝光台"，分批次对拖欠劳动报酬典型案例、拖欠农民工工资"黑名单"进行公布和曝光。该平台曝光的《人力资源社会保障部公布 2020 年第一批拖欠劳动报酬典型案件》列明："某建设工程有限公司，2019 年 11 月22 日，江苏省某局接到劳动者投诉，反映某建设工程有限公司存在拖欠劳动者劳动报酬问题。经查，某建设工程有限公司在承建佳园项目中，拖欠 111 名劳动者劳动报酬共计822.8 万元。2019 年 12 月 9 日，区人力资源社会保障局依法对该公司作出《劳动保障监察限期整改指令书》，该公司逾期未履行。2019 年 12 月 13 日，区人力资源社会保障局以涉嫌拒不支付劳动报酬罪依法将该案件移送公安机关立案查处。"[②]

合规风险点分析：及时、足额支付农民工工资是施工企业的法定义务，无论是施工企业还是其下游分包商，拖欠农民工工资，必然要承担相应的行政乃至刑事责任。

9.1.4.3 违法转包、分包后实际施工人拖欠工人工资、工人发生伤亡事故引发的合规风险

案例一：

案情简介：吉林省高级人民法院（2019）吉民再 314 号案中，张某为了催讨劳动报酬与建工集团有限公司、李某发生纠纷，经吉林省长春市中级人民法院作出二审判决后，张某向吉林省高级人民法院申请再审，吉林省高院提审认为：建工集团有限公司作为工程的承包方，将案涉工程分包给不具有施工资质的李某，根据《建设领域农民工工资支付管理暂行办法》第十二条的规定，应承担清偿拖欠工资的连带责任。

案例二：

案情简介：河南省高级人民法院（2017）豫民再 46 号案中，宋某在建筑工地受伤后，因工伤保险待遇问题与安装有限公司、黄某发生争议。河南省安阳市中级人民法院作出终审判决后，安装有限公司申请再审，河南省高级人民法院提审后审理认为：无证据证明宋某系安装公司的正式职工，双方不存在劳动关系。但宋某是经人介绍到黄某承包的钢厂工

---

① 《山东青岛：出台工程建设领域欠薪举报奖励办法》，载全国建筑工人管理服务信息平台，http://jzgr.mohurd.gov.cn/Policy/ReginalDynamicDetail/692。

② 《人力资源社会保障部公布 2020 年第一批拖欠劳动报酬典型案件》，载全国建筑工人管理服务信息平台，http://jzgr.mohurd.gov.cn/Exposure/Detail/631。

地干活期间受到的伤害。按照最高人民法院《关于审理工伤保险行政案件若干问题的规定》第三条第（四）项"用工单位违反法律、法规规定将承包业务转包给不具备用工主体资格的组织或者自然人，该组织或者自然人聘用的职工从事承包业务时因工伤亡的，用工单位为承担工伤保险责任的单位。"原劳动和社会保障部 2005 年 5 月 25 日发布的劳社部发〔2005〕12 号《关于确立劳动关系有关事项的通知》第四条，"建筑施工、矿山企业等用人单位将工程（业务）或经营权发包给不具备用工主体资格的组织或自然人，对该组织或自然人招用的劳动者，由具备用工主体资格的发包方承担用工主体责任。"虽然宋某并非安装公司的正式职工，但基于黄某与安装公司内部的承包关系，应认定安装公司为宋某的用人单位并承担工伤保险赔偿责任。

合规风险点分析：依法依规经营是施工企业应当遵守的底线，违法分包、违法转包或者挂靠经营，不仅有遭到行政处罚的风险，一旦实际施工人拖欠农民工工资或者实际施工人招用的劳动者在施工现场受伤，施工企业就必须承担兜底支付或者赔偿的用工主体责任。

9.1.5 劳务用工合规风险管理建议

通过对涉及施工企业劳务用工的合规依据、施工企业可能面临的合规风险的系统性梳理，我们不难看出，施工企业经营过程中的用工政策性强，除了常规的劳动关系和劳动合同关系内容，还广泛涉及农民工合法权益保障这一社会热点领域，长期以来一直是党和政府、建设行政主管部门、人力资源和社会保障部门、司法系统管理和调控的重点。

通过转包、违法分包、挂靠等形式避免与农民工签订书面劳动合同，规避因劳动关系带来的社会保险缴纳、加班费用支付、最低工资标准约束、解除劳动合同风险；将工人工资支付义务转嫁给下游实际施工人，减少工程建设过程中工人工资的支付数额以确保工程施工现金流；将保障农民合法权益的责任向下游传导，降低施工企业经营负担是国内绝大部分施工企业在经营管理过程中的惯常做法。但施工企业的劳务用工现状与党和国家的政策精神、法律、行政法规、地方性法规、规章及行业指导文件的规定要求是背道而驰的。

随着国家对建设工程领域劳务用工管控的深入，施工企业转变经营理念，主动按照党和国家的合规管理要求，通过提前预控提升自身合规管理能力，变"被动救火"为"主动防火"已经刻不容缓。具体的措施可能包括[1]：

1.公司管理层必须充分认识到合规管理、合规经营的重要性，做好"动真格"的准备。

国家对施工企业劳务用工进行合规管理，特别是围绕农民工权益保护的一系列要求和做法是一以贯之、常抓不懈，且不断深入的。施工企业的管理层必须甩掉侥幸心理，对劳务用工中的合规问题特别是农民工权益保护问题认真对待。要充分意识到，逃避合规义

---

[1] 关于施工企业开展用工合规的具体做法，可参考《中央企业合规管理指引（试行）》（国资发法规〔2018〕106 号）；《合规管理体系指南》（GB/T 35770—2017/ISO 19600:2014）。

务、违法转包、分包，不签劳动合同，"以包代管"、拒绝实名制等不规范经营行为，在短期内也许可以获得部分利益，但长远看来不利于企业管理能力的迭代和提升，随着同行业其他施工企业劳务用工形式的不断规范化，拒绝顺应潮流成长的企业一定会被淘汰出局。

2. 抽调人力、财务、审计、法务人员成立独立的合规管理部门，在公司内部较高层级上独立运作，并直接对公司最高管理者负责。

施工企业劳务用工合规管理必然会对公司既有的劳务用工做法和管理体系形成冲击，对部分既得利益者构成挑战；要想取得成效，必须地位相对独立，超脱于各种掣肘的内部管理体系和工作关系之上。

3. 对国内现有的涉及施工企业劳务用工的合规依据进行体系化的梳理，做到知己知彼。

所谓"没有规矩，不成方圆"，施工企业主动进行合规管理，首先必须要对现行有效的、涉及施工企业劳务用工的方针、政策、法律、法规、规章、规范性文件有深入地了解和掌握，否则合规就无从谈起。

4. 运用经过梳理的合规依据体系对施工企业现行的用工行为进行地毯式的体检和扫描，识别出既有的合规风险点并采取措施进行风险应对。

所谓良好的开端，是成功的一半。施工企业用工合规的第一步，就是对自身进行体检，了解企业自身用工现状，并在此基础上采取措施对既有的不规范用工行为进行调整和校准。先解决"存量"，再考虑"增量"。

5. 在对既有风险应对过程中，不断检视施工企业用工行为的合规性，逐步梳理出施工企业用工的合规风险地图，形成针对性的事前避免、事后应对合规风险的举措和做法清单，构建施工企业用工合规风险管理体系。

为了让合规管理工作能够深入开展、稳定有效，就必须建立相应的制度、规范和流程，而不是一阵风似的运动。为了确保制度规范的适用性，其在制定过程中就必须充分考虑合规管理工作实践，沉淀过程中的有益经验和做法，逐步完善、不断迭代，先僵化，后优化，再固化。

6. 合规风险管理体系建成后，由合规管理部门负责监督落实，对于违反合规管理要求的行为及责任人要采取措施进行处罚，务必做到"赏罚分明"，否则就会前功尽弃。

制度再好，得不到贯彻执行也是枉然。用工合规管理体系搭建完成后，必须获得不折不扣的贯彻和落实才能发挥作用。因此，采取措施贯彻公司的管理制度是施工企业用工合规管理的重要一环。

7. 以年度为单位，对当年劳务用工合规管理的成果得失进行分析和复盘，以扬长避短，推动劳务用工合规管理工作走上良性运行的轨道。

管理制度只有在不断反思和复盘当中才能实现优化和迭代，每年对用工合规管理制度运行情况进行检视和反思，对问题和偏差进行修正之后，劳务用工合规管理工作才能持续、高效地推向深入。

9.2 施工企业用工合规依据

建筑施工企业劳务用工行为作为民商事交易行为的表现形式之一，一经作出就必然对利益相关方及社会关系造成影响，并同时触发与之相关的各类社会行为规则体系的规范功能，对其作出评价并引发相应的后果。就好比落入蛛网中的昆虫，在触网的那一刻就已经牵动了身体和四肢触及的蛛丝，向雄踞在蛛网中心静待猎物的狩猎者发出了信息，并可能招致杀身之祸。

要想跳脱出成为猎物命运，施工企业在劳务用工过程中就必须要侦测出蛛网的边界和每一根蛛丝的位置，而这些蛛丝，无疑就是施工企业需要了然于胸的与其经营行为密切相关且如影随形的合规规范体系，亦即施工企业劳务用工的合规依据。

通常来讲，施工企业在劳务用工过程中需要熟悉、掌握的合规依据至少应当包括党和国家的方针政策、法律法规、监管规定、行业准则和企业章程、规章制度以及国际条约、规则等[①]。

9.2.1 党和国家的方针、政策

9.2.1.1 《国务院办公厅关于促进建筑业持续健康发展的意见》(国办发〔2017〕19号 2017年2月21日生效)

该意见要求改革建筑用工制度，推动建筑业劳务企业转型，大力发展专业企业。以专业企业为建筑工人的主要载体，逐步实现建筑工人公司化、专业化管理。促进建筑业农民工向技术工人转型。建立全国建筑工人管理服务信息平台，开展建筑工人实名制管理，逐步实现全覆盖。保护工人合法权益。全面落实劳动合同制度，加大监察力度，督促施工单位与招用的建筑工人依法签订劳动合同，到2020年基本实现劳动合同全覆盖。健全工资支付保障制度，按照谁用工谁负责和总承包负总责的原则，落实企业工资支付责任，依法按月足额发放工人工资。将存在拖欠工资行为的企业列入黑名单，对其采取限制市场准入等惩戒措施，情节严重的降低资质等级。建立健全与建筑业相适应的社会保险参保缴费方式，大力推进建筑施工单位参加工伤保险。

9.2.1.2 《国务院关于建立完善守信联合激励和失信联合惩戒制度加快推进社会诚信建设的指导意见》(国发〔2016〕33号，2016年5月30日施行)

该意见要求对重点领域和严重失信行为实施联合惩戒。对包括施工企业恶意欠薪在内的严重失信行为通过市场禁入、限制高消费、公开披露失信信息、纳入信用记录和信用档案、行业协会联合惩戒、鼓励失信行为举报、将失信信息记入个人信用记录、跨区域联合

惩戒、处罚信息上网公开、建立信用信息管理查询系统、落实失信联合惩戒黑名单等多项举措，从多个维度进行规范和管理。

《国务院关于印发社会信用体系建设规划纲要（2014—2020年）的通知》（国发〔2014〕21号 2014年6月14日发布）、《劳动和社会保障部办公厅关于推行企业劳动保障诚信制度的指导意见》（劳动和社会保障部　劳社厅发〔2003〕21号 2003年9月30日生效）亦有类似的规定。

9.2.1.3 《中共中央、国务院关于构建和谐劳动关系的意见》（中共中央，国务院2015年3月21日发布）

该意见以实现劳动用工规范，有效预防和化解劳动关系矛盾，建立规范有序、公正合理、互利共赢、和谐稳定的劳动关系为目标。要求切实保障职工取得劳动报酬的权利，落实清偿欠薪的施工总承包企业负责制，保障职工特别是农民工按时足额领到工资报酬，努力实现农民工与城镇就业人员同工同酬。切实保障职工休息休假的权利。切实保障职工获得劳动安全卫生保护的权利。加强女职工和未成年工特殊劳动保护，最大限度地减少生产安全事故和职业病危害。切实保障职工享受社会保险和接受职业技能培训的权利，落实广大职工特别是农民工和劳务派遣工的社会保险权益，督促企业依法为职工缴纳各项社会保险费。全面实行劳动合同制度。依法加强对劳务派遣的监管，规范非全日制、劳务承揽、劳务外包用工和企业裁员行为。推行集体协商和集体合同制度。

9.2.1.4 《国务院关于进一步做好为农民工服务工作的意见》（国发〔2014〕40号 2014年9月12日发布）

该意见要求规范使用农民工的劳动用工管理，指导和督促用人单位与农民工依法普遍签订并履行劳动合同；依法规范劳务派遣用工行为，清理建设领域违法发包分包行为。保障农民工工资报酬权益。在建设领域和其他容易发生欠薪的行业推行工资保证金制度，完善并落实工程总承包企业对所承包工程的农民工工资支付全面负责制度、劳动保障监察执法与刑事司法联动治理恶意欠薪制度、解决欠薪问题地方政府负总责制度，推广实名制工资支付银行卡。落实农民工与城镇职工同工同酬原则。扩大农民工参加城镇社会保险覆盖面。依法将与用人单位建立稳定劳动关系的农民工纳入城镇职工基本养老保险和基本医疗保险；努力实现用人单位的农民工全部参加工伤保险。对劳务派遣单位或用工单位侵害被派遣农民工社会保险权益的，依法追究连带责任。加强农民工安全生产和职业健康保护。重点整治矿山、工程建设等领域农民工工伤多发问题。

《国务院农民工工作联席会议2007年工作要点》（劳社部函〔2007〕58号 2007年4月3日发布）、《关于贯彻落实国务院关于解决农民工问题的若干意见的实施意见》（劳社部发〔2006〕15号，2006年5月16日施行）亦有类似的规定。

9.2.1.5 《国务院关于解决农民工问题的若干意见》（国务院令第五号，2006年1月31日生效）

该意见要求解决农民工工资偏低和拖欠问题，建立农民工工资支付保障制度，确保农民工工资按时足额发放给本人，从根本上解决拖欠、克扣农民工工资问题。要求所有建设单位都要按照合同约定及时拨付工程款项，建设资金不落实的，不得发放施工许可证，不得批准开工报告。对重点监控的建筑施工企业实行工资保证金制度。对恶意拖欠、情节严重的，可依法责令停业整顿、降低或取消资质，直至吊销营业执照，并对有关人员依法予以制裁。

要求合理确定和提高农民工工资水平，严格执行最低工资制度；严格执行国家关于职工休息休假的规定；农民工和其他职工要实行同工同酬；严格执行劳动合同制度，要求所有用人单位招用农民工都必须依法订立并履行劳动合同；依法保障农民工职业安全卫生权益；切实保护女工和未成年工权益，严格禁止使用童工；重视农民工社会保障工作，优先解决工伤保险和大病医疗保障问题，依法将农民工纳入工伤保险范围。保障农民工依法享有的民主政治权利。依法保障农民工人身自由和人格尊严。

《国务院办公厅关于进一步做好改善农民进城就业环境工作的通知》（国办发〔2004〕92号）、《关于推进建筑业发展和改革的若干意见》（建市〔2014〕92号 住房和城乡建设部2014年7月1日发布并施行）、《关于中央企业履行社会责任的指导意见》（国务院国有资产监督管理委员会 国资发研究〔2008〕1号 2007年12月29日发布）对施工企业用工问题亦有涉及。

9.2.2　法律、司法解释

9.2.2.1　《宪法》

宪法是国家的根本大法，社会经济生活的一切活动都必须遵守《宪法》，施工企业劳务用工也概莫能外。施工企业用工必须依照《宪法》第42条、第43条、第44条、第45条之规定，尊重和保护公民的劳动权利，加强劳动保护，改善劳动条件，在发展生产的基础上，提高劳动报酬和福利待遇；保障劳动者的休息权，按照法律规定的工作时间组织生产，严格执行国家的休息休假制度。

9.2.2.2　《建筑法》

《建筑法》制定的目的在于加强对建筑活动的监督管理，维护建筑市场秩序，保证建筑工程的质量和安全，促进建筑业健康发展，其并未对施工企业用工进行直接地调整和规范。《建筑法》第28条、第29条关于禁止转包、违法分包的规定，与相关法律规范相结合，间接调整施工企业的用工行为。

9.2.2.3　《劳动法》《劳动合同法》及《劳动合同法实施条例》

《劳动法》《劳动合同法》及其实施条例是规范包括施工企业用工在内的劳动关系及用工关系的基本法律规范。其从劳动者权利保护，促进就业，劳动合同的签订、变更、履行和解除，工作时间，休息休假，劳动安全卫生，女职工和未成年工特别保护，职业培训，社会保险和培训，劳动争议的处理，违反规定的法律责任等方面全方位规定了包括施工企业在内的各类用工规范和秩序。《劳动合同法》还关注到了集体合同、劳务派遣、非全日制用工等灵活多样的签约和用工形式。上述法律规范，是施工企业用工管理过程中必须严格遵循的核心合规依据。

9.2.2.4 《刑法修正案（八）》（全国人民代表大会常务委员会主席令第四十一号 2011 年 2 月 25 日通过，2011 年 5 月 1 日起施行）

该修正案规定以转移财产、逃匿等方法逃避支付劳动者的劳动报酬或者有能力支付而不支付劳动者的劳动报酬，数额较大，经政府有关部门责令支付仍不支付的行为构成拒不支付劳动报酬罪；单位犯前款罪的，对单位判处罚金，并对其直接负责的主管人员和其他直接责任人员，依照前款的规定处罚。

《最高人民法院关于审理拒不支付劳动报酬刑事案件适用法律若干问题的解释》（最高人民法院审判委员会第 1567 次会议通过 2013 年 1 月 16 日公布 2013 年 1 月 23 日起施行）对《刑法修正案（八）》拒不支付劳动报酬罪的具体适用问题进行了明确和规定。

9.2.2.5 社会保险、工会组织、就业保障、妇女儿童及老年人权益保障相关法律

《社会保险法》《工会法》《就业促进法》《妇女权益保障法（2018 修正）》《老年人权益保障法（2018 修正）》《未成年人保护法（2020 修订）》《劳动争议调解仲裁法》《最高人民法院关于审理劳动争议案件适用法律问题的解释（一）》等法律、司法解释从社会保险、工会组织、就业保障、妇女儿童及老年人权益保障、发生争议的救济程序及司法救济等多个维度对包括施工企业在内的用人单位的用工问题从立法层面上进行了规范和调整。

9.2.2.6 《民法典》

《民法典》旨在保护民事主体的合法权益，调整民事关系，维护社会和经济秩序，适应中国特色社会主义发展要求，弘扬社会主义核心价值观；平等主体的自然人、法人和非法人组织之间的人身关系和财产关系是《民法典》的调整对象；因此，施工企业用工过程中与劳动关系有关的内容不适用《民法典》，用工引起的民事关系及人身、财产权益纠纷则要按照《民法典》规定处理。如施工企业工作人员因执行工作任务造成他人损害；劳务派遣期间，被派遣的工作人员因执行工作任务造成他人损害的；与施工企业存在合同关系的个人包工头与其雇佣的工人之间发生纠纷的，均会涉及《民法典》的适用问题。

9.2.3 行政法规、规章、地方性法规及其他规范性文件

9.2.3.1 综合合规依据

1.《住房和城乡建设部关于进一步加强和完善建筑劳务管理工作的指导意见》（建市〔2014〕112 号 2014 年 7 月 28 日发布施行）

该意见倡导多元化的建筑用工方式，推行实名制管理。要求施工总承包、专业承包企业通过自有劳务人员或劳务分包、劳务派遣等多种方式完成劳务作业；施工劳务企业组织自有劳务人员完成劳务分包作业。要求严格落实劳务人员实名制，加强对自有劳务人员的管理；实行劳务分包的工程项目，要求施工劳务企业将现场劳务人员的相关资料报施工总承包企业核实、备查；施工总承包企业应监督施工劳务企业落实实名制管理，确保工资支

付到位，并留存相关资料。

建筑施工企业对自有劳务人员承担用工主体责任；按照"谁承包、谁负责"的原则，施工总承包企业应对所承包工程的劳务管理全面负责；施工总承包、专业承包企业将劳务作业分包时，应对劳务费结算支付、劳务分包企业的日常管理、劳务作业和用工情况、工资支付负监督管理责任；对因转包、违法分包、拖欠工程款等行为导致拖欠劳务人员工资的，负相应责任。建筑施工企业承担劳务人员的教育培训责任、质量安全责任。

2.《建筑工人实名制管理办法（试行）》（住房和城乡建设部，人力资源和社会保障部2019年2月17日发布，2019年3月1日生效）

该规定对建筑工人实名制制度进行了详细规定。要求全面实行建筑业农民工实名制管理制度，建筑企业与招用的建筑工人依法签订劳动合同，并在相关建筑工人实名制管理平台上登记。要求建筑企业通过农民工工资专用账户按月足额将工资直接发放给建筑工人。不依法签订劳动合同、欠薪等侵害建筑工人劳动保障权益的，由人力资源社会保障部门会同住房和城乡建设部门依法处理；对企业及个人弄虚作假、漏报瞒报等违规行为，录入建筑工人实名制管理平台；存在工资拖欠的，提高农民工工资保证金缴纳比例，并将相关不良行为记入企业或个人信用档案，通过全国建筑市场监管公共服务平台向社会公布。

3.《建筑工程施工发包与承包违法行为认定查处管理办法》（建市规〔2019〕1号2019年1月3日发布2019年1月1日起施行）、《房屋建筑和市政基础设施工程施工分包管理办法》（建设部令第124号2004年2月3日发布，根据2014年8月27日住房和城乡建设部令第19号修订）、《关于确立劳动关系有关事项的通知》（劳社部发〔2005〕12号2005年5月25日发布并施行）。

办法对施工企业在承发包过程中涉及的转包、违法分包、挂靠等情形的认定标准、处理原则等进行了规定，要求"劳务作业分包由劳务作业发包人与劳务作业承包人通过劳务合同约定。劳务作业承包人必须自行完成所承包的任务"。施工企业一旦实施了转包、违法分包、挂靠等行为，就会面临着依据《关于确立劳动关系有关事项的通知》的规定承担用工主体责任的风险，并有可能遭到相应的行政处罚。

4.《建筑市场诚信行为信息管理办法》（建市〔2007〕9号2007年1月12日）

该管理办法对包括施工企业在内的建筑市场各方主体各类不良行为的认定、良好行为和不良行为信息的搜集、报送、发布等相关事宜进行了规定。

该管理办法的附件《施工单位不良行为记录认定标准（D1）》第D1-5-01项将施工单位"恶意拖欠或克扣劳动者工资"的行为认定为"不良行为"，并要求依据《劳动法》第九十一条、《劳动保障监察条例》第二十六条进行处罚。

9.2.3.2　劳动关系

《关于加强建设等行业农民工劳动合同管理的通知》（劳社部发〔2005〕9号2005年4月18日发布并施行）

通知要求规范签订劳动合同行为，用人单位要依法与农民工签订书面劳动合同，并向劳动保障行政部门进行用工备案。劳动合同必须由具备用工主体资格的用人单位与农民工本人直接签订，不得由他人代签。建筑领域工程项目部、项目经理、施工作业班组、包工头等不具备用工主体资格，不能作为用工主体与农民工签订劳动合同。劳动合同，应当包括合同期限、工作内容和工作时间、劳动保护和劳动条件、劳动报酬、劳动纪律、违反劳动合同的责任、违约责任等内容。

《关于做好新型冠状病毒感染肺炎疫情防控期间稳定劳动关系支持企业复工复产的意见》（人社部发〔2020〕8号2020年2月7日发布并施行）、《人力资源社会保障部办公厅关于妥善处理新型冠状病毒感染的肺炎疫情防控期间劳动关系问题的通知》（人社厅发明电〔2020〕5号2020年1月24日发布并施行）、《关于推进实施集体合同制度攻坚计划的通知》（人社部发〔2014〕30号2014年4月14日发布并施行）、《人力资源和社会保障部办公厅关于开展春暖行动提高农民工劳动合同签订率的通知》（人社厅明电〔2008〕4号2008年4月16日发布并实施）、《关于建立劳动用工备案制度的通知》（劳社部发〔2006〕46号2006年12月22日发布并施行）、《关于开展区域性行业性集体协商工作的意见》（劳社部发〔2006〕32号2006年8月17日发布并施行）、《集体合同规定》（劳动和社会保障部令第22号2004年1月20日公布2004年5月1日起施行）、《关于非全日制用工若干问题的意见》（劳社部发〔2003〕12号2003年5月30日发布并施行）、《关于加强劳动合同管理完善劳动合同制度的通知》（劳部发〔1997〕106号1997年4月3日发布并施行）、《外国人在中国就业管理规定》（劳部发〔1996〕29号公布，人力资源和社会保障部令第7号、人力资源和社会保障部令第32号修正）、《违反〈劳动法〉有关劳动合同规定的赔偿办法》（劳部发〔1995〕223号1995年5月10日发布并施行）、《企业经济性裁减人员规定》（劳部发〔1994〕447号1994年11月14日发布1995年1月1日生效）等部门规章从新冠肺炎疫情下的劳动关系保护、集体合同、农民工签订劳动合同、外国人就业、不签劳动合同的赔偿责任等多个角度对各类劳动者的劳动关系进行了规范和调整；施工企业用工过程中均应当给予充分的关注，并遵照执行。

9.2.3.3　劳务派遣

《劳务派遣暂行规定》（人力资源和社会保障部令第22号2014年1月24日发布2014年3月1日施行）要求用工单位只能在临时性、辅助性或者替代性的工作岗位上使用被派遣劳动者。临时性工作岗位存续时间不超过6个月；辅助性工作岗位是为主营业务岗位提供服务的非主营业务岗位；替代性工作岗位是用工单位的劳动者因脱产学习、休假等原因无法工作的一定期间内，由其他劳动者替代工作的岗位。用工单位使用的被派遣劳动者数量不得超过其用工总量的10%。

9.2.3.4　工资

1.《保障农民工工资支付条例》（国务院令第七百二十四号2019年12月30日发布2020年5月1日起施行）

该条例的制定目的是为了规范农民工工资支付行为，保障农民工按时足额获得工资；

条例规定任何单位和个人不得拖欠农民工工资，要依法根治拖欠农民工工资问题。

条例要求用人单位实行农民工劳动用工实名制管理，与招用的农民工书面约定或者通过依法制定的规章制度规定工资支付标准、支付时间、支付方式等内容。要求人力资源社会保障行政部门，住房城乡建设、交通运输、水利等相关行业工程建设主管部门，发展改革等部门，财政部门，公安机关，司法行政、自然资源、人民银行、审计、国有资产管理、税务、市场监管、金融监管等部门，工会、共产主义青年团、妇女联合会、残疾人联合会、新闻媒体共同采取措施治理拖欠农民工工资问题。

要求用人单位以货币形式向农民工本人按时、足额支付工资，不得以实物或者有价证券等其他形式替代。用工单位使用个人、不具备合法经营资格的单位或者未依法取得劳务派遣许可证的单位派遣的农民工，拖欠农民工工资的，由用工单位清偿；用人单位将工作任务发包给个人或者不具备合法经营资格的单位，导致拖欠所招用农民工工资的；用人单位允许个人、不具备合法经营资格或者未取得相应资质的单位以用人单位的名义对外经营，导致拖欠所招用农民工工资的，由用人单位清偿。

施工总承包单位应当按照有关规定开设农民工工资专用账户，专项用于支付该工程建设项目农民工工资。施工总承包单位或者分包单位应当依法与所招用的农民工订立劳动合同并进行用工实名登记，具备条件的行业应当通过相应的管理服务信息平台进行用工实名登记、管理。未与施工总承包单位或者分包单位订立劳动合同并进行用工实名登记的人员，不得进入项目现场施工。分包单位对所招用农民工的实名制管理和工资支付负直接责任。分包单位拖欠农民工工资的，由施工总承包单位先行清偿，再依法进行追偿。工程建设项目转包，拖欠农民工工资的，由施工总承包单位先行清偿，再依法进行追偿。工程建设领域推行分包单位农民工工资委托施工总承包单位代发制度。施工总承包单位应当按照有关规定存储工资保证金，专项用于支付为所承包工程提供劳动的农民工被拖欠的工资。

建设单位或者施工总承包单位将建设工程发包或者分包给个人或者不具备合法经营资格的单位，导致拖欠农民工工资的，由建设单位或者施工总承包单位清偿。施工单位允许其他单位和个人以施工单位的名义对外承揽建设工程，导致拖欠农民工工资的，由施工单位清偿。

人力资源社会保障行政部门发现拖欠农民工工资的违法行为涉嫌构成拒不支付劳动报酬罪的，应当按照有关规定及时移送公安机关审查并作出决定。相关行业工程建设主管部门应当依法规范本领域建设市场秩序，对违法发包、转包、违法分包、挂靠等行为进行查处，并对导致拖欠农民工工资的违法行为及时予以制止、纠正。用人单位有严重拖欠农民工工资违法行为的，由人力资源社会保障行政部门向社会公布，必要时可以通过召开新闻发布会等形式向媒体公开曝光。用人单位拖欠农民工工资，情节严重或者造成严重不良社会影响的，有关部门应当将该用人单位及其法定代表人或者主要负责人、直接负责的主管人员和其他直接责任人员列入拖欠农民工工资失信联合惩戒对象名单，在政府资金支持、政府采购、招标投标、融资贷款、市场准入、税收优惠、评优评先、交通出行等方面依法依规予以限制。拖欠农民工工资需要列入失信联合惩戒名单的具体情形，由国务院人力资源社会保障行政部门规定。

2.《关于对严重拖欠农民工工资用人单位及其有关人员开展联合惩戒的合作备忘录》（发改财金〔2017〕2058 号 2017 年 11 月 29 日发布）

在该合作备忘录中，国家发展改革委、人民银行、人力资源社会保障部、最高人民法院、工商总局、证监会、保监会、铁路总公司等数十个部门共同针对严重拖欠农民工工资用人单位及其有关人员开展联合惩戒工作。

联合惩戒对象为存在严重拖欠农民工工资违法失信行为的用人单位及其法定代表人、主要负责人和负有直接责任的有关人员。惩戒措施包括：通过"信用中国"网站、国家企业信用信息公示系统以及主要新闻网站等向社会公布；作为重点监管对象，加大劳动保障监察检查频次；依法暂停审批其新的重大项目申报，核减、停止拨付或收回政府补贴资金；依法限制参与工程建设项目招投标活动；因未履行支付工资生效法律文书确定的义务被人民法院按照有关规定依法采取限制消费措施或依法纳入失信被执行人名单的，限制乘坐飞机、列车软卧、G 字头动车组列车、其他动车组列车一等以上座位等高消费及其他非生活和工作必需的消费行为；因未履行支付工资生效法律文书确定的义务被人民法院按照有关规定依法采取限制消费措施或依法纳入失信被执行人名单的，限制新建、扩建、高档装修房屋，购买非经营必需车辆等非生活和工作必需的消费行为等三十余项。

《拖欠农民工工资"黑名单"管理暂行办法》（人社部规〔2017〕16 号 2017 年 9 月 25 日发布 2018 年 1 月 1 日起施行）亦有类似的规定。

3.《国务院办公厅关于全面治理拖欠农民工工资问题的意见》（国务院办公厅国办发〔2016〕1 号 2016 年 1 月 17 日发布并施行）

该意见是党和国家解决农民工工资问题的一个纲领性文件，发布后被多部文件引用，并以多种形式获得了贯彻和执行。意见要求明确工资支付各方主体责任，全面落实企业对招用农民工的工资支付责任，严禁将工资发放给不具备用工主体资格的组织和个人。在工程建设领域，施工总承包企业（包括直接承包建设单位发包工程的专业承包企业，下同）对所承包工程项目的农民工工资支付负总责，分包企业（包括承包施工总承包企业发包工程的专业企业，下同）对所招用农民工的工资支付负直接责任，不得以工程款未到位等为由克扣或拖欠农民工工资，不得将合同应收工程款等经营风险转嫁给农民工。

严格规范劳动用工管理，在工程建设领域，坚持施工企业与农民工先签订劳动合同后进场施工，全面实行农民工实名制管理制度，建立劳动计酬手册，记录施工现场作业农民工的身份信息、劳动考勤、工资结算等信息，逐步实现信息化实名制管理。施工总承包企业要加强对分包企业劳动用工和工资发放的监督管理，在工程项目部配备劳资专管员，建立施工人员进出场登记制度和考勤计量、工资支付等管理台账，实时掌握施工现场用工及其工资支付情况，不得以包代管。施工总承包企业和分包企业应将经农民工本人签字确认的工资支付书面记录保存两年以上备查。

推行银行代发工资制度，在工程建设领域，鼓励实行分包企业农民工工资委托施工总承包企业直接代发的办法。分包企业负责为招用的农民工申办银行个人工资账户并办理实名制工资支付银行卡，按月考核农民工工作量并编制工资支付表，经农民工本人签字确认后，交施工总承包企业委托银行通过其设立的农民工工资（劳务费）专用账户直接将工资划入农民工个人工资账户。

健全工资支付监控和保障制度，完善企业工资支付监控机制。完善工资保证金制度。在工程建设领域全面实行工资保证金制度。建立健全农民工工资（劳务费）专用账户管理制度。在工程建设领域，实行人工费用与其他工程款分账管理制度，推动农民工工资与工程材料款等相分离。施工总承包企业应分解工程价款中的人工费用，在工程项目所在地银行开设农民工工资（劳务费）专用账户，专项用于支付农民工工资。建设单位应按照工程承包合同约定的比例或施工总承包企业提供的人工费用数额，将应付工程款中的人工费单独拨付到施工总承包企业开设的农民工工资（劳务费）专用账户。

落实清偿欠薪责任。在工程建设领域，建设单位或施工总承包企业未按合同约定及时划拨工程款，致使分包企业拖欠农民工工资的，由建设单位或施工总承包企业以未结清的工程款为限先行垫付农民工工资。建设单位或施工总承包企业将工程违法发包、转包或违法分包致使拖欠农民工工资的，由建设单位或施工总承包企业依法承担清偿责任。

推进企业工资支付诚信体系建设，完善企业守法诚信管理制度。将劳动用工、工资支付情况作为企业诚信评价的重要依据，实行分类分级动态监管。建立拖欠工资企业"黑名单"制度，定期向社会公开有关信息。建立健全企业失信联合惩戒机制。对拖欠工资的失信企业，由有关部门依法依规予以限制，使失信企业在全国范围内"一处违法、处处受限"，提高企业失信违法成本。

依法处置拖欠工资案件，严厉查处拖欠工资行为。对恶意欠薪涉嫌犯罪的，依法移送司法机关追究刑事责任，切实发挥刑法对打击拒不支付劳动报酬犯罪行为的威慑作用。及时处理欠薪争议案件。完善欠薪突发事件应急处置机制。

改进建设领域工程款支付管理和用工方式，加强建设资金监管。在工程建设领域推行工程款支付担保制度，采用经济手段约束建设单位履约行为，预防工程款拖欠。加强对政府投资工程项目的管理，对建设资金来源不落实的政府投资工程项目不予批准。政府投资项目一律不得以施工企业带资承包的方式进行建设，并严禁将带资承包有关内容写入工程承包合同及补充条款。

规范工程款支付和结算行为。改革工程建设领域用工方式，加快培育建筑产业工人队伍，推进农民工组织化进程。实行施工现场维权信息公示制度。

《关于加强涉嫌拒不支付劳动报酬犯罪案件查处衔接工作的通知》（人社部发〔2014〕100号2014年12月23日发布并施行）、《最高人民法院关于充分发挥审判职能作用进一步公正高效审理拖欠农民工工资纠纷案件的紧急通知》（法明传〔2012〕5号2012年1

月 5 日发布并施行）、《治欠保支三年行动计划（2017—2019）》（人社厅发〔2017〕80 号 2017 年 7 月 7 日发布并施行）、《关于加强建设工程项目管理解决拖欠农民工工资问题的通知》（人力资源和社会保障部，国家发展和改革委员会，原监察部，财政部，住房和城乡建设部 2011 年 1 月 28 日发布并实施）、《司法部关于充分发挥司法行政工作职能作用促进解决企业拖欠农民工工资问题的通知》（司发电〔2010〕12 号 2010 年 2 月 8 日公布并施行）、《建设领域农民工工资支付管理暂行办法》（劳社部发〔2004〕22 号 2004 年 9 月 6 日发布并施行）从不同的角度出发，各有侧重地对治理拖欠农民工工资问题进行了规定。

4.《最低工资规定》（劳动和社会保障部令〔2003〕21 号 2003 年 12 月 30 日公布，自 2004 年 3 月 1 日起施行。）

该规定要求在劳动者提供正常劳动的情况下，用人单位支付给劳动者的工资不得低于当地最低工资标准，否则应由劳动保障行政部门责令其限期补发所欠劳动者工资，支付赔偿金。

5.《工资支付暂行规定》（劳部发〔1994〕489 号 1994 年 12 月 6 日发布 1995 年 1 月 1 日起施行）、劳动部关于印发《对〈工资支付暂行规定〉有关问题的补充规定》的通知（劳部发〔1995〕226 号 1995 年 5 月 12 日发布并施行）

前述规定对工资支付形式、支付对象、支付时间、休息休假工资、加班工资的计算，劳动者给用人单位造成损失的处理、综合计算工时、不定时工作制等内容进行了详细规定。要求用人单位必须及时、足额向劳动者本人发放工资；劳动者加班须按照规定发放加班工资，不得克扣劳动者工资，并对相应的法律责任进行了明确。

9.2.3.5　工时、休息休假

1.《企业职工带薪年休假实施办法》（人力资源社会保障部令第 1 号 2008 年 7 月 17 日经人力资源和社会保障部第 6 次部务会议通过，2008 年 9 月 18 日公布实时）、《职工带薪年休假条例》（国务院令第五百一十四号 2007 年 12 月 14 日公布，自 2008 年 1 月 1 日起施行）规定职工有休息休假的权利，并对职工带薪年休假的条件、休假期间工资发放等内容进行了明确。

2.《国务院关于职工工作时间的规定（1995 修订）》（1994 年 2 月 3 日中华人民共和国国务院令第 146 号发布 根据 1995 年 3 月 25 日《国务院关于修改〈国务院关于职工工作时间的规定〉的决定》修订 1995 年 5 月 1 日生效）、《劳动部关于企业实行不定时工作制和综合计算工时工作制的审批办法》（劳部发〔1994〕503 号 1994 年 12 月 14 日公布，1995 年 1 月 1 日施行）。

前述规定确立了职工每日工作 8 小时、每周工作 40 小时的工时制度，并规定任何单位和个人不得擅自延长职工工作时间。因特殊情况和紧急任务确需延长工作时间的，按照国家有关规定执行。企业实行不定时工作制或综合计算工时工作制等其他工作和休息办法的，须符合法定条件，并经相关主管部门批准。

9.2.3.6 工伤

《工伤保险条例（2010 修订）》（2003 年 4 月 27 日中华人民共和国国务院令第 375 号公布 根据 2010 年 12 月 20 日《国务院关于修改〈工伤保险条例〉的决定》修订）、《工伤认定办法》（人力资源和社会保障部令第 8 号 2010 年 12 月 31 日公布，自 2011 年 1 月 1 日起施行）、《非法用工单位伤亡人员一次性赔偿办法》（人力资源和社会保障部令第 9 号 2010 年 12 月 31 日公布，自 2011 年 1 月 1 日起施行）、《部分行业企业工伤保险费缴纳办法》（人力资源社会保障部令第 10 号 2010 年 12 月 31 日公布，自 2011 年 1 月 1 日起施行）等规范对工伤保险费用缴纳、工伤认定、劳动能力鉴定、工伤赔偿、工伤保险费用缴纳等事宜进行了规定和明确。

9.2.3.7 劳动保障

为劳动者提供必要的劳动保障是包括施工企业在内的用工单位应当承担的社会责任。

《女职工劳动保护特别规定》（中华人民共和国国务院令第 619 号 2012 年 4 月 18 日国务院第 200 次常务会议通过，2012 年 4 月 28 日公布施行）、《未成年工特殊保护规定》（劳部发〔1994〕498 号 1994 年 12 月 9 日公布 1995 年 1 月 1 日施行）、《禁止使用童工规定（2002）》（国务院令第三百六十四号 2002 年 10 月 1 日公布，自 2002 年 12 月 1 日起施行）、《残疾人就业条例》（国务院令第 488 号 2007 年 2 月 25 日公布，自 2007 年 5 月 1 日起施行）；

《国务院关于加强职业培训促进就业的意见》（国发〔2010〕36 号 2010 年 10 月 20 日发布并施行）、《住房和城乡建设部关于加强建筑工人职业培训工作的指导意见》（建人〔2015〕43 号 2015 年 3 月 26 日公布并施行）、《加强职业病防治工作 保护农民工健康》（卫生部 2009 年 4 月 24 日发布）；

《关于实施〈劳动保障监察条例〉若干规定》（劳动和社会保障部令第 25 号 2004 年 12 月 31 日公布 2005 年 2 月 1 日起施行）、《劳动保障监察条例》（国务院令第四百二十三号 2004 年 11 月 1 日公布 自 2004 年 12 月 1 日起施行）、《重大劳动保障违法行为社会公布办法》（人力资源和社会保障部令第 29 号 2016 年 9 月 1 日公布 2017 年 1 月 1 日起施行）、《企业劳动保障守法诚信等级评价办法》（人社部规〔2016〕1 号 2016 年 7 月 25 日发布 2017 年 1 月 1 日施行）等制度、规范，分别从妇女、未成年人、残疾人劳动者保护，就业培训和指导，职业病防治，劳动保障监察及违法违规行为查处和信用评价等多个方面对劳动保障问题进行了明确的规范，施工企业在用工过程中应当严格执行。

9.2.3.8 社会保险

为劳动者缴纳社会保险，给其正常劳动提供基本的社会保障，是用工单位应当承担的法定义务和基本的社会责任；施工企业也不能例外。

《社会保险费征缴暂行条例（2019 修订）》（1999 年 1 月 22 日中华人民共和国国务院令第 259 号发布 根据 2019 年 3 月 24 日《国务院关于修改部分行政法规的决定》修订 2019 年 3 月 24 日施行）、《关于做好进城落户农民参加基本医疗保险和关系转移接续工作的办法》（人社部发〔2015〕80 号 2015 年 8 月 27 日发布 2016 年 1 月 1 日起执行）、《城乡养老保险制度衔接暂行办法》（人社部发〔2014〕17 号 2014 年 2 月 24 日发布 2014 年 7 月 1 日起施行）、《国务院关于建立统一的城乡居民基本养老保险制度的意见》（国发〔2014〕8 号 2014 年 2 月 21 日发布并实施）、《社会保险费申报缴纳管理规定》（人力资源和社会保障部令第 20 号 2013 年 9 月 26 日发布 2013 年 11 月 1 日起施行）、《在中国境内就业的外国人参加社会保险暂行办法》（人力资源和社会保障部令第 16 号 2011 年 9 月 6 日公布 2011 年 10 月 15 日起施行）、《实施〈中华人民共和国社会保险法〉若干规定》（人力资源和社会保障部令第 13 号 2011 年 6 月 29 日公布，自 2011 年 7 月 1 日起施行）、《流动就业人员基本医疗保障关系转移接续暂行办法》（人社部发〔2009〕191 号 2009 年 12 月 31 日发布 2010 年 7 月 1 日施行）、《城镇企业职工基本养老保险关系转移接续暂行办法》（国办发〔2009〕66 号 2009 年 12 月 28 日公布，2010 年 1 月 1 日起施行）、《劳动保障部关于开展农民工参加医疗保险的通知》（劳社厅发〔2006〕11 号 2006 年 5 月 16 日）、《关于农民工参加工伤保险有关问题的通知》（劳社部发〔2004〕18 号）、《社会保险费征缴监督检查办法》（劳动和社会保障部令第 3 号 1999 年 3 月 19 日发布并施行）、《失业保险条例》（国务院令第二百五十八号 1998 年 12 月 16 日国务院第 11 次常务会议通过，1999 年 1 月 22 日发布，自发布之日起施行）、《社会保险领域严重失信人名单管理暂行办法》（人社部规〔2019〕2 号 2019 年 10 月 28 日公布并施行）等规定从社会保险费用的缴纳、社会保险关系的城乡接续和转移、城乡保险待遇一体化、违反相关规定后的失信联合惩戒措施等方面对包括施工企业在内的用工主体为劳动者购买社会保险，保障其基本权利进行了调整和规范。

9.3　施工企业用工合规检查

合规检查基本逻辑：

1. 根据本公司的业务逻辑梳理出劳务用工的具体情形并进行分类。

2. 按图索骥，继续向上梳理与劳务用工行为相关的合规依据。

3. 查找公司运营中已经出现的劳务用工合规问题，并分析问题产生的原因及触发的合规风险点。

4. 根据合规依据的规定和要求，结合公司实务中已经发生或者遇到的问题，梳理、排查、开列可能发生的合规风险清单，绘制合规风险地图。

5. 根据已经识别出的合规风险地图，倒过来制定规避合规风险，使企业合规经营的任务清单。

6. 根据任务清单检视公司既有的管理制度、体系是否有问题或者盲区。

7. 根据检视、分析的结果改革既有制度中的不合规内容，建立新的管理制度覆盖合规风险点盲区，力求使改革后的制度体系能够覆盖风险地图中标记的合规风险点。

8. 在全公司贯彻、落实完善后的合规管理制度体系，使其内化为包括管理层在内的全体员工的日常行为准则。

9. 为了确保合规制度贯彻落实的效果，建立相应的奖惩机制，并通过各种途径进行培训宣贯。

10. 按照固定周期对制度执行、落地情况及效果进行检查、复盘，及时查漏补缺，完善和弥补制度漏洞。

第 10 章　施工企业知识产权的合规风险识别与管理

A 公司是"混凝土桩的施工方法"发明（以下简称"该技术"）的专利权人，2008 年其独家许可张某在广东省湛江市范围内实施该技术，除张某外其他任何单位和个人未经授权都不得实施该技术。

李某作为上述独家许可合同中张某一方的联系人，明知张某享有该技术的排他实施许可权，未经张某许可与专利权人签订《专利普通实施许可合同》。

C 公司是工程发包人，B 公司是名义工程承包人，李某是实际施工人，李某在施工过程中使用了该技术。

法院最终判决由李某、C 公司、B 公司向张某承担连带赔偿责任，理由如下：

（1）李某与 A 公司恶意串通，损害张某合法权益，双方签订的《专利普通实施许可合同》无效[1]，李某不能取得该技术的普通实施许可权，其未经张某许可使用该技术，构成侵权。

（2）B 公司提供资质给李某挂靠的行为属于法律禁止的行为，行为本身有过错。B 公司作为名义承包人，在承建工程过程中与实际施工人一道，均负有不得侵犯他人专利权的义务，故 B 公司与李某构成共同侵权。B 公司与李某关于责任归属的约定属于双方协议，不能作为 B 公司免于对外承担责任的依据。

（3）C 公司自认明知张某在湛江市享有独家实施该技术的权利，没有核实李某是否确实获得张某的授权，未尽合理注意义务，主观上具有过错，构成帮助侵权。[2]

这个案例启示我们只有拥有自己的核心技术才能免于受制于人，对自己的知识产权加强保护的同时也要防止侵犯他人的知识产权而被追责。建工行业的持续发展对技术的要求越来越高，也使得施工企业知识产权合规显得尤为重要。

知识产权是人们对于自己的智力活动创造的成果和经营管理活动中的标记、信誉所依法享有的专有权利。[3] 知识产权合规管理，即是企业依据相关国家法律法规、地方规章和部门规章、国际条约，以及内部管理制度等，制定企业知识产权合规政策并实施，由合规组织监督企业知识产权管理行为，通过风险识别、合规审查、责任追究等行为，以达到规

---

[1] 法律依据为《合同法》第 52 条第（二）项，现修订为《民法典》第一百五十四条　行为人与相对人恶意串通，损害他人合法权益的民事法律行为无效。

[2] 法律依据为《侵权责任法》第 9 条，现修订为《民法典》第一千一百六十九条　教唆、帮助他人实施侵权行为的，应当与行为人承担连带责任。

[3] 吴汉东 主编，《知识产权法学》（第七版），北京大学出版社，2019 年 9 月第 7 版，第 4 页。

避企业知识产权合规风险的目的的管理活动。近年来，企业的合规管理包括知识产权合规管理工作已经越来越受到重视，同时也取得了一定的成就，但是就整个大环境来说，企业的知识产权合规管理还存在一定的问题。建筑业仍属于劳动密集型产业，高产值低效益特征明显，整体科技水平不高。尤其是我国施工企业普遍存在知识产权观念淡漠，知识产权保护意识不足等问题。

10.1　知识产权合规风险识别与合规建议

10.1.1　合规风险之一：修改他人施工图可能构成侵权，也可能构成侵犯著作权罪

10.1.1.1　典型案例：济南 A 建筑设计有限责任公司与山东 B 建筑设计研究院等侵犯著作权纠纷案 [1]

2009 年 10 月，山东金某建设开发有限公司（以下简称"金某公司"）委托济南 A 建筑设计有限责任公司（以下简称"A 公司"）对济南国际商贸城"双泉路商业街"进行工程图纸设计。A 公司依约设计并交付了 10 套"工程施工图"。2014 年 11 月 20 日，A 公司将上述图纸以《济南国际商贸城》的名称在国家版权局做了"图形作品"登记。因金某公司与 A 公司就合同履行发生纠纷，2013 年 10 月 28 日，金某公司向 A 公司发函要求解除合同，同日，另行与山东 B 建筑设计研究院（以下简称"B 设计院"）签订工程设计合同，委托其对同一工程进行设计。B 设计院以 A 公司的图纸为基础，根据施工情况修改了约 20%，向金某公司提供了署名为 B 设计院的另外 10 套图纸，并收取了设计费 593760 元。A 公司以 B 设计院侵犯其著作权为由，向济南市中级人民法院提起民事侵权诉讼。经一、二审判决，认定山东 B 建筑设计研究院侵犯了 A 公司的著作权，判令其赔礼道歉并赔偿损失 35 万元。

后山东 B 建筑设计研究院不服山东省高级人民法院（2015）鲁民三终字第 159 号民事判决，向最高人民法院申请再审。最高人民法院于 2016 年 6 月 30 日作出（2016）最高法民申 1052 号民事裁定，提审本案。

最高人民法院再审认为：本案争议的主要问题为，在 A 公司未按约履行设计单位相关义务的情况下，B 设计院接受金某公司委托，根据工程建设实况出具、使用设计图纸，并以设计单位名义署名的行为，是否侵犯了 A 公司就涉案施工设计图纸享有的著作权。

《最高人民法院关于审理著作权民事纠纷案件适用法律若干问题的解释》第十二条规定，按照著作权法第十七条规定委托作品著作权属于受托人的情形，委托人在约定的使用范围内享有使用作品的权利；双方没有约定使用作品范围的，委托人可以在委托创作的特定目的范围内免费使用该作品。

---

[1]　一审：山东省济南市中级人民法院（2014）济民三初字第 926 号、二审：山东省高级人民法院（2015）鲁民三终字第 159 号、再审：中华人民共和国最高人民法院（2016）最高法民再 336 号。

A 公司作为设计单位接受建设方金某公司委托完成的涉案施工设计图纸，主要目的用于济南国际商贸城项目建设。对于发生纠纷后能否以及如何继续使用施工设计图纸的问题，双方虽然未在委托设计合同中作出明确约定。但按照前述司法解释的规定，金某公司有权在建设济南国际商贸城项目的特定目的范围内，采用适当方式继续使用前述施工设计图纸，直至完成工程建设任务。金某公司作为建设方不能自行使用设计图纸完成建设任务的情况下，可以另行委托具有相应资质的单位继续使用设计图纸参与工程建设。

根据二审法院查明的事实，涉案工程在 2012 年 9 月，除 A9 楼基础完工，其他 9 幢楼主体全部竣工。按照相关法律规定和合同约定，A 公司作为设计单位应当及时配合进行主体基础工程质量验收。鉴于 A 公司不履行设计单位相关义务，金某公司于 2013 年 10 月 28 日向其发出《解除合同律师函》，解除了双方之前签订的《建设工程设计合同》。同日，金某公司又与 B 设计院签订合同，委托其入场承担设计单位职责，完成相关工作任务。之后，B 设计院根据工程建设实际情况复制、修改施工设计图纸，并以设计单位名义署名签章出具图纸用于报审、验收等项目建设工作，系其履行设计单位职责的行为。该行为应当视为委托人金某公司在约定建设项目特定目的范围内继续使用施工设计图纸的行为，不构成对 A 公司著作权的侵犯。

需要指出的是，《中华人民共和国著作权法》（简称《著作权法》）第十条第一款第（二）项规定的署名权，是指为表明作者身份而在作品上署名的权利。就本案而言，B 设计院接受金某公司委托为完成建设任务而在涉案施工设计图纸上以设计单位身份进行署名，不能当然认定属于表明作者身份的行为。B 设计院不因前述署名行为而替代 A 公司成为涉案施工设计图纸作品的著作权人，亦不能在完成建设涉案工程特定目的范围之外使用前述施工设计图纸。

综上，最高法院认为：A 公司关于 B 设计院被诉行为侵犯其著作权的主张理据不足，本院不予支持。最终判决撤销一审、二审判决，驳回济南 A 建筑设计有限责任公司的全部诉讼请求。

之后，A 公司又以 B 设计院未经许可，非法复制其享有著作权的工程设计图，违法所得数额巨大，已构成侵犯著作权罪为由，向山东省章丘市人民法院提起自诉，要求追究 B 设计院及章丘市住房和城乡建设管理委员会（以下简称"章丘住建委"）的刑事责任。

山东省章丘市人民法院于 2015 年 11 月 30 日作出（2015）章立刑初字第 2 号刑事裁定：驳回 A 公司的起诉。一审宣判后，A 公司不服，向山东省济南市中级人民法院提起上诉。山东省济南市中级人民法院于 2016 年 1 月 25 日作出（2015）济知刑终字第 4 号刑事裁定：驳回上诉，维持原裁定。

法院认为：对已经立案，经审查缺乏罪证的自诉案件，自诉人提不出补充证据的，人民法院应当说服其撤回起诉或者裁定驳回起诉。自诉人提供的证据不能证明被告人的行为属于《中华人民共和国刑法》（简称《刑法》），关于侵犯著作权罪所规定的"复制发行"行为，故应当裁定驳回自诉人的起诉。

侵犯著作权罪中的"复制"在《刑法》没有规定的情况下，应依照《著作权法》的有关规定理解。增加了再创作内容的高级剽窃行为侵犯了作者的改编权，不属于复制行为。侵犯著作权罪中的"复制"必须具有发行的目的，否则不构成本罪。

10.1.1.2 合规分析

工程施工图，是表示工程项目总体布局，建筑物、构筑物的外部形状、内部布置、结构构造、内外装修、材料做法以及设备、施工等要求的图样。施工图按种类可划分为建筑施工图、结构施工图、水电施工图等；施工图主要由图框、平立面图、大样图、指北针、图例、比例等部分组成。

在建筑工程领域，施工图的创作者享有著作权，可以进行著作权登记。未经权利人允许，擅自复制他人施工图进行修改并牟利的，将可能导致侵犯他人著作权行为的发生，因此承担赔偿责任，甚至有可能构成刑法第二百一十七条规定的侵犯著作权罪。但是施工企业在约定建设项目特定目的范围内继续使用施工设计图纸的行为，不构成对权利人著作权的侵犯，更不构成侵犯著作权罪。

10.1.1.3 合规建议

工程设计阶段，建设企业往往需要委托设计单位设计大量图纸，这些图纸属于委托作品，建议建设企业在委托合同中约定作品著作权的归属，原因在于，如果合同没有明确约定，委托作品的著作权依法属于受托人，可能会给建设企业的后续使用带来一些麻烦和争议。

如果双方约定或依照法定作品的著作权属于受托人，建议在合同中明确作品使用范围，建设企业作为委托人在约定的使用范围内享有使用作品的权利。理由是，如果没有明确约定，就可能会像本案一样陷入诉累。

如果作品的著作权属于设计单位，建设单位在将图纸转交其他单位使用时，应当将其他单位的使用范围限制在与设计单位约定的使用范围内或委托创作的特定目的范围内，在其他单位违法违约使用设计单位作品时，最大限度地实现风险隔离。

10.1.2 合规风险之二：施工方采购他人享受专利的建筑产品并施工、使用他人施工工法等都可能构成侵权

10.1.2.1 典型案例

典型案例1：济南A公司与B公司侵害外观设计专利权纠纷案 ①

济南A公司是名称为"路灯（LED-D133）"外观设计专利的专利权人。2016年5月，遵义市中心城区路灯升级改造工程二标段开标，招标人为遵义市城管局，中标人为C公司。C公司与B公司签订《订货合同》，约定由B公司向其提供"高度9m双臂路灯"，该路灯图片由遵义市城管局指定使用。济南A公司认为上述路灯的外观与其专利构成近

---

① 广东省高级人民法院发布加强民营经济司法保护十大典型案例。

似，遂诉至法院。

广州知识产权法院认为，被诉侵权设计与本案专利构成近似，B 公司及其投资人生产、销售被诉侵权产品的行为构成侵权；遵义市城管局曾在之前的案件中因侵犯同一专利权签订过调解书，明知有关产品被授予专利权，仍要求施工方 C 公司按与本案专利相近似的路灯效果图和施工设计图采购路灯，教唆侵权行为成立。故判决三被告停止侵权并连带赔偿济南 A 公司经济损失及合理费用 18 万元。广东省高级人民法院于 2018 年 10 月维持原判。

本案中，施工方 C 公司虽然是按照招标人的要求采购路灯，但该路灯的设计和施工效果侵犯了他人的专利权，仍然构成侵权，应当承担赔偿责任。

政府机关、社会团体和其他组织在公共服务、公益事业、慈善事业中未经权利人许可实施他人专利的行为，仍然构成侵害专利权，应当赔偿专利权人的损失。本案中，遵义市城管局与他人共同制造侵害本案专利权的产品，损害了济南 A 公司的合法利益，不能以其提供公共服务为由而免责，人民法院在坚持对各类市场主体平等保护原则的基础上，依法判决停止侵权、赔偿损失，既平等保护了民营企业的合法权益，也有利于督促行政机关依法提供公共服务，有效促进各类主体在市场竞争中良性发展。

典型案例 2：A 海洋科技公司与 B 总承包工程公司等侵害发明专利权纠纷案 [1]

A 海洋科技公司是"ZL201610581943.7 一种抓斗船施工方法"发明专利的专利权人，2018 年 11 月其发现 B 总承包工程公司分包天津港大港港区渤化液体化工码头工程，并在施工过程中租用他人的"天进"号等船舶进行施工，施工方法落入了 A 海洋科技公司涉案专利权利的保护范围。A 海洋科技公司认为被告侵害了其专利权，故诉至法院要求被告停止侵权并赔偿经济损失 5562400 元。

法院认为，经过技术比对，被诉侵权技术方案包含了涉案专利技术方案全部方法步骤内容，属于被诉侵权技术方案包含与权利要求记载的全部技术特征相同的技术特征，落入涉案专利权保护范围。B 总承包工程公司未经许可，使用涉案专利方法从事疏浚施工工程，侵害了 A 海洋科技公司享有的发明专利权，应当承担停止侵害、赔偿损失的民事责任。在确定赔偿数额时，A 海洋科技公司虽无法提供充分证据证实 B 总承包工程公司因侵权行为所获得的收益，但其提供的证据足以证明 B 总承包工程公司收益远超过法定赔偿额上限，故法院突破法定赔偿额上限确定赔偿数额。

2019 年 11 月，天津市第三中级人民法院判决 B 总承包工程公司停止侵权并赔偿 A 海洋科技公司经济损失及合理开支 3000000 元。

10.1.2.2　合规评析

相比于有形财产，专利具有公开性、无形性，专利侵权行为也因此具有低成本、高收益、隐蔽性强等特点，但出于利益的驱使，很多企业对于专利侵权所造成的不利后果存在

---

[1]　天津法院知识产权司法保护典型案例。

侥幸心理。

并且，专利侵权纠纷往往因权利人举证困难，赔偿数额难以精确计算。本案中，在原告无法提供充分证据证明权利人损失与侵权人获利的前提下，法院通过计算被告承包工程总造价，参考被告侵权主观恶意、被诉侵权技术方案在整个施工过程中的占比以及一般企业经营活动利润比例，推定被告侵权获利超过法定赔偿额上限。判决突破了法定赔偿额上限，依法给予专利权人充分的保护，体现了鼓励发明创造、倡导诚实守信经营的价值追求。

10.1.2.3　合规建议

在项目施工阶段，施工企业外购建材及租用他人施工设备需要防范侵犯他人知识产权的风险。施工企业虽然不是侵权产品的生产制造者，但如果盲目使用建筑产品或施工设备，也有可能构成侵权，造成民事赔偿或受到行政处罚，严重的甚至触犯刑法构成犯罪。新型建筑材料专利权、新型施工工艺专利权是施工企业常见的专利权，施工企业应养成事前检索的习惯，时刻关注是否构成侵权。因此，在购买使用建筑材料、施工设备时，不论是自选的还是甲方指定的，施工企业都应当对产品的著作权、专利权、商标权等知识产权的权属及授权情况进行核查，从而证明己方已经尽到了合理审慎的审查义务，不存在共同侵权的故意或过失。

10.1.3　合规风险之三：承包人在建设工程中使用侵犯商标权商品的行为导致侵权

10.1.3.1　典型案例：浙江 A 木业有限公司与上海市 B 建筑装饰工程集团有限公司侵犯商标专用权纠纷[①]

A 公司经国家工商行政管理总局商标局核准注册第 10340364 号图形字母文字组合商标（图略），核定使用商品（第 19 类）：木材；地板；建筑用木浆板；胶合板；建筑用塑料管；非金属建筑材料；非金属楼梯；石膏板；非金属建筑物（截止）。

案外人 C 银行股份有限公司（甲方）与上海 B 建筑装饰集团（乙方）签订了建筑装饰工程施工合同，承包方式：包工包料固定单价合同。

上海 B 建筑装饰集团（甲方）与案外人天津市 D 装饰工程有限公司（乙方）签订材料设备采购安装合同，约定："一、合同标的：（1）乙方按约定就实木复合木地板向甲方指定的天津 C 银行 4 标段项目工程供货及安装。（2）乙方供货的产品名称、品牌、规格型号、数量、价款详见附表。名称：柚木地板。材质：实木复合地板。规格：1210×165×15（2.0）。数量：550m^2，单价：475 元 /m^2，金额：261250 元"。

2015 年 5 月 24 日，天津市河东区市场和质量监督管理局接到 A 木业公司举报，在 C 银行业务综合楼项目内檐装修工程第四十九层发现，已铺设 2 间房屋的木地板，每间房屋 40m^2，现场还有未铺设的"大艺树"木地板 61 箱，另有空的"大艺树"包装箱 47 个。

[①]　一审：（2017）津 02 民初 147 号　再审审查：（2017）津民申 2266 号。

刘震岩、王倩《承包人在建设工程中使用侵犯商标权商品的行为性质》，载于《人民司法》2018 年第 26 期，第 80 页。

2015 年 5 月 28 日，天津市河东区市场和质量监督管理局作出津市场监管东王工强字〔2015〕3 号实施行政强制措施决定书，记载："经查，上海 B 建筑装饰集团涉嫌侵犯 A 木业公司注册商标专用权，本局根据商标法第六十二条第四款的规定，决定对有关场所、设施、财物，详见（场所、设施、财物）清单第 3 号，实施扣押行政强制措施。"

A 木业公司和上海 B 建筑装饰集团对涉案工程现场所查获的"大艺树"牌复合木地板为假冒商品不持异议。

A 木业公司遂向法院提起诉讼。

天津市第一中级人民法院经审理认为：一、关于上海 B 建筑装饰集团在其承建的建筑装修装饰工程中使用被控侵权商品行为是否属于销售行为的问题。销售是指以出售、租赁或其他任何方式向第三方提供产品或服务的行为。本案中，上海 B 建筑装饰集团与案外人 C 银行股份有限公司签订的建筑装饰工程施工合同中，约定的上海 B 建筑装饰集团承建的 C 银行业务综合楼项目内檐装修第四标段工程的承包方式为包工包料固定单价合同，该合同中既涉及了上海 B 建筑装饰集团向案外人提供劳务，又涉及原材料的价格。本案中，虽然上海 B 建筑装饰集团不是直接将复合木地板出卖给案外人 C 银行股份有限公司，而是在建设施工中与其劳务结合后一并交付给案外人 C 银行股份有限公司，上海 B 建筑装饰集团在其涉案工程中使用被控侵权商品的行为是销售行为。另，鉴于天津市河东区市场和质量监督管理局已认定被告在涉案工程中使用的"大艺树"牌木地板系假冒商品，双方当事人对此均不持异议，故应认定上海 B 建筑装饰集团在其承建的 C 银行业务综合楼项目内檐装修第四标段工程中使用假冒 A 木业公司注册商标商品的行为属于商标法第五十七条第一款第（三）项规定的销售侵犯注册商标专用权商品的行为。二、上海建筑装饰集团就其销售侵权商品的行为是否应当承担相应民事责任的问题。本案中，上海 B 建筑装饰集团在承建的 C 银行业务综合楼项目内檐装修第四标段工程的投标文件中就地板部分拟采用的品牌是"大艺树"。上海 B 建筑装饰集团与案外人天津市 D 装饰工程有限公司签订材料设备采购安装合同中仅约定了复合木地板的产品型号、价格、数额、送货时间和安装时间等，并未约定复合木地板的品牌。根据材料设备采购安装合同约定，案外人需要在 2015 年 5 月 23 日前将四十七~四十九层的所有木地板送达甲方施工现场，5 月 28 日将所有货物安装完成并达到验收标准。而案外人天津市 D 装饰工程有限公司在第四十九层施工现场铺装被控侵权商品的时间恰恰是 2015 年 5 月 24 日，该送货地点与安装时间均符合被告与案外人的约定。且该标段工程现场属上海 B 建筑装饰集团管理，根据其与案外人天津市 D 装饰工程有限公司的约定，上海 B 建筑装饰集团应核实相应地板厂家检测报告、合格证等，但上海 B 建筑装饰集团疏于管控，导致侵权事实的产生，上海 B 建筑装饰集团对此存在过错。上海 B 建筑装饰集团亦不能证明上海 B 建筑装饰集团在其所承建的工程中销售的被控侵权商品有合法来源，故不能依据商标法第六十四条第二款的规定，免除上海 B 建筑装饰集团的民事赔偿责任。

宣判后，当事人没有上诉，一审判决已经生效。

后上海 B 建筑装饰集团不服一审判决，向天津市高级人民法院申请再审，请求改判驳回 A 木业公司全部诉讼请求。天津市高级人民法院裁定驳回了上海 B 建筑装饰集团的再审申请。

10.1.3.2 合规分析

建筑工程领域最常见也最容易认定的知识产权侵权行为就是销售侵犯注册商标专用权建筑材料的违法行为。随着注册商标权利人维权意识的提高，其维权领域逐渐延伸到建设工程工地现场，由于施工现场获取施工单位主体身份信息较获取侵权建筑材料销售方信息更为容易，比起检举揭发建设单位侵犯商标权的行为，权利人往往倾向于以施工单位在施工环节使用侵权建筑材料构成商标侵权行为为由直接对施工单位进行举报。

但是，建设工程领域历来由建设行政主管部门监管，建设工程中施工单位使用侵权建筑材料的行为法律关系较复杂。根据《商标法》《最高人民法院关于审理商标民事纠纷案件适用法律若干问题的解释》《商标法实施条例》等相关规定，侵犯商标权的行为一共具有 10 种侵权情形，分析这 10 种情形大致可以把侵权行为分成生产、流通两个大环节，直接使用了商标标识的行为可统一视为生产环节，而销售、提供便利等可视为流通环节。建设施工过程中，承包人为了降低施工成本、赚取更大收益，有意购买假冒他人注册商标专用权的商品用于施工建设的情形时有发生。此类行为隐蔽性较强、法律关系复杂，侵权认定存在较大难度。承包人在施工过程中购买并使用侵犯商标权的商品是否构成侵权？构成何种类型的侵权？司法实践对以上问题的法律适用与裁量规则存在不同认识与把握。

有观点认为，在建设工程中，施工单位购买侵权建筑材料并不是为了再次销售，而是使用在其建设的建筑工程上，通过施工单位的使用行为，侵权建筑材料已经成为建筑工程整体上的不可分割的一个整体，已经不再具有流通性。由于销售者在将侵权商品卖给施工单位时，其商标侵权行为已实施完毕，假冒商品已退出流通领域，施工单位并没有帮助销售者实施直接商标侵权行为，施工单位使用侵权建筑材料的行为并不属于上述 10 种商标侵权情形。

也有观点认为，建设工程施工过程中，承包人将侵犯他人注册商标专用权的商品用于工程建设，属于销售侵犯注册商标专用权商品的行为，无论其是否具有主观过错，均构成侵犯商标权。承包人使用商标侵权商品的行为不能等同于商品终端用户的纯粹消费者消费性的使用行为，具有明显的经营性和营利性，具有销售行为的性质，理应受到商标法第五十七条第（三）项规定的规制。上述案例即是在对销售进行扩大解释后作出的判决。承包人作为销售者，只有同时满足主观上不知道其所使用的产品是侵犯他人注册商标专用权的商品，该商品系合法取得且能够说明商品提供者三个要件，才能免于承担赔偿责任。

笔者赞同第二种观点，施工企业在建设工程中所使用的产品应加强对产品的检测报告、合格证等来源合法性审查，避免侵权行为的发生。

10.1.3.3　合规建议

首先，施工企业应当理解侵犯他人商标权的行为模式，其中最为常见的就是"销售侵犯注册商标专用权的商品"，这里的销售应做广义理解，即包括施工企业"包工包料"，将建筑材料的价格也包含在总体报价中的情况。其次，施工企业应当核实建筑材料的检测报告、合格证等并复印，要求供货方加盖公章；与供货方签订合同，要求其开具发票，并记录供货方的主体信息，妥善保管以防造成后期诉讼过程中举证困难。最后，退一步讲，即使施工企业对外承担赔偿责任，也可以在与供货方的合同中写明，供货方应保证所售商品获得合法授权，不得侵犯第三方知识产权，如因供货方违反上述保证导致甲方（施工企业）承担赔偿责任，甲方有权向乙方追偿，从而减轻施工企业的经济损失。

10.1.4　合规风险之四：个人不遵守保密约定窃取技术秘密并允许他人使用构成侵犯商业秘密罪，使用者承担连带赔偿责任

10.1.4.1　典型案例

典型案例 1：裴某侵犯商业秘密案（《最高人民法院公报》2006 年第 12 期）

2000 年 1 月 15 日，A 重型机械研究所（以下简称"A 所"）与辽宁省 B 钢铁有限公司签订《凌钢二号 150mm×750mm 板坯连铸机工程技术转让合同》，承接了凌源二号板坯连铸机主体部分：其中包括结晶器、结晶器震动、零号段、扇形段设备的设计。2001 年 6 月，凌源二号板坯连铸机投产。2001 年 10 月 26 日，A 所按合同约定，向 B 钢铁有限公司提供了凌源二号主体设计电子版图纸的光盘。被告人裴某原为 A 所教授级高级工程师，在 A 所研究二室（板坯连铸专业研究室）从事板坯连铸专业设计工作。在职时与 A 所签有《劳动合同书》，承诺保守单位商业秘密。2001 年 10 月，被告人裴某利用在研究室工作便利，私自将 A 所为凌钢二号设计的主体设备上述光盘拷贝到自用的东芝笔记本电脑中存放。2002 年 8 月，裴某向 A 所提出解除劳动合同申请，到武汉 C 公司应聘并担任副总工程师。

2002 年 9 月 28 日，武汉 C 技术工程股份有限公司（以下简称"C 公司"）与四川省 D 集团有限公司签订《135×750 二流板坯连铸机总合同》及附件。2002 年 10 月 19 日，C 公司与山东省 E 钢铁有限公司签订《135×800 二机二流板坯连铸机总合同》及附件。被告人裴某担任两个项目技术负责人，他利用当年国庆休假返回西安，将其存放的凌钢二号主体设备设计电子版图纸资料重新拷贝到随身携带的笔记本电脑中，带回武汉，输入到 C 公司局域网中，用于川威和泰山二项目设计中。

2003 年 7 月，A 所在西安冶金制造有限公司中发现 C 公司委托加工的川威、泰山项目板坯连铸机设备图纸有 A 所的标题和标号。遂向公安机关报案，称其商业秘密被侵犯。西安市公安局立案侦查，调取相关图纸送中国科学技术法学会华科知识产权司法鉴定中心鉴定，结论是：从装配图和零件图表现的结构功能来看两者无本质的区别；图纸的相同程度和等同程度很高。又经西安大学知识产权司法鉴定所对 A 所凌钢二号 150mm×750mm

板坯连铸机技术是否具有不为公众所知悉的特征进行鉴定，结论：符合商业秘密中技术秘密的法定技术条件。

西安市人民检察院认为，被告人裴某以盗窃手段获取权利人的商业秘密，提供给他人使用，造成特别严重后果，其行为触犯了《中华人民共和国刑法》（简称《刑法》）第二百一十九条第一款第（一）项、第（二）项，事实清楚、证据确实、充分，应当以侵犯商业秘密罪追究刑事责任。

法院认为：A所通过长期努力在板坯连铸技术方面研究、开发，创新，形成了独特的设计技术。凌钢二号板坯连铸机就是A所在马鞍山无法达到了凌钢公司设计要求时，才为凌钢重新设计的，该技术含有不对外公开、不为公众所知悉的技术信息，且该技术信息能够为权利人带来经济利益，A所对此项技术采取了保密措施，同时又与单位职工签订了劳动合同，约定了职工的保密义务。据此，该技术属于商业秘密。被告人裴某利用工作的便利盗窃单位商业秘密，允许他人使用，后果特别严重，其行为构成侵犯商业秘密罪，应依法惩处。附带民事诉讼被告人C公司在没有合法取得A所商业秘密的情形下，大量地使用该秘密，与其他企业签订合同，是给A所造成经济损失的直接责任人，也是侵权行为的直接受益人，其应承担赔偿损失的民事责任。

最终，被告人裴某犯侵犯商业秘密罪，判处有期徒刑三年，并处罚金人民币5万元；被告人裴某及附带民事诉讼被告人C公司停止侵权行为；被告人裴某及附带民事诉讼被告人C公司，共同赔偿负担民事诉讼原告人A所经济损失1782万元，二被告人承担连带赔偿责任。

典型案例2：程某、营销公司、建筑公司侵害商业秘密纠纷

2006年11月至2007年1月，程某、营销公司在《中国经营报》《中国房地产报》上刊登《开发房地产商业街项目诚邀合作投资伙伴》广告；2007年1月19日，建筑公司的法定代表人吴某与程某电话联系；后程某让营销公司员工申某陆续传真给吴某已隐去具体地名的两份项目利润分析报告、《意向书》等材料，《意向书》载明："营销公司提供的开发商业街项目有关协议资料、经营信息的商业秘密必须保密，意向书的内容属于商业秘密。"每份传真发送后不久，吴某均与程某进行通话。1月27日，五原县人民政府县长办公会议形成（2007）5号《关于隆兴昌东大街东拓工程会议纪要》；3月2日，五原县国土局向建筑公司做出《关于五原县隆兴昌镇大街东拓工程项目的批复》，同意建筑公司按照城市总体规划实施旧城区改造。

法院经审理认为，两份项目利润分析报告所载的有关信息，是程某、营销公司从海量房地产开发信息中通过筛选、调查、与政府磋商、分析等特定经营活动获得的，符合关于商业秘密"不为公众所知悉"的认定条件。此外，程某、营销公司在其商业经营活动中，对内与其工作人员签订包含保密条款的劳动合同，对外隐去涉案房地产项目的具体地点信息并明确提出保密要求，据此可以认定程某、营销公司对两份利润分析报告采取了保密措施。综上，可以认定以两份项目利润分析报告为载体的"关于在某地存在一项含有具体土

地价等利润分析情况的房地产开发项目的经营信息"构成商业秘密。从 1 月 20 日吴某收到两份项目利润分析报告，到 1 月 27 日吴某与五原县人民政府就涉案项目进行会谈，短短一周时间，建筑公司即做出投资涉案房地产项目的决策，结合 1 月 19 日至 21 日期间吴某就涉案房地产项目积极与程某进行联系、磋商的事实，可以认定建筑公司通过磋商获悉了程某、营销公司的涉案商业秘密，并违反程某、营销公司有关保守商业秘密的要求擅自使用其掌握的涉案商业秘密，构成侵害商业秘密行为。法院最终判决建筑公司赔偿程某及营销公司损失人民币 100 万元。

10.1.4.2　合规分析

商业秘密具有经济利益，受法律保护，所以施工企业在项目承接过程中合法获知的建设单位或者其他施工单位的商业秘密，应当在合法的限度内使用，未经权利人许可，不得泄露或者散播；并且不能通过非法手段获取商业秘密。否则，有可能需要承担民事侵权责任，还可能受到行政处罚，乃至承担刑事责任。

第一个案例属于商业秘密侵权犯罪中的侵害技术秘密犯罪。权利所有者实施了保密措施，又与职工签订了保密合同，应当属于技术秘密，依法受到保护。第二个案例属于典型的通过磋商获取商业秘密并不当使用的行为。

10.1.4.3　合规建议

企业要注意用案例中所述方法保护本企业的商业秘密，权利受到侵犯时能够采取及时的维权手段。同时在使用可能涉及他人商业秘密信息时，应当格外注意，进行必要的尽职调查，防止侵权行为的发生。

当施工企业的商业秘密被泄露，追究侵权者责任的前提是企业主张的"商业秘密"构成法律意义上的"商业秘密"，商业秘密有三个构成要件：一是不为公众所知悉，二是具有商业价值，三是经权利人采取相应保密措施。

前两个构成要件比较容易理解，那么施工企业应当如何采取保密措施呢？举例说明如下：① 签订保密协议或者在合同中约定保密义务；② 通过章程、培训、规章制度、书面告知等方式，对能够接触、获取商业秘密的员工、前员工、供应商、客户、来访者等提出保密要求；③ 对涉密的厂房、车间等生产经营场所限制来访者或者进行区分管理；④ 以标记、分类、隔离、加密、封存、限制能够接触或者获取的人员范围等方式，对商业秘密及其载体进行区分和管理；⑤ 对能够接触、获取商业秘密的计算机设备、电子设备、网络设备、存储设备、软件等，采取禁止或者限制使用、访问、存储、复制等措施；⑥ 要求离职员工登记、返还、清除、销毁其接触或者获取的商业秘密及其载体，继续承担保密义务。做到了上述几点，一方面能在一定程度上防止商业秘密泄露；另一方面，在商业秘密被侵犯时，法院能够将这些措施认定为保密措施，从而认定构成"商业秘密"，追究侵权主体的法律责任。

当施工企业聘用从其他单位"跳槽"来的新员工，尤其是技术人员、高级管理人员时，应当谨慎使用他们提供的技术信息、招标投标材料、客户信息等，对相关资料的合法来源进行必要的询问、调查，如果发现可能涉及他人的商业秘密，应当立即停止使用或取得权利人的许可，避免承担连带赔偿责任。如果是恶意实施侵犯商业秘密行为，情节严重的，还可能面临一倍以上五倍以下的惩罚性赔偿。赔偿数额还包括经营者为制止侵权行为所支付的合理开支。

10.1.5 合规风险之五：在先使用企业名称但没有注册商标，可能侵犯他人商标权

10.1.5.1 典型案例

深圳年代公司成立于 2015 年 11 月 24 日，并于 2017 年 4 月 14 日变更字号为"年代"。2017 年 4 月 27 日，深圳年代公司与深圳市一本实业有限公司（以下简称"深圳一本公司"）签订商标许可合同，约定深圳一本公司将其核定使用在第 37 类室内装潢修理、室内装潢、建筑等服务项目上的第 16488768 号"年代"商标许可给深圳年代公司使用，并允许深圳年代公司通过诉讼等方式维护商标权利，期限为 2017 年 4 月 27 日至 2026 年 4 月 27 日。后深圳年代公司发现，浙江年代公司在 ×× 和 www.zjndjs.com 及其经营场所、宣传报道、员工服装、施工场所等突出使用"年代"字样，构成商标性使用，且与第 16488768 号"年代"商标相同。并且，浙江年代公司的经营范围以建筑和装饰为主，与第 16488768 号"年代"商标核定服务项目相同。因此，浙江年代公司未经商标注册人许可，在同种服务上使用与第 16488768 号"年代"商标相同的标识的行为属侵犯注册商标专用权的行为。深圳年代公司和深圳一本公司均曾向浙江年代公司发出停止侵权的警告，但浙江年代公司未予理睬，并于 2018 年 2 月 6 日成立浙江年代建设工程有限公司平湖分公司，于 2018 年 8 月 14 日成立浙江年代建设工程有限公司嘉兴经开分公司，不断扩大经营规模。深圳年代公司遂向法院请求判令浙江年代公司立即停止商标侵权行为、消除影响、赔偿损失。

被告浙江年代公司辩称：（1）深圳年代公司与深圳一本公司签订的商标许可合同性质为普通许可，其无权以自己名义就第 16488768 号"年代"商标提起侵权诉讼。（2）深圳年代公司主张的第 16488768 号"年代"商标显著性不强，没有知名度，且未实际使用。被诉侵权服务与第 16488768 号"年代"商标核定使用服务不相同也不类似。浙江年代公司对"年代"字样使用在先，且标注了明显的区分标识，相关公众不会产生混淆。

法院认为：本案争议焦点为：（1）浙江年代公司使用"年代"字样的行为是否构成对深圳年代公司第 16488768 号"年代"注册商标专用权的侵害；（2）深圳年代公司使用"年代"为其企业名称中的字号是否构成不正当竞争；（3）深圳年代公司使用第 16488768 号"年代"商标是否侵害了浙江年代公司的企业名称（字号）权。对此，本院分析评判如下。

关于争议焦点一。根据深圳年代公司与深圳一本公司签订的《商标许可合同》，深圳年代公司经深圳一本公司许可，有权使用第 16488768 号"年代"商标，并就侵权行为向法院提起诉讼。深圳年代公司也提供了其实际使用第 16488768 号"年代"商标的证据。浙江年代公司辩称深圳年代公司无权提起本案诉讼的意见，本院不予采信。现有证据显示，浙江年代公司在其官网、施工场所等处突出使用了"年代"字样，从其使用的具体

方式看，客观上能够起到区别服务来源的作用。结合浙江年代公司在官网对其自身的介绍、案例作品以及浙江年代公司提交的多份资质证书、《建设工程施工合同》可知，浙江年代公司主要的经营活动是提供建筑装饰装修、幕墙施工等服务，与第 16488768 号"年代"注册商标专用权核定服务项目属同类服务。浙江年代公司使用的"年代"字样与第 16488768 号"年代"注册商标文字相同。因此，浙江年代公司在与第 16488768 号"年代"注册商标同类服务上使用"年代"字样的行为，已符合商标侵权的构成要件。浙江年代公司对此提出了先用权抗辩，故最终认定浙江年代公司是否构成商标侵权的关键在于审查其所主张的先用权抗辩是否成立。

《中华人民共和国商标法》第五十九条第三款规定，商标注册人申请商标注册前，他人已经在同一种商品或者类似商品上先于商标注册人使用与注册商标相同或近似并有一定影响的商标的，注册商标专用权人无权禁止该使用人在原有使用范围内继续使用该商标，但可以要求其附加适当区别标识。又根据《中华人民共和国商标法》第四条的规定，上述规定适用于服务商标。因此，先用权抗辩成立通常需满足三个条件：第一，被诉侵权行为人主张的在先使用行为应早于注册商标的申请日；第二，被诉侵权行为人在先使用的标识经过使用产生了一定影响；第三，被诉侵权行为人在原有范围内使用相关标识。本案中，首先，浙江年代公司自 2003 年 9 月 9 日成立起至今始终以"年代"为其企业名称中的字号开展经营活动。浙江年代公司提供的证据可以证明，作为建筑装饰装修、幕墙施工等行业的经营者，其在提供相关服务时也会采取此类行业的普遍做法，在施工现场突出使用与其"年代"字号相同的"年代"标识，用以宣传和推广其品牌，客观上也能起到识别服务来源的作用。以上表明浙江年代公司在第 16488768 号"年代"注册商标注册申请日前，已在经营活动中将"年代"作为识别服务来源的商业标识进行使用，属于在先使用行为。其次，根据已查明的事实，在第 16488768 号"年代"注册商标注册申请日前，浙江年代公司在浙江省建筑装饰行业已具有较高的知名度，其在建筑装饰装修、幕墙施工等相关行业已具备了较为完整的承建资质，其所承建的工程项目也多次在浙江省建筑装饰行业协会组织的评比中获奖。考虑到浙江年代公司的字号与其本案中主张的在先使用的"年代"标识相同及其长期、持续以"年代"为其品牌开展经营活动的客观情况，结合前述事实可以认定浙江年代公司在先使用的"年代"标识已具有一定的影响力。最后，从现有证据看，在第 16488768 号"年代"注册商标注册后，浙江年代公司对"年代"标识的使用并未扩展至其他服务类别，其在官网上使用的"年代"标识指向的服务仍然是"幕墙、装饰"，并且通过附加"浙江"文字或与其"AGE"注册商标一起使用的方式对服务来源进行了更为明确的指向，并未破坏已经形成的相对客观稳定的市场秩序。基于以上理由并结合深圳年代公司与浙江年代公司各自的发展历程、经营状况、经营范围以及第 16488768 号"年代"注册商标的显著性和知名度情况，本院认为，浙江年代公司在经营活动中使用与其字号相同的"年代"标识显然具有合法的渊源，主观上没有攀附 16488768 号"年代"注册商标声誉、制造市场混淆的故意，可以认定其提出的先用权抗辩成立，对于深圳年代公司有关浙江年代公司构成商标侵权的主张，本院不予支持。但需要指出的是，尽管浙江年代公司有权在原有使用范围内继续使用"年代"标识，但为了避免产生新的混淆，并基于诚实信用原则和公认的商业道德，浙江年代公司应当维持该标识的现状，不得任意改变，并在实际使用中附加适当的区分标识，以维护公平有序的竞争环境。

关于争议焦点二。受反不正当竞争法保护的企业名称，特别是字号，是区别不同市场主体的商业标识，本质上属于一种财产权益。对于企业名称（字号）间的冲突，应秉承诚实信用、维护公平竞争和保护在先权利的原则依法处理。浙江年代公司主张深圳年代公司使用"年代"为其企业名称中的字号构成不正当竞争，对此需要审查在深圳年代公司实施上述行为前，浙江年代公司的"年代"字号的知名度以及深圳年代公司的上述行为是否具有攀附商誉的故意、是否构成混淆。首先，尽管浙江年代公司成立时间较早，使用"年代"字号开展经营活动时间较长，但从现有证据看，在深圳年代公司使用"年代"为其企业名称中的字号之前，浙江年代公司的业务主要集中在浙江嘉兴地区，其所获荣誉也均是在浙江省范围内，没有证据证明其就"年代"品牌在浙江省以外进行过宣传和推广。加之"年代"这一固定词组作为字号显著性较弱，且浙江年代公司所处的建筑装饰装修、幕墙施工等行业通常在经营地域上较为固定。据此可以认定，浙江年代公司的"年代"字号的知名度尚未达到覆盖深圳年代公司所在地域的程度。其次，深圳年代公司开始使用"年代"为其企业名称中的字号的时间与其经许可有权使用第16488768号"年代"注册商标的时间较为接近，行为逻辑上具有合理性，其也提供证据证明在获得商标许可后确有开展相应的经营活动。而浙江年代公司并未提供证据证明深圳年代公司系明知其品牌知名度而使用"年代"字号。因此，本院难以认定深圳年代公司的行为具有攀附浙江年代公司商誉的故意。综上，根据现有证据不足以认定深圳年代公司使用"年代"为其企业名称中的字号构成不正当竞争，对于浙江年代公司的主张，本院不予支持。

关于争议焦点三。企业名称由行政区划、字号、行业经营特点、组织形式四个部分依次组成，其中字号是核心，具有显著的区分和识别作用，故在指示商品或服务来源方面，企业名称特别是字号与商标具有类似的功能。但企业名称是由县级及以上工商行政管理机关核准注册，其受保护范围主要取决于其知名度的高低，而商标是由国家商标局核准注册，一经注册即在全国范围内受保护。本案中，浙江年代公司主张深圳年代公司使用第16488768号"年代"注册商标侵犯了其企业名称（字号）权，但一方面，浙江年代公司提供的证据尚不足以证明其企业名称（字号）在相关行业的知名度已达到在全国范围内与其建立稳定对应关系的程度；另一方面，深圳年代公司系经16488768号"年代"注册商标注册人深圳一本公司许可有权使用该商标，且没有证据证明深圳年代公司在实际使用该商标过程中存在有违诚实信用、不当利用浙江年代公司商誉进行竞争的行为。因此，浙江年代公司主张深圳年代公司侵犯其字号权的请求缺乏依据，本院亦不予支持。

最终的裁判结果为：驳回原告深圳市年代装饰有限公司的全部诉讼请求，也驳回了反诉原告浙江年代建设工程有限公司的全部反诉请求。

10.1.5.2　合规分析

本案较为清晰地展示了商标侵权案件的审判思路：首先判断被诉侵权人是否在同种或类似商品上使用相同或类似商标，其次判断该种相同或类似是否容易导致混淆。这也正是合规风险所在。在符合商标侵权构成要件的前提下，审查被诉侵权人是否具有抗辩权。常见的抗辩理由有：使用他人商标中的文字或图形等要素对商品或服务进行描述、说明商品或服务的用途，商标权用尽，在先使用抗辩，权利滥用抗辩及基于其他正当目的或理由的使用等[①]。本案被告采用的就是先用权抗辩。

从本案的争议焦点也可以看出法律保护企业名称（字号）的三个不同维度。第一个维度是知识产权，即注册商标专用权角度，适用的前提是企业名称同时是注册商标，注册商标在核定使用的商品或服务范围内具有很强的排他效力，他人只有经商标权人许可后才能使用。此种保护范围广，排他效力强，侵权人甚至有可能承担刑事责任。第二个维度是民法中的人格权，《民法典》规定：法人、非法人组织享有名称权，任何组织或者个人不得以干涉、盗用、假冒等方式侵害他人的姓名权或者名称权。《民法典》将名称权确立为受法律保护的权利类型并概括性地提出了对企业名称权的保护。第三个维度是反不正当竞争法，如果企业名称不是注册商标，反不正当竞争法作为经济法、社会法仍然要维护公平的竞争秩序，禁止混淆行为的实施，并赋予监督检查部门责令停止违法行为，没收违法商品并处以罚款的权力，将对企业名称权的保护落到实处。

10.1.5.3　合规建议

企业名称承载着企业的商誉，为了防止他人攀附本企业的信誉和影响力，建议施工企业及时将自己的名称注册商标，在保护自己的同时也能防止他人抢注商标限制本企业的发展。因为即使先用权抗辩成立，也只能在原有使用范围内继续使用该商标，会成为企业扩大经营的桎梏。不仅如此，还需要附加区别标识，不能保留原样。虽然未经注册的企业名称仍受保护，但企业名称的保护范围有限，要想在全国范围内得到保护，需要证明企业名称已经全国知名，及与本企业建立稳定对应关系，而商标一经注册在全国范围内受保护，极大地减轻了企业的证明责任。另外需要注意的是，由于商标专用权仅限于核定的项目，施工企业注册商标应当考虑后续的业务拓展方向，使企业的经营活动能够为商标核定项目所覆盖。

10.2　施工企业知识产权合规依据

10.2.1　党和国家的方针政策

习近平：《全面加强知识产权保护工作，激发创新活力推动构建新发展格局》

---

① 王迁. 知识产权法教程［M］. 第六版. 北京：中国人民大学出版社，2019：527.

2017 年 11 月 20 日，习近平总书记主持召开十九届中央全面深化改革领导小组第一次会议。会议强调，要树立保护知识产权就是保护创新的理念。

2018 年 4 月 10 日，习近平总书记在博鳌亚洲论坛 2018 年年会开幕式上表示，加强知识产权保护，是中国在扩大开放方面将采取的四项重大举措之一。他说："这是完善产权保护制度最重要的内容，也是提高中国经济竞争力最大的激励。"

2020 年 11 月 30 日，习近平总书记在中央政治局第二十五次集体学习时再次指出，创新是引领发展的第一动力，保护知识产权就是保护创新。

2021 年 2 月 1 日出版的第 3 期《求是》杂志发表中共中央总书记、国家主席、中央军委主席习近平的重要文章《全面加强知识产权保护工作　激发创新活力推动构建新发展格局》。

文章强调，全面建设社会主义现代化国家，必须更好推进知识产权保护工作。知识产权保护工作关系国家治理体系和治理能力现代化，关系高质量发展，关系人民生活幸福，关系国家对外开放大局，关系国家安全。

文章指出，当前，我国正在从知识产权引进大国向知识产权创造大国转变，知识产权工作正在从追求数量向提高质量转变。我们必须从国家战略高度和进入新发展阶段要求出发，全面加强知识产权保护工作，促进建设现代化经济体系，激发全社会创新活力，推动构建新发展格局。第一，加强知识产权保护工作顶层设计。第二，提高知识产权保护工作法治化水平。第三，强化知识产权全链条保护。第四，深化知识产权保护工作体制机制改革。第五，统筹推进知识产权领域国际合作和竞争。第六，维护知识产权领域国家安全。

10.2.2　法律、行政法规

10.2.2.1　《商标法》

商标法是我国知识产权领域第一个法律。除了《商标法》及其实施条例外，原国家工商总局发布的《商标评审规则》《集体商标、证明商标注册和管理规定》《驰名商标认定和保护规定》，最高人民法院发布的《关于审理商标民事纠纷案件适用法律若干问题的解释》等，也是商标法的组成部分。

10.2.2.2　《著作权法》

著作权法，是指国家制定或者认可的调整由文学、艺术和科学作品所产生之社会关系法人法律规范的综合。《著作权法》及《著作权法实施条例》《计算机软件保护条例》《作品自愿登记试行办法》等都是著作权法的组成部分。

10.2.2.3　《专利法》

专利法是调整因发明而产生的一定社会关系，促进技术进步和经济发展的法律规范的总和。主要包括：发明专利申请人的资格，专利法保护的对象，专利申请和审查程序，获得专利的条件，专利代理，专利权归属，专利权的发生与消灭，专利权保护期，专利权人的权利和义务，专利实施，转让和使用许可，专利权的保护等。

10.2.2.4 《民法典》

《民法典》生效后，在物权、债权、婚姻、继承等领域即取代了现行的各单行法，但在知识产权领域，则考虑到了知识经济发展的日新月异，采取了在《民法典》中保留总则、各单行法独立成典的模式，从而为各单行知识产权立法的发展提供了弹性空间。

惩罚性赔偿原则的确立是《民法典》在知识产权保护立法方面的一个最重要的变化。

我国传统的民商事侵权赔偿原则主要是补偿原则，即当事人因他人侵权造成的损失应当获得足够的赔偿以弥补其损失。我国的知识产权单行立法遵循了这个基本原则。但是，知识产权侵权行为导致的损失有时难以用有形的损失进行评价。

现在，《民法典》又把已经在《商标法》《专利法》中规定的惩罚性赔偿原则上升为知识产权侵权赔偿的总原则，不但可以有效制止严重的故意侵权行为，而且，未来可以期待，对于著作权、商业秘密、集成电路布图设计等领域的侵害知识产权的行为，权利人也可以向法院主张惩罚性赔偿，即可以获得权利许可使用费的数倍作为赔偿。这样，知识产权所有人的利益就得到了最大限度的保障。

合同编，第二十章，技术合同（摘录）

第八百四十五条　技术合同的内容一般包括项目的名称，标的的内容、范围和要求，履行的计划、地点和方式，技术信息和资料的保密，技术成果的归属和收益的分配办法，验收标准和方法，名词和术语的解释等条款。

与履行合同有关的技术背景资料、可行性论证和技术评价报告、项目任务书和计划书、技术标准、技术规范、原始设计和工艺文件，以及其他技术文档，按照当事人的约定可以作为合同的组成部分。

技术合同涉及专利的，应当注明发明创造的名称、专利申请人和专利权人、申请日期、申请号、专利号以及专利权的有效期限。

第八百四十七条　职务技术成果的使用权、转让权属于法人或者非法人组织的，法人或者非法人组织可以就该项职务技术成果订立技术合同。法人或者非法人组织订立技术合同转让职务技术成果时，职务技术成果的完成人享有以同等条件优先受让的权利。

职务技术成果是执行法人或者非法人组织的工作任务，或者主要是利用法人或者非法人组织的物质技术条件所完成的技术成果。

第八百五十一条　技术开发合同是当事人之间就新技术、新产品、新工艺、新品种或者新材料及其系统的研究开发所订立的合同。

第七编　侵权责任　第二章　损害赔偿

第一千一百八十五条　故意侵害他人知识产权，情节严重的，被侵权人有权请求相应的惩罚性赔偿。

10.2.2.5 《刑法》

我国刑法规定了七种侵犯知识产权犯罪罪名，分别是假冒注册商标罪、销售假冒注册商标的商品罪、非法制造、销售非法制造的注册商标标识罪、假冒专利罪、侵犯著作权罪、销售侵权复制品罪、侵犯商业秘密罪等。

针对实践中存在的对侵犯知识产权犯罪追究不力的情况，为强化对侵犯知识产权的刑事制裁，最高人民法院和最高人民检察院又于2004年12月颁布了《关于办理侵犯知识产权刑事案件具体应用法律若干问题的解释》，共17条，进一步细化了《刑法》对侵犯知识产权犯罪的规定。这些法律和司法解释构成了中国的知识产权刑事制裁制度。2007年4月4日颁布了《最高人民法院、最高人民检察院关于办理侵犯知识产权刑事案件具体应用法律若干问题的解释（二）》。2020年8月31日颁布了《最高人民法院、最高人民检察院关于办理侵犯知识产权刑事案件具体应用法律若干问题的解释（三）》。

2020年12月26日，第十三届全国人民代表大会常务委员会第二十四次会议通过《中华人民共和国刑法修正案（十一）》，自2021年3月1日起施行。这次刑法有关知识产权犯罪的修改，是1997年全面修订刑法以后第一次对有关知识产权犯罪规定作出修改完善，涉及知识产权犯罪条款8条，刑法分则第三章第七节知识产权犯罪中除了假冒专利罪一条未作修改外，其他都做了修改，还补充了一条。修改较多、变化较大。其中将"知识产权类犯罪最高刑提至10年"。

第二编 分则 第三章第七节 侵犯知识产权罪

第二百一十三条 【假冒注册商标罪】未经注册商标所有人许可，在同一种商品、服务上使用与其注册商标相同的商标，情节严重的，处三年以下有期徒刑，并处或者单处罚金；情节特别严重的，处三年以上十年以下有期徒刑，并处罚金。

第二百一十四条 【销售假冒注册商标的商品罪】销售明知是假冒注册商标的商品，违法所得数额较大或者有其他严重情节的，处三年以下有期徒刑，并处或者单处罚金；违法所得数额巨大或者有其他特别严重情节的，处三年以上十年以下有期徒刑，并处罚金。

第二百一十五条 【非法制造、销售非法制造的注册商标标识罪】伪造、擅自制造他人注册商标标识或者销售伪造、擅自制造的注册商标标识，情节严重的，处三年以下有期徒刑，并处或者单处罚金；情节特别严重的，处三年以上十年以下有期徒刑，并处罚金。

第二百一十六条 【假冒专利罪】假冒他人专利，情节严重的，处三年以下有期徒刑或者拘役，并处或者单处罚金。

第二百一十七条 【侵犯著作权罪】以营利为目的，有下列侵犯著作权或者与著作权有关的权利的情形之一，违法所得数额较大或者有其他严重情节的，处三年以下有期徒刑，并处或者单处罚金；违法所得数额巨大或者有其他特别严重情节的，处三年以上十年以下有期徒刑，并处罚金：

（一）未经著作权人许可，复制发行、通过信息网络向公众传播其文字作品、音乐、美术、视听作品、计算机软件及法律、行政法规规定的其他作品的；

（二）出版他人享有专有出版权的图书的；

（三）未经录音录像制作者许可，复制发行、通过信息网络向公众传播其制作的录音录像的；

（四）未经表演者许可，复制发行录有其表演的录音录像制品，或者通过信息网络向公众传播其表演的；

（五）制作、出售假冒他人署名的美术作品的；

（六）未经著作权人或者与著作权有关的权利人许可，故意避开或者破坏权利人为其作品、录音录像制品等采取的保护著作权或者与著作权有关的权利的技术措施的。

第二百一十八条　【销售侵权复制品罪】以营利为目的，销售明知是本法第二百一十七条规定的侵权复制品，违法所得数额巨大或者有其他严重情节的，处五年以下有期徒刑，并处或者单处罚金。

第二百一十九条　【侵犯商业秘密罪】有下列侵犯商业秘密行为之一，情节严重的，处三年以下有期徒刑，并处或者单处罚金；情节特别严重的，处三年以上十年以下有期徒刑，并处罚金：

（一）以盗窃、贿赂、欺诈、胁迫、电子侵入或者其他不正当手段获取权利人的商业秘密的；

（二）披露、使用或者允许他人使用以前项手段获取的权利人的商业秘密的；

（三）违反保密义务或者违反权利人有关保守商业秘密的要求，披露、使用或者允许他人使用其所掌握的商业秘密的。

明知前款所列行为，获取、披露、使用或者允许他人使用该商业秘密的，以侵犯商业秘密论。

本条所称权利人，是指商业秘密的所有人和经商业秘密所有人许可的商业秘密使用人。

第二百一十九之一　为境外的机构、组织、人员窃取、刺探、收买、非法提供商业秘密的，处五年以下有期徒刑，并处或者单处罚金；情节严重的，处五年以上有期徒刑，并处罚金。

第二百二十条　【单位犯侵犯知识产权罪的处罚规定】单位犯本节第二百一十三条至第二百一十九条之一规定之罪的，对单位判处罚金，并对其直接负责的主管人员和其他直接责任人员，依照本节各该条的规定处罚。

10.2.2.6 《广告法》

第十二条　广告中涉及专利产品或者专利方法的，应当标明专利号和专利种类。

未取得专利权的，不得在广告中谎称取得专利权。

10.2.2.7 《建设工程勘察设计管理条例》

第二十八条　建设单位、施工单位、监理单位不得修改建设工程勘察、设计文件；确需修改建设工程勘察、设计文件的，应当由原建设工程勘察、设计单位修改。经原建设工程勘察、设计单位书面同意，建设单位也可以委托其他具有相应资质的建设工程勘察、设计单位修改。修改单位对修改的勘察、设计文件承担相应责任。

施工单位、监理单位发现建设工程勘察、设计文件不符合工程建设强制性标准、合同约定的质量要求的，应当报告建设单位，建设单位有权要求建设工程勘察、设计单位对建设工程勘察、设计文件进行补充、修改。

建设工程勘察、设计文件内容需要作重大修改的，建设单位应当报经原审批机关批准后，方可修改。

第二十九条　建设工程勘察、设计文件中规定采用的新技术、新材料，可能影响建设工程质量和安全，又没有国家技术标准的，应当由国家认可的检测机构进行试验、论证，出具检测报告，并经国务院有关部门或者省、自治区、直辖市人民政府有关部门组织的建设工程技术专家委员会审定后，方可使用。

10.2.3　主管部门监管规范

10.2.3.1　国务院国资委《中央企业合规管理指引（试行）》

第十三条　加强对以下重点领域的合规管理：

（六）知识产权。及时申请注册知识产权成果，规范实施许可和转让，加强对商业秘密和商标的保护，依法规范使用他人知识产权，防止侵权行为。

10.2.3.2　《建筑工程方案设计招标投标管理办法》

第四十条　招标人应保护投标人的知识产权。投标人拥有设计方案的著作权（版权）。未经投标人书面同意，招标人不得将交付的设计方案向第三方转让或用于本招标范围以外的其他建设项目。

招标人或者中标人使用其他未中标人投标文件中的技术成果或技术方案的，应当事先征得该投标人的书面同意，并按规定支付使用费。未经相关投标人书面许可，招标人或者中标人不得擅自使用其他投标人投标文件中的技术成果或技术方案。

10.2.3.3　《工程建设工法管理办法》（建质〔2014〕103号）

第三条　本办法所称的工法，是指以工程为对象，以工艺为核心，运用系统工程原理，把先进技术和科学管理结合起来，经过一定工程实践形成的综合配套的施工方法。

第七条　企业应在工程建设中积极推广应用工法，推动技术创新成果转化，提升工程施工的科技含量。

第二十四条　获得国家级工法证书的单位为该工法的所有权人。工法所有权人可根据国家有关法律法规的规定有偿转让工法使用权，但工法完成单位、主要完成人员不得变更。未经工法所有权人同意，任何单位和个人不得擅自公开工法的关键技术内容。

第二十五条　鼓励企业采用新技术、新工艺、新材料、新设备，加快技术积累和科技成果转化。鼓励符合专利法、科学技术奖励规定条件的工法及其关键技术申请专利和科学技术发明、进步奖。

10.2.3.4 《建筑工程设计招标投标管理办法》

第二十六条　招标人、中标人使用未中标方案的，应当征得提交方案的投标人同意并付给使用费。

10.2.4　国际条约（涉及国际工程）

10.2.4.1 《伯尔尼保护文学和艺术作品公约》

（1886 年 9 月 9 日签订 我国于 1992 年 7 月 1 日加入）

1896 年 5 月 4 日在巴黎补充完备，1908 年 11 月 13 日在柏林修订；

1914 年 3 月 20 日在伯尔尼补充完备，1928 年 6 月 2 日在罗马修订；

1948 年 6 月 26 日在布鲁塞尔修订，1967 年 7 月 14 日在斯德哥尔摩修订；

1971 年 7 月 24 日在巴黎修订，1979 年 10 月 2 日更改。

本同盟各成员国，共同受到尽可能有效、尽可能一致地保护作者对其文学和艺术作品所享权利的愿望的鼓舞，承认 1967 年在斯德哥尔摩举行的修订会议工作的重要性，决定修订斯德哥尔摩会议通过的公约文本但不更动该公约文本第一至二十条和第二十二至二十六条。

第二条

1. "文学和艺术作品"一词包括文学、科学和艺术领域内的一切成果，不论其表现形式或方式如何，诸如书籍、小册子和其他文学作品；讲课、演讲、讲道和其他同类性质作品；戏剧或音乐戏剧作品；舞蹈艺术作品和哑剧；配词或未配词的乐曲；电影作品和以类似摄制电影的方法表现的作品；图画、油画、建筑、雕塑、雕刻和版画作品；摄影作品和以类似摄影的方法表现的作品；实用艺术作品；与地理、地形、建筑或科学有关的插图、地图、设计图、草图和立体作品。

10.2.4.2 《保护工业产权巴黎公约》

（1883 年 3 月 20 日签订，我国于 1984 年 11 月 14 日加入）

1900 年 12 月 14 日在布鲁塞尔修订；1911 年 6 月 2 日在华盛顿修订；1925 年 11 月 6 日在海牙修订；1934 年 6 月 2 日在伦敦修订；1958 年 10 月 31 日在里斯本修订；1967 年 7 月 14 日在斯德哥尔摩修订。1967 年 7 月 14 日在斯德哥尔修订。

第一条

（本联盟的建立：工业产权的范围）

为了便于识别各条的内容，特增加了标题。（法语）签订本中无此标题。

（1）适用本公约的国家组成联盟，以保护工业产权。

（2）工业产权的保护对象有专利、实用新型、外观设计、商标、服务标记、厂商名称、货源标记或原产地名称，和制止不正当竞争。

（3）对工业产权应作最广义的理解，不仅应适用于工业和商业本身，而且也应同样适用于农业和采掘业，适用于一切制成品或天然产品，例如：酒类、谷物、烟叶、水果、牲畜、矿产品、矿泉水、啤酒、花卉和谷类的粉。

（4）专利应包括本联盟国家的法律所承认的各种工业专利，如输入专利、改进专利、增补专利和增补证书等。

10.2.4.3 《商标国际注册马德里协定》

（1891 年 4 月 14 日在马德里签订，1967 年 7 月 14 日在斯德哥尔摩修订，我国于 1989 年 5 月 25 日加入）

第一条　成立特别同盟；向国际局申请商标注册；所属国的定义

（一）本协定所适用的国家组成商标国际注册特别同盟。

（二）任何缔约国的国民，可以通过原属国的注册当局，向成立世界知识产权组织（以下称"本组织"）公约中的知识产权国际局（以下称"国际局"）提出商标注册申请，以在一切其他本协定参加国取得其已在所属国注册的用于商品或服务项目的标记的保护。

（三）称为原属国的国家是：申请人置有真实有效的工商业营业所的特别同盟国家；如果他在特别同盟国家中没有这种营业所，则为其有住所的特别同盟国家；如果他在特别同盟境内没有住所，但系特别同盟国家的国民，则为他作为其国民的国家。

10.3　施工企业知识产权合规检查流程

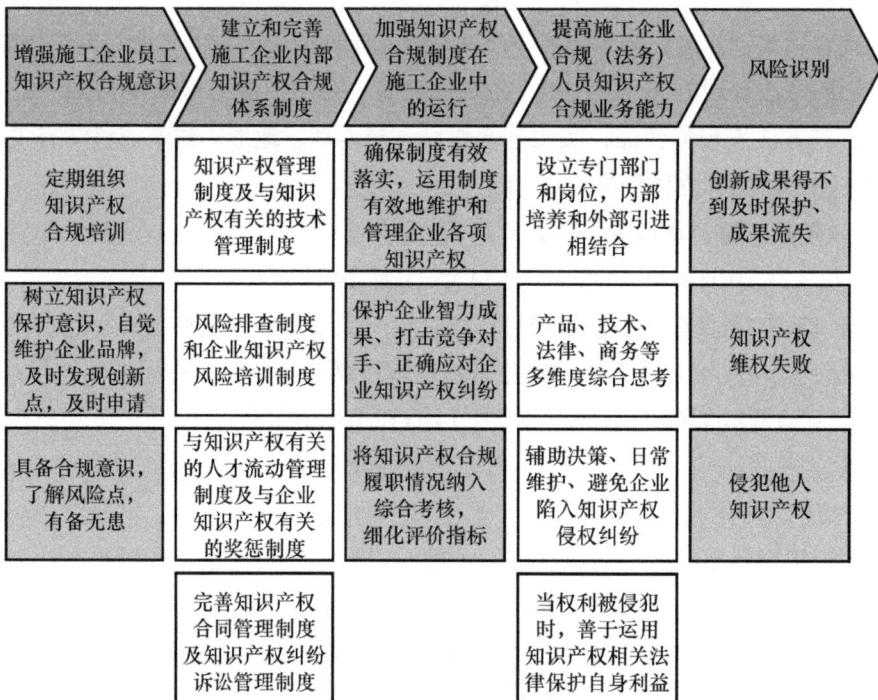

增强施工企业员工知识产权合规意识	建立和完善施工企业内部知识产权合规体系制度	加强知识产权合规制度在施工企业中的运行	提高施工企业合规（法务）人员知识产权合规业务能力	风险识别
定期组织知识产权合规培训	知识产权管理制度及与知识产权有关的技术管理制度	确保制度有效落实，运用制度有效地维护和管理企业各项知识产权	设立专门部门和岗位，内部培养和外部引进相结合	创新成果得不到及时保护、成果流失
树立知识产权保护意识，自觉维护企业品牌，及时发现创新点，及时申请	风险排查制度和企业知识产权风险培训制度	保护企业智力成果、打击竞争对手、正确应对企业知识产权纠纷	产品、技术、法律、商务等多维度综合思考	知识产权维权失败
具备合规意识，了解风险点，有备无患	与知识产权有关的人才流动管理制度及与企业知识产权有关的奖惩制度	将知识产权合规履职情况纳入综合考核，细化评价指标	辅助决策、日常维护、避免企业陷入知识产权侵权纠纷	侵犯他人知识产权
	完善知识产权合同管理制度及知识产权纠纷诉讼管理制度		当权利被侵犯时，善于运用知识产权相关法律保护自身利益	

第11章 施工企业生态环境保护合规风险识别与管理

2017年3月30日，环保组织"自然之友"联合"山水自然保护中心"和"野性中国"向原环保部发出紧急建议函，建议暂停红河流域水电项目，挽救濒危物种绿孔雀最后完整栖息地。该函件同时抄送国家林业局。

由于红河（元江）干流戛洒江一级水电站项目已开始施工，"自然之友"于2017年7月12日向云南省楚雄彝族自治州中级人民法院提起公益诉讼，请求判令"中国水电顾问集团新平开发有限公司和中国电建集团昆明勘测设计研究院有限公司共同消除云南省红河（元江）干流戛洒江水电站建设对绿孔雀、苏铁等珍稀濒危野生动植物以及热带季雨林和热带雨林侵害的危险，立即停止该水电站建设，不得截流蓄水，不得对该水电站淹没区域植被进行砍伐"等诉讼请求。

这也是全国首例野生动物保护预防性环境公益诉讼，亦称为"预防性"的诉讼，是为避免环境损害的实际发生，通过诉讼手段阻止启动可能会对环境产生负面影响的项目或行动。

2018年8月28日昆明市中级人民法院环境资源审判庭开庭审理了本案。自然之友认为，水电站建设项目的环境影响评价从程序到实体上均存在重大问题。该项目的环评单位昆明勘测设计研究院有限公司不仅是建设单位的股东之一，同时还是该项目的总承包方，其作出的环境影响评价具有明显的主观倾向。戛洒江水电站建设施工和淹没区域生态价值极高，生物多样性极其丰富。该水电站所在的红河流域中上游为我国绿孔雀种群密度最高的地方，同时，该区域保存着较完整、面积较大的季雨林以及热带雨林片段。戛洒江水电站建设会淹没绿孔雀重要栖息地和季雨林，对本区域内绿孔雀种群生存会带来重大风险。因此应先暂停戛洒江水电站的建设。

然而，在该项水电工程建设项目2014年审批通过的《环境影响报告》中，关于绿孔雀的表述是"野外调查未见动物（绿孔雀）活动，但有动物活动痕迹……由于时间局限和野生动物特点，无论鸟类还是其他隐蔽性更强的类群的动物均不可能在短期内通过实地观察得出满意结论……（工程）不会影响该物种在当地生存和繁衍……"[1]

被告新平公司和昆明勘测院认为，戛洒江水电站建设一直合法合规，他们作为项目的建设方，从项目立项到开工，所有的过程都取得了国家相关管理机关的批复、同意以及认可。水电站的建设没有破坏生态的行为，也没有对公共利益造成重大风险。

---

[1] 参见中国科学报：《500只绿孔雀逼停10亿水电项目？案件双方均上诉，环评留隐患》，http://news.sciencenet.cn/htmlnews/2020/5/439496.shtm，访问时间：2021年7月1日。

2020 年 3 月 20 日，昆明市中级人民法院对绿孔雀案作出判决。昆明中院认为戛洒江水电工程淹没区很可能会对绿孔雀的生存造成严重损害，同时环境影响报告书未对陈氏苏铁进行评价，新平公司也未对陈氏苏铁采取任何保护性措施。讼争工程若继续建设，将使该区域内珍稀动植物的生存面临重大风险。故判决被告新平公司停止施工，重新进行环境影响评价。待被告采取改进措施并报生态环境部备案后，由相关行政主管部门视具体情况依法作出决定。随后双方均提起上诉，云南高院维持一审判决。

本案系珍稀野生动植物保护预防性环境民事公益诉讼案件。被告新平公司在进场施工后，仍然因环评报告的不客观、不全面、不完整被迫永久性停工，投资超十亿元的重大工程被迫中断给项目建设方和施工方都造成巨大损失。在习近平总书记"共抓大保护、不搞大开发"重要指示精神下，建设单位和施工企业都应当扎严扎实生态环境保护责任，自觉履行生态环境保护法律法规，坚决杜绝弄虚作假，让环评文件内容和结论经得起质疑和推敲。

建筑业是国民经济支柱产业之一，但同时也是高能耗、高排放、高资源消耗型产业。施工企业应当主动承担社会责任，响应"四节一环保"绿色施工的号召，走生态建设绿色发展之路，在施工全过程落实节能减排的要求，在施工生产活动中最大限度地节约资源，减少对环境的负面影响。

本章将通过梳理我国工程领域中生态环境保护法律法、司法解释、规范性文件及相关技术标准，研读我国施工企业生态环境保护涉诉案件，提示建设项目中可能存在的生态环境保护合规风险，并提出绿色施工的合规建议。

11.1　工程项目生态环境保护合规风险识别与合规建议

生态环境保护在建筑和工程施工领域的具体应用分别为绿色建筑和绿色施工。绿色建筑和绿色施工是城市建设实现可持续发展的基本要求，是生态文明建设的重要组成部分。

建筑业是支撑我国经济社会高速发展的传统产业之一，但同时也是一个资源消耗巨大、污染排放集中、覆盖面和影响面广的行业，随着我国城镇化建设的加速推进，建筑规模仍然会保持较快增长，进一步加大对资源的需求，并给资源环境造成了巨大的压力。根据国家统计局的资料显示，2019 年我国建筑业房屋施工面积为 144.150467 亿 m^2，建筑业房屋竣工面积为 40.233553 亿 m^2，如此庞大的建筑规模每年消耗的建材数量是惊人的，这在世界上是空前的。同时数据显示，我国建筑寿命仅维持 25～30 年，而英国建筑平均寿命 132 年，美国建筑平均寿命 74 年。建筑寿命大幅度缩减，引发建筑规划、设计的循环周期频率加快，这会不断拉动上游建筑材料行业的生产，导致自然资源被大量开采，同时产生大量二氧化碳、二氧化硫、二氧化氮和粉尘等废弃物，最终致使自然环境被严重污染和破坏。

随着经济转型和生产方式的革新，习近平总书记提出"绿水青山就是金山银山"的可持续发展战略目标。对于施工企业来说，其必须倡导以绿色施工为主要模式的生产方式，贯彻可持续发展战略，在工程实施中真正做到以人为本、厉行节约、保护环境，全力推进绿色建筑设计和绿色施工，才能响应"建设美丽中国"的中央号召，创建符合中国国情特点的生态建设发展之路。

据此，本节着重介绍我国工程施工过程中生态环境保护方面存在的不合规情形，分析不合规现象产生的主要原因，并在此基础上，给出正当合理、行之有效的合规建议。

11.1.1　合规风险之一：施工企业因搅拌站废水排放和大量倾倒建筑垃圾承担环境侵权损害赔偿责任

11.1.1.1　典型案例

2013 年 3 月 10 日，某村民委员会与徐某签订蒋庄村鱼塘承包合同书，将 56 亩鱼塘承包给徐某经营，2014 年 1 月 10 日，徐某将上述鱼塘转包给吴某，期限为 3 年，自 2014 年 1 月 10 日至 2017 年 3 月 18 日，承包金每年 4 万元。吴某养殖期间，某交通公司负责兴建"阜兴泰"高速公路，其搅拌站位于吴某鱼塘东南侧，与鱼塘间有一堤坝相隔。2015 年 5 月，某交通公司进行高速公路桩基施工，由于高速公路横穿鱼塘东侧边缘，吴某鱼塘中也打入 8 根桩基。2015 年 11 月 6 日至 7 日，兴化市发生大雨天气。11 月 8 日，吴某发现鱼塘中鱼大量死亡。次日，某镇农业服务中心水产站送吴某鱼塘水样 4 份到渔业技术指导站，该站随机对其中 1 份水样进行检测，检测结果为：水温 14.3℃，pH 值 8.75，氨态氮 0.51mg/L，亚硝酸盐 0.533mg/L，硫化氢 0.197mg/L。同月 11 日，某市公安局派出所送水样到泰州市环境监测中心站进行检测，经检测，吴某鱼塘 3 份水样的检测结果分别为：pH 值 7.45～7.54，硝酸盐 1.19～1.44mg/L。吴某认为，其鱼塘中鱼的死亡，是由于某交通公司混凝土搅拌站产生的废水和粉尘进入鱼塘所造成，故诉至法院。请求判令：（1）某交通公司赔偿死鱼损失 716020 元；（2）某交通公司对吴某养殖的鱼塘进行水土整治；（3）赔偿 2016 年可得利益损失 20 万元；（4）诉讼费由某交通公司负担。

一审诉讼过程中，经吴某申请，一审法院委托资产评估房地产土地估价有限公司对吴某鱼塘死鱼损失进行评估，经评估，评估结果为人民币 249395 元（评估基准日为 2015 年 11 月 9 日）。经某交通公司申请，一审法院委托江苏省生态环境评估中心对吴某鱼塘里的鱼死亡与某交通公司生产施工行为有无因果关系进行鉴定，该中心出具鉴定意见如下：（1）2015 年 11 月，鱼死亡事件发生后，由于未及时对吴某鱼塘水体溶解氧这一重要指标进行监测，且死鱼样本也未及时进行解剖鉴定，重要物证现均已灭失，无法准确断定吴某鱼塘鱼死亡原因。（2）经现场踏勘及水质监测，未发现搅拌站废水有直接排入吴某鱼塘或通过坝体渗透的现象，即未发现存在搅拌站废水对吴某鱼塘产生影响的途径。（3）通过吴某鱼塘与对比鱼塘的对比监测，吴某鱼塘中悬浮物、浊度指标与对比鱼塘持平甚至更低，即未发现混凝土搅拌站废气（粉尘）进入吴某鱼塘的证据。

一审法院认为，吴某鱼塘中的鱼死亡后，兴化市渔业技术指导站、泰州市环境监测中心站先后对吴某鱼塘中的水样进行了检测。经咨询渔业养殖专家意见，检测项目中，除亚硝酸盐的检测结果为 0.533mg/L，明显高于渔业水质标准，其他指标属于正常范围或相差不大。某交通公司生产施工的主要产品或原料是混凝土。通常建筑所用的混凝土的主要组成材料包括：水泥、水、石子、沙子和外加剂，普通水泥的主要成分包括：硅酸二钙、硅酸三钙、铝酸三钙、石膏等。通俗地讲，水泥的主要成分为硅酸盐，其与亚硝酸盐的化学成分明显不同。也就是说，吴某鱼塘中亚硝酸盐超标，不能证明与水泥粉尘或者混凝土的生产有必然联系。从江苏省生态环境评估中心出具的鉴定意见也可以看出，未发现某交通公司混凝土搅拌站废水、废气（粉尘）对吴某鱼塘水质产生污染的证据，其在对混凝土搅拌站排水沟中的水样进行监测后，发现其中亚硝酸盐的监测数据为 0.114mg/L，远远低于吴某鱼塘中鱼死亡时水样中亚硝酸盐的检测数据，也说明了吴某鱼塘亚硝酸盐的超标并非是因某交通公司的生产施工行为所导致。因吴某鱼塘中鱼死亡时，未对死鱼样本进行解剖鉴定，无法准确断定吴某鱼塘鱼的死亡原因，现有证据不能证明吴某鱼塘鱼的死亡与某交通公司的生产施工行为存在因果。吴某的诉讼请求，缺乏事实根据和法律根据，应不予支持。

二审法院维持原判，江苏高院再审认为，2013 年 3 月 10 日村民委员会与徐某签订承包合同书，将案涉 56 亩鱼塘承包给徐某经营，2014 年 1 月 10 日，徐某将上述鱼塘转包给吴某，期限为 3 年，案涉鱼塘大面积死鱼时间发生于吴某养殖期间，故吴某有权就因他人行为导致大面积死鱼而受到的损害主张赔偿。某交通公司称鱼塘已被征收，吴某对鱼塘已经不再享有权利，未提供证据证明，江苏高院不予采信。

吴某主张某交通公司存在五种环境污染行为：（1）施工截断出水口；（2）在鱼塘中打桥桩；（3）将混凝土倒入鱼塘；（4）搅拌站粉尘落入鱼塘；（5）搅拌站污水渗入鱼塘。某交通公司否认存在截断出水口及将混凝土倒入鱼塘的行为。江苏高院认为，市公安局派出所、市渔政执法大队出具的 2017 年 8 月 2 日《接处警情况说明》和 2017 年 9 月 6 日《证明》均明确载明，在吴某承包的鱼塘突发大面积死鱼后，现场察看发现鱼塘出水口被某交通公司打坝头堵死，初步判定为鱼塘水质恶化所致，需紧急换水，某交通公司项目部另行开挖了临时换水渠。某交通公司认为，《接处警情况说明》和《证明》与事故发生时原始材料不一致，对两份证据不予认可。然而，首先，虽然市公安局派出所、市渔政执法大队在死鱼事件发生时的接警记录、立案登记表中未涉及堵塞排水口、倾倒建筑垃圾的问题，但在市委协调时，市渔政执法大队提及了上述问题，村、镇参会人员并未提出相反意见；其次，市渔政执法大队处理涉案事故的案卷材料中所附现场照片显示，高速公路桥桩下堆积有大量泥土石块、水泥块，基本将鱼塘北部一小块与鱼塘主体部分隔开，同时附有临时排水渠的照片。根据上述证据足以认定，某交通公司存在打坝头堵塞出水口的行为和倾倒建筑垃圾的行为。二审判决认为，吴某提供的证据尚不能证明某交通公司存在施工截断出水口及将混凝土倒入鱼塘的行为，明显不当，江苏高院予以纠正。

关于吴某主张的某交通公司五种行为是否构成环境侵权，应当如何承担责任，江苏高院分析认定如下：

（1）关于截断出水口，在鱼塘中打桥桩，将建筑垃圾倾倒入鱼塘

江苏高院认为，环境污染是指工矿企业等单位所产生的废气、废水、废渣、粉尘、垃圾、放射性物质等有害物质和噪声、震动、恶臭排放或传播到大气、水、土地等环境之中，使人类生存环境受到一定程度的危害的行为。按此定义，在鱼塘中打坝头堵塞出水口以及在鱼塘中打桩的行为本身并不存在排放有毒有害物质情形，故不属于环境污染侵权行为。向鱼塘中倾倒建筑垃圾是否构成环境污染侵权，则取决于建筑垃圾是否存在有毒有害物质。由于建筑垃圾除主要成分是混凝土即硅酸盐外，仍有部分可能对水体造成污染的有毒有害添加剂，故向鱼塘中倾倒建筑垃圾应当属于环境侵权行为。

众所周知的事实当事人无须举证。根据常识，鱼塘出入水口被堵塞、打桩导致泥浆进入鱼塘，必然导致鱼塘水质的恶化，而水质恶化与鱼塘死鱼之间通常存在因果关系，故吴某无须就堵塞出水口、打桩与死鱼之间的因果关系进一步举证。某交通公司在施工时，本应采取为鱼塘另行开挖出水口等措施以防止鱼塘水质污染，但其未采取相应措施，应当认为其存在过错。故江苏高院认为，某交通公司堵塞鱼塘出水口以及在鱼塘中打桩过程中存在过错，且不能排除上述过错行为与吴某鱼塘大面积死鱼之间的因果关系。

至于向鱼塘中倾倒建筑垃圾问题，某交通公司向江苏高院提交的其委托诉讼代理人对鉴定潘某山的谈话笔录中潘某山认为如果是将混凝土倒入鱼塘和在打桩过程中渗漏混凝土的行为导致污染，只会导致在施工后很短时间内鱼类大面积死亡，或者逐步、分批次死亡，不会在时隔半年后某一时间点突发大面积死亡。江苏高院认为，首先，根据市公安局派出所指导员谢某陈述，鱼塘死鱼现象并非只有一次，其曾多次接到吴某报警出警，发现死鱼现象越来越严重。其次，仅有建筑垃圾的污染或许不足以引起半年后大面积死鱼，但该污染行为与其他污染行为、客观因素相结合，则有可能导致上述后果的发生。故江苏高院认为，某交通公司向鱼塘中倾倒建筑垃圾的行为构成环境侵权，且不能排除与吴某鱼塘大面积死鱼之间的因果关系。

（2）关于搅拌站废水、粉尘

侵权责任法第六十六条规定，因污染环境发生纠纷，污染者应当就法律规定的不承担责任或者减轻责任的情形及其行为与损害之间不存在因果关系承担举证责任。某交通公司认为，根据由其申请、一审法院委托的环评中心作出的鉴定意见，应当认定搅拌站废水、粉尘与鱼塘大量死鱼无因果关系。

江苏高院认为，环评公司的鉴定意见不能作为定案依据。第一，环评公司的鉴定意见系在大量死鱼事件发生 8 个月后，通过现场踏勘等形式作出，然而，因时隔较久，现场环境已经发生了较大变化，现场踏勘难以准确反应事发时的实际情况；第二，该鉴定分析意见认为，由于鱼死亡后未对鱼塘水体溶解氧指标检测，死鱼亦未解剖鉴定，无法准确判断死鱼原因，故该鉴定意见的结论并不具有唯一性；第三，鉴定分析意见认为未发现混凝土

搅拌站废气（粉尘）进入原告池塘的证据。但根据鱼塘周边邻居的反映，吴某提供的视频资料、照片等，足以认定鱼塘大量死鱼事件发生前后，搅拌站的粉尘污染较为严重，鱼塘水面有大面积粉尘漂浮物。吴某所提供的视频资料、照片等与鱼塘周边邻居的证词互相印证，某交通公司虽不认可但未能提供相反证据，故视频资料、照片江苏高院予以采信；第四，鉴定意见附件中载有鱼塘大量死鱼事件发生前后的气象资料，表明在事件发生前的2015年11月6日晚至7日上午出现暴雨。按常理，暴雨会导致鱼塘周围沉积的粉尘冲刷进入鱼塘，但鉴定意见中未考虑气象因素与污染行为结合导致损害或对污染损害扩大的影响；第五，由于鱼塘大量死鱼事件发生后兴化市委组织进行了协调会商，不能排除某交通公司事后采取了防止、减少污染的补救措施，故仅凭鉴定时搅拌站的混凝土产量与鱼塘大量死鱼事件发生前的产量相差不大即认定废气粉尘未对鱼塘造成影响，依据不够充分。据此，江苏高院认为，鉴定意见不能证明死鱼事件发生时的情况，且未考虑气象等因素，结论不具有唯一性，不能作为定案依据。由于鉴定意见不能作为定案依据，应当认定某交通公司未能完成法律规定的举证义务，故江苏高院认定某交通公司的搅拌站废水、粉尘与鱼塘大量死鱼存在因果关系，某交通公司应当承担环境侵权责任。

关于某交通公司应当如何承担赔偿责任。江苏高院认为，根据前述分析，某交通公司施工时堵塞出水口、在鱼塘中打桩、向鱼塘中倾倒大量建筑垃圾，以及搅拌站产生的废水、粉尘均可能与吴某养殖的鱼塘大量死鱼存在因果关系。然而，由于环评公司鉴定结论不能作为定案依据，现又不具备再次鉴定的条件，无法准确判定导致鱼塘大量死鱼的各项因素的原因力大小。鉴于不能排除恶劣天气等客观因素，吴某自身养殖因素，以及吴某未能及时采取相应补救措施导致损失扩大等因素，江苏高院酌定某交通公司应对吴某的损失承担80%的责任。

根据一审法院委托江苏经纬资产评估房地产土地估价有限公司对吴某鱼塘死鱼损失进行评估的结果，吴某养殖鱼塘的损失为人民币249395元。对该评估报告，吴某予以认可，并据此提出对死鱼直接损失的诉讼请求。某交通公司不予认可，认为评估价值过高，但未能提供充分相反证据，故江苏高院对该评估报告予以采信，据此认定吴某死鱼直接损失为249395元。该评估的基准日为2015年11月8日，故吴某因死鱼导致的损失应当从评估基准日起算利息。吴某放弃原审中要求某交通公司对鱼塘进行水土整治，赔偿预期收益的诉讼请求，系处分自己诉讼权利的行为，江苏高院依法照准；吴某提出的赔偿2016年养殖租金40000元的诉讼请求，超出了原审诉讼请求范围，某交通公司又不同意调解，故江苏高院对该项诉请不予理涉。[①]

11.1.1.2　合规风险分析

2020年4月29日，十三届全国人大常委会第十七次会议审议通过了修订后的《固体废物污染环境防治法》，针对建筑垃圾污染环境防治作了专章规定。《固体废物污染环境

[①]　参见中国裁判文书网，江苏高院（2018）苏民再345号民事判决书。

防治法》提出"县级以上地方人民政府环境卫生主管部门负责建筑垃圾污染环境防治工作，建立建筑垃圾全过程管理制度"。《固体废物污染环境防治法》第六十三条专门规定了工程施工单位防治建筑垃圾的主体义务："工程施工单位应当编制建筑垃圾处理方案，采取污染防治措施，并报县级以上地方人民政府环境卫生主管部门备案。工程施工单位应当及时清运工程施工过程中产生的建筑垃圾等固体废物，并按照环境卫生主管部门的规定进行利用或者处置。工程施工单位不得擅自倾倒、抛撒或者堆放工程施工过程中产生的建筑垃圾。"

混凝土是世界上应用最广泛的建筑材料，在工程施工领域亦是不可或缺的主材之一，但与之伴随的商品混凝土搅拌站的环境污染问题也日益突出。混凝土搅拌站在完成混凝土的搅拌生产之后，基本上都是采用自来水进行冲洗。在这一过程中形成的废水，主要包括水化程度较低的水泥、黏土、未水化的掺合料、细砂等，以及相关的氢离子、钠离子等。实践中，施工企业对上述工业废水、工业废料等建筑垃圾主要采取外运、填埋和露天堆放等方式处理，不但占用大量土地资源，还产生有害成分和气体，造成地下水、土壤和空气污染，危害生态环境和人民健康。施工企业在施工过程中常常不可避免地产生大量建筑垃圾，给施工地环境造成较大的负担。上述案件中某交通公司倾倒混凝土搅拌站废水即是如此，其涉诉的建筑垃圾和搅拌站废水问题具有一定的普遍性。

11.1.1.3 合规建议：关注施工路线上的敏感生态保护目标，一事一议制定环境保护方案

首先，施工企业应当树立施工路线上的敏感生态保护目标。施工企业在施工过程中应当注意施工路线中较为敏感的生态保护目标，包括但不限于鱼塘、养殖场、食品药品生产加工企业的厂房、居民点等，上述生态保护目标对周边的环境质量有相对较高的要求，但对生态环境质量并非极度敏感，不会事先被纳入环境影响评价中。

其次，施工企业应当按照一事一议的原则制定适当的环境保护方案。施工企业在开展施工过程中，第一，其应当注意收集沿途分布的较为敏感的生态保护目标信息，并应当主动通过事先沟通的方式了解重点生态保护目标对环境质量保护的诉求，按照一事一议的原则制定适当的环境保护方案；第二，其应当合理地选定建筑垃圾倾倒点和污水排污口，对粉尘采取适当的干预措施，尽可能减少对周边环境造成的负面影响；第三，在当地施工完成后，其应当采取适当措施处置形成的建筑垃圾，以及处理排污产生的废水中的有毒有害物质，减轻因施工对当地环境造成的负担。

最后，施工企业可以构建混凝土搅拌站废水零排放系统。施工企业可以通过构建一套混凝土搅拌站废水零排放系统，利用砂石分离系统、浆水回用系统、中水回用系统，使出水不仅满足直排要求，还可以直接回用于站内清洗，最终达到污水污物零排放、混凝土生产全程无污染的目标。①

---

① 吴宏富，吕超，姜素华，葛贵林，张卫东. 混凝土搅拌站废水资源化及零排放 [J]. 城市建筑，2021（05）：152-154.

11.1.2 合规风险之二：施工企业因粉尘污染承担损害赔偿责任

11.1.2.1 典型案例

刘某夫妻于 2001 年开始经营文笔峰养殖场，2008 年湖南省某工程有限公司在承建吉茶高速公路 12 标段的过程中，因拌料场离刘某夫妻的养殖场太近且居高临下，施工过程中给养殖场造成了污染。致使刘某夫妻养猪场在一定程度上受其损害，造成部分母猪流产、死胎。另查明，吉茶高速公路公司作为业主方将 K34＋800～K38＋700 范围内路基、桥梁、交叉等工程（吉茶高速公路 12 标段）通过招投标形式发包给湖南路桥建设集团公司，湖南路桥建设集团公司中标后将此项工程交由其子公司湖南省某工程有限公司承建施工。

一审法院判决：（1）湖南省某工程有限公司于判决生效之日起十日内一次性赔偿麻某、刘某因环境污染造成的损失 63600 元及利息，利息自 2010 年 10 月 21 日起算银行同期贷款利息至清偿本息之日止。（2）湖南省某工程有限公司于判决生效之日起十日内一次性赔偿麻某、刘某恢复原状损失的 10000 元。（3）吉茶高速公路公司不承担本案的赔偿责任。（4）驳回麻某、刘某的其余诉讼请求。

二审法院湖南省湘西土家族苗族自治州中级人民法院认定事实：湖南省某工程有限公司在吉茶高速公路 12 标段施工的时间为 2007 年 7 月至 2009 年 9 月止。刘某夫妻的尖岩文笔峰养殖在此期间有母猪 60 头，其中经产母猪 28 头，后备母猪 32 头。2010 年 11 月 11 日，刘某夫妻委托湘西州金思维司法鉴定所对养猪场的损失进行鉴定，该所于 2011 年 3 月 8 日作出鉴定意见：（1）花垣县尖岩文笔峰的鉴定情况为：母猪繁殖仔猪损失为 558309.57 元，后备母猪处理损失为 174316.80 元。（2）刘某夫妻提交的《司法委托鉴定书》的"委托鉴定事项"中记载：① 2008 年经产母猪 28 头，至 9 月共配 52 胎次，只有 5 胎次正常产仔，其他均流产死胎；② 32 头后备猪看情况不对，不敢配种，喂养时间将近一年后作商品猪处理；③ 2009 年元月被迫处理经产母猪，损失 16 头经产母猪补偿；④ 2009 年 12 头经产母猪留作目标抽检，一直未检，于 2009 年 8 月卖掉，2009 年两头已用配种公猪处理损失；⑤ 停产间接损失。（3）湘西州金思维鉴定意见书的附件 1《母猪繁殖损失计算表》将 28 头经产母猪损失分为 2008 年、2009 年、2010 年三年计算，2008 年总损失为 199367.61 元，2009 年的总损失为 187450.98 元，2010 年的总损失为 171490.98 元；附件 2《后备母猪繁殖损失计算表》32 头后备母猪损失分为 2009 年、2010 年两年计算，2009 年的总损失为 94070.40 元，2010 年的总损失为 80246.40 元。在本案发回重审后，湖南省某工程有限公司于 2013 年 1 月 28 日向原审法院提出重新鉴定申请，请求事项为猪场损失额以及损失与施工行为的因果关系等。经向原审法院了解，由于湖南省某工程有限公司未交纳鉴定费用，法院无法主持鉴定。当地同期母猪价格为 4000 元/头。

二审法院认为，湖南省某工程有限公司在修建高速公路的过程中，将拌料场修在刘某夫妻的养殖场的上方处，在施工过程中，产生的粉尘、噪声对环境产生了影响，这已经有花垣县环境保护局的调查报告予以定性，花垣县畜牧水产局也证明了周围养殖环境对母猪流产存在一定的影响。故本案应属于环境污染侵权纠纷。根据侵权责任法的规定，对于环境污染侵权案件，适用的是无过错责任原则；在举证责任分配上，受污染者只需证明污染行为和损害结果的存在，而污染者应当就法律规定的不承担责任或者减轻责任的情形及其行为与损害之间不存在因果关系承担举证责任。本案中，刘某夫妻作为污染受害者，已经举出证据证明了湖南省某工程有限公司的拌料场噪声、粉尘污染行为的存在，也举出证据证明了养猪场的母猪不孕、死胎、存活率低等损害结果的存在，故刘某夫妻已经完成了举证责任。湖南省某工程有限公司认为其排放的粉尘、噪声符合法律允许的范围，但未提交证据予以证明，且在刘某夫妻留存 12 头母猪作为样品以待检验的时候，湖南省某工程有限公司并未组织检验，故湖南省某工程有限公司没有证据证明其所实施的环境污染行为与损害结果之间不存在因果关系，应承担举证不能的后果，应对环境污染行为的损害后果承担侵权赔偿责任。

对于损害后果，也即损失问题有三：一是养殖场母猪的损失问题；二是养殖场房屋设备等损失及恢复原状问题；三是养殖场停产损失问题。在养殖场母猪的损失问题上分两点。（1）母猪的数量问题。湖南省某工程有限公司认为，在本案发回重审前的二审开庭中刘某夫妻自认养殖场只有 28 头猪，其中母猪 6 头，小猪 22 头。刘某、麻某认为养殖场有母猪 60 头，其中经产母猪 28 头，后备母猪 32 头。经查二审开庭笔录，刘某当庭陈述 2008 年养 28 头母猪，2007 年 7 月至 2009 年 9 月总共有 60 头母猪。且对于 60 头母猪，刘某夫妻已经提供了能繁母猪养殖保险卡和麻栗场政府防疫站证明予以佐证，因前者系中华联合财产保险股份有限公司出具，后者为国家事业机关出具，结合刘某关于母猪分为经产母猪和后备母猪的陈述，加之湖南省某工程有限公司和吉茶高速公路公司未提供证据反驳，根据证据的盖然性原则，认定刘某夫妻养殖场的母猪数量为 60 头，其中经产母猪 28 头，后备母猪 32 头。（2）母猪的损失问题。由于刘某夫妻的养殖场所饲养的是母猪，而非肉猪，因为母猪的经济效益体现在生产仔猪上所带来的利润，而非肉食上带来的利润，故本案的损失应适当考虑生产仔猪上所带来的价值。

二审法院判决：（1）维持花垣县人民法院（2012）花民重字第 3 号民事判决第二项、第三项、第四项，即："被告湖南省某工程有限公司于本判决生效之日起十日内一次性赔偿原告麻某、刘某恢复原状损失的 10000 元""被告湖南省某高速公路建设开发有限公司不承担本案的赔偿责任""驳回原告麻某、刘某的其余诉讼请求"；（2）撤销花垣县人民法院（2012）花民重字第 3 号民事判决第一项，即："被告湖南省某工程有限公司于本判决生效之日起十日内一次性赔偿原告麻某、刘某因环境污染造成的损失 63600 元及利息，利息自 2010 年 10 月 21 日起算银行同期贷款利息至清偿本息之日止"；（3）湖南省某工程有限公司赔偿刘某、麻某的各项损失共计 348810.87 元。限于判决生效后三十日内付清。一审案件受理费 11362 元，二审案件受理费 11362 元，共计 22724 元，由湖南省某工程有限公司承担 10680 元，由刘某、麻某承担 12044 元。

湖南省高院再审继续维持二审判决。[①]

11.1.2.2 合规风险分析

对于施工企业而言，扬尘是施工对环境造成的最大污染源之一。施工扬尘是国家法律法规和相关规范性文件明确的大气污染物，扬尘也是一种非常复杂的混合源灰尘。在施工中建筑材料的装卸和运输、各种混合料搅拌、土石方调运、路基填筑、路面稳定等施工过程对周围环境会造成短期内粉尘污染。运输车辆的增加和调运土石方的落土也会使相关的公路交通条件恶化，对原有的交通秩序产生较大的影响。施工时产生的粉尘覆盖在附近的农作物表面，影响其生长，尤其以对果木的影响最甚。燃油施工机械排放的尾气，如 CO_2、SO_2、NO_2 等会增加该路段的大气污染负荷。此外，沥青加热、喷洒、胶结过程中产生的沥青烟也是建设过程中重要的大气污染源，会对施工人员及附近居民区、村庄造成危害。

正是由于施工扬尘对人体健康、空气质量、植被（尤其是经济作物）存在较大的危害，施工扬尘成为施工企业对外承担环境污染损害赔偿责任、受到行政处罚的第一大诱因。并且，施工产生的扬尘是《环境保护税法》下的应税污染物，对于扬尘施工企业不仅应当积极干预治理，还应当积极承担环境保护税纳税义务。否则企业将承担三重合规风险——环境污染损害赔偿责任与承担环境保护税金及滞纳金的税务风险，甚至因污染破坏环境和逃税受到刑事追诉的风险。

据此，根据《财政部 税务总局 生态环境部关于明确环境保护税应税污染物适用等有关问题的通知》（财税〔2018〕117号），"排放的扬尘、工业粉尘等颗粒物，除可以确定为烟尘、石棉尘、玻璃棉尘、炭黑尘的外，按照一般性粉尘征收环境保护税"，以及通知对建筑施工产生的大气污染物作出专门规定"在建筑施工、货物装卸和堆存过程中无组织排放应税大气污染物的，按照生态环境部规定的排污系数、物料衡算方法计算应税污染物排放量；不能按照生态环境部规定的排污系数、物料衡算方法计算的，按照省、自治区、直辖市生态环境主管部门规定的抽样测算的方法核定计算应税污染物排放量"，施工企业必须采取有效的应对措施，否则将会面临较高的合规风险。

11.1.2.3 合规建议：集中治理施工扬尘

根据国家环保部颁发的《防治城市扬尘污染技术规范》HJ/T 393—2007规定的定义，扬尘来源于地质表面没有发生物理变化的颗粒物、受风蚀等外力影响使地质表层破损而产生的颗粒物等多种物质，呈现出一种无组织的松散状态，换言之，扬尘是指空气中松散颗粒借助自然或者人为的影响力而形成的一定粒径范围内的颗粒物。其中，粒径小于 $2.5\mu m$ 的PM2.5污染粒子和粒径小于 $10\mu m$ 的PM10污染粒子对人体的健康危害最大。

为了降低扬尘对施工周边环境的影响，施工企业应当：第一，实时跟踪监测。施工企业应当选择合理的监测设备，依据一定的方案对施工现场的扬尘浓度进行监测，分析污染

[①] 参见中国裁判文书网，湖南高院（2017）湘民再32号民事判决书。

扩散的规律、特点并制定出合理的扬尘控制措施。第二，做好扬尘预防。施工企业应当对运输道路进行定时洒水，对运输水泥或者土方的车辆使用相应的篷布进行遮盖，并对常用的砂石、水泥、土方等容易产生扬尘的施工材料应设置专用池槽集中堆放并进行覆盖，这样能够更好地防止灰尘的挥发，还可以有效地降低扬尘的浓度。最后，采取治理技术。施工企业可以采用科学合理的扬尘污染治理技术，做好沉积量的控制工作，如利用人工或机械对道路上的垃圾和颗粒物进行清扫等，在这其中，先进的洗扫车能够对道路完成一次性清洁工作，高压喷雾可以有效地降低空气中的粉尘和悬浮颗粒。

11.1.3　合规风险之三：施工企业因损毁古墓葬承担环境侵权责任

11.1.3.1　典型案例

2015 年 11 月 11 日，某市文物局接到群众反映，称第三次全国不可移动文物普查不可移动文物孙庄孙翰林家族墓群于 2015 年 11 月 9 日深夜被挖掘机铲平，该局随即赴现场调查取证。经实地调查，现场黄土覆盖地面，黄土里掩埋着新立墓碑和砖块，新封的墓冢已被推平。该局执法人员于 11 月 13 日向郑州某置业有限公司涉嫌破坏文物的行为下达了《责令改正通知书》，要求停止施工行为并保护好现场。郑州某土石方清运有限公司在接到停止违法施工的通知后，未按要求停止施工，此后多次进场施工造成地下已探明的墓葬受到不同程度的破坏，地表散落有墓砖和人骨。文物专家认为此地块的一号、二号墓已被全部挖毁，其价值无法进行进一步鉴定，应以一般文物对待。

一审法院认为，郑州某置业有限公司作为建设单位，进行大型基本建设工程，依法应当事先报请省、自治区、直辖市人民政府文物行政部门组织从事考古发掘的单位在工程范围内有可能埋藏文物的地方进行考古调查、勘探，现郑州某置业有限公司未提供证据证明其已经履行该法定义务。在郑州某置业有限公司雇佣的郑州某土石方清运有限公司施工可能破坏文物的情况下，郑州市文物局先后三次要求郑州某置业有限公司停止施工，保护现场，郑州某置业有限公司亦未及时有效履行义务，造成人文遗迹被破坏，应与施工单位郑州某土石方清运有限公司共同承担侵权责任。

二审法院河南高院同样认为，郑州某置业有限公司和郑州某土石方清运有限公司应当对损毁古墓葬的行为承担侵权责任。本案中，郑州某土石方清运有限公司在进行地下施工过程中挖掘到地下埋藏的疑似古墓葬，因遭遇当地村民的阻挠而被迫停止施工，郑州市文物局接群众反映后向郑州某置业有限公司涉嫌破坏文物的行为下达了《责令改正通知书》，要求停止施工行为并保护好现场，随后派出文物专家对现场进行了实地调查，认定施工行为尚未对文物造成损毁，并推测墓葬可能为清代古墓葬。至此，郑州某土石方清运有限公司本应遵照文物主管部门的整改要求，履行保护文物的法定义务，停止施工，等待文物主管部门进行考古发掘，但为了赶工期，郑州某土石方清运有限公司竟置埋藏的文物于不顾，连续数日进行挖掘施工，期间执法人员多次制止亦未奏效，导致埋藏的古墓葬被彻底损毁，郑州某土石方清运有限公司对此依法应该承担侵权赔偿责任。

11.1.3.2 合规风险分析

根据《文物保护法》第二十九条第一款的规定："进行大型基本建设工程，建设单位应当事先报请省、自治区、直辖市人民政府文物行政部门组织从事考古发掘的单位在工程范围内有可能埋藏文物的地方进行考古调查、勘探"，虽然施工企业不直接承担报请考古调查、勘探的法定义务，但是，根据《文物保护法》第七条之规定，"一切机关、组织和个人都有依法保护文物的义务"，施工企业一旦在施工过程中发现了古墓葬或其他文物，都应当立即停止施工、保护现场，通知建设单位，上报文物行政部门。如果发包单位违抗文物行政主管部门的指令，强令施工企业继续按照工程施工合同抓紧工期施工的，施工企业有权拒绝，且发包企业未尽到国家强制性报请考古调查勘探义务而导致施工企业无法顺利按照施工计划如期完工的，施工企业有权提出抗辩并无须承担因遵照文物行政部门指令停止施工导致延误工期的违约责任。相反，如果施工企业无视文物行政主管部门提出的整改要求，按照发包方的要求继续施工而导致对地下的古墓葬或其他文物造成无法挽救的损毁时，就可能如本案的当事人承担共同的环境侵权责任。

11.1.3.3 合规建议：配合文物主管部门要求停止施工、保护文物挖掘现场

古墓葬作为人文遗迹的一种，属于文化生态环境的重要组成部分，具有一定的历史、艺术和科学价值，不同等级的古墓葬具有不同的历史、艺术和科学价值，未公诸于世的古墓葬具有潜在的生态服务功能。据此，国家法律要求公民具有尊重及保护古墓葬的义务。《文物保护法》第二条规定，"在中华人民共和国境内，下列文物受国家保护：（一）具有历史、艺术、科学价值的古文化遗址、古墓葬、古建筑、石窟寺和石刻、壁画；……"第七条规定，"一切机关、组织和个人都有依法保护文物的义务。"第六十五条规定，"违反本法规定，造成文物灭失、损毁的，依法承担民事责任。"。地下的古墓葬和文物是文化环境的一部分，施工企业不得轻易破坏，更不得违令继续挖掘。根据上述规定，施工企业应当履行文物保护义务，一旦在施工挖掘过程中发现古墓葬或其他文物的，应当及时上报文物行政主管部门，依照文物行政组主管部门的指令停止挖掘施工保护现场。

11.1.4 合规风险之四：施工企业因噪声污染承担损害赔偿责任

11.1.4.1 典型案例

某项目施工地点与南星酒店相邻，项目建设单位是安顺某房地产开发有限责任公司，施工单位是贵州某建设工程有限公司。2013年4月，安顺某房地产开发有限责任公司向安顺市环境保护局经济技术开发区分局递交关于该项目的《建设项目环境影响报告表》。2013年4月26日安顺市环境保护局经济技术开发区分局（以下简称"安顺环保局经开分局"）对此出具安开环表审（2013）10号《审批意见》，该意见关于噪声的主要内容如下：施工期应选用低噪声设备，加强设备维护与管理，合理安排施工时间，施工现场合理布局，由于地处环境敏感区，距离周边居民、办公地点均较近，必须在噪声超标的敏感点设置声屏障阻挡或隔离噪声的传播。如未取得环保部门同意并未向附近居民进行公告，

禁止在早 6：00-8：00、中午 12：00-14：00 以及 22：00 后的时间内施工作业，确因工程需要须事先报经环保部门同意并向周围公告，严格执行《建筑施工场届环境噪声排放标准》GB 12523—2001。确保城市主次干道两侧区域和居住区声环境分别达到《声环境质量标准》GB 3096—2008 2 类标准要求。2013 年 5 月 10 日，安顺市环境保护局经济技术开发分局向星光苑房地产开发项目颁发了《贵州省排放污染物许可证》，许可排放污染物种类包括"噪声：施工噪声"。

2013 年 5 月，项目开始施工。

2013 年 7 月 12 日安顺市环境监测站对南星酒店现场调查并进行检测，共设置 5 个监测点，各个监测点在昼间（6：00-22：00）检测一次，监测结论为：本次南星酒店外环境噪声监测，共设 5 个噪声检测点，监测结果均超 4 类。南星酒店所处声环境为超 4 类。

2013 年 7 月 12 日，安顺环保局经开分局向安顺某房地产开发有限责任公司下达了《贵州省环境监察执法通知书》，该通知载明："由于你公司施工作业时产生噪声影响周围居民正常生活、居民反映较为强烈，现根据建设项目环境影响报告要求，责令你公司按以下几点要求执行：（1）必须在噪声超标的敏感点设置声屏障阻挡或隔离噪声的传播；（2）严格执行《建筑施工场届噪声污染排放标准》GB 12522—2011。"

2013 年 7 月 16 日，安顺某房地产开发有限责任公司向安顺环保局经开分局提交《关于减小项目噪声扰民的报告》。该报告载明："开发区环保局：由于周边单位及居民住房较多，不能采用爆破工艺，只能采用机械凿石，故给周围居民带来施工噪声污染。为了尽量减小噪声污染，我公司根据该项目的环评报告要求，作出一系列的处理措施。其处理方法如下：（1）严格按照环评报告中规定的施工时段进行作业；（2）尽量多使用化学膨胀剂辅助机械开挖；（3）机械作业台班尽量减少；（4）在靠星光路和南星酒店侧设立约 6.0m（含围墙）高的隔声屏障。"

在项目施工期间，王某对该项目的施工进行了视频拍摄，在拍摄的两段视频时长分别为 2 分钟左右的视频里，该工程施工产生了较大的噪声。

综上，2013 年 5 月至 2013 年 7 月 16 日项目施工期间，该项目施工给周围居民包括南星酒店带来了噪声污染。

另查明，项目建设起止期限为 2013 年 5 月至 2014 年 11 月。从 2013 年 5 月至 9 月，该项目一直在进行地基开挖机械施工。

一审法院认为：本案被告施工噪声客观存在，噪声对原告实际产生影响的事实客观存在，对原告的经营会造成一定的影响并会造成一定的经济损失也是客观存在。因此应由二被告对原告进行一定的经济赔偿，酌情由被告自施工时（2013 年 5 月）至原告起诉时止（2013 年 9 月）每月支付给原告 3 万元作为营业损失赔偿。一审法院判决如下：（1）限被告安顺某房地产开发有限责任公司、贵州某建设工程有限公司于本判决生效之日起二十日内共同赔偿原告王某人民币 150000 元；（2）驳回原告王某的其他诉讼请求。案件受理费 13891.00 元，由原告王某负担 12307 元，由被告安顺某房地产开发有限责任公司、贵州某建设工程有限公司共同负担 1584 元。

二审法院贵州高院认为：本案应属噪声污染责任纠纷。本案安顺某房地产开发有限责任公司的授权施工行为、贵州某建设工程有限公司的施工行为共同产生噪声污染，均属对南星酒店的加害行为，共同造成其损害。

贵州高院认为，安顺某房地产开发有限责任公司、贵州某建设工程有限公司存在噪声污染行为。安顺某房地产开发有限责任公司、贵州某建设工程有限公司上诉称，其施工办理了排污许可证，施工符合操作规范，噪声污染超标没有证据证明，不存在侵权。贵州高院认为该理由不成立。第一，本案相关证据与事实充分表明，本案星光苑房地产开发项目施工行为确实产生噪声，并且有超标的情形，应可以认定存在噪声污染行为。第二，排污是否超标不是承担侵权责任的界限。环境污染损害责任采无过错责任，国家或者地方规定的污染物排放标准，是环境保护主管部门决定排污单位是否需要缴纳排污管理费和进行环境管理的依据，并不是确定排污者是否承担赔偿责任的界限。即使排污符合标准，给他人造成损害的，也应当根据有损害就要赔偿的原则，承担赔偿责任。贵州高院最终维持一审判决。

11.1.4.2　合规风险分析

建筑施工噪声是指在建筑施工过程中产生的干扰周围生活环境的声音，它是噪声污染的一项重要内容，对居民的生活和工作会产生重要的影响。建筑施工噪声被视为一种无形的污染，它是一种感觉性公害，被称为城市环境"四害"之一，具有以下特点：

（1）普遍性。由于建筑工程的对象是城镇的各种场所及建筑物，城镇中任何位置都可能成为施工现场。因此，任何地方的城镇居民都可能受到施工噪声的干扰。

（2）突发性。由于建筑施工噪声是随着建筑作业活动的发生或某些施工设备的使用而出现的，因此对于城镇居民来说是一种无准备的突发性干扰。

（3）暂时性。建筑施工噪声的干扰随着建筑作业活动的停止而停止，因此是暂时性的。

此外，施工噪声还具有强度高、分布广、波动大、控制难等特点。

对于施工企业而言，施工噪声对人居环境存在巨大危害，噪声是施工对环境造成的污染源之一。对于噪声问题施工企业应当积极干预治理，如国家规定，施工现场噪声排放不得超过国家标准《建筑施工场界环境噪声排放标准》GB 12523—2011，若要使噪声排放量达到规定要求，施工企业在施工过程中必须采取控制措施，否则，企业将承担环境侵权责任。

11.1.4.3　合规建议：集中治理施工噪声

关于噪声治理问题，首先，应当重点改进招标投标管理，不合理的工期不得作为工程招投标过程中考量是否中标的参照依据。其次，施工方要合理安排工期，尽量安排在白天施工，避免夜间施工。再次，施工单位应当加强对施工可能产生噪声的细节管理和控制，强化对施工人员的培训和教育，提倡"换位思考"，提高施工人员对可能产生噪声扰民问题的防范意识。最后，应在建筑施工领域加快低噪声甚至是无噪声环保施工设备和技术的研发和使用。

11.2　生态环境保护合规依据

11.2.1　法律

11.2.1.1　《民法典》

《民法典》侵权责任编第七章专章规定了环境污染和生态破坏责任。

部分重点条文：

第九条　民事主体从事民事活动，应当有利于节约资源、保护生态环境。

第一千二百二十九条　因污染环境、破坏生态造成他人损害的，侵权人应当承担侵权责任。

11.2.1.2　《建筑法》

《建筑法》包含了对施工企业走绿色施工发展道路的基本要求。

部分重点条文：

第四条　国家扶持建筑业的发展，支持建筑科学技术研究，提高房屋建筑设计水平，鼓励节约能源和保护环境，提倡采用先进技术、先进设备、先进工艺、新型建筑材料和现代管理方式。

第三十九条　建筑施工企业应当在施工现场采取维护安全、防范危险、预防火灾等措施；有条件的，应当对施工现场实行封闭管理。

施工现场对毗邻的建筑物、构筑物和特殊作业环境可能造成损害的，建筑施工企业应当采取安全防护措施。

第四十一条　建筑施工企业应当遵守有关环境保护和安全生产的法律、法规的规定，采取控制和处理施工现场的各种粉尘、废气、废水、固体废物以及噪声、振动对环境的污染和危害的措施。

11.2.1.3　《清洁生产促进法》

《清洁生产促进法》致力于促进清洁生产，提高资源利用效率，减少和避免污染物的产生，保护和改善环境，保障人体健康，促进经济与社会可持续发展。《清洁生产促进法》对施工企业应当使用符合国标的绿色建材提出了要求。

部分重点条文：

第二十四条　建筑工程应当采用节能、节水等有利于环境与资源保护的建筑设计方案、建筑和装修材料、建筑构配件及设备。

建筑和装修材料必须符合国家标准。禁止生产、销售和使用有毒、有害物质超过国家标准的建筑和装修材料。

11.2.1.4　《环境保护法》

《环境保护法》确定了我国环境保护的基本管理体制，为每一个生产经营者确立了环境保护义务。

部分重点条文：

第六条 一切单位和个人都有保护环境的义务。

地方各级人民政府应当对本行政区域的环境质量负责。

企业事业单位和其他生产经营者应当防止、减少环境污染和生态破坏，对所造成的损害依法承担责任。

公民应当增强环境保护意识，采取低碳、节俭的生活方式，自觉履行环境保护义务。

11.2.1.5 《环境保护税法》

环境保护费改税等绿色税制改革是我国建设生态文明的重要抓手之一，党的十八届三中全会、四中全会都明确提出，推动环境保护费改税，用严格的法律制度来保护生态环境，《环境保护税法》在环境治理方面将发挥税收的独特作用。

部分重点条文：

第三条 本法所称应税污染物，是指本法所附《环境保护税税目税额表》《应税污染物和当量值表》规定的大气污染物、水污染物、固体废物和噪声。

11.2.1.6 《大气污染防治法》

《大气污染防治法》强调防治大气污染，应当以改善大气环境质量为目标，坚持源头治理，规划先行，转变经济发展方式。在《大气污染防治法》之下，施工企业应当履行施工扬尘污染防治的环境保护义务。

部分重点条文：

第六十九条 建设单位应当将防治扬尘污染的费用列入工程造价，并在施工承包合同中明确施工单位扬尘污染防治责任。施工单位应当制定具体的施工扬尘污染防治实施方案。

从事房屋建筑、市政基础设施建设、河道整治以及建筑物拆除等施工单位，应当向负责监督管理扬尘污染防治的主管部门备案。

施工单位应当在施工工地设置硬质围挡，并采取覆盖、分段作业、择时施工、洒水抑尘、冲洗地面和车辆等有效防尘降尘措施。建筑土方、工程渣土、建筑垃圾应当及时清运；在场地内堆存的，应当采用密闭式防尘网遮盖。工程渣土、建筑垃圾应当进行资源化处理。

施工单位应当在施工工地公示扬尘污染防治措施、负责人、扬尘监督管理主管部门等信息。

暂时不能开工的建设用地，建设单位应当对裸露地面进行覆盖；超过三个月的，应当进行绿化、铺装或者遮盖。

11.2.2 行政法规

11.2.2.1 《环境保护税法实施条例》

自 2018 年 1 月 1 日起《环境保护税法实施条例》与《环境保护税法》同步施行。《环境保护税法》对于保护和改善环境，减少污染物排放，推进生态文明建设，具有十分重要的意义。为保障《环境保护税法》顺利实施，有必要制定实施条例，细化征税对象、计税依据、税收减免、征收管理的有关规定，进一步明确界限、增强可操作性。

部分重点条文：

第七条　应税大气污染物、水污染物的计税依据，按照污染物排放量折合的污染当量数确定。

纳税人有下列情形之一的，以其当期应税大气污染物、水污染物的产生量作为污染物的排放量：

（一）未依法安装使用污染物自动监测设备或者未将污染物自动监测设备与环境保护主管部门的监控设备联网；

（二）损毁或者擅自移动、改变污染物自动监测设备；

（三）篡改、伪造污染物监测数据；

（四）通过暗管、渗井、渗坑、灌注或者稀释排放以及不正常运行防治污染设施等方式违法排放应税污染物；

（五）进行虚假纳税申报。

第八条　从两个以上排放口排放应税污染物的，对每一排放口排放的应税污染物分别计算征收环境保护税；纳税人持有排污许可证的，其污染物排放口按照排污许可证载明的污染物排放口确定。

第九条　属于环境保护税法第十条第二项规定情形的纳税人，自行对污染物进行监测所获取的监测数据，符合国家有关规定和监测规范的，视同环境保护税法第十条第二项规定的监测机构出具的监测数据。

11.2.2.2 《建设项目环境保护管理条例》

本条例从建设项目的全生命周期提出了环境保护管理的细化规定，必须充分考虑建设项目的能耗和环境污染，具体的环境保护制度包括"三同时"制度、建设项目环境影响评价制度等。

部分重点条文：

第一条　为了防止建设项目产生新的污染、破坏生态环境，制定本条例。

第三条　建设产生污染的建设项目，必须遵守污染物排放的国家标准和地方标准；在实施重点污染物排放总量控制的区域内，还必须符合重点污染物排放总量控制的要求。

第四条　工业建设项目应当采用能耗物耗小、污染物产生量少的清洁生产工艺，合理利用自然资源，防止环境污染和生态破坏。

第五条　改建、扩建项目和技术改造项目必须采取措施，治理与该项目有关的原有环境污染和生态破坏。

第六条　国家实行建设项目环境影响评价制度。

第七条　国家根据建设项目对环境的影响程度，按照下列规定对建设项目的环境保护实行分类管理：

（一）建设项目对环境可能造成重大影响的，应当编制环境影响报告书，对建设项目产生的污染和对环境的影响进行全面、详细的评价；

（二）建设项目对环境可能造成轻度影响的，应当编制环境影响报告表，对建设项目产生的污染和对环境的影响进行分析或者专项评价；

（三）建设项目对环境影响很小，不需要进行环境影响评价的，应当填报环境影响登记表。

建设项目环境影响评价分类管理名录，由国务院环境保护行政主管部门在组织专家进行论证和征求有关部门、行业协会、企事业单位、公众等意见的基础上制定并公布。

第十五条 建设项目需要配套建设的环境保护设施，必须与主体工程同时设计、同时施工、同时投产使用。

第十六条 建设项目的初步设计，应当按照环境保护设计规范的要求，编制环境保护篇章，落实防治环境污染和生态破坏的措施以及环境保护设施投资概算。

建设单位应当将环境保护设施建设纳入施工合同，保证环境保护设施建设进度和资金，并在项目建设过程中同时组织实施环境影响报告书、环境影响报告表及其审批部门审批决定中提出的环境保护对策措施。

11.2.3 部门规章

11.2.3.1 《绿色施工导则》建质〔2007〕223号

本规范提出我国尚处于经济快速发展阶段，作为大量消耗资源、影响环境的建筑业，应全面实施绿色施工，承担起可持续发展的社会责任。工程建设中，在保证质量、安全等基本要求的前提下，通过科学管理和技术进步，最大限度地节约资源与减少对环境负面影响的施工活动，实现四节一环保（节能、节地、节水、节材和环境保护）。

部分重点条文：

1 总则

1.1 我国尚处于经济快速发展阶段，作为大量消耗资源、影响环境的建筑业，应全面实施绿色施工，承担起可持续发展的社会责任。

1.2 本导则用于指导建筑工程的绿色施工，并可供其他建设工程的绿色施工参考。

1.3 绿色施工是指工程建设中，在保证质量、安全等基本要求的前提下，通过科学管理和技术进步，最大限度地节约资源与减少对环境负面影响的施工活动，实现四节一环保（节能、节地、节水、节材和环境保护）。

1.4 绿色施工应符合国家的法律、法规及相关的标准规范，实现经济效益、社会效益和环境效益的统一。

2 绿色施工原则

2.1 绿色施工是建筑全寿命周期中的一个重要阶段。实施绿色施工，应进行总体方案优化。在规划、设计阶段，应充分考虑绿色施工的总体要求，为绿色施工提供基础条件。

2.2　实施绿色施工，应对施工策划、材料采购、现场施工、工程验收等各阶段进行控制，加强对整个施工过程的管理和监督。

11.2.3.2　《关于加快新型建筑工业化发展的若干意见》建标规〔2020〕8 号

本意见是对《国务院办公厅关于大力发展装配式建筑的指导意见》（国办发〔2016〕71 号）的细化，以装配式建筑为代表的新型建筑工业化快速推进，建造水平和建筑品质明显提高。本规范致力于全面贯彻新发展理念，推动城乡建设绿色发展和高质量发展，以新型建筑工业化带动建筑业全面转型升级，打造具有国际竞争力的"中国建造"品牌。

部分重点条文：

二、优化构件和部品部件生产

（九）推广应用绿色建材。发展安全健康、环境友好、性能优良的新型建材，推进绿色建材认证和推广应用，推动装配式建筑等新型建筑工业化项目率先采用绿色建材，逐步提高城镇新建建筑中绿色建材应用比例。

三、推广精益化施工

（十三）优化施工工艺工法。推行装配化绿色施工方式，引导施工企业研发与精益化施工相适应的部品部件吊装、运输与堆放、部品部件连接等施工工艺工法，推广应用钢筋定位钢板等配套装备和机具，在材料搬运、钢筋加工、高空焊接等环节提升现场施工工业化水平。

11.2.3.3　《关于推动智能建造与建筑工业化协同发展的指导意见》建市〔2020〕60 号

本指导意见要求推进建筑工业化、数字化、智能化升级，加快建造方式转变，推动建筑业高质量发展，从现有比较粗放的建筑业生产方式转型为高质量发展的绿色生产模式。

部分重点条文：

二、基本原则

节能环保，绿色发展。在建筑工业化、数字化、智能化升级过程中，注重能源资源节约和生态环境保护，严格标准规范，提高能源资源利用效率。

四、重点任务

（五）积极推行绿色建造

实行工程建设项目全生命周期内的绿色建造，以节约资源、保护环境为核心，通过智能建造与建筑工业化协同发展，提高资源利用效率，减少建筑垃圾的产生，大幅降低能耗、物耗和水耗水平。推动建立建筑业绿色供应链，推行循环生产方式，提高建筑垃圾的综合利用水平。加大先进节能环保技术、工艺和装备的研发力度，提高能效水平，加快淘汰落后装备设备和技术，促进建筑业绿色改造升级。

11.2.3.4　《住房和城乡建设部关于推进建筑垃圾减量化的指导意见》建质〔2020〕46 号

本指导意见明确提出推进建筑垃圾减量化是建筑垃圾治理体系的重要内容，是节约资源、保护环境的重要举措。必须做好建筑垃圾减量化工作，促进绿色建造和建筑业转型升级。

部分重点条文：

一、总体要求

（一）指导思想。

以习近平新时代中国特色社会主义思想为指导，深入贯彻落实新发展理念，建立健全建筑垃圾减量化工作机制，加强建筑垃圾源头管控，推动工程建设生产组织模式转变，有效减少工程建设过程建筑垃圾产生和排放，不断推进工程建设可持续发展和城乡人居环境改善。

（二）基本原则。

1.统筹规划，源头减量。统筹工程策划、设计、施工等阶段，从源头上预防和减少工程建设过程中建筑垃圾的产生，有效减少工程全寿命期的建筑垃圾排放。

2.因地制宜，系统推进。根据各地具体要求和工程项目实际情况，整合资源，制定计划，多措并举，系统推进建筑垃圾减量化工作。

3.创新驱动，精细管理。推动建筑垃圾减量化技术和管理创新，推行精细化设计和施工，实现施工现场建筑垃圾分类管控和再利用。

二、主要措施

推广绿色施工。

1.编制专项方案。施工单位应组织编制施工现场建筑垃圾减量化专项方案，明确建筑垃圾减量化目标和职责分工，提出源头减量、分类管理、就地处置、排放控制的具体措施。

2.做好设计深化和施工组织优化。施工单位应结合工程加工、运输、安装方案和施工工艺要求，细化节点构造和具体做法。优化施工组织设计，合理确定施工工序，推行数字化加工和信息化管理，实现精准下料、精细管理，降低建筑材料损耗率。

3.强化施工质量管控。施工、监理等单位应严格按设计要求控制进场材料和设备的质量，严把施工质量关，强化各工序质量管控，减少因质量问题导致的返工或修补。加强对已完工工程的成品保护，避免二次损坏。

4.提高临时设施和周转材料的重复利用率。施工现场办公用房、宿舍、围挡、大门、工具棚、安全防护栏杆等推广采用重复利用率高的标准化设施。鼓励采用工具式脚手架和模板支撑体系，推广应用铝模板、金属防护网、金属通道板、拼装式道路板等周转材料。鼓励施工单位在一定区域范围内统筹临时设施和周转材料的调配。

5.推行临时设施和永久性设施的结合利用。施工单位应充分考虑施工用消防立管、消防水池、照明线路、道路、围挡等与永久性设施的结合利用，减少因拆除临时设施产生的建筑垃圾。

6.实行建筑垃圾分类管理。施工单位应建立建筑垃圾分类收集与存放管理制度，实行分类收集、分类存放、分类处置。鼓励以末端处置为导向对建筑垃圾进行细化分类。严禁将危险废物和生活垃圾混入建筑垃圾。

7. 引导施工现场建筑垃圾再利用。施工单位应充分利用混凝土、钢筋、模板、珍珠岩保温材料等余料，在满足质量要求的前提下，根据实际需求加工制作成各类工程材料，实行循环利用。施工现场不具备就地利用条件的，应按规定及时转运到建筑垃圾处置场所进行资源化处置和再利用。

8. 减少施工现场建筑垃圾排放。施工单位应实时统计并监控建筑垃圾产生量，及时采取针对性措施降低建筑垃圾排放量。鼓励采用现场泥沙分离、泥浆脱水预处理等工艺，减少工程渣土和工程泥浆排放。

11.3　施工企业环境保护合规检查

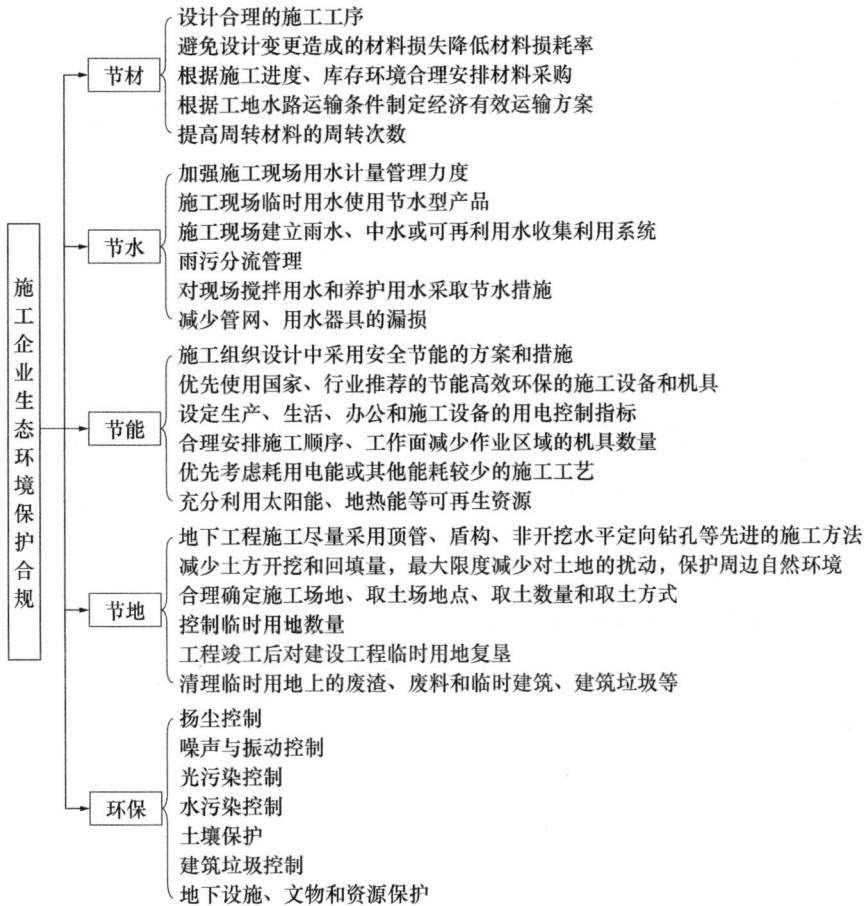

施工企业生态环境保护合规

节材
- 设计合理的施工工序
- 避免设计变更造成的材料损失降低材料损耗率
- 根据施工进度、库存环境合理安排材料采购
- 根据工地水路运输条件制定经济有效运输方案
- 提高周转材料的周转次数

节水
- 加强施工现场用水计量管理力度
- 施工现场临时用水使用节水型产品
- 施工现场建立雨水、中水或可再利用水收集利用系统
- 雨污分流管理
- 对现场搅拌用水和养护用水采取节水措施
- 减少管网、用水器具的漏损

节能
- 施工组织设计中采用安全节能的方案和措施
- 优先使用国家、行业推荐的节能高效环保的施工设备和机具
- 设定生产、生活、办公和施工设备的用电控制指标
- 合理安排施工顺序、工作面减少作业区域的机具数量
- 优先考虑耗用电能或其他能耗较少的施工工艺
- 充分利用太阳能、地热能等可再生资源

节地
- 地下工程施工尽量采用顶管、盾构、非开挖水平定向钻孔等先进的施工方法
- 减少土方开挖和回填，最大限度减少对土地的扰动，保护周边自然环境
- 合理确定施工场地、取土场地点、取土数量和取土方式
- 控制临时用地数量
- 工程竣工后对建设工程临时用地复垦
- 清理临时用地上的废渣、废料和临时建筑、建筑垃圾等

环保
- 扬尘控制
- 噪声与振动控制
- 光污染控制
- 水污染控制
- 土壤保护
- 建筑垃圾控制
- 地下设施、文物和资源保护

为化解环境保护合规风险，施工企业应进行总体方案优化和落实具体环境保护措施，减少施工过程中的资源耗费和环境污染，响应并落实"绿色施工"的要求。

首先，在规划、设计阶段，应充分考虑绿色施工的总体要求，为绿色施工提供基础条件。

实际工作中，许多设计人员盲目追求"快速出图"，对环保、节能等问题不够重视，这不仅会造成施工过程中的资源浪费、能耗提高，甚至会影响施工质量，也会给建筑的后期使用等带来麻烦，浪费资源，不利于建筑、城市、地区乃至整个国家层面的可持续发展的具体实施。

因此，从事规划与建筑设计的人员应当及时更新知识储备，站在行业发展的高度将环境保护和节能减排的理念融入实际工作之中，减少建筑物在施工以及后期使用过程中的能源消耗和资源浪费，营造一个生态平衡的人造环境。设计人员应当像重视消防设计一样重视规划设计中的环保理念，规划部门对设计方案进行评审时，也应当将环境保护设计作为审查的重点之一。在规划设计中充分考虑施工条件、施工能耗以及后期运营使用过程中的环境和能耗问题，充分顾及规划与建筑所在地区的环境问题、气候条件等，才能真正建成节能环保的绿色建筑，为下一阶段的绿色施工顺利推进奠定条件。

其次，在施工阶段，施工企业应在施工策划、材料采购、现场施工、工程验收等各阶段重点识别环境保护合规风险，施工企业应加强对整个施工过程的管理和监督，在施工组织管理、规划管理、实施管理、评价管理和人员安全与健康管理五个方面加强环境保护合规风险管理措施。

最后，项目经理为环境保护合规第一责任人，负责施工过程中环境保护合规的组织实施及目标实现，并指定环境保护合规管理人员和监督人员。环境保护合规方案应包括以下内容：

（1）环境保护措施的风险评估，制定环境管理计划及应急救援预案，采取有效措施，降低环境负荷，保护地下设施和文物等资源。

（2）对节材措施制定环境保护合规风险识别和验收方案，在保证工程安全与质量的前提下，制定节材措施并组织监督和验收。加强对施工方案的节材优化，建筑垃圾减量化，尽量利用可循环材料。

（3）对节水措施制定环境保护合规风险识别和验收方案，根据工程所在地的水资源状况，制定节水措施并组织监督和验收。

（4）对节能措施制定环境保护合规风险识别和验收方案，进行施工节能策划，确定目标，制定节能措施并组织监督和验收。

（5）对节地与施工用地保护措施制定环境保护合规风险识别和验收方案，制定临时用地指标、施工总平面布置规划及临时用地节地措施等，必要时进行检查监督。

第 12 章　施工企业财税的合规风险识别与管理

最高人民检察院于 2021 年 6 月 3 日发布企业合规相关的典型案例，其中上海市 A 公司、B 公司、关某某虚开增值税专用发票案[①]，具体案情如下：

上海 A 医疗科技股份有限公司（以下简称"A 公司"）、上海 B 科技有限公司（以下简称"B 公司"），被告人关某某系 A、B 两家公司实际控制人。

2016 年至 2018 年间，关某某在经营 A 公司、B 公司业务期间，在无真实货物交易的情况下，通过他人介绍，采用支付开票费的方式，让他人为两家公司虚开增值税专用发票共 219 份，价税合计 2887 万余元，其中税款 419 万余元已申报抵扣。2019 年 10 月，关某某到案后如实供述上述犯罪事实并补缴涉案税款。

2020 年 6 月，公安机关以 A 公司、B 公司、关某某涉嫌虚开增值税专用发票罪移送检察机关审查起诉。上海市宝山区检察院受理案件后，走访涉案企业及有关方面了解情况，督促企业作出合规承诺并开展合规建设。

检察机关走访涉案企业了解经营情况，并向当地政府了解其纳税及容纳就业情况。经调查，涉案企业系我国某技术领域的领军企业、上海市高新技术企业，科技实力雄厚，对地方经济发展和增进就业有很大贡献。公司管理人员及员工学历普遍较高，对合规管理的接受度高、执行力强，企业合规具有可行性，检察机关遂督促企业作出合规承诺并开展合规建设。同时，检察机关先后赴多地税务机关对企业提供的纳税材料及涉案税额补缴情况进行核实，并针对关某某在审查起诉阶段提出的立功线索自行补充侦查，认为其具有立功情节。

2020 年 11 月，检察机关以 A 公司、B 公司、关某某涉嫌虚开增值税专用发票罪对其提起公诉并适用认罪认罚从宽制度。12 月，上海市宝山区人民法院采纳检察机关全部量刑建议，以虚开增值税专用发票罪分别判处被告单位 A 公司罚金 15 万元，B 公司罚金 6 万元，被告人关某某有期徒刑三年，缓刑五年。

法院判决后，检察机关联合税务机关上门回访，发现涉案企业的合规建设仍需进一步完善，遂向其制发检察建议并公开宣告，建议进一步强化合法合规经营意识，严格业务监督流程，提升税收筹划和控制成本能力。检察机关在收到涉案企业对检察建议的回复后，又及时组织合规建设回头看。经了解，涉案企业已经逐步建立合规审计、内部调查、合规举报等有效合规制度，聘请专业人士进行税收筹划，大幅节约生产经营成本，提高市场占

[①]　最高人民检察院 2021 年 6 月 3 日 "依法督促涉案企业合规管理 将严管厚爱落到实处" 新闻发布会典型案例。

有份额。

从该案件中，有以下指导意义：

一是检察机关推动企业合规与适用认罪认罚从宽制度相结合。本案中，检察机关在督促企业作出合规承诺并开展合规建设的同时，通过适用认罪认罚从宽制度，坚持和落实能不判实刑的提出判缓刑的量刑建议等司法政策，努力让企业"活下来""留得住""经营得好"，取得更好的司法办案效果。

二是检察机关推动企业合规与检察建议相结合。本案中，检察机关会同税务机关在回访过程中，发现涉案企业在预防违法犯罪方面制度不健全、不落实，管理不完善，存在违法犯罪隐患，需要及时消除的，结合合规整改情况，向涉案企业制发检察建议，推动其深化实化合规建设，避免合规整改走过场、流于形式。

12.1 施工企业财税合规风险识别与合规建议

企业财税合规风险主要是指相关人员在会计工作及完税工作中，未按法律法规及相关规范的要求履职，最终导致企业财税风险。主要原因有：

1. 对法律法规缺乏敬畏

企业的主要负责人及财务工作人员对法律法规缺乏敬畏之心，是产生财税合规风险的主要原因，如实践中常见的明知某种行为不符合法律法规的要求，但企业主要负责人及财务工作人员，故意采取违法违规的行为以获得非法利益。

2. 管理人员的不够重视

管理人员的不够重视体现在：（1）不及时学习相关政策，更新相关知识；（2）不重视财税工作的监督、审核职能；（3）明知不可为而为之，如做假账等行为。部分管理人员主观上认为财务会计及纳税工作是对企业的约束而想逃避监管，以至于放任甚至授意相关工作人员造假等。

3. 管理制度不够完善

企业的管理制度未能约束、指引相关工作人员。近年来，财税相关规范不断推陈出新，企业原有的关于财税方面的工作制度未能及时更新，导致工作人员即便参照公司制度执行也可能出现问题。故在管理制度上，应当紧跟最新政策，及时将政策精神理解、消化并吸收到企业管理制度当中。

4. 从业人员的能力、态度问题

具体经办人员，不仅需要相关知识储备，还需要有岗位相匹配的态度。实践中常见的假发票问题，除去企业明知而使用的以外，大多数可归因于收取发票的工作人员未能及时核实该票据及交易的真伪，完全是态度问题。

5. 行业现状导致的风险

主要是指：（1）企业长期以来不重视财税工作，"小金库""外账""内账"等表现出企业对财务管理工作的漠视;(2)大环境下的生存压力,导致部分企业为追求利润而做假账,以图逃税;(3)施工企业的收支科目杂乱,公司与项目上均可能有独立账目,实践中可能因为能力问题而无法理清,也可能因为主观故意而故意导致混乱等。

本节着重介绍施工企业财税工作中存在的不合规情形,分析不合规现象产生的主要原因,并在此基础上,提供切实可行的合规建议。

12.1.1　合规风险之一:虚假纳税申报、不列收入等方式减少应缴税额,构成逃税罪

12.1.1.1　典型案例

获嘉县人民检察院指控:2001 年 1 月至 2002 年 12 月,某工程总公司对大院进行改造,并由该公司下属第二工程队队长郭某(另案处理)中标承包,该公司在 2002 年度采取虚假的纳税申报、不列收入的手段进行偷税。(1)采取虚假的纳税申报少缴建筑业项目 2002 年 1 月份营业税 370.88 元,城建税 18.56 元;2002 年 12 月份营业税 64790.35 元,城建税 3239.52 元;2002 年度建筑业项目企业所得税 96252.19 元。(2)采用不列收入的手段少缴销售不动产项目 2002 年 1 月份营业税 41500 元,城建税 2075 元,土地增值税 8300 元;2002 年 12 月份营业税 186504.4 元,城建税 9325.22 元,土地增值税 37300.88 元;2002 年度销售不动产项目企业所得税 225724.35 元。某工程总公司 2002 年度偷税 675401.35 元,占当年应缴税额 736782.99 元的 91.67%。检察机关提供了相应的证据,认为被告单位某工程总公司、被告人贺某的行为已构成逃税罪,提请法院依法惩处。

法院审理后认为:被告单位某工程总公司在 2002 年度采取虚假的纳税申报和不列收入的手段,少交纳建筑业涉及的税费包括营业税、城建税、企业所得税共计 164671.5 元(应交 188129.28 元,实缴纳 23457.78 元),偷税比例占应缴税额的 87.53%,其行为已构成逃税罪。被告人贺某作为单位的法定代表人,对单位犯罪起决定作用,其行为亦构成逃税罪,检察机关指控罪名成立,应予支持。关于被告单位某安装有限公司辩解的,原某工程总公司经过企业改制现已改制为自然人投资的某安装有限公司,对原单位的偷税,公司不应承担任何责任的意见,经查,被告单位某工程总公司改制时,约定公司的债权债务全部由改制后的公司承担,根据我国刑法犯罪主体和刑罚主体相统一的原则,应追究被告单位某工程总公司的刑事责任,但罚金应向改制后的某安装有限公司执行,故其辩护意见不予采信。被告人贺某及辩护人辩称被告人无罪的意见,经查,被告人贺某身为被告单位的法定代表人,在担任被告单位法定代表人期间,采取虚假申报和不列收入的手段使单位少缴税款,逃税故意明确,逃税事实清楚,故其辩解理由不予支持。

最终法院认为企业及责任人均构成逃税罪,并判处刑罚。

12.1.1.2　合规风险分析

实践中常见企业采取虚假申报、不列收入、设立真假两套公司财务账,隐藏主营业务收入等行为,企图减少应缴税额,但上述行为均不合规,且有可能构成逃税罪。

逃税罪是指《刑法》第 201 条规定的:纳税人采取欺骗、隐瞒手段进行虚假纳税申报

或者不申报，逃避缴纳税款数额较大，并且占应纳税额百分之十以上的，处三年以下有期徒刑或者拘役，并处罚金；数额巨大并且占应纳税额百分之三十以上的，处三年以上七年以下有期徒刑，并处罚金。扣缴义务人采取前款所列手段，不缴或者少缴已扣、已收税款，数额较大的，依照前款的规定处罚。对多次实施前两款行为，未经处理的，按照累计数额计算。有第一款行为，经税务机关依法下达追缴通知后，补缴应纳税款，缴纳滞纳金，已受行政处罚的，不予追究刑事责任；但是，五年内因逃避缴纳税款受过刑事处罚或者被税务机关给予二次以上行政处罚的除外。

企业逃税的源头必须以财务假账为前提，故企业应杜绝假账行为。

12.1.1.3　合规建议：不做假账

无论是哪种方式逃税（包含尚未构成犯罪的逃税行为），都必须通过财务做假账的方式实施，企业及财务工作人员应当明确，企业的利润来自于合法经营，而非逃税。另外，从刑事处罚上看，企业以逃税罪获取的利润，名义上归企业所有。但逃税罪名的刑事处罚，及于决策者和实施者个人。如本案中的贺某某，其本身并未占有逃税部分的利润，但其依然被处罚。

故企业管理者及财务工作人员应当从观念上明确，遵守财务做账规则，确保财务报表的真实。

企业及企业管理者应引以为戒，守法经营，不做假账，依法纳税。

12.1.2　合规风险之二：没有真实交易而开具发票的行为构成虚开增值税发票罪

12.1.2.1　典型案例

施工企业负责人吴某为了让其经营的泰兴某建筑工程有限公司少交税款，在没有真实交易的情况下，通过石某某（另案处理）虚开增值税专用发票5份，价税合计人民币500066元，上述虚开的增值税专用发票均已被泰兴某建筑工程有限公司认证抵扣，虚开税款数额共计人民币72659.17元。又先后3次通过石某某（另案处理）虚开增值税普通发票8份，后将上述发票用于结算货款，票面金额合计人民币709964元。法院认为被告单位泰兴某建筑工程有限公司让他人为自己虚开增值税专用发票，被告人吴某系被告单位泰兴某建筑工程有限公司直接负责的主管人员，其行为均已构成虚开增值税专用发票罪，且系单位犯罪，依法应分别予以惩处。被告人吴某违反规定，让与业务无关的第三方虚开普通发票，情节严重，其行为已构成虚开发票罪，依法应予以惩处。公诉机关的指控成立。

2021年3月17日，江苏省泰兴市人民法院做出（2020）苏1283号刑初407号判决书，判处：一、被告单位泰兴某建筑工程有限公司犯虚开增值税专用发票罪，判处罚金人民币4万元。二、被告人吴某犯虚开增值税专用发票，判处拘役三个月；犯虚开发票罪，判处拘役三个月，并处罚金人民币2万元。决定执行拘役四个月，缓刑四个月，并处罚金人民币2万元。

12.1.2.2　合规风险分析

没有真实交易，而虚开增值税发票，系《刑法》205 条规定犯罪行为，即：虚开增值税专用发票或者虚开用于骗取出口退税、抵扣税款的其他发票的，处三年以下有期徒刑或者拘役，并处 2 万元以上 20 万元以下罚金；虚开的税款数额较大或者有其他严重情节的，处三年以上十年以下有期徒刑，并处 5 万元以上 50 万元以下罚金；虚开的税款数额巨大或者有其他特别严重情节的，处十年以上有期徒刑或者无期徒刑，并处 5 万元以上 50 万元以下罚金或者没收财产。

在本案中，法院依据企业及责任人的行为，分别判处刑罚。

12.1.2.3　合规建议

1. 开票以真实交易为前提；

2. 为挂靠人开具不属于虚开发票。

依据《关于〈国家税务总局关于纳税人对外开具增值税专用发票有关问题的公告〉的解读》（国家税务总局公告 2014 年第 39 号）中指出，"如果挂靠方以被挂靠方名义，向受票方纳税人销售货物、提供增值税应税劳务或者应税服务，应以被挂靠方为纳税人。如果挂靠方以自己名义向受票方纳税人销售货物、提供增值税应税劳务或者应税服务，被挂靠方与此项业务无关，则应以挂靠方为纳税人。"

《营业税改征增值税试点实施办法》（财税〔2016〕36 号）第二条规定，"单位以承包、承租、挂靠方式经营的，承包人、承租人、挂靠人（以下统称承包人）以发包人、出租人、被挂靠人（以下统称发包人）名义对外经营并由发包人承担相关法律责任的，以该发包人为纳税人。否则，以承包人为纳税人。"挂靠方以被挂靠方名义，向受票方纳税人提供增值税应税服务，应以被挂靠方为纳税人，不属于虚开发票。

施工企业因常挂靠、转包、分包等行为，且各施工项目分散在各地，较难管理，故常见自己并不主动虚开，却因为上下浮的交易为虚假而导致损失，故应加强财税人员收取发票时的核验工程的管理流程，确保自己不虚开，同时在收取发票时应核验真伪。

12.1.3　合规风险之三：明知是伪造的发票而持有，数量较大，其行为已构成持有伪造的发票罪

12.1.3.1　典型案例

某工程有限公司工商注册登记为王某个人独资有限公司，但公司经营过程中，王某某作为实际股东之一，参与投资、经营、管理。二被告人为增加公司核算成本，经共谋后，由王某某分别于 2020 年 1 月 2 日、4 月 15 日，分两次在张某某（另案处理）处以 9700 元的价格购买了虚假的四川省增值税普通发票 8 份，票面金额为 2600127.60 元，并将该发票交由会计计入某工程有限公司的成本核算。经鉴定，上述 8 份发票均为假票。

法院认为，被告单位某工程有限公司，明知是伪造的发票而持有，数量较大，其行为已构成持有伪造的发票罪，被告人王某作为该公司的法定代表人，系直接负责的主管人

员，被告人王某某作为购买该伪造发票的具体经办人，系直接责任人员，二被告人均应当以持有伪造的发票罪论处，公诉机关指控的事实和罪名成立，本院依法予以支持。

绵阳市安州区人民法院于 2020 年 9 月 29 日作出（2020）川 0724 刑初 126 号判决，判决：一、被告单位某工程有限公司犯持有伪造的发票罪，单处罚金人民币 40000 元（罚金应在本判决生效之日起十日内缴清）；二、被告人王某犯持有伪造的发票罪，判处有期徒刑六个月，缓刑一年，并处罚金人民币 10000 元（缓刑的考验期限，从判决确定之日起计算；罚金应在本判决生效之日起十日内缴清）；三、被告人王某某犯持有伪造的发票罪，判处有期徒刑六个月，缓刑一年，并处罚金人民币 10000 元（缓刑的考验期限，从判决确定之日起计算；罚金应在本判决生效之日起十日内缴清）。

12.1.3.2 合规风险分析

本案中的犯罪人对发票的真伪明知，且大量持有，其犯罪故意明显，构成持有伪造的发票罪。持有伪造的发票罪，是指《刑法》第 210 条之一规定的：明知是伪造的发票而持有，数量较大的，处二年以下有期徒刑、拘役或者管制，并处罚金；数量巨大的，处二年以上七年以下有期徒刑，并处罚金。单位犯前款罪的，对单位判处罚金，并对其直接负责的主管人员和其他直接责任人员，依照前款的规定处罚。

12.1.3.3 合规建议：不应持有、使用真伪不明的发票

在涉税刑事风险中应注意：

1. 所有涉税类犯罪，主观要件都是故意，过失不构成此类犯罪；

2. 涉税的违法行为，在受到行政处罚后，如情节严重的，仍可能会被移送司法机关处理犯罪，即行政处罚与刑事处罚可能并处；

3. 涉税犯罪大多采取双罚制，即对单位及直接责任人均进行处罚，如《刑法》第 211 条规定：犯 201 条（逃税罪）、203 条（逃避追缴欠税罪）、204 条（骗取出口退税罪）、207（非法出售增值税专用发票罪）、208（非法购买增值税专用发票、购买伪造的增值税专用发票罪）、209 条（非法制造、出售非法制造的用于骗取出口退税、抵扣税款发票罪）规定的，对单位判处罚金，并对直接负责的主管人员和其他直接责任人进行处罚。

施工企业在经营过程中，不应主动触犯法律。在经营过程中，也应保持谨慎的态度对待经营过程收取的发票。企业应建立收取发票时的核验制度，包括交易真实性的核验，发票真伪的核验等。

12.1.4 合规风险之四：借用资质（挂靠）的实际施工人是纳税扣缴义务人

12.1.4.1 典型案例

清远市地税局以伟华公司存在偷税行为为由，于 2014 年 9 月 10 日对伟华公司作出清地税罚〔2014〕2 号《税务行政处罚决定书》，对伟华公司取得的建安工程收入（2006 年至 2008 年取得的建安收入由于存在扣缴义务人，应补缴的营业税不作处罚）、运动城收入、原来商场转让收入和大岗洲土地转让收入少缴的营业税、城建税、土地增值税、企业

所得税税款共计 10178097.85 元处以一倍罚款，即 10178097.85 元。伟华公司不服该处罚决定，向广东省地税局申请行政复议。广东省地税局于 2014 年 12 月 19 日作出粤地税行复〔2014〕6 号《行政复议决定书》，撤销清远市地税局依清地税罚〔2014〕2 号《税务行政处罚决定书》对伟华公司作出的处转让物业少缴营业税 288588.37 元、城建税 20201.19 元、土地增值税 5311626.30 元一倍罚款共计 5620415.86 元的处罚决定；维持清远市地税局对伟华公司依清地税罚〔2014〕2 号《税务行政处罚决定书》作出的其余处罚决定。伟华公司不服该复议决定，提起本案诉讼，请求撤销广东省地税局粤地税行复〔2014〕6 号《行政复议决定书》关于"维持清远市地税局对伟华公司依清地税罚〔2014〕2 号《税务行政处罚决定书》作出的其余处罚决定"（即维持清远市地税局清地税罚〔2014〕2 号《税务行政处罚决定书》中对伟华公司罚款 4557681.99 元的处罚决定）的内容。因此，本案被诉行政行为是广东省地税局作出的粤地税行复〔2014〕6 号《行政复议决定书》中关于维持清远市地税局作出的清地税罚〔2014〕2 号《税务行政处罚决定书》中对伟华公司罚款 4557681.99 元的行为。

伟华公司称：根据《清远市地方税务局建筑业税收征收管理试行办法》第二十条的规定，作为发包人、出租人、被挂靠人的施工企业是分包或挂靠施工项目的纳税义务人，所发生的收入、成本、费用等应以作为发包人、出资人、被挂靠人的施工企业为纳税人进行清算。伟华公司没有建筑资质，不能作为建筑项目的分包方，只能以挂靠方式经营，因此伟华公司不应承担纳税人核算责任。

最高人民法院认为：《中华人民共和国营业税暂行条例》第一条规定："在中华人民共和国境内提供本条例规定的劳务、转让无形资产或者销售不动产的单位和个人，为营业税的纳税人，应当依照本条例缴纳营业税。"《中华人民共和国营业税暂行条例实施细则》第十一条规定："单位以承包、承租、挂靠方式经营的，承包人、承租人、挂靠人（××）发生应税行为，承包人以发包人、出租人、被挂靠人（××）名义对外经营并由发包人承担相关法律责任的，以发包人为纳税人；否则以承包人为纳税人。"《中华人民共和国城市维护建设税暂行条例》第二条规定："凡缴纳产品税、增值税、营业税的单位和个人，都是城市维护建设税的纳税义务人（××），都应当依照本条例的规定缴纳城市维护建设税。"《中华人民共和国企业所得税法》第一条第一款规定："在中华人民共和国境内，企业和其他取得收入的组织（以下统称企业）为企业所得税的纳税人，依照本法的规定缴纳企业所得税。"本案中，伟华公司自 2002 年开始承建了清远市七项市政工程，虽然其是通过与工程中标公司签订承包合同的方式承建工程，但其实际取得了建筑安装工程收入，依据上述法律和行政法规的规定，伟华公司负有缴纳营业税、城市维护建设税和企业所得税的义务。二审判决认定伟华公司为纳税义务人并无不当。伟华公司关于其不是建安工程收入的应纳税人，其不存在偷税行为的申请再审理由亦不能成立。

最高院作出（2016）最高法行申 5122 号裁定：驳回清远市伟华实业有限公司的再审申请。即清远市伟华实业有限公司作为收取工程款的实际施工人，其应承担纳税义务。

12.1.4.2 合规风险分析

本案中，清远市的地方规定与税法规定不一致，《清远市地方税务局建筑业税收征收管理试行办法》第二十条规定：作为发包人、出租人、被挂靠人的施工企业是分包或挂靠施工项目的纳税义务人，所发生的收入、成本、费用等应以作为发包人、出资人、被挂靠人的施工企业为纳税人进行清算。

但一、二审法院及最高院均未依据该规定处理本案，认为企业实际取得了建筑安装工程收入，依据上述法律和行政法规的规定，就负有缴纳营业税、城市维护建设税和企业所得税的义务。

12.1.4.3 合规建议：实际收受工程款收入的人，即为纳税义务人

企业（或个人）在经营活动中，应当为自身的经营所得缴纳税款，故挂靠行为不能免除实际收取工程款企业（或个人）的纳税义务，同理，实际取得建筑安装工程收入的实际施工人（含转包、违法分包情形下的）及劳务分包等实际收受工程款收入的人，均为纳税主体。

尤其应注意，纳税义务为法定义务，所以企业在挂靠协议或承包协议中约定由一方缴纳税款，可以要求一方承担税款，但不能对抗税务机关认定纳税义务人并要求纳税义务人承担税款行为。

12.1.5 合规风险之五：个人银行卡用于项目收支的合规风险

12.1.5.1 典型案例

2017年1月22日，某工程有限公司登记成立，被告人朱某某是该公司实际控制人、法定代表人兼出纳。2017年1月1日至2017年12月31日，某工程有限公司通过在账簿上少列收入、少申报销售收入的方式，逃避缴纳税款共2388731.78元，占各税种应纳税总额2397732.62元的比例为99.62%。

证人周某2的证言：公司的法定代表人、实际经营者和出纳都是朱某某，会计陈某某，仓库管理员是周某某，何某某是经理，我是业务员。2017年6月至2017年9月间，老板朱某某同意我代表公司收支过部分钢材款，这些货款已经全部与中建公司结算清楚。上述货款都是经老板朱某某同意后，购货商通过银行转账到我名下个人账户（建行账号621*************458），我立刻或隔天到银行提现或转账给老板朱某某。提现后现金由朱某某自行存入他的建行社保卡，转账也是直接转到朱某某的建行社保卡。在朱某某父亲重病住院时，公司业务并不是全权交给我处理，只是有时候他忙不过来，我帮忙打理钢材购销业务。我当时经手收支的货款都当天或隔天与朱某某到银行结算清楚了。

法院认为，被告人朱某某无视国家法律，在担任某工程有限公司实际控制人、法定代表人兼出纳期间，采取欺骗、隐瞒手段进行虚假纳税申报或者不申报，经税务机关依法下达法律文书后，仍不补缴应纳税款，逃避缴纳税款达人民币2388731.78元，数额巨大并且占应纳税款额百分之三十以上，其行为已构成逃税罪，应予以刑罚。

广东省高州市人民法院于 2020 年 11 月 27 日做出（2020）粤 0981 刑初 403 号判决书，判决：一、被告人朱某某犯逃税罪，判处有期徒刑四年六个月，并处罚金人民币十万元。二、被告人朱某某应缴的税款共计人民币 2388731.78 元，予以追缴，上缴国库。

12.1.5.2　合规风险分析

本案中被告人利用个人账户与公司公账倒账，采取欺骗、隐瞒手段进行虚假纳税申报或者不申报，最终被法院判处刑罚。

应注意：（1）先公账伪造交易开具发票，又以个人账户收回款项，可能构成虚开发票罪；（2）个人账户收款后不开票，可能构成逃税罪。

12.1.5.3　合规建议：不以个人银行卡用于项目收支，项目部应设立专户

施工企业财务人员或管理人员尽量不要使用个人账户代替公司公账使用，如确因工作需要如此的，应如实做账。

应当明确，项目部以个人账户作为项目部常账户，用于项目经营收支，该行为本身并不违规，但作为账户所有人承担的风险较大，既然该账户用于项目收支，则控制该账户的人可能是项目部管理人员，如果该账户的收支未如实做账或有其他非法目的，则账户所有人可能会被追究责任。

企业项目部作为施工企业的外派机构，其财务一般独立核算，故应当完善财务管理制度，项目部设立独立账户是财务管理制度的基本要求。

12.1.6　合规风险之六：税务机关的审核通过并不免除纳税人如实申报纳税的法律责任

12.1.6.1　典型案例

国家税务总局第三稽查局认为鑫海公司与 39 名残疾人签订有劳动合同，但在第三稽查局检查及诉讼过程中其未能按财政部、国家税务总局《关于安置残疾人就业有关企业所得税优惠政策问题的通知》〔财税（2009）70 号〕的规定，提供该公司所聘用的 39 名残疾人的考勤登记资料。鑫海公司在不符合享受税收优惠政策的情形下，在 2009 年将不符合享受税收优惠政策规定条件的 39 名残疾职工计入享受人数，按 100% 加计扣除职工工资，申请退还增值税 697084.13 元，鑫海公司在 2009 年加计扣除的 39 名残疾职工工资 151479.84 元及退还的税款 253750 元。第三稽查局决定上述款项不得在企业所得税税前扣除，应调增 2009 年度应纳税所得额 405229.84 元。鑫海公司申请退还的增值税 697084.13 元应进行追缴。

第三稽查局认为鑫海公司 2008 年月 2 人、2009 年有 37 人属于"挂名而不实际上岗工作"。并就此作出行政处罚，鑫海公司不服，向法院提起行政诉讼。

海南省高院审理后认为：因鑫海公司利用"挂名而未实际上岗"的残疾员工申报增值税退税及 100% 加计扣除工资，造成少缴增值税和企业所得税，鑫海公司上述行为显然属于偷税，第三稽查局依据《中华人民共和国税收征收管理法》第六十三条规定的最低下限，对鑫海公司进行处罚并无错误。且根据《税收减免管理办法（试行）》第十三条第一款"减

免税申报是对纳税人提供的资料与减免税法定条件的相关性进行的审核,不改变纳税人真实申报责任"的规定,以及该法第二十四条第一款"纳税人实际经营情况不符合减免税规定条件的或采用欺骗手段获取减免税的、享受减免税条件发生变化未及时向税务机关报告的,以及未按本办法规定程序报批而自行减免税的,税务机关按照税收征管法规定予以处理"的规定,税务机关的审核通过并不能免除纳税人如实申报纳税的法律责任。

海南省高级人民法院于 2014 年 4 月 14 日做出(2013)琼行提字第 3 号裁定书,维护行政处罚决定。

12.1.6.2　合规风险分析

本案中,鑫海公司有多个违规行为,其中关于"挂名而未实际上岗"的行为,实际上是虚假申报的行为。法院认为,虚假申报骗取税务局退税的行为,并不能因为退税申请是经过审核的而免除纳税单位如实申报纳税的法律责任。

在实践中,国家及政府给予较多的税收优惠政策,施工企业应当合法的享受优惠政策,不应采取虚假申报的手段,企图获得非法利益。

即便在申报纳税时,税务机关核实通过,也不代表该违法申报的行为已经被税务机关认可并免除其虚假申报的行为。

12.1.6.3　合规建议

1. 纳税人应依法申报并对申报行为负责;

2. 在政策允许的范围内,享受税收优惠。

施工单位在享受政府给予的税收优惠政策时,应当在政策允许的范围内享受,不应采取虚假申报的手段获得税收优惠减免。

近年来,企业热衷于"合理避税""税务筹划"等,企图从税收中获得更多的利益,应明确,无论"合理避税""税务筹划"的准确定义及外延是什么,企业应当在依法依规的前提享受政策。

即便企业通过所谓代理机构,按其申报额度纳税,因该行为本身的不合法性,即便税务机构通过,也不代表该申报行为合法化,税务机关仍然可以随时核验并追责。

12.1.7　合规风险之七:约定纳税主体的条款可能无效

12.1.7.1　典型案例

某建安有限公司在承揽工程的过程中,在某村委会项目合同中,双方约定由某村委会缴纳税款,在鲁西铸造项目合同中,双方约定由甲方鲁西铸造公司缴纳税款,但上述两份合同中该项约定与法律规定不相符,依法应视为无效。综上,税务局认定某建安有限公司为该项目的营业税、城市维护建设税、教育费附加、地方教育附加和印花税的纳税义务人,并要求其补缴税款。

某建安有限公司不服,向法院提起行政诉讼。

法院审理后认为:原告作为建筑施工企业,属于法律规定的纳税义务人。《税收征管法实施细则》第三条第二款规定："纳税人应当依照税收法律、行政法规的规定履行纳税义务；其签订的合同、协议等与税收法律、行政法规相抵触的，一律无效。"在某村委会项目合同中，双方约定由某村委会缴纳税款，在鲁西铸造项目合同中，双方约定由甲方鲁西铸造公司缴纳税款，但上述两份合同中该项约定与法律规定不相符，依法应视为无效。

山东省高级人民法院于 2016 年 6 月 28 日作出（2016）鲁行再 4 号裁定书，维持原判（维持行政处罚行为）。

12.1.7.2　合规风险分析

本案中，合同双方当事人约定了税款由一方缴纳，但税务机关认为该约定与法律规定不相符，依法应视为无效，并依法确定纳税义务人后，向其征税。

从施工企业角度来看，合同约定由发包人缴纳税款后，其在工程价款中确实未收取税费。我们认为，施工单位可以向发包方另行主张税款，但纳税义务仍然是施工单位，合同约定并不能对抗法定的纳税义务。

12.1.7.3　合规建议：纳税义务为法定义务，合同约定不能对抗法定义务

关于约定税费承担主体条款的效力问题，最高院（2015）民申字第 2282 号裁定书认为："协议中关于税款负担条款，只要双方的意思表示是真实的，该约定并不会造成国家税款的流失，这种约定不违反法律的强制性规定，因此约定税款具体由谁来负担是当事人意思自治的范畴，不影响合同的效力。"

故应注意，如果需要在合同中约定税费的承担，应当约定清楚，尤其要注意纳税主体与承担税款之间的区别。缴税主体是指缴纳税费的义务人，有强制规定；但税费最终由哪一方承担，是民事调整范畴。

12.1.8　合规风险之八：税务行政处罚时限（五年）的合规风险

12.1.8.1　典型案例

2013 年 8 月 19 日至 2013 年 10 月 18 日，原兴宁市地方税务局对三建公司的纳税情况进行检查，并将检查纳税情况的期限延伸至 2000 年 7 月。通过检查三建公司的纳税情况，原兴宁市地方税务局认定三建公司存在少申报缴纳土地使用税、企业所得税、房产税、建筑安装营业收入和未按照规定设置账簿等税收违法行为，遂于 2013 年 10 月 30 日作出涉案《税务处罚决定书》，对三建公司的偷税行为、不申报缴纳房产税、建筑安装相关税收和应扣未扣沙石资源税行为以及未按照规定设置账簿行为予以处罚，合处罚款14243002.74 元。

三建公司不服，复议后诉讼，其称：被申请人对再审申请人的调查延伸至 2000 年 7 月，并以此为依据作出行政处罚，违反了《中华人民共和国税收征收管理法》第八十六条所规定的最长五年查处期限。

法院审理后认为：关于三建公司提出的涉案处罚违反《中华人民共和国税收征收管理法》八十六条规定的处罚期限的问题，因三建公司的税收违法行为在 2000 年 7 月至 2013

年 8 月立案查处时呈持续状态，属于《中华人民共和国行政处罚法》第二十九条所规定的"违法行为有连续或继续状态的，从行为终了之日起计算"的情形，故原兴宁市地方税务局作出的涉案《税务处罚决定书》并未违反相关处罚期限规定。

广东省高级人民法院于 2019 年 11 月 20 日，依法作出（2017）粤行申 1230 号裁定书，裁定：驳回三建公司的再审申请。即维持了税务局的行政处罚决定。

12.1.8.2 合规风险分析

本案中，三建公司确实存在税收违法行为，但其抗辩的理由是《中华人民共和国税收征收管理法》第八十六条所规定的最长五年查处期限。首先，《中华人民共和国税收征收管理法》八十六条所规定的行政处罚期限，并不是一个固定的时限，当行为仍然在连续发生或继续状态，该时限从行为终了之日起计算。其次，企业应守法经营，不应有审查监督机关"时限内未发现"的侥幸心理。如果企业在事件发生后采取措施，而不是放任持续，则该五年时效可能届满而不处罚，或即便处罚，也自企业采取措施时处罚，处罚力度将明显不一样。

将企业的未来建立在监管不力的基础上是不可取的。

12.1.8.3 合规建议：正视问题，不应寄希望于监管不及时（超五年）

企业应正视发展过程中的历史遗留问题，在发生问题时应积极采取措施予以清理。对未发生的问题，应建立健全机制，确保如实申报、依法纳税。

本案中，企业的违法行为是确实存在，其抗辩理由仅是"五年"的处罚时限。如上节所述，假设企业发现问题后，即采取措施解决问题，这样会将风险降低。

12.1.9 合规风险之九：逃税行为的行政处罚前置

12.1.9.1 典型案例

1996 年至 2002 年，被告人马某在担任富兴公司法定代表人期间，指使会计采取多列费用成本等手段，虚报亏损，偷逃企业所得税。经鉴证，富兴公司 1996 年度逃税 94585.12 元；1997 年度逃税 128011.09 元；1998 年度逃税 111013.04 元；1999 年度逃税 49142.97 元；2000 年度逃税 79992.82 元；2002 年度逃税 318862.22 元，以上共计逃税人民币 781607.26 元。其中，2002 年度富兴公司逃税占应纳税额的比例为 46.80%。

原审院认为，被告人马某作为富兴公司直接负责的主管人员，采取多列成本，虚报亏损的手段，偷逃企业所得税款 781607.26 元，占应纳税额的百分之三十以上。公诉机关指控富兴公司逃避缴纳税款事实清楚，证据确实充分。但根据《中华人民共和国刑法》第二百零一条的规定，行为人是否构成逃税罪，除了符合该条第一款逃税数额占应纳税额的比例外，还要符合该条第四款的规定，即只有在税务机关下达追缴通知后，纳税人不补缴税款，不缴纳滞纳金或者不接受行政处罚的情况下，方可启动刑事追诉程序，也就是说行政处罚是刑事追诉的前置程序。而现有证据不能确认在公安机关立案前税务机关对富兴公司偷逃企业所得税的行为进行行政处罚而其不接受行政处罚的行为，亦没有证据证实被告人马某在本案立案前五年内因逃避缴纳税款受过刑事处罚或者被税务机关给予两次以上行政处罚的情形，因此，公诉机关指控被告人马某犯逃税罪的罪名不成立。

二审法院认为：根据相关法律规定，税务机关对于纳税人逃避缴纳税款的行为先予行政处罚是刑事追诉的前置程序。具体到本案，原审判决关于上诉人逃税事实的认定，属于逾越行政处罚前置程序而为，不具法律效力，应予纠正。

山东省潍坊市中级人民法院于 2014 年 4 月 10 日，作出（2014）潍刑二终字第 30 号裁定书，裁定维持原判，即马某逃税罪名不成立。

12.1.9.2　合规风险分析

《刑法》第 201 条规定"纳税人采取欺骗、隐瞒手段进行虚假纳税申报或者不申报……有第一款行为，经税务机关依法下达追缴通知后，补缴应纳税款，缴纳滞纳金，已受行政处罚的，不予追究刑事责任"；在本案中，马某不受刑事处罚，但其还是需要向税务机关补缴税款。

在逃税行为被行政机关核查并下达追缴通知后，立即补缴并接受行政处罚的，不予追究刑事责任。但应当注意，该行政处罚前置的程序，仅限于第一款规定的行为，如果是其他行为涉嫌逃税罪，不受此限。

12.1.9.3　合规建议：积极面对行政处罚，否则可能追究刑责

纳税人采取欺骗、隐瞒手段进行虚假纳税申报或者不申报等行为逃税的，在税务机关要求补缴时，应积极补缴。立即补缴并接受行政处罚后，不再追究刑事责任。对企业而言，逃税已经是错，在税务机关要求补缴时，仍不积极处理是错上加错。

本案中的犯罪手段与其他犯罪类似，都是通过财务做假账，虚假申报后偷逃税款。行政处罚前置，是法律赋予纳税人补缴税款的救赎之路，企业应积极面对。

建立完善的企业财税制度，不做假账，不虚假申报，不要有任何侥幸心理，积极响应国家税收政策。

12.1.10　合规风险之十：合规风险之行政处罚程序

12.1.10.1　典型案例

2011 年 11 月 2 日至 2014 年 3 月 20 日期间，原告第二建筑工程有限公司与酒业有限责任公司签订了《酱酒基地建设工程施工合同》等 8 份建设施工合同，承建该公司在永乐园区的酱酒车间、防水工程、酒库设备基础工程等工程项目，签订合同总金额 24899987.20 元。2011 年 7 月 8 日至 2014 年 5 月 31 日期间，原告陆续从酒业有限公司取得 17 笔工程款，共计 14400000.00 元。期间，原告陆续到经营地税务机关分 4 次申报营业收入 7200000.00 元，至 2014 年 7 月 17 日，有营业收入 7200000.00 元未予申报。2014 年 7 月 17 日，被告四川省古蔺县地方税务局稽查局根据其专项检查安排，经外围调查发现原告在承建酒业有限公司永乐园区相关建安工程期间涉嫌未按规定按期足额申报缴纳地方税收，决定立案检查。2014 年 7 月 18 日，向原告及酒业有限公司送达了税务检查通

知书和税务检查告知书。2015 年 9 月 28 日，被告向原告送达了 2015 年 9 月 21 日作出的四川省古蔺县地方税务局稽查局古地税稽告〔2015〕3 号税务行政处罚事项告知书及四川省古蔺县地方税务局稽查局古地税稽罚〔2015〕3 号税务行政处罚决定书。古地税稽告〔2015〕3 号税务行政处罚事项告知书告知原告，在被告作出行政处罚决定前进行陈述、申辩或提供陈述、申辩材料；在收到告知书之日起三日内向被告书面提出听证申请，逾期不提出，视为放弃听证权利。古地税稽罚〔2015〕3 号税务行政处罚决定书决定对原告处以 196575.00 元的罚款。

原告不服，故提起行政诉讼。

法院经审理后认为，根据《中华人民共和国税收征收管理法》第五条、第十四条，《中华人民共和国税收征收管理法实施细则》第九条的规定，被告古蔺县地方税务局稽查局具有查处涉嫌未按规定按期足额申报缴纳地方税收违法行为的法定职权，为本案适格被告。被告于 2015 年 9 月 21 日作出古地税稽告〔2015〕3 号税务行政处罚事项告知书，2015 年 9 月 28 日作出古地税稽罚〔2015〕3 号税务行政处罚决定。2015 年 9 月 28 日，被告向原告送达行政处罚告知书，告知原告在被告作出行政处罚决定前进行陈述、申辩或提供陈述、申辩材料；在收到该告知书之日起三日内向被告书面提出听证申请，逾期不提出，视为放弃听证权利。同日，被告向原告送达行政处罚决定。根据《中华人民共和国行政处罚法》第三十一条"行政机关在作出行政处罚决定之前，应当告知当事人作出行政处罚决定的事实、理由及依据，并告知当事人依法享有的权利。"以及《中华人民共和国行政处罚法》第三十二条、第四十一条、第四十二条之规定，被告作出的古地税稽罚〔2015〕3 号税务行政处罚决定违反法定程序，剥夺了原告陈述、申辩、申请听证的权利，依法应予撤销。根据《中华人民共和国行政诉讼法》第七十条的规定，判决如下：

撤销被告古蔺县地方税务局稽查局作出的古地税稽罚〔2015〕3 号税务行政处罚决定。

案件受理费 50 元，由被告古蔺县地方税务局稽查局负担。

12.1.10.2　合规风险分析

本案中，第二建筑工程有限公司可能确实存在违规行为，但税务局未依法保障其陈述、申辩、申请听证的权利，进而导致行政处罚决定无效。

从事实上看，本案原告未按规定按期足额申报缴纳地方税收的行为具有可处罚性，我们对此不作评价。税务机关作为行使处罚权的国家机关，应当依法行使权利。

12.1.10.3　合规建议

企业违约应当受处罚，但接受处罚的程序应当合法。社会主义法治建设中，既要求企业守法，也要求行政机关依法执法。

具体的税务处罚程序，详见《行政处罚法》。

12.1.11　施工企业财税合规管理建议

除上述风险中提到的合规管理建议外，我们认为施工企业的财税合规管理，从价值观上，可以以八个字总结，即"依法纳税，不做假账"，不依法纳税，可能涉嫌逃税罪，如（2017）渝 0117 刑初 395 号案，法院认为："被告（单位）违反国家税收法规，拒不申报应纳税款，逃避缴纳税款数额较大并且占应纳税额百分之十以上，其行为已触犯国家刑法，构成逃税罪，依法应对其判处罚金；被告人杨某作为被告单位直接负责的主管人员，依法应追究其刑事责任，依法应在三年以下有期徒刑或者拘役，并处罚金的幅度内处以刑罚。"

财务人员做假账，可能涉嫌犯罪，如（2018）黑 0102 刑初 742 号案中，法院认为：所谓依法应当保存的会计凭证、会计账簿，应理解为能够反映公司真实财务状况的一切会计材料，均属于应当依法保存的会计凭证、账簿等，因此，不应区别"外账"和"内账"，且"内账"恰恰才是真正反映一个公司的财务真实情况的凭证。

所以，对施工企业而言，"依法纳税，不做假账"是最低限度的要求。从具体方法上，应当注意：

1. 完善企业相关制度

（1）与财税工作相关的制度，必须紧跟国家法律法规及主管部门的相关政策、文件。如财务付款流程中将发票核对作为前置流程，以避免收到假发票但却支付款项的问题；

（2）应注意相关政策的动态更新，在相关政策改变时，第一时间反应在公司内部流程中，以避免符合公司制度要求但不符合政策要求的情况出现。

2. 加强从业人员的遵纪守法、职业道德及技能培训

财务会计工作及纳税工作，必须遵守法律法规及政策要求，重视职业道德的培训，一旦违法失德，轻则造成企业损失，重则触犯刑法。

技能培训主要是指从业人员在上岗后，要时时学习最新的政策文件，更新已有知识。避免类似 2016 年 5 月 1 日"营改增"给企业及财会从业人员带来的冲击。在确保满足现有职能的情况下，进一步扩展相关知识，如新准则财会科目设置、税务筹划知识等。

3. 从观念上重视财税工作

财务会计能够反映公司真实财务状况，企业管理人员不应忽视财务监督、审核职能反映出来的信息。更不应随意设立"外账""内账""小金库"等。企业应培养依法纳税，不做假账的观念。

4. 慎用"税务筹划"

合理避税与税务筹划都是指在法律允许的情况下，在纳税行为发生前采取一定的手段或方法，达到纳税人减少缴纳税款的行为。一般认为，合理避税侧重于"避"字，结果可能是合法但不一定符合国家税务政策的导向精神；税务筹划侧重于调整业务模式、选择交易方式等直接针对业务的策划。故近年来税务筹划越来越受市场青睐。

应注意，税务筹划的本质，是在法律允许的框架内，着眼于企业的长期利益，有益于业务发展，是可持续的、与国家政策相吻合的业务流程、交易模式等方面的策划。但市场上充斥着各种"税务筹划"，甚至有建议企业以订立虚假合同、虚构交易、不申报、延

迟申报、提供假发票等钻漏洞、踩红线的方式达到逃税目的的"税务筹划"。企业应坚持拒绝类似的"筹划"，不仅对业务没有任何帮忙，反而容易使企业陷入违法犯罪的可能中。

12.2 施工企业财税合规依据

12.2.1 党和国家的方针政策

2014年6月30日，中共中央政治局审议通过了《深化财税体制改革总体方案》，习近平总书记在十八届三中全会上指出："现行财税体制是在1994年分税制改革的基础上逐步完善形成的，对实现政府财力增强和经济快速发展的双赢目标发挥了重要作用。随着形势发展变化，现行财税体制已经不完全适应合理划分中央和地方事权、完善国家治理的客观要求，不完全适应转变经济发展方式、促进经济社会持续健康发展的现实需要，我国经济社会发展中的一些突出矛盾和问题也与财税体制不健全有关。这次全面深化改革，财税体制改革是重点之一。主要涉及改进预算管理制度，完善税收制度，建立事权和支出责任相适应的制度等。"

在中共十九大报告中，习近平总书记再次强调："加快建立现代财政制度，建立权责清晰、财力协调、区域均衡的中央和地方财政关系。建立全面规范透明、标准科学、约束有力的预算制度，全面实施绩效管理。深化税收制度改革，健全地方税体系"。

此后，国家推动一系列改革，如营改增、国税地税征管体制改革、减税降费政策实施、小微企业普惠性减税等各项措施陆续施行。

2021年3月5日，国务院总理李克强在第十三届全国人大代表大会第四次会议上作《政府工作报告》时说："注重用改革和创新办法，助企纾困和激发活力并举，帮助受冲击最直接且量大面广的中小微企业和个体工商户渡难关。实施阶段性大规模减税降费。"报告中还强调要保持宏观政策连续性、稳定性、可持续性，其中包括制度性减税政策等。

2021年3月24日，中共中央办公厅、国务院办公厅印发《关于进一步深化税收征管改革的意见》，从指导思想、工作原则、主要目标等方面，对税收改革作出部署。

2021年3月31日，国家税务总局发布《税务行政处罚"首违不罚"事项清单》（2021第6号），明确：为贯彻落实中共中央办公厅、国务院办公厅《关于进一步深化税收征管改革的意见》、国务院常务会有关部署，深入开展2021年"我为纳税人缴费人办实事暨便民办税春风行动"，推进税务领域"放管服"改革，更好服务市场主体。

国家税改的方向，是"减负""放管服"，具体到施工企业来说，最直接的税收影响主要是依据《财政部、国家税务总局关于全面推开营业税改征增值税试点的通知》财税〔2016〕36号文规定的自2016年5月1日起实施的"营改增"政策。但仅了解、关注"营改增"方面的财税政策显然不够，为便于了解国家政策及相关法律法规对于财税方面的要求，现将与施工企业关联性较高的相关规范文件整理如下。

12.2.2　法律

12.2.2.1　《刑法》

《刑法》第六节的危害税收征管罪，专门针对税收犯罪作出相关规定，其中第 201 条所规定的逃税罪、第 205 条规定的虚开发票罪及虚开增值税发票罪、第 210 条规定的持有伪造的发票罪等，是建工企业常见涉税犯罪。

12.2.2.2　《会计法》

该法对企业、会计从业人员及监管人员的行为做出指引，应当注意，施工企业及财务从业人员除了应遵守《会计法》的规定以外，还应注意上述条文所指引到其他法律中的惩罚条款。

12.2.2.3　《税收征收管理法》

该管理法规定了税务机关依法征税的相关程序。

12.2.2.4　《企业所得税法》

12.2.2.5　《个人所得税法》

12.2.2.6　《船舶吨税法》

12.2.2.7　《环境保护税法》

12.2.2.8　《烟叶税法》

12.2.2.9　《车船税法》

12.2.2.10　《全国人民代表大会常务委员会关于惩治虚开、伪造和非法出售增值税专用发票犯罪的决定》

12.2.2.11　《全国人民代表大会常务委员会关于外商投资企业和外国企业适用增值税、消费税、营业税等税收暂行条例的决定》

12.2.3　行政法规

1.《个人所得税法实施条例》

2.《环境保护税法实施条例》

3.《增值税暂行条例》

4.《进出口关税条例》

5.《税收征收管理法实施细则》

6.《城镇土地使用税暂行条例》

7.《车船税法实施条例》

8.《资源税暂行条例》

9.《外国公司船舶运输收入征税办法》

10.《固定资产投资方向调节税暂行条例》

11.《土地增值税暂行条例》

12.《房产税暂行条例》

13.《印花税暂行条例》

14.《城市维护建设税暂行条例》

15.《海关船舶吨税暂行办法》

16.《消费税暂行条例》

17.《企业所得税法实施条例》

18.《耕地占用税暂行条例》

19.《对储蓄存款利息所得征收个人所得税的实施办法》

20.《车辆购置税暂行条例》

21.《外国在华常住人员携带进境物品进口税收暂行规定》

22.《契税暂行条例》

23.《残疾人专用品免征进口税收暂行规定》

24.《国家高新技术产业开发区税收政策的规定》

25.《关于对进出口产品征、退产品税或增值税的规定》

26.《关于入境旅客行李物品和个人邮递物品征收进口税办法》

27.《财政部关于税收管理体制的规定》

12.2.4 相关文件

12.2.4.1 账务会计类规范文件

作为主管财税工作的财政部颁发的相关文件,《企业会计准则——基本准则》《会计基础工作规范》《增值税会计处理规定》《会计人员管理办法》等文件。尤其应当关注财政部以"财会"文号发布的相关文件。

现行有效的《企业会计准则——基本准则》系 2006 年 2 月 15 日财政部令第 33 号公布,2007 年 1 月 1 日施行,2014 年 7 月 23 日修订。财政部在《基本准则》的基础上,颁布《企业会计准则第 1 号——存货》至《企业会计准则第 42 号——持有待售的非流动资产、处置组和终止经营》等 42 个准则,用以规范、指导企业会计工作。其中与施工企业关联性最大的《企业会计准则第 15 号——建造合同》财会〔2006〕3 号,该文件对建造合同的确认、计量和相关信息的披露做出规定。

2017 年 7 月 5 日财政部公布财会〔2017〕22 号文,规定自 2018 年 1 月 1 日起施行《企业会计准则第 14 号——收入》,该准则明确《企业会计准则第 15 号——建造合同》不再执行。同时财政部在财会〔2017〕22 号文第一条规定"……执行企业会计准则的非上市企业,自 2021 年 1 月 1 日起施行",故实践中仍将该准则称为"新准则"。也即,自 2021 年 1 月 1 日,国内企业均应按新准则开展财务工作,以避免相关涉税风险。

12.2.4.2　税务相关规定

1. 与施工企业有关的增值税法律法规

《关于外商投资企业和外国企业适用增值税、消费税、营业税等税收暂行条例的决定》

《关于惩治虚开、伪造和非法出售增值税专用发票犯罪的决定》

《增值税暂行条例》

《国务院关于外商投资企业和外国企业适用增值税、消费税、营业税等税收暂行条例有关问题的通知》

《增值税暂行条例实施细则》

《增值税一般纳税人资格认定管理办法》

《增值税防伪税控开票系统服务监督管理办法》

《国家税务总局关于涉外税收实施增值税有关征管问题的通知》

《国家税务总局关于加强增值税征收管理若干问题的通知》

以下文件应当重点关注：

《财政部国家税务总局关于全面推开营业税改征增值税试点的通知》（财税〔2016〕36号），本通知首次规定施工企业缴纳增值税的相关细则，包括简易计税的基本规定、区分新老项目的原则以及承包、承租、挂靠方式经营的纳税主体等。并明确施工企业一般纳税人的税率为11%，小规模纳税人税率为3%。

《财政部　国家税务总局关于调整增值税税率的通知》（财税〔2018〕32号文）规定："纳税人发生增值税应税销售行为或者进口货物，原适用17%和11%税率的，税率分别调整为16%、10%"，即自2018年5月1日起，施工企业应增值税税率从11%调整为10%。

《纳税人跨县（市、区）提供建筑服务增值税征收管理暂行办法》（国家税务总局公告2016年第17号）规定了跨县（市、区）提供建筑服务，预缴税款的规定，即：（1）一般纳税人跨县（市、区）提供建筑服务，适用一般计税方法计税的，以取得的全部价款和价外费用扣除支付的分包款后的余额，按照2%的预征率计算应预缴税款；（2）一般纳税人跨县（市、区）提供建筑服务，选择适用简易计税方法计税的，以取得的全部价款和价外费用扣除支付的分包款后的余额，按照3%的征收率计算应预缴税款。

《国家税务总局关于营改增试点若干征管问题的公告》（国家税务总局公告2016年第53号）规定了纳税人跨县（市、区）提供建筑服务，在向建筑服务发生地主管国税机关预缴税款时，需填报《增值税预缴税款表》，并出示以下资料：（一）与发包方签订的建筑合同复印件（加盖纳税人公章）；（二）与分包方签订的分包合同复印件（加盖纳税人公章）；（三）从分包方取得的发票复印件（加盖纳税人公章）。

《国家税务总局关于进一步明确营改增有关征管问题的公告》（国家税务总局公告2017年第11号）对自产货物的安装及跨区等纳税问题作出规定，即：（1）纳税人销售活动板房、机器设备、钢结构件等自产货物的同时提供建筑、安装服务，不属于《营业税改征增值税试点实施办法》（财税〔2016〕36号文件印发）第四十条规定的混合销售，应分别核算货物和建筑服务的销售额，分别适用不同的税率或者征收率。（2）纳税人在同一地级行政区范围内跨县（市、区）提供建筑服务，不适用《纳税人跨县（市、区）提供建筑服务增值税征收管理暂行办法》（国家税务总局公告 2016 年第 17 号印发）。（3）建筑企业与发包方签订建筑合同后，以内部授权或者三方协议等方式，授权集团内其他纳税人（以下称"第三方"）为发包方提供建筑服务，并由第三方直接与发包方结算工程款的，由第三方缴纳增值税并向发包方开具增值税发票，与发包方签订建筑合同的建筑企业不缴纳增值税。发包方可凭实际提供建筑服务的纳税人开具的增值税专用发票抵扣进项税额。（4）纳税人提供植物养护服务，按照"其他生活服务"缴纳增值税。

《国家税务总局关于明确中外合作办学等若干增值税征管问题的公告》（国家税务总局公告 2018 年第 42 号）对工程机器设备安装的纳税作出规定，即：（1）一般纳税人销售自产机器设备的同时提供安装服务，应分别核算机器设备和安装服务的销售额，安装服务可以按照甲供工程选择适用简易计税方法计税。（2）一般纳税人销售外购机器设备的同时提供安装服务，如果已经按照兼营的有关规定，分别核算机器设备和安装服务的销售额，安装服务可以按照甲供工程选择适用简易计税方法计税。（3）纳税人对安装运行后的机器设备提供的维护保养服务，按照"其他现代服务"缴纳增值税。

《财政部 国家税务总局关于建筑服务等营改增试点政策的通知》（财税〔2017〕58 号）对甲供材、预收款等问题作出规定，即：（1）建筑工程总承包单位为房屋建筑的地基与基础、主体结构提供工程服务，建设单位自行采购全部或部分钢材、混凝土、砌体材料、预制构件的，适用简易计税方法计税。（2）《营业税改征增值税试点实施办法》（财税〔2016〕36 号印发）第四十五条第（二）项修改为"纳税人提供租赁服务采取预收款方式的，其纳税义务发生时间为收到预收款的当天"。（3）纳税人提供建筑服务取得预收款，应在收到预收款时，以取得的预收款扣除支付的分包款后的余额，按照以下方式预缴增值税：按照现行规定应在建筑服务发生地预缴增值税的项目，纳税人收到预收款时在建筑服务发生地预缴增值税；按照现行规定无需在建筑服务发生地预缴增值税的项目，纳税人收到预收款时在机构所在地预缴增值税。适用一般计税方法计税的项目预征率为 2%，适用简易计税方法计税的项目预征率为 3%。

《国家税务总局关于国内旅客运输服务进项税抵扣等增值税征管问题的公告》（国家税务总局公告 2019 年第 31 号）对分包款及简易计税不备案作出规定，即：（1）纳税人提供建筑服务，按照规定允许从其取得的全部价款和价外费用中扣除的分包款，是指支付给分包方的全部价款和价外费用。（2）提供建筑服务的一般纳税人按规定适用或选择适用简易计税方法计税的，不再实行备案制。以下证明材料无需向税务机关报送，改为自行留存备查：（一）为建筑工程老项目提供的建筑服务，留存《建筑工程施工许可证》或建筑工程承包合同；（二）为甲供工程提供的建筑服务、以清包工方式提供的建筑服务，留存建筑工程承包合同。

《财政部 税务总局关于统一增值税小规模纳税人标准的通知》（财税〔2018〕33 号）

对小规模纳税人的标准及执行时间作出规定，即：（1）增值税小规模纳税人标准为年应征增值税销售额 500 万元及以下。（2）本通知自 2018 年 5 月 1 日起执行。

《国家税务总局关于增值税发票管理等有关事项的公告》（国家税务总局公告 2019 年第 33 号）对小规模纳税人开具发票的方式作出规定，即：（1）增值税小规模纳税人（其他个人除外）发生增值税应税行为，需要开具增值税专用发票的，可以自愿使用增值税发票管理系统自行开具。（2）选择自行开具增值税专用发票的小规模纳税人，税务机关不再为其代开增值税专用发票。

《财政部　税务总局　海关总署关于深化增值税改革有关政策的公告》（财政部　税务总局海关总署公告 2019 年第 39 号）对税率作出调整并规定进项税额不再分 2 年抵扣，即：（1）增值税一般纳税人（以下称纳税人）发生增值税应税销售行为或者进口货物，原适用 16% 税率的，税率调整为 13%；原适用 10% 税率的，税率调整为 9%。（根据上述规定，从 2019 年 4 月 1 日起，建筑业增值税税率从 10% 降为 9%）；（2）自 2019 年 4 月 1 日起，《营业税改征增值税试点有关事项的规定》（财税〔2016〕36 号印发）第一条第（四）项第 1 点、第二条第（一）项第 1 点停止执行，纳税人取得不动产或者不动产在建工程的进项税额不再分 2 年抵扣。此前按照上述规定尚未抵扣完毕的待抵扣进项税额，可自 2019 年 4 月税款所属期起从销项税额中抵扣。

2. 与施工企业有关的个人所得税法律法规

《国家税务总局关于建筑安装业跨省异地工程作业人员个人所得税征收管理问题的公告》（国家税务总局公告 2015 年第 52 号）对企业工作人员及现场作业人员的个人所得税问题作出规定，即：（1）总承包企业、分承包企业派驻跨省异地工程项目的管理人员、技术人员和其他工作人员在异地工作期间的工资、薪金所得个人所得税，由总承包企业、分承包企业依法代扣代缴并向工程作业所在地税务机关申报缴纳。总承包企业和分承包企业通过劳务派遣公司聘用劳务人员跨省异地工作期间的工资、薪金所得个人所得税，由劳务派遣公司依法代扣代缴并向工程作业所在地税务机关申报缴纳。（2）跨省异地施工单位应就其所支付的工程作业人员工资、薪金所得，向工程作业所在地税务机关办理全员全额扣缴明细申报。凡实行全员全额扣缴明细申报的，工程作业所在地税务机关不得核定征收个人所得税。总承包企业、分承包企业和劳务派遣公司机构所在地税务机关不得对异地工程作业人员已纳税工资、薪金所得重复征税。两地税务机关应加强沟通协调，切实维护纳税人权益。

《关于进一步简化优化部分纳税人个人所得税预扣预缴方法的公告》（国家税务总局公告 2020 年第 19 号），即：对上一完整纳税年度内每月均在同一单位预扣预缴工资、薪金所得个人所得税且全年工资、薪金收入不超过 6 万元的居民个人，扣缴义务人在预扣预缴本年度工资、薪金所得个人所得税时，累计减除费用自 1 月份起直接按照全年 6 万元计算扣除。即，在纳税人累计收入不超过 6 万元的月份，暂不预扣预缴个人所得税；在其累计收入超过 6 万元的当月及年内后续月份，再预扣预缴个人所得税。

3. 与施工企业有关的企业所得税法律法规

《企业所得税法》

《企业所得税法实施条例》

《国家税务总局关于跨地区经营建筑企业所得税征收管理问题的通知》（国税函〔2010〕156号），即：（1）实行总分机构体制的跨地区经营建筑企业应严格执行国家税务总局公告 2012 年第 57 号规定，按照"统一计算，分级管理，就地预缴，汇总清算，财政调库"的办法计算缴纳企业所得税。（2）建筑企业所属二级或二级以下分支机构直接管理的项目部（包括与项目部性质相同的工程指挥部、合同段等，下同）不就地预缴企业所得税，其经营收入、职工工资和资产总额应汇总到二级分支机构统一核算，由二级分支机构按照国家税务总局公告 2012 年第 57 号文件规定的办法预缴企业所得税。（3）建筑企业总机构直接管理的跨地区设立的项目部，应按项目实际经营收入的 0.2% 按月或按季由总机构向项目所在地预分企业所得税，并由项目部向所在地主管税务机关预缴。

《跨地区经营汇总纳税企业所得税征收管理办法》的公告（国家税务总局公告 2012 第 57 号）规定了纳税企业的征收办法，主要内容：汇总纳税企业实行"统一计算、分级管理、就地预缴、汇总清算、财政调库"的企业所得税征收管理办法：（一）统一计算，是指总机构统一计算包括汇总纳税企业所属各个不具有法人资格分支机构在内的全部应纳税所得额、应纳税额。（二）分级管理，是指总机构、分支机构所在地的主管税务机关都有对当地机构进行企业所得税管理的责任，总机构和分支机构应分别接受机构所在地主管税务机关的管理。（三）就地预缴，是指总机构、分支机构应按本办法的规定，分月或分季分别向所在地主管税务机关申报预缴企业所得税。（四）汇总清算，是指在年度终了后，总机构统一计算汇总纳税企业的年度应纳税所得额、应纳所得税额，抵减总机构、分支机构当年已就地分期预缴的企业所得税款后，多退少补。（五）财政调库，是指财政部定期将缴入中央国库的汇总纳税企业所得税待分配收入，按照核定的系数调整至地方国库。

4. 与施工企业有关的税收优惠政策文件

《企业所得税法》第 27 条、《企业所得税法实施条例》第 87 条及《财政部 国家税务总局关于执行公共基础设施项目企业所得税优惠目录有关问题的通知》（财税〔2008〕46 号）、《国家税务总局关于实施国家重点扶持的公共基础设施项目企业所得税优惠问题的通知》（国税发〔2009〕80 号）等规定：企业从事国家重点扶持的公共基础设施项目投资经营的所得，从项目取得第一笔生产经营收入所属纳税年度起，第一年至第三年免征企业所得税，第四年至第六年减半征收企业所得税。

《关于实施小微企业普惠性税收减免政策的通知》（财税〔2019〕13 号）规定：（1）对月销售额 10 万元以下（含本数）的增值税小规模纳税人，免征增值税。（2）对小型微利企业年应纳税所得额不超过 100 万元的部分，减按 25% 计入应纳税所得额，按 20% 的税率缴纳企业所得税；对年应纳税所得额超过 100 万元但不超过 300 万元的部分，减按 50% 计入应纳税所得额，按 20% 的税率缴纳企业所得税。

《关于延续西部大开发企业所得税政策的公告》财政部　税务总局　国家发展改革委公告 2020 年第 23 号，自 2021 年 1 月 1 日至 2030 年 12 月 31 日，对设在西部地区的鼓励类产业企业减按 15% 的税率征收企业所得税。本条所称鼓励类产业企业是指以《西部地区鼓励类产业目录》中规定的产业项目为主营业务，且其主营业务收入占企业收入总额 60% 以上的企业。依据《西部地区鼓励类产业目录》（2020 年本），其中涉及新型节能、隔声、防火门窗及配件的开发与生产，节能环保材料预制装配式建筑构部件生产，风力、太阳能发电场建设及运营，电梯制造，园林绿化苗木生产等与施工企业相关的产业目录。

《"大众创业　万众创新"税收优惠政策指引》，对各类创业人员的税收政策优惠。

《国家税务总局、人力资源社会保障部、国务院扶贫办、教育部关于实话支持和促进重点群体创业就业有关税收政策具体操作问题的公告》，规定重点群体创业可享受的税收优惠政策。

《财政部、国家税务总局关于促进残疾人就业增值税优惠政策的通知》《促进残疾人就业增值税优惠政策管理办法》等文件，规定了企业保障残疾人就业后可享受的税收政策。

《营业税改征增值税跨境应税行为增值税免税管理办法（试行）》中，规定了施工企业跨境承揽工程的免税管理细则。

《国家税务总局关于实施国家重点扶持的公共基础设施项目企业所得税优惠问题的通知》，规定了重点公共基础设施项目的企业所得税优惠政策。

因新冠疫情事件，税务总局有一系列的税收优惠政策，如下：

《财政部　税务总局关于支持新型冠状病毒感染的肺炎疫情防控有关个人所得税政策的公告》（2020 年第 10 号）规定，自 2020 年 1 月 1 日起，单位发给个人用于预防新型冠状病毒感染的肺炎的药品、医疗用品和防护用品等实物（不包括现金），不计入工资、薪金收入，免征个人所得税。上述优惠政策适用的截止日期将视疫情情况另行公告。

《财政部　税务总局关于支持新型冠状病毒感染的肺炎疫情防控有关捐赠税收政策的公告》（2020 年第 9 号）、《国家税务总局关于支持新型冠状病毒感染的肺炎疫情防控有关税收征收管理事项的公告》（2020 年第 4 号）规定，捐赠应对防疫的现金、物品的，允许企业所得税或个人所得税税前全额扣除，无偿捐赠应对疫情的货物免征增值税、消费税、城市维护建设税、教育费附加、地方教育附加等。

《财政部　税务总局关于支持个体工商户复工复业增值税政策的公告》（2020 年第 13 号）、《国家税务总局关于支持个体工商户复工复业等税收征收管理事项的公告》（2020 年第 5 号）等文件，明确阶段性减免增值税小规模纳税人增值税。

《人力资源社会保障部　财政　税务总局关于阶段性减免企业社会保险费的通知》（人社部发〔2020〕11 号）及《国家税务总局关于贯彻落实阶段性减免企业社会保险费政策的通知》（税总函〔2020〕33 号）等文件，明确阶段性减免企业养老、失业、工伤保险单位缴费等。

上述文件在财政部、税务总局及住房和城乡建设部官网上有公示，财税工作人员应时时关注。各地方政府可能还会有相关的税收优惠政策，需关注地方政府的相关文件。

5. 其他文件

2021 年 3 月 31 日，国家税务总局发布《税务行政处罚"首违不罚"事项清单》（2021 第 6 号），确定 10 项税务违法行为，首次违法不处罚。

《国家税务总局关于开展 2021 年"我为纳税人缴费人办实事暨便民办税春风行动"的意见》（税总发〔2021〕14 号）：自 2021 年 8 月 1 日起，增值税、消费税分别与城市维护建设税、教育费附加、地方教育附加申报表整合，启用《增值税及附加税费申报表（一般纳税人适用）》《增值税及附加税费申报表（小规模纳税人适用）》《增值税及附加税费预缴表》及其附列资料和《消费税及附加税费申报表》（附件 1～附件 7），《废止文件及条款清单》（附件 8）所列文件、条款同时废止。

财税管理文件较多，且经常更新，施工企业从业人员应当时时关注最新政策及法律法规的更新。

12.3 施工企业财税合规检查

1. 确保企业制度、流程上符合财税相关法律规定

确保企业的管理制度能约束、指引相关工作人员。近年来，财税相关规范不断推陈出新，企业原有的关于财税方面的工作制度未能及时更新，导致工作人员即便参照公司制度执行也可能出现问题。故在管理制度上，应当紧跟最新政策，及时将政策精神理解、消化并吸收到企业管理制度当中。

（1）与财税工作相关的制度，必须紧跟国家法律法规及主管部门的相关政策、文件。如财务付款流程中将发票核对作为前置流程，以避免收到假发票但却支付款项的问题；

（2）应注意相关政策的动态更新，在相关政策改变时，第一时间反应在公司内部流程中，以避免符合公司制度要求但不符合政策要求的情况出现。

2. 财务账本的设置、记账方法的检查

确保财务工作人员的记账方法符合规范要求，尤其应当杜绝假账，如"小金库""外账""内账"等表现出企业对财务管理工作的漠视；施工企业的收支科目杂乱，公司与项目上均可能有独立账目，实践中可能因为能力问题而无法理清，也可能因为主观故意而故意导致混乱等，应检查发现问题后统一。

3. 从业人员工作态度的检查

企业财税合规风险主要是指相关人员在会计工作及完税工作中，未按法律法规及相关规范的要求履职，最终导致企业财税风险。主要原因有：

（1）对法律法规缺乏敬畏

企业的主要负责人及财务工作人员对法律法规缺乏敬畏之心，是产生财税合规风险的主要原因，如实践中常见的明知某种行为不符合法律法规的要求，但企业主要负责人及财

务工作人员，故意采取违法违规的行为以获得非法利益。

（2）管理人员的不够重视

管理人员的不够重视体现在：1）不及时学习相关政策，更新相关知识；2）不重视财税工作的监督、审核职能；3）明知不可为而为之，如做假账等行为。部分管理人员主观上认为财务会计及纳税工作是对企业的约束而想逃避监管，以至于放任甚至授意相关工作人员造假等。

具体经办人员，不仅需要相关知识储备，还需要有岗位相匹配的态度。实践中常见的假发票问题，除去企业明知而使用的以外，大多数可归因于收取发票的工作人员未能及时核实该票据及交易的真伪，完全是态度问题。

4. "税务筹划" 的检查

合理避税与税务筹划都是指在法律允许的情况下，在纳税行为发生前采取一定的手段或方法，达到纳税人减少缴纳税款的行为。

应注意，税务筹划的本质，是在法律允许的框架内，着眼于企业的长期利益，有益于业务发展，是可持续的、与国家政策相吻合的业务流程、交易模式等方面的策划。

综上，施工企业财税工作的重点在于真实、合法，企业的财税合规管理应当围绕真实、合法开展。即从管理制度上，确保财税工作的真实、合法；从人员上，确保人员具体正确履行财税工作的能力及与之相匹配的职业道德。在此基础上，进一步考虑节税问题，应当牢记，节税的源头是国家政策允许或鼓励的行为，任何时候，均不应歪曲事实、弄虚作假以获得节税利益。

第13章 审计与结算的合规风险识别与管理[①]

2012年2月25日，发包人与承包人签订施工合同。合同第三部分专用条款中第14条工程款（进度款）支付约定：乙方每月25日将完成的工程量上报工程计量，甲方在次月5日前按乙方完成工作量的35%向乙方支付工程款。剩余65%的工程出资款在项目完工由甲方分4年偿还乙方，依先后每年各偿还工程总价款的25%、15%、15%、10%，每年分四次（每次间隔3个月）平均支付，第一次付款时间为项目完工后的第一个月，此后每三个月付款一次。合同签订后，承包人对案涉工程进行施工。2015年6月19日经竣工验收合格，2015年8月5日竣工备案。2017年10月18日，案涉工程经贵州某工程项目管理咨询有限公司审计价款为240006832.30元（含园林绿化工程），已付工程价款为182191450元。

后因发包人欠付工程款，承包人诉至法院要求发包人承担支付本金与逾期付款的违约金责任，发包人却抗辩竣工验收合格之日工程总价尚未确定，付款不具有可操作性，因此合同约定的"项目完工"之日应理解为工程价款确定之日，其不构成违约。在本案中，法院认为："发包人负有及时审定工程款的义务。案涉工程早于2015年6月19日竣工验收合格，但直至2018年8月2日才经第三方工程项目管理咨询有限公司出具审计报告，最终确定工程总价。若按发包人的逻辑，审计报告一天不出，则发包人可一直不支付工程款，对承包人明显不公。且双方每月均有工程进度报量审核，并以此作为35%进度款的支付依据，发包人辩称在工程总价审计确定前，无法核算65%工程款支付数额的理由不成立。综上，发包人逾期支付工程款已构成违约，应当承担违约责任。"[②]

上述案例涉及的争议纠纷即为建设工程施工合同中的审计与结算问题，是施工企业实施合规管理无法回避的核心问题。

在建设工程活动中，针对建设工程的付款申请、款项支付、竣工结算、财务决算等工程项目的经济往来活动，许多发包人往往都有经济审核的要求，即通过自行内部审计、委托社会第三方公司进行审计或委托行政审计机构依据其法定审计权力进行审计的行为，审

[①] 本文对施工企业审计与结算的合规风险与管理的探讨范围，在审计方面，仅包括"发承包双方就工程价款达成结算合意"范畴内的审计活动，不包括施工企业内部财务部门从事的、以防范企业财务收支风险为主要目的的审计活动；在结算方面，仅包括"以审计方式确定工程最终价款"范畴内的结算活动，不包括除约定"以审计确定工程结算款"以外的其他结算模式，本文的讨论范围属于审计与结算相互制约、交叉影响下的法律风险及合规风险范围。

[②] 参见"太平洋建设集团有限公司、安龙县基本建设投资有限责任公司建设工程施工合同纠纷再审民事判决书，（2020）最高法民再322号。"

查有关工程项目包含所有费用支出的工程价款是否合理、合法、真实、必要、高效，尤其是使用国有资金、财政预算资金、国有资本经营收益等的政府投资项目，资金的使用涉及公共利益，结算审计甚至是一项不得不遵从的法定要求。

但是，我国的现实状况是，由发包人审计确认的工程价款往往只调减不调增，不允许超出"概算封顶价"，导致行政审计结论与实际发生的施工费用相差甚远，有损于承包人的实际利益；而作为政府投资项目的发包人，其资金来源与公共利益息息相关，导致其不得不受《预算法》《审计法》等法定桎梏的紧紧牵制约束，难以突破行政审计监督的限制向承包人支付超出审计结算的价格。因此，发包人的审计束缚与承包人的逐利心态存在不可调和的天然矛盾，这往往是发包人与承包人之间产生争议纠纷的滥觞。

由此引发的问题是，受《审计法》约束的发包人所要求的"结算审计"是否也当然构成对承包人的合约约束？工程价款审计结论出具后，承包人是否能够脱离审计结论的限制与羁绊？本文将从工程价款结算与审计监督管理的合规角度作为切入点，探讨发包人要求的审计行为对承包人产生的影响。

13.1　施工企业审计与结算的合规风险与合规建议

行政审计是否当然约束发承包人之间的结算？

在讨论建设工程结算与审计的风险识别与合规建议之前，需讨论建设工程价款结算实务中一个热点问题，即限制发包人的行政审计要求是否当然约束承包人，换言之，《预算法》《审计法》及其配套的实施条例与法规规章中规定的"行政审计监督"是否构成对承包人暨施工单位必须适用的合规依据？该问题涉及施工企业在结算与审计方面的合规依据内容，决定施工企业是否必须强制遵守《预算法》《审计法》及其配套的实施条例与法规规章的有关规定，难以避开，不得不查。

1. 问题产生的背景

根据《审计法》第 22 条[①]以及《审计法实施条例》第 20 条[②]的规定，对于政府投资的建设项目或以政府投资为主的建设项目，国家有行政审计的强制性要求，即审查上述建设项目的费用支出、资金使用等行为是否满足以下性质：一为合法性审查，包括审查建设项目财务收支是否违反《预算法》《审计法》《刑法》等法律的强制性规定；二为真实性审

---

① 《审计法》第 22 条规定：审计机关对政府投资和以政府投资为主的建设项目的预算执行情况和决算，进行审计监督。

② 《审计法实施条例》第 20 条规定：审计法第二十二条所称政府投资和以政府投资为主的建设项目，包括：（一）全部使用预算内投资资金、专项建设基金、政府举借债务筹措的资金等财政资金的；（二）未全部使用财政资金，财政资金占项目总投资的比例超过 50%，或者占项目总投资的比例在 50% 以下，但政府拥有项目建设、运营实际控制权的。审计机关对前款规定的建设项目的总预算或者概算的执行情况、年度预算的执行情况和年度决算、单项工程结算、项目竣工决算，依法进行审计监督；对前款规定的建设项目进行审计时，可以对直接有关的设计、施工、供货等单位取得建设项目资金的真实性、合法性进行调查。

查，包括审查建设项目财务收支是否真实发生、是否存在虚构交易套取国家资金、虚高报价骗取财政支付、破坏公平竞争收取非法回扣、虚假报账等行为。而由于建设项目的预算文件与决算文件的编制主体都是建设单位暨发包人，因此行政审计机关对建设项目的预算及决算进行审计监督就是其对发包人在建设项目中的支付状况的审计监督，换言之，发包人才是审计监督的对象，是被审计监督的主体，因此，发包人应当遵守国家规定的预算要求与财政收支要求，并积极配合国家行政机关实施的审计监督工作。

政府投资或以政府投资为主的建设项目的发包人违反国家规定的预算要求与财政收支要求的，行政审计机关有一定的处理、处罚、处分权力：根据《审计法》45 条、46 条的规定，行政审计机关有权要求发包人承担缴纳应缴款项、退还违法所得、退还国有资产等经济责任；根据《审计法实施条例》第 49 条①的规定，行政审计机关有权要求发包人承担行政罚款、处分等行政责任；若上述发包人违反国家规定的预算要求与财政收支要求的行为构成犯罪的，行政审计机关还可以提请检察院追究发包人的刑事责任。因此，行政审计监督是一项法定强制性要求，被审计单位任意违背的，将遭受严厉的行政处罚责任甚至刑事责任。故作为被审计单位，政府投资或以政府投资为主的建设项目的发包人不得不严格遵守行政审计监督的有关要求。

2. 问题的提出

鉴于政府投资或以政府投资为主的建设项目的发包人身负行政强制审计的桎梏，因此发包人往往以同样的理由要求承包人共同遵守行政审计的规定，说服承包人接受"以行政审计结论作为工程价款结算依据"的要求，一起成为受《审计法》及《预算法》限制下的"难兄难弟"，以达到发包人向承包人转嫁行政审计处分处罚风险的目的。那么，作为受领国家财政支付的主体，政府投资或以政府投资为主的建设项目下的施工单位暨承包人是否也不得不服从、呼应国家的强制审计的要求？换言之，接受国家财政支付的承包人是否当然受到《审计法》及其实施条例与配套法规的强制审计约束？

3. 律师观点

作为律师，笔者认为，承包人是自由市场经济的民事平等主体，其不是审计监督行为的承受对象，其按照施工合同约定行使其工程款债权收取工程款的行为也不属于《审计法》及其实施条例的约束范围，理由如下：

（1）若以支付和收款互为镜像对称概念，虽然政府投资或以政府投资为主的建设项目中的财政支出款项即为承包人根据合同约定行使债权而受领的工程款，但承包人收受工程款的行为不属于《审计法》的适用调整范围之列

---

① 《审计法实施条例》第 49 条规定：对被审计单位违反国家规定的财务收支行为，审计机关在法定职权范围内，区别情况采取审计法第四十五条规定的处理措施，可以通报批评，给予警告；有违法所得的，没收违法所得，并处违法所得 1 倍以上 5 倍以下的罚款；没有违法所得的，可以处 5 万元以下的罚款；对直接负责的主管人员和其他直接责任人员，可以处 2 万元以下的罚款，审计机关认为应当给予处分的，向有关主管机关、单位提出给予处分的建议；构成犯罪的，依法追究刑事责任。

法律、行政法规对被审计单位违反国家规定的财务收支行为处理、处罚另有规定的，从其规定。

根据《审计法》第 1 条规定："为了加强国家的审计监督，维护国家财政经济秩序，提高财政资金使用效益，促进廉政建设，保障国民经济和社会健康发展，根据宪法，制定本法"，《审计法》的规范目的是"提高财政资金使用效益"，即《审计法》约束的行为是有关财政资金的使用行为；而承包人受领工程款的行为是承包人行使债权的行为，其行为的合法依据来源于发承包双方合意签订的《建设工程施工合同》所赋予的民事权利，不属于对财政资金的使用行为，故承包人收取工程款的行为不受《审计法》的约束调整。

（2）承包人不属于《审计法》及《审计法实施条例》规定的"被审计单位"，故承包人不是行政审计监督的对象

承前所述，根据《审计法》第 22 条的规定，国家仅要求针对政府投资或以政府投资为主的建设项目的预算与决算进行审计，而预算和决算的编制主体是发包人，因此行政审计监督的对象应当是发包人，被审计单位也应当是发包人，而非承包人。根据《审计法实施条例》第 28 条规定："审计机关依法进行审计监督时，被审计单位应当依照《审计法》第三十一条规定，向审计机关提供与财政收支、财务收支有关的资料。被审计单位负责人应当对本单位提供资料的真实性和完整性作出书面承诺"，只有被审计单位才具有提供与财政收支、财务收支有关的资料给行政审计机关的义务，发包人属于被审计单位，而承包人不属于被审计单位，因此承包人没有提供与财政收支、财务收支有关的资料给行政审计机关的义务，不受《审计法》及其实施条例的约束。

（3）《审计法》未明确授予行政审计机关可以对承包人实施行政审计监督的权力，行政审计机关要求审计承包人受领工程款的行为的，违背"依法行政"原则

根据《审计法》第 3 条规定："审计机关依照法律规定的职权和程序，进行审计监督。审计机关依据有关财政收支、财务收支的法律、法规和国家其他有关规定进行审计评价，在法定职权范围内作出审计决定"，行政审计机关实施审计行为的合法依据来源于《审计法》的权力授予，根据"依法行政"原则的要求，行政机关不得超出法定权限行使行政权力，因此在《审计法》没有明确授权的情况下，行政审计机关不能针对所有行政对象无差别地行使审计权力。而《审计法》只明确规定行政审计机关可以针对政府投资或以政府投资为主的建设项目中的发包人的预算及决算行为行使审计权力，并未授权行政审计机关可以针对承包人收取工程款的行为行使审计权力，故承包人不应受行政审计机关的审计约束。

（4）行政审计监督属于行政法律行为，发包人支付工程款、承包人收受工程款属于《施工合同》约束下的民事法律行为，在法无明文授权的前提下，行政法律行为的效力不应直接约束收受工程款的承包人

行政审计行为的性质为行政法律行为，具有监督与被监督的强制性效力；而发包人支付工程款、承包人收取工程款的性质为民事法律行为，具有约定自由、意思自治的任意性效力，二者相互独立且互不影响。根据《最高人民法院关于建设工程承包合同案件中双方当事人已确认的工程决算价款与审计部门审计的工程决算价款不一致时如何适用法律问题

的电话答复意见》（〔2001〕民一他字第2号）的规定"审计是国家对建设单位的一种行政监督，不影响建设单位与承建单位的合同效力。建设工程承包合同案件应以当事人的约定作为法院判决的依据"，以及《最高人民法院关于人民法院在审理建设工程施工合同纠纷案件中如何认定财政评审中心出具的审核结论问题的答复》（〔2008〕民一他字第4号）的规定"财政部门对财政投资的评定审核是国家对建设单位基本建设资金的监督管理，不影响建设单位与承建单位的合同效力及履行"，行政法律行为与民事法律行为是两种并行不悖的行为模式，是两条互不相交干涉的平行线，有其各自"井水不犯河水"的独立性，在法律没有明文规定的情况下，行政审计行为不应干预、影响民事收付款行为的效力，故承包人收取工程款的行为不应受到行政审计行为的限制。

4.问题的结论

综上所述，从工程款受领行为主体、行为模式与行为性质来看，工程款受领行为不应当受到行政审计监督行为的干涉与约束，受领工程款的承包人不属于"被审计单位"，承包人也不应当受《审计法》及其实施条例与配套法规的约束与限制；审计是国家对建设单位的一种行政监督，不影响建设单位与承建单位的约定结算的效力，建设单位与承建单位的结算应以当事人之间的约定作为依据①。同理，根据《预算法》第1条规定："为了规范政府收支行为，强化预算约束，加强对预算的管理和监督，建立健全全面规范、公开透明的预算制度，保障经济社会的健康发展，根据宪法，制定本法"，《预算法》约束的是政府收支行为而非承包人收取工程款的行为，故承包人也不应当受《预算法》及其实施条例的约束与限制。因此，基于《审计法》与《预算法》所产生的行政审计监督要求仅限制发包人，并不当然构成对承包人暨施工单位的合法约束，发包人以建设项目受行政审计监督的制约为由要求承包人遵守行政审计监督规定，并要求承包人必须认可行政审计结论的，承包人有正当理由拒绝。

13.1.1 合规风险之一：以发包人的审计结论作为工程价款结算依据的合规风险

1.以发包人的审计结论作为工程价款结算依据的结算模式概述

（1）以发包人的审计结论作为工程价款结算依据的行为模式

以发包人的审计结论作为工程价款结算依据的行为模式是：第一，发承包人双方在建设工程施工合同中约定"工程价款结算以发包人审定/审核/审计的工程价格为准"；第二，工程经竣工验收合格后的一定时间内，承包人向发包人提交全面完整的竣工结算资料；第三，在收到承包人提交竣工结算资料的一定时间内，发包人完成审核竣工结算资料的工作；第四，根据发包人在审核程序提出的异议，承包人与发包人协商进行修改、调整并确认；第五，发承包双方达成意思表示一致的工程价款结算协议，发包人根据结算协议确定的工程款数额向承包人付款。

---

① 详见"浙江省东阳第三建筑工程有限公司、九江市中医医院建设工程施工合同纠纷再审审查与审判监督民事裁定书（2018）最高法民申4407号"中"法院认为"论述部分。

许多规范性文件均对以发包人的审计结论作为工程价款结算依据的结算模式进行规定，如《建设工程工程量清单计价规范》GB 50500—2013 第 11.3.1 条规定："合同工程完工后，承包人……应在提交竣工验收申请的同时向发包人提交竣工结算文件"、第 11.3.2 条规定："发包人应在收到承包人提交的竣工结算文件后的 28 天内核对"、第 11.3.7 条规定："对……竣工结算文件，……发承包人都应在竣工结算文件上签名确认"；《建设工程价款结算暂行办法》第 14 条第（三）项规定："工程竣工结算审查期限单项工程竣工后，承包人应在提交竣工验收报告的同时，向发包人递交竣工结算报告及完整的结算资料"，第（四）项规定："发包人收到承包人递交的竣工结算报告及完整的结算资料后，应按本办法规定的期限（合同约定有期限的，从其约定）进行核实，给予确认或者提出修改意见"；《建筑工程施工发包与承包计价管理办法》第18条规定："工程完工后，应当按照下列规定进行竣工结算：（一）承包方应当在工程完工后的约定期限内提交竣工结算文件。（二）国有资金投资建筑工程的发包方，应当委托具有相应资质的工程造价咨询企业对竣工结算文件进行审核，并在收到竣工结算文件后的约定期限内向承包方提出由工程造价咨询企业出具的竣工结算文件审核意见；非国有资金投资的建筑工程发包方，应当在收到竣工结算文件后的约定期限内予以答复"。

事实上，以发包人的审计结论作为工程价款结算依据这一结算模式的核心是"以承包人送审价为准"和"以发包人审计的价格为准"的两种结算结果之间的博弈斗争，而"以承包人送审价为准"的结算后果来源于"逾期答复视为认可"的约定，"以发包人审计的价格为准"的结算后果来源于"逾期失权"的约定。在发承包双方约定"最终结算价格以发包人审计的价格为准"的前提下，可能会形成何种结算模式的格局，根源在于到底是"发包人逾期答复视为认可"的约定触发必须适用，还是"承包人逾期失权"的约定发生拘束效力。

（2）"逾期答复视为认可"规则概述

"逾期答复视为认可"又称"以承包人送审价为准"，是指当事人在合同中约定发包人收到竣工结算文件后，在约定期限内不予答复的，可以按照承包人向发包人送审的结算价格作为双方最终的结算价格[1]，其目的是敦促发包人积极行使对承包人送审价格进行审核的权利，防止发包人消极行使权利导致发承包双方之间的法律关系长期处于不确定的状态，借以保护交易安全与交易稳定。

"逾期答复视为认可"的理论依据来源于"默示推定"条款，即《民法典》第 141 条的规定[2]。根据《民法典》的规定，只有在符合"法律规定""当事人约定"或"当事人交易习惯"情况下，"默示推定"才能发生效力。首先，"逾期答复视为认可"规则来源于建

---

① 常设中国建设工程法律论坛第八工作组. 中国建设工程施工合同法律全书——词条释义与实务指引［M］. 北京：法律出版社：2019：338.
② 《民法典》第141条规定：行为人可以明示或者默示作出意思表示。沉默只有在有法律规定、当事人约定或者符合当事人之间的交易习惯时，才可以视为意思表示。

设工程结算活动的长期惯例，如《建设工程价款结算暂行办法》第16条第1款规定："发包人收到竣工结算报告及完整的结算资料后，在本办法规定或合同约定期限内，对结算报告及资料没有提出意见，则视同认可"，《建设工程工程量清单计价规范》第11.3.4条规定："发包人在收到承包人竣工结算文件后的28天内，不核对竣工结算或未提出核对意见的，应视为承包人提交的竣工结算文件已被发包人认可，竣工结算办理完毕"；其次，"逾期答复视为认可"规则也是大多数建设项目的发包人与承包人自愿约定在建设工程施工合同的条款，如2017年《建设工程施工合同示范文本》"通用条款"第14.2条规定："发包人在收到承包人提交竣工结算申请书后28天内未完成审批且未提出异议的，视为发包人认可承包人提交的竣工结算申请单，并自发包人收到承包人提交的竣工结算申请单后第29天起视为已签发竣工付款证书"；最后，"逾期答复视为认可"规则也为最高法以司法解释的形式确认其合法效力，即《建设工程司法解释一》第21条的规定："当事人约定，发包人收到竣工结算文件后，在约定期限内不予答复，视为认可竣工结算文件的，按照约定处理。承包人请求按照竣工结算文件结算工程价款的，人民法院应予支持。"据此，"逾期答复视为认可"规则是被当事人自愿选择适用、被法院认可法律效力的工程结算惯例，若当事人约定了"逾期答复视为认可"条款，发包人确实未在约定的期限内对承包人提交的竣工结算文件进行审核并予以答复的，则"逾期答复视为认可"条款触发生效，承包人要求以其制作提交的竣工结算文件载明的送审价作为结算依据的，法院应予支持，此即为"以承包人送审价为准"的结算后果。

（3）"逾期失权"概述

"逾期失权"是指承包人未在合同约定的时间内提交价格变更申请、费用索赔申请、结算补充材料以及未对发包人的审核计算提出异议的，丧失要求变更价格、索赔费用、补充材料以及对发包人的审价提出异议的权利。建设工程施工活动周期漫长、内容庞杂，发承包双方之间的价款变更、费用索赔以及文件往来活动复杂且频繁，若不及时以书面形式将上述行为固定下来，容易造成发承包双方之间的推诿扯皮与争议纠纷，故建设工程施工活动当事人也形成了一个心照不宣的规则，即根据合同约定可以行使权利的事项必须尽快落实并书面确认、形成证据并完整保存，防止经年累月夜长梦多。"逾期失权"也是在为满足建设工程施工商事活动的效率原则的目的下所设立的规则，其功能在于敦促承包人积极行使变更价格、索赔费用以及补充材料的权利，防止发承包双方的交易关系陷入不稳定的长期胶着状态。

许多规范性文件均规定了"逾期失权"的条款，如《建设工程工程量清单计价规范》第11.3.1条第2款规定："承包人未在合同约定的时间内提交竣工结算文件，经发包人催告后14天内仍未提交或没有明确答复的，发包人有权根据已有资料编制竣工结算文件，作为办理竣工结算和支付结算款的依据，承包人应予以认可"，《建设工程价款结算暂行办法》第16条第2款规定："承包人如未在规定时间内提供完整的工程竣工结算资料，经发包人催促后14天内仍未提供或没有明确答复，发包人有权根据已有资料进行审查，责任由承包人自负"，2017 年《建设工程施工合同示范文本》第 14.2 条规定："承包人对发包人签认的竣工付款证书有异议的，对于有异议部分应在收到发包人签认的竣工付款证书后 7 天内提出异议，承包人逾期未提出异议的，视为认可发包人的审批结果。"

根据上述条款的规定，在合同约定的时间内，承包人未响应发包人提出补充完善竣工结算文件的要求，或未对发包人审核的价格提出异议，则发包人以现有结算材料为根据对承包人送审价进行审核，并要求以发包人审核的价格作为工程价款结算依据的，法院应予支持，此即为"以发包人审定的价格为准"的结算后果。

2. 以发包人的审计结论作为工程价款结算依据的结算模式合规风险

建设工程结算的实务情况往往是，承包人自行计算的工程造价较高，"以承包人送审价为准"的结算后果对承包人更有利；而发包人对承包人送审价进行审核时，往往会在可议价范围内砍去许多不必要或虚高的费用，此行为又称为"审减"，因此"以发包人审定的价格为准"的结算后果对发包人更有利。据此，在发承包双方约定"以发包人的审计结论作为工程价款结算依据"的前提下，承包人暨施工企业在结算与审计结算的合规风险在于，承包人应采取何种合规措施，以达到"工程价款最终结算以承包人送审价为准"的目的，从而避免"工程价款最终结算以发包人审计的价格为准"的触发适用。

要分析实现"以承包人送审价为准"结算目的的合规措施，需分析"以承包人送审价为准"暨"逾期答复视为认可"规则适用的构成要件，借以说明承包人为实现已构成"逾期答复视为认可"为由要求采用"以承包人送审价为准"的结算模式认定工程价款所应积极采取的措施以及不采取该措施所产生的法律风险。

实务中，"逾期答复视为认可"的构成要件包括：第一，发承包双方在施工合同中约定发包人应当在一定时间将承包人送审价审核完毕的义务前提，并约定发包人在约定时间内不审核完毕的视为认可承包人送审价的法律后果；第二，"逾期答复视为认可"所依附的建设工程施工合同为有效合同；第三，若发承包双方适用的是《建设工程施工合同示范文本》建立施工法律关系，则"逾期答复视为认可"约定在专用条款或补充协议中才体现发承包双方适用该种结算模式的真实意思表示；第四，竣工验收合格后，承包人在约定时间内向发包人提交竣工结算文件；第五，承包人提交的竣工结算文件真实、完整，或虽然不完善，但是在发包人规定的时间内将结算文件补充完善；第六，承包人提交竣工结算文件已为发包人处有接受文件权限的代表人进行有效接收；第七，发包人在约定的审核期间内确实未进行答复，包括提出异议或表示反对；第八，发承包双方之间未达成任何结算协议或作出受第三方工程造价咨询机构作出的审计结论约束的意思表示。

据此，在以发包人的审计结论作为工程价款结算依据的结算模式下，承包人的合规风险包括如下十一条。

第一，未在合同中明确约定"逾期答复视为认可"规则

根据《民法典》第 465 条第 2 款规定："依法成立的合同，仅对当事人具有法律约束力，但是法律另有规定的除外"，"逾期答复视为认可"规则只有被发承包双方约定在施工

合同或补充协议中、成为发承包双方共同意思表示的一部分，才能产生约束发承包双方的效力；而规定在《建设工程工程量清单计价规范》第 11.3.4 条、《建设工程价款结算暂行办法》第 16 条第 1 款、《建设工程施工发包与承包计价管理办法》第 18 条的"逾期答复视为认可"规则只具有指引、指导发承包双方规范实施结算活动的效力，不具有当然约束发承包双方的效力，在发承包双方未约定适用"逾期答复视为认可"条款的前提下，承包人以上述一般规范性文件规定了"逾期答复视为认可"规则为由要求以承包人的送审价作为结算依据的，法院不予支持。

如（2019）最高法民申 4944 号裁定认为，根据前述司法解释的规定，承包人请求按照其报送的竣工结算文件结算工程价款，需具备特定的条件，即当事人明确约定，发包人收到竣工结算文件后，在一定期限内不予答复，则视为认可结算文件。本案中，兴仁街道办、湖南第六工程公司于 2010 年 2 月 26 日签订的《建设工程施工合同》并无有关"发包人收到竣工结算文件后，在约定期限内不予答复，视为认可竣工结算文件的"的明确约定。在此情况下，原审判决以湖南第六工程公司制作的结算资料中的工程价款为依据认定案涉工程价款，缺乏事实依据和法律依据。[①]

如（2018）最高法民申 1880 号裁定认为，本案中吉青公司与王秋喜签订的《补充协议》第九条仅对于工程进度款的支付方式做了约定，并没有"发包人收到竣工结算文件后，在约定期限内不予答复，则视为认可竣工结算文件"的特别约定，故本案不能适用《建设工程合同解释》第二十条的规定，依据王秋喜单方出具的工程结算书载明的金额 685641570.11 元认定案涉工程造价及质量保修金数额。[②]

再如（2020）最高法民申 4730 号裁定认为，对于王月锁提出的索赔问题，案涉两份建设工程施工合同并未对如发包人未在确定期限内答复即视为认可作出约定，王月锁主张直接适用《建设工程工程量清单计价规范》规定认定万基公司认可其索赔，依据不足。二审判决对其索赔主张未予支持并无不当。[③]

第二，未明确约定结算文件的审核期限

发承包双方未明确约定发包人收到承包人提交的竣工结算文件后的审查期限的，不得触发"逾期答复视为认可"规则的适用。如（2016）最高法民申 3668 号裁判认为："关于工程价款结算问题，《最高人民法院关于审理建设工程施工合同纠纷适用法律问题的解释》第二十条规定：当事人约定，发包人收到竣工结算文件后，在约定期限内不予答复，视为认可竣工结算文件的，按照约定处理。承包人请求按照竣工结算文件结算工程价款的，应予支持。但因本案合同没有约定结算文件审核期限，因此不能直接适用上述司法

---

① 详见"枣庄市薛城区巨山街道办事处筹备处工作委员会、湖南省第六工程有限公司建设工程施工合同纠纷再审审查与审判监督民事裁定书，（2019）最高法民申 4944 号"。

② 详见"王秋喜、吉安市唐人房地产开发有限公司建设工程施工合同纠纷再审审查与审判监督民事裁定书（2018）最高法民申 1880 号"。

③ 详见"王月锁、山东京庄建设有限公司建设工程施工合同纠纷再审审查与审判监督民事裁定书（2020）最高法民申 4730 号"。

解释。"①

第三，仅约定发包人应当答复的期限，未在施工合同中明确约定"发包人不在约定期限内予以答复则视为认可承包人送审价"的法律后果

若发承包人双方仅约定发包人应当在接受承包人提交竣工结算文件之日起的一定时间内予以答复，未明确约定"发包人未在约定期限内予以答复则视为认可承包人送审价"的法律后果的，不能当然适用"逾期答复视为认可"规则。如（2019）最高法民申 6061 号判决认为，在当事人明确约定发包人逾期对竣工结算文件未作出答复则视为发包人认可竣工结算文件的情况下，发包人逾期未对竣工结算文件作出回复时，承包人可按照竣工结算文件结算工程价款。本案中，案涉《施工协议书》第七条关于"工程决算"约定"承包人在工程竣工验收合格送审至发包人，发包人在收到承包人提交的决算书 90 天内审核完毕（逾期承包方可不提交竣工资料直至审核完毕），并支付相应工程款"。据此，双方当事人虽约定银晟公司审核竣工结算文件的期限为 90 天，但并未约定银晟公司逾期未予答复时视为认可竣工结算文件。环迪公司以银晟公司未在 90 天内对《工程预算书》《工程结算书》回复意见，视为银晟公司认可《工程预算书》《工程结算书》的主张，与合同约定及上述司法解释的约定不符。银晟公司关于双方已对工程价款作出结算的申请再审理由，缺乏事实和法律依据，本院不予采信。②

第四，"逾期答复视为认可"仅约定在《建设工程施工合同示范文本》的通用合同条款中

最高法《关于发包人收到承包人竣工结算文件后，在约定期限内不予答复，是否视为认可竣工结算文件的复函》（〔2005〕民一他字第 23 号复函）认为："你院渝高法〔2005〕154 号《关于如何理解和适用最高人民法院〈关于审理建设工程施工合同纠纷案件适用法律问题的解释〉第二十条的请示》收悉。经研究，答复如下：同意你院审委会的第二种意见，即：适用该司法解释第二十条的前提条件是当事人之间约定了发包人收到竣工结算文件后，在约定期限内不予答复，则视为认可竣工结算文件。承包人提交的竣工结算文件可以作为工程款结算的依据。建设部制定的建设工程施工合同格式文本中的通用条款第 33 条第 3 款的规定，不能简单地推论出，双方当事人具有发包人收到竣工结算文件一定期限内不予答复，则视为认可承包人提交的竣工结算文件的一致意思表示，承包人提交的竣工结算文件不能作为工程款结算的依据。"

根据上述文件规定，一方面，"逾期答复视为认可"是一项特殊的结算规则，涉及发承包双方十分重要的实体权益，在没有当事人特殊约定的情况下，不具有当然适用的效力；另一方面，对工程价款的审定确认是建设工程施工合同双方的重要权利，适用"逾期

---

① 详见"山西宏厦建筑工程第三有限公司与山西省阳泉第一监狱建设工程施工合同纠纷申诉、申请民事裁定书（2016）最高法民申 3668 号"。

② 详见"陕西环迪建设工程有限公司、吉林省银晟房地产开发有限责任公司建设工程施工合同纠纷再审审查与审判监督民事裁定书（2019）最高法民申 6061 号"。

答复视为认可"规则认定发包方放弃该权利而以单方结算文件为准的法律后果的,应当慎重、严格,即只有在当事人有明确约定的情况下,才能以承包人单方提交的结算文件作为工程价款结算依据。① 而《建设工程施工合同示范文本》通用条款是一种国家行业默认的格式条款,不是合同双方通过实现谈判,协商一致后确定的条款,不应属于合同双方的真实意志。据此,约定在《建设工程施工合同示范文本》通用条款的"逾期答复视为认可"规则并不能体现发承包双方自愿采用此结算模式的真实意思表示,《建设工程施工合同示范文本》通用条款的"逾期答复视为认可"规则并不当然对发承包双方产生约束力。如(2020)最高法民申 1895 号裁判认为:"即便不考虑金格公司对结算书的答复情况,中建公司仅根据《施工总承包合同》通用条款第 33 条约定主张双方已就发包人收到竣工结算文件一定期限内不予答复,则视为认可承包人提交的竣工结算文件达成一致的意思表示,依据尚不充分。"②

但是若发承包人将"逾期答复视为认可"规则约定在专用合同条款或补充协议的,因专用条款、补充协议是订约双方根据各方需要,针对合同项下工程项目的具体事项,经过谈判协商而作出的相应约定,系订约双方协商一致的结果,充分体现双方当事人的真实意思表示,当然具有依约适用的效力。③ 如(2018)最高法民申 549 号判决认为,中通公司与汽车城公司签订的《补充协议》系双方真实意思的表达,约定默示行为方式来表达认可竣工文件的意思表示,不违反法律规定,合法有效。本案中,中通公司(乙方)与汽车城公司(甲方)签订《补充协议》,约定:"双方约定甲方审核竣工结算文件期限为 45 天,即甲方收到乙方工程结算报告及工程结算文件资料后,45 天内予以答复并审定完成,且据此按约定额度支付结算工程款。"在中通公司依约向汽车城公司交付了工程结算报告及相关结算资料后,汽车城公司未在约定期限内进行回复,没有提出异议,汽车城公司亦未提交证据证明双方此后曾对工程造价进行核算。据此,二审法院对中通公司交付的工程结算报告及相关结算资料予以采信正确。④

第五,仅在《工程技术联系单》中约定"逾期答复视为认可"规则

《工程技术联系单》的功能是为发承包双方就某一施工路径或应采取何种工艺技术、应如何施工的问题提供相互联系载体的书面凭据,仅针对施工技术方面的内容,不应具有竣工结算的功能,在《工程技术联系单》中约定竣工结算的"逾期答复视为认可"规则亦不符合工程结算的一般习惯,故承包人以《工程技术联系单》约定"逾期答复视为认可"

---

① 详见"西安市物资回收利用公司长乐公司、广厦建设集团有限责任公司建设工程施工合同纠纷二审民事裁定书(2018)最高法民终 579 号"中"法院认为"论述部分。

② 详见"中国建筑一局(集团)有限公司建设工程施工合同纠纷再审审查与审判监督民事裁定书(2020)最高法民申 1895 号"

③ 详见"福安市京典房地产有限公司、中建海峡建设发展有限公司建设工程施工合同纠纷再审民事判决书(2019)最高法民再 110 号"中"法院认为"论述部分。

④ 详见"沈阳国际汽车城开发有限公司、抚顺中通建设(集团)有限公司建筑安装分公司建设工程施工合同纠纷再审审查与审判监督民事裁定书(2018)最高法民申 549 号"。

规则为由要求以承包人送审价作为结算依据的，法院不予支持。

如（2018）最高法民再 145 号裁定认为，李天明主张的相关约定仅在〔2007〕工联字第 013 号《技术联系单》附件中有所体现，并无其他证据予以佐证。从技术联系单的形式和功能角度分析，"发包方（业主）收到施工方项目部竣工结算文件后，应当在 45 日内结束审价；逾期未结束审价，则视为认可该竣工结算文件。45 日内未书面答复的，或未提出书面意见的，也视为认可该竣工结算文件"的约定不仅超出了技术联系单的功能范围，对于结算方式的重大变更以技术联系单的形式进行约定也不符合一般签约习惯。在涉案施工合同无明确约定，且当事人双方对技术联系单相关内容存在争议的情况下，适用"逾期不予答复视为认可"确定工程价款，需要进一步证据支持。[1]

第六，承包人向发包人提交的竣工结算文件不完整，导致发包人不足以正确核对价格

要适用"逾期答复视为认可"规则的前提是，承包人负有对提交给发包人的竣工结算文件的充分性、完整性与及时性的保证义务；若承包人向发包人提交的竣工结算文件不完全、不充分，未在发包人约定的宽限期内完善补充的，发包人具有拒绝适用"逾期答复视为认可"规则的正当抗辩理由。如（2019）最高法民申 5310 号裁判认为："中人公司所提供的证据仅能证明其送交了结算书和竣工图，并不能证明其提交了全部结算文件。况且，合同约定中人公司应在提交竣工验收申请报告的同时提交竣工结算文件，但本案中人公司提交结算文件的时间均晚于工程竣工验收时间，且结算书和竣工图并非同时提交。综上，中人公司未按约定提交结算文件，原审法院认定不能直接按照中人公司提交的竣工结算文件确认工程价款，并无不妥。"[2]

第七，承包人未向发包人的指定接收人提交竣工结算文件，或发包人未现实收到承包人寄送的竣工结算文件

适用"逾期答复视为认可"规则的很重要的一个前提是，承包人提交的竣工结算文件已为发包人有效接收，这里的"有效接收"是指，该竣工结算文件已被发包人的法定代表人、竣工结算文件所涉建设项目的发包人代表或其他发包人处有合法接收文件授权的人接收，且发包人确实实际上收到了竣工结算文件，不适用"留置送达"的有关规定。虽然发承包双方明确约定"逾期答复视为认可"规则，且承包人确实在竣工验收合格后的约定时间内依约向发包人提交竣工结算文件，但是并未被发包人处具有文件接收权限的代表人接收的，承包人的提交行为不视为有效提交，发包人的接收行为也不视为有效接收，此时不得适用"逾期答复视为认可"规则。

如（2019）最高法民申 5310 号裁判认为，关于竣工结算，首先，《施工合同》专用条款第 82.1 条约定"按合同通用条款的规定办理"，通用条款第 82.2 条、第 82.3 条则约

---

[1] 详见"李天明、湖南新华晒北滩水电开发有限公司（原祁阳县阳光水电开发有限公司）建设工程施工合同纠纷再审民事裁定书（2018）最高法民再 145 号"。

[2] 详见"广东中人集团建设有限公司建设工程施工合同纠纷再审审查与审判监督民事裁定书（2019）最高法民申 5310 号"。

定，承包人应在提交竣工验收申请报告的同时向造价工程师递交竣工结算文件，造价工程师应当在收到竣工结算文件后 28 天内予以核实，并向承包人提出完整的核实意见（包括进一步补充资料和修改结算文件），造价工程师在收到竣工结算文件后 28 天内，不核实竣工结算文件或未提出核实意见的，视为承包人递交的竣工结算文件已被认可。对于造价工程师，《施工合同》通用条款第 1.20 条约定，造价工程师指工程造价咨询人委派常驻工地现场负责合同工程造价专业技术的专业人员，由工程造价咨询人提名，经发包人任命并书面通知承包人。但《施工合同》专用条款"造价工程师"一栏中却未载明工程造价咨询人名称和造价工程师的具体人选，之后双方亦未就指定造价工程师作进一步约定。原审判决认定本案缺乏由造价工程师核实承包人提供的竣工结算文件的可能性，并无不妥。其次，《施工合同》通用条款第 21.1 条还约定"国家、省规定发包人可不委托监理人和（或）工程造价咨询人，且发包人因而没有任命监理工程师和（或）造价工程师的，本合同规定的监理工程师和（或）造价工程师及其代表的工作，由发包人代表担任"。同时，合同通用条款第 1.18 条约定发包人代表是指发包人指定的履行本合同的全权代表，专用条款 22.2 条约定发包人任命张明辉为发包人代表。通用条款 6.2 条、专用条款 6.2 条还约定汉铿公司指定的收件人为张明辉。因此，在合同未约定造价工程师的情况下，中人公司也应向发包人代表张明辉递交竣工结算文件，汉铿公司在 28 天内未提出异议，才能视为其提交的竣工结算文件被认可。但根据中人公司提供的证据材料，中人公司并未向发包人代表和指定收件人张明辉送交竣工结算文件，而是将懿峰雅居 H、J、L 栋结算书送达给汉铿公司工作人员岳清嫦，将懿峰雅居（一期）结算书（不包含 H、J、L 栋，包括土建安装等全部专业）邮寄给汉铿公司，且载明的收件人为邱延波，并非张明辉。在合同未载明工程造价师，但已明确指定发包人履行合同的全权代表和收件人为张明辉的情形下，中人公司不向张明辉送交结算书，却向其他工作人员送交结算书，并不能视为适当履行合同义务，当然也不能产生汉铿公司 28 天内未审核即视为认可中人公司提交的结算书的法律效果。[①]

并且，虽然承包人已寄送竣工结算文件，但是发包人确实未实际收到该结算文件的，"逾期答复视为认可"规则也难以触发生效。如（2020）最高法民申 2786 号裁定认为，十建公司提交的证据不足以证明该公司向雅致公司送达了决算书，并且，单独一份决算书不构成合同约定的"竣工结算报告及结算资料"。十建公司称向雅致公司邮寄了该公司单方制作的决算书，但其提交的证据只能证明"送"，不足以证明"达"，原判决认定雅致公司未收到决算书，处理正确。同时，决算书未附其他工程竣工结算资料，不符合合同的约定，不足以引起合同通用条款 37.6 约定的"视为认可"的法律后果。[②]

第八，约定"逾期答复视为认可"规则后，发承包双方又达成竣工结算协议

---

① 详见"广东中人集团建设有限公司建设工程施工合同纠纷再审审查与审判监督民事裁定书（2019）最高法民申 5310 号"。

② 详见"陕西建工第十建设集团有限公司建设工程施工合同纠纷再审审查与审判监督民事裁定书（2020）最高法民申 2786 号"。

　　《民法典》第 543 条规定："当事人协商一致，可以变更合同。"若发承包双方约定了"逾期答复视为认可"条款，且事实上承包人提交竣工结算文件后，发包人也未能在约定的期限内予以答复的，此时"视为发包人认可承包人送审价"的结局已定，若发承包双方又另行达成竣工结算协议的，则视为对"逾期答复视为认可"这一结算模式的变更，应当以另行签订的竣工结算协议作为认定工程价款的依据。如（2018）最高法民终 620 号裁判认为，本案中，恒源公司于 2015 年 9 月 29 日收到苏中公司报送的竣工报审资料（结算书），但其未按约在 60 天内核审合同价款，并自 28 天内未付款。此时，虽然《最高人民法院关于审理建设工程施工合同纠纷案件适用法律问题的解释》第二十条规定："当事人约定，发包人收到竣工结算文件后，在约定期限内不予答复，视为认可竣工结算文件的，按照约定处理。承包人请求按照竣工结算文件结算工程价款的，应予支持。"而案涉《建设工程施工合同》5.1.2 条约定："承包人向发包人提交预算书后，发包人在 30 个工作日通知承包人，经双方在 60 个工作日内核审后的合同价款，作为工程最终造价，如发包人原因不能在约定时间内审计完毕，视为认同承包人送审造价。"但如前所述，此后，因对结算价款存在争议，双方仍一直在就此事宜进行协商，直至 2017 年 9 月 21 日，双方才形成了《银河游泳馆改造项目（恒源时代中心）工程造价结（决）算汇总表》，对最终结算总造价及欠付工程款的数额达成了一致。虽然当事人在合同中对发包人收到竣工结算文件后在约定期限内不予答复的后果进行了约定，但当事人此后的行为表明其对该约定实际上进行了变更。[①]

　　第九，约定"逾期答复视为认可"规则后，承包人又申请司法造价鉴定

　　若发承包双方约定了"逾期答复视为认可"条款，且事实上承包人提交竣工结算文件后，发包人也未能在约定的期限内予以答复，导致"视为发包人认可承包人送审价"的约定触发生效，但是承包人又在司法程序中申请工程造价鉴定的，视为承包人对其自行提交审核的送审价的推翻与否认，此时承包人以合同约定为由要求以承包人送审价作为结算依据的，有违诚实信用，法院不予支持。如（2020）最高法民申 4587 号裁判认为，本案中承包人新通建筑公司并未举证证明双方有上述规定的"发包人收到竣工结算文件后，在约定期限内不予答复，视为认可竣工结算文件"约定，因此新通建筑公司认为应当适用该第二十条的理由不能成立。再次，《建筑工程决算书》系新通建筑公司单方作出，没有证据证明远东房地产公司认可该结算；而且在本案一审中系新通建筑公司申请对案涉工程价款进行鉴定，故新通建筑公司认为应当以《建筑工程决算书》认定工程价款的再审申请理由不能成立。[②]

　　第十，约定"逾期答复视为认可"规则后，发承包双方又共同委托社会第三方造价咨

[①]　详见"江苏省苏中建设集团股份有限公司、包头市恒源房地产开发有限责任公司建设工程施工合同纠纷二审民事判决书（2018）最高法民终 620 号"。

[②]　详见"新疆新通建筑安装工程有限公司建设工程施工合同纠纷再审审查与审判监督民事裁定书（2020）最高法民申 4587 号"。

询机构出具审计结论

承前所述，当事人可以通过达成合意的方式合法变更工程价款结算模式。若发承包双方约定了"逾期答复视为认可"条款，且事实上承包人提交竣工结算文件后，发包人也未能在约定的期限内予以答复，导致"视为发包人认可承包人送审价"的约定触发生效，但是发承包人双方又达成了共同委托社会第三方造价咨询机构对工程价款进行审计并同意以该审计结论作为结算依据的，则该造价咨询机构出具的审计结论替代了"逾期答复视为认可"规则的适用。

如（2017）最高法民申 202 号裁判认为，就案涉工程价款的确定，虽《建设工程施工合同》专用条款部分有发包人收到竣工结算文件后，在约定期限内不予答复，视为认可竣工结算文件的约定，且缀华公司于 2007 年 9 月 13 日、2008 年 1 月 5 日送交工程决算书，并由武东公司工作人员邹志平在缀华公司收发文记录中签名确认。但事后双方当事人又共同委托第三方对案涉工程款进行了审定，第三方于 2013 年 10 月 25 日至 2014 年 1 月 6 日出具工程结算审定单，确定案涉工程价款为 33136375.38 元。武东公司与缀华公司均在上述审定单上盖章并签名确认，应视为双方在履行过程中以行为变更了《建设工程施工合同》的约定。[①]

再如（2020）最高法民申 722 号裁判认为，按照案涉合同补充条款关于"竣工结算共同委托一家事务所进行计算"的约定，佳成公司收到工程结算书后又委托甘肃永信造价事务所对工程价款进行审核，且静宁城关建筑公司在审核过程中也进行了协助和配合，原审判决借此认为这一行为系双方对工程结算书的否定，故而未适用《建设工程司法解释》第二十条之规定认定工程价款并无不当。[②]

第十一，"逾期答复视为认可"所依附的建设工程施工合同为无效合同

《民法典》第 155 条规定："无效的或者被撤销的民事法律行为自始没有法律约束力"，若建设工程施工合同本身为无效合同的，那么存在其中的"逾期答复视为认可"规则也为无效条款，对发承包双方自始、当然、确定无约束效力，承包人不得以构成"逾期答复视为认可"为由要求以其自行计算的送审价作为结算依据。如（2016）最高法民终 518 号裁定认为，涉案合同无效，康恒公司未在合同约定的期限内对长安公司提交的结算资料完成审核工作即视为认可的约定，亦不具有拘束力。原审法院依据《解释》第二十条的规定，直接采信长安公司单方制作的未经质证的《工程竣工结算书》作为认定涉案工程造价的依据，主要事实认定不清，适用法律亦有不当。[③]

上述合规风险均是承包人未履行"逾期答复视为认可"规则所要求的义务而产生的法

[①] 详见"江苏缀华建设有限公司建设工程施工合同纠纷再审审查与审判监督民事裁定书（2017）最高法民申 202 号"。

[②] 详见"甘肃省静宁县城关建筑工程公司、甘肃省地基基础有限责任公司建设工程施工合同纠纷再审审查与审判监督民事裁定书（2020）最高法民申 722 号"。

[③] 详见"湖北长安建筑股份有限公司与武汉康恒房地产开发有限公司建设工程施工合同纠纷二审民事裁定书（2016）最高法民终 518 号"。

律风险，导致承包人难以适用"逾期答复视为认可"规则请求法院以承包人送审价作为认定工程结算款的依据，对承包人相当不利，这应当引起施工企业的充分注意。

13.1.2　合规风险之二：以社会第三方工程造价咨询机构出具的审计结论作为工程价款结算依据的合规风险

1. 以社会第三方工程造价咨询机构出具的审计报告书作为工程价款结算依据的结算模式概述

"以社会第三方工程造价咨询机构出具的审计报告书作为工程价款结算依据"即为"第三方审计"，其结算模式为：首先，发承包双方在施工合同约定："工程价款结算以发包人委托/发承包人双方共同委托的某某社会第三方造价咨询机构出具的审计报告书为准"；其次，工程经竣工验收后，承包人将竣工结算文件提交发包人备案审核；再次，由承包人自行/发包人自行/发承包人双方共同将该竣工结算文件提交至合同约定的某某社会第三方造价咨询机构进行审计，并根据各自需要向造价咨询机构提出各自的评审意见供其参考适用；最后，该社会第三方造价咨询机构出具工程价款审计报告后，发承包双方共同签章确认。

许多规范性文件均对"第三方审计"作出规定，如《建设工程工程量清单计价规范》第 11.3.6 条规定："发包人委托工程造价咨询人核对竣工结算的，工程造价咨询人应在 28 天内核对完毕……"与第 11.3.7 条规定："对发包人或发包人委托的工程造价咨询人指派的专业人员与承包人指派的专业人员经核对后无异议并签名确认的竣工结算文件，除非发承包人能提出具体、详细的不同意见，发承包人对应在竣工结算文件上签名确认……"，《建设工程价款结算暂行办法》第 18 条规定："工程造价咨询机构接受发包人或承包人委托，编审工程竣工结算，应按合同约定和实际履约事项认真办理，出具的竣工结算报告经发、承包双方签字后生效"，以及《建筑工程施工发包与承包计价管理办法》第 18 条规定："国有资金投资建筑工程的发包方，应当委托具有相应资质的工程造价咨询企业对竣工结算文件进行审核，并在收到竣工结算文件后的约定期限内向承包方提出由工程造价咨询企业出具的竣工结算文件审核意见……发包方在协商期内未与承包方协商或者经协商未能与承包方达成协议的，应当委托工程造价咨询企业进行竣工结算审核，并在协商期满后的约定期限内向承包方提出由工程造价咨询企业出具的竣工结算文件审核意见"与第 19 条第 1 款规定："工程竣工结算文件经发承包双方签字确认的，应当作为工程决算的依据，未经对方同意，另一方不得就已生效的竣工结算文件委托工程造价咨询企业重复审核。发包方应当按照竣工结算文件及时支付竣工结算款。"

2. 以社会第三方工程造价咨询机构出具的审计报告书作为工程价款结算依据的结算模式合规风险

《建设工程司法解释一》第 30 条规定："当事人在诉讼前共同委托有关机构、人员对建设工程造价出具咨询意见，诉讼中一方当事人不认可该咨询意见申请鉴定的，人民法院应予准许，但双方当事人明确表示受该咨询意见约束的除外。"该条是有关"第三方审计"效力的规定，具有三层含义：第一，竣工验收合格后，发承包双方对对方各自计算的工程价款不信任、难以达成合意一致的工程价款结算协议的，可以共同委托社会第三方工程造价咨询机构出具审计结论、审价报告或咨询意见；第二，若针对社会第三方工程造价咨询机构出具的审计结论、审价报告或咨询意见，承包人持有异议或不予认可的，其有权再次与发包人按照合同约定的计价模式重新达成结算协议，或有权在仲裁程序或司法审判程序中申请工程造价司法鉴定借以确认最终工程价款；第三，若承包人不认可社会第三方工程造价咨询机构出具的审计结论、审价报告或咨询意见，但又在上述第三方审计结论文件中签字盖章或在其他书面文件（如补充协议、结算协议、退场协议、解除协议等）中明确表示同意以该第三方审计结论文件作为工程价款的确定依据的，则视为承包人对上述文件的认可，其又在司法审判程序中申请工程造价鉴定的，有违诚实信用原则，故法院不予准许。

据此，在以社会第三方工程造价咨询机构出具的审计报告书作为工程价款结算依据的结算模式下，承包人的合规风险在于：

第一，在合同中明确约定"工程价款结算以发包人委托的社会第三方工程造价咨询机构出具的审计结论为准"

发包人自行委托的社会第三方工程造价咨询机构代表的是发包人的利益，其出具的审计结论有利于发包人而不利于承包人是可想而知的；站在承包人的角度，承包人不愿受发包人单方委托的社会第三方工程造价咨询机构出具的审计结论的约束也是不言而喻的。但是，若发承包双方在合同中明确约定"工程价款结算以发包人委托的社会第三方工程造价咨询机构出具的审计结论为准"的，则视为承包人自愿承受发包人单方委托的第三方审价机构所出具的审计结论的约束，第三方审价机构出具审计结论后，对发承包双方均具有拘束力，承包人应当根据该审计结论载明的审计价格受领发包人支付的工程款，若其不认可该审计结论又要求在司法审判程序中申请工程造价司法鉴定的，有违意思自治与诚实信用原则，法院不予准许。

如（2020）最高法民申 2939 号裁定认为，空港城公司与亚翔公司于 2016 年 10 月 26 日签订《协议书》，其中第四条约定，关于案涉工程项目结算问题，双方按造价咨询公司的工程造价鉴定结果执行。2017 年 8 月 7 日，双方共同委托的河南联创工程造价管理有限公司（以下简称"联创工程造价公司"）出具《民航•国际馨苑住宅小区 A 地块已完工程结算报告》（以下简称《已完工程结算报告》），对亚翔公司已完成工程造价作出结论。鉴于空港城公司和亚翔公司已经在《协议书》中明确表示接受咨询意见的约束，因此，联创工程造价公司出具的《已完工程结算报告》对双方具有约束力。原审法院尊重当事人意思自治，依据《已完工程结算报告》结论，认定亚翔公司已完成工程的造价为 325636366.10 元，认定事实清楚。[①]

[①] 详见"河南空港城置业有限公司、亚翔建设集团有限公司建设工程施工合同纠纷再审审查与审判监督民事裁定书（2020）最高法民申 2939 号"。

第二，社会第三方工程造价咨询机构出具的审计结论后，承包人不认可结论结果，却又在审计结论上签字盖章

承前所述，工程竣工验收合格后，发承包双方可以单方或共同委托社会第三方工程造价咨询机构针对工程造价出具审计结论、审价报告或咨询意见，若承包人不认可该第三方审计结论的，应当积极联系发包人商定工程结算价格并达成结算协议，或尽快提起诉讼后在司法审判程序中请求法院准予启动工程造价司法鉴定程序。但是，若承包人不认可该第三方审计结论，却又在该第三方审计结论上签字盖章，或者在其他体现发承包双方合意的书面文件中同意以该第三方审计结论结算工程价款的，视为承包人对该第三方审计结论的认可，其应当受第三方审计结论的约束，不得再要求发包人与其重新结算，也不得要求法院同意其工程造价司法鉴定申请。

13.1.3　合规风险之三：以行政审计机关出具的审计结论作为工程价款结算依据的风险

1. 以行政审计机关出具的审计结论作为工程价款结算依据的行为模式

"以行政审计机关出具的审计结论作为工程价款结算依据"即为"行政审计监督"，其结算模式为：首先，在政府投资或以政府投资为主的建设项目中，由于建设单位暨发包人身负行政财审评价的法定强制约束，故其会在招标投标阶段利用基于我国建设工程发承包市场供求关系不平衡所赋予的强势地位，使承包人不得不接受"工程价款结算以行政审计机关/行政财审中心、行政评审机构所出具的审计结论"为准的条款；其次，工程经竣工验收合格后，承包人向发包人提交竣工结算资料，发包人再将承包制作的竣工结算资料提交合同约定的行政审计机关、行政财审中心或行政评审机构进行行政财审评价；最后，行政审计机关、行政财审中心或行政评审机构出具行政审计结论，该行政审计结论对发承包双方具有约束力，根据"多退少补"的原则，若发包人支付的工程款少于行政审计结论的价格，则发包人应当向承包人补足支付；若发包人支付的工程款多于行政审计结论的价格，则承包人应当向发包人退回多支付的工程价款。

承前所述，一方面，我国有关工程价款的法律法规及其他规范性文件并未明确要求工程价款的结算必须以行政审计机关或其他行政财评机构出具的行政审计结论为准；另一方面，《预算法》《审计法》及其实施条例与配套法规也未授权行政审计机关有权针对发承包双方的工程价款结算行为与承包人受领工程款的行为行使审计监督权力，据此，在发承包双方无明确约定的情况下，发包人不得以建设项目的财务收支状况受到《预算法》及《审计法》的行政审计监督为由要求承包人也必须遵守行政审计监督的强制规定，并要求承包人必须接受行政审计机关出具的行政审计结论所计算的工程结算价格。但是，在发承包双方明确约定"以行政审计机关出具的审计结论作为工程价款结算依据"的前提下，由于行政审计监督已被纳入发承包双方结算合意的范畴，成为发承包双方意思自治的一部分，故发承包双方应当根据约定，接受以行政审计机关出具的审计结论结算工程价款的法律后果。

事实上，在"以行政审计机关出具的审计结论作为工程价款结算依据"的结算模式下，是"工程结算款以行政审计结论为准"与"工程结算款以司法造价鉴定结论为准"两种工程结算后果的博弈抗衡，理由在于，在工程价款结算的司法实践中，虽然当事人明确约定"工程价款结算以行政审计机关出具的审计结论为准"，但在很多情况下，法院均对该审计约定不置可否，而是同意了承包人的工程造价司法鉴定申请并将工程造价司法鉴定结论作为裁判依据。而毋庸置疑的是，行政审计机关将"预算约束""效益使用财政资金"奉为圭臬，代表的是发包人的利益；且审计的核心是对固定资产真实性的考察，往往对施工过程中曾经使用但后来拆除的措施项目的费用不予认可，对无法直接观察到的地下工程、隐蔽工程项目的费用发生也不予计算，故其出具的行政审计结论往往有利于发包人而不利于承包人；而工程造价司法鉴定以经发承包双方共同质证真实性、关联性、合法性的证据作为鉴定依据，且充分吸纳了发承包双方对于计价模式与计量标准的合理建议，故对于承包人而言，工程造价鉴定结论往往更加公平合理。

因此，在"以行政审计机关出具的审计结论作为工程价款结算依据"的结算模式下，站在承包人的角度，其应当更希望法院的裁判依据是工程造价鉴定结论，而非行政审计机关出具的行政审计结论。可以说，在"以行政审计机关出具的审计结论作为工程价款结算依据"的结算模式下，为了达到"以工程造价司法鉴定结论作为认定工程价款依据"这一目的，承包人暨施工企业的合规风险在于，第一，应认清在何种情形下，即使发承包双方已经约定"工程价款结算以行政审计机关出具的审计结论为准"，但是法院还是启动了工程造价司法鉴定程序并以该鉴定结论作为裁判依据；第二，在法院启动工程造价司法鉴定程序过程中，承包人应采取何种合理措施，配合司法造价鉴定机构完成鉴定工作，帮助其出具公平合理、定纷止争的司法鉴定结论。

2. 以行政审计机关出具的审计结论作为工程价款结算依据的适用构成要件

在何种情形下，即使发承包双方已明确约定"工程价款结算以行政审计机关出具的审计结论为准"，但是法院也对此不置褒贬，而是启动工程造价司法鉴定程序并采用工程造价鉴定结论裁判案件的问题，其实可以转化为"以行政审计机关出具的审计结论作为工程价款结算依据"这一结算模式的构成要件问题。承包人应当对以行政审计监督作为结算模式的构成要件有准确认知与明确识别，并在法院不认可以行政审计监督作为结算模式的约定效力之前就事先对该行政审计结算约定的效力进行预判，事先主动收集并保留好结算有关的证据，适时提出工程造价司法鉴定，掌握工程价款结算诉讼的主动权。

在实务中，"以行政审计机关出具的审计结论作为工程价款结算依据"这一结算模式的构成要件包括：① 发承包双方在合同中明确约定"以行政审计机关出具的审计结论作为工程价款结算依据"；② 发承包双方明确约定了行使行政审价权利的具体行政机关；③ 承包人提交竣工结算文件后，发包人未拖延将该竣工结算文件提交行政审计机关进行评审；④ 收到发包人提交的竣工结算文件后，行政审计机关未拖延出具行政审计结论；⑤ 发承包双方未另行达成结算协议。

据此，在下述情形下，即使发包人具有行政财审评价的单方强制约束，或发承包双方已明确约定"工程价款结算以行政审计机关出具的审计结论为准"，但是法院往往不认可行政审计要求或审计约定当然适用的效力，而是启动工程造价司法鉴定程序并以鉴定结论作为裁判依据：

第一，未在合同中明确约定"工程价款结算以行政审计机关出具的审计结论为准"

承前所述，基于行政审计监督产生的是行政法律关系，具有监督与被监督的强制性效力；基于工程价款结算产生的是民事法律关系，具有自由平等的任意性效力，二者相互独立、互不干涉，在发承包双方没有明确约定的情况下，行政审计监督不得当然影响工程价款结算行为；只有在发承包双方明确约定"工程价款结算以行政审计结论为准"的，行政审计监督才被纳入发承包双方的意思表示范围，才产生针对发承包双方的约束效力。据此，发承包双方未在合同中明确约定"工程价款结算以行政审计机关出具的审计结论为准"，发包人以建设项目受到行政审计监督为由要求以行政审计结论作为结算依据的，法院不予支持；在发承包双方对工程结算款争议较大不能达成合意的情况下，法院可以启动工程造价司法鉴定程序，并以工程造价司法鉴定结论作为裁判依据。

如（2020）最高法民申 1346 号裁判认为，平罗广电局再审申请认为工程价款由审计审定作为最终结算依据，但其与诚捷祥公司签订的《建设工程施工合同》未约定案涉工程造价以审计结算为准，亦未约定由造价鉴定机构对工程进度款进行审核。瑞衡公司并非广电局与诚捷祥公司双方共同确认的造价鉴定机构，且对于平罗广电局单方委托瑞衡公司出具的审核报告书确认的工程价款不予认可。因此，原审法院依据诚捷祥公司的申请，委托鉴定机构对案涉工程进行鉴定并采纳该鉴定报告的意见确定案涉工程造价并无不当。[①]

第二，仅约定"在行政机关出具行政审计结论后付款""审计采用财政评审方式"

有法院认为，发承包双方采用行政审计结论作为认定工程价款的结算依据的，应当明确约定"工程价款结算以行政审计机关/行政财审部门/行政财评中心出具的行政审计结论为准"，仅约定"在行政机关出具行政审计结论后付款""审计采用财政评审方式"的，不能认定发承包人双方具有同意以行政审计结论作为工程价款结算依据的意思表示。如（2019）最高法民申 6489 号裁判认为，根据一、二审查明的事实，涉案《项目管理目标责任书》以及鹏森公司与中城建第六工程局集团投资有限公司签订的《工程建设合同》均未明确约定合同最终价款以审计决算为准。同时，涉案《项目管理目标责任书》第三条第 2款"工程竣工备案手续完成，并在政府审计部门出具审计报告后 30（参考主合同定）日内，鹏森公司支付至审计结算价的 95%"中虽有"审计结算价"的字样，该约定系对工程进度款支付的约定，并不能据此得出双方同意以审计结论作为认定工程造价的依据。[②] 再

① 详见"平罗县文化旅游广电局、诚捷祥集团有限公司建设工程施工合同纠纷再审审查与审判监督民事裁定书（2020）最高法民申 1346 号"。
② 详见"深圳市鹏森环境绿化工程有限公司建设工程施工合同纠纷再审审查与审判监督民事裁定书（2019）最高法民申 6489 号"。

如（2019）最高法民终 1392 号裁判认为，在第（4）项的后半段"审计按建设造价行政主管部门结算价备案核查，财政评审或审计方式进行"，该内容的意思表示为审计按结算价备案核查，方式为"财政评审或审计方式"，该条款不能得出双方约定以政府行政审计作为双方结算依据的理解，且蒙自市住建局也不能确定行政审计结果出具的时间，使合同目的迟迟不能实现，也有悖于合同约定的履行期限。故，蒙自市住建局认为回购价款的确认依据应以审计结果为准的主张缺乏明确的合同约定，不予采纳。①

第三，发包人拖延将竣工结算文件提交至行政审计机关

《民法典》第 159 条规定："附条件的民事法律行为，当事人为自己的利益不正当地阻止条件成就的，视为条件已经成就；不正当地促成条件成就的，视为条件不成就。"根据工程竣工结算惯例，只有发承包双方达成一致的结算协议，确定欠付工程款数额后，发包人才应当向承包人支付工程款；发承包双方未结算的，发包人享有拒绝付款的合理抗辩，据此，竣工结算是发包人付款附条件。但是，根据《民法典》的第 159 条规定，若发包人不积极推动结算的目的是为了阻却付款义务的触发生效，则属于不正当阻止付款条件成就，则视为在没有竣工结算的前提下发包人也应当付款。因此，有相当法院认为，发包人迟延向行政审计机关提交竣工结算文件进行财审评价的，法院可以启动工程造价司法鉴定程序，并有权以该工程造价司法鉴定结论作为依据判例发包人支付工程价款，发包人以未经行政审计为由主张付款条件未成就的，不予支持。

如（2017）最高法民再 419 号裁判认为，虽然《合作协议》还约定案涉工程结算完成后，根据经过政府审计后的结算结果，双方各取得所应有的结算金额，但在本案中，双方并未报请相关政府部门进行审计，一审法院遂根据市政公司的申请，委托河北风华工程咨询有限公司对案涉清河县城区集中供热工程整体进行造价鉴定。鉴定意见为案涉工程整体造价为 38957112 元。②

再如（2019）最高法民申 4447 号裁判认为，虽然《建设工程施工合同》约定"待结算审计完毕后 15 日内"支付至工程结算总价的 95%，第三干休所主张因苏中公司未提交结算报告导致审计未完成，但是根据二审查明事实，苏中公司 2017 年 3 月 30 日提交结算报告有第三干休所一方签字为证，第三干休所一方未予反驳。第三干休所应当提交上级单位审计，却至今未审计，故其不能再以工程未经审计为由抗辩工程款的支付。同时，案涉工程自交付使用至今已过两年质保期，不需再扣除质保金。综合上述情形，二审判决认定第三干休所应支付所有工程款和相应利息并无不当。③

第四，行政审计机关拖延出具行政审计结论

---

① 详见"太平洋建设集团有限公司、蒙自市住房和城乡建设局建设工程施工合同纠纷二审民事判决书（2019）最高法民终 1392 号"。

② 详见"清河县恒基投资有限公司、北京市市政六建设工程有限公司建设工程施工合同纠纷再审民事判决书（2017）最高法民再 419 号"。

③ 详见"中国人民解放军河北省军区石家庄第三离职干部休养所、南通苏中建设有限公司建设工程施工合同纠纷再审审查与审判监督民事裁定书（2019）最高法民申 4447 号"。

有法院认为，在发承包双方约定以行政审计结论认定工程结算款的前提下，行政审计机关出具行政审计结论与发承包双方确定结算数额息息相关，若行政审计机关经年累月未出具行政审计结论的，发包人往往以结算未完成导致付款条件未成就为由拖延支付工程款，这不仅加重承包人的垫资负担，还造成建筑工人工资无限期被拖欠的严重后果。因此，为了保护承包人利益，打破双方就结算争议久悬未决的状态，使当事人尽快息诉服判，法院有权启动工程造价司法鉴定程序，并以该造价鉴定结论作为裁判依据。

实务中有较多法院均持该观点，如《山东省高级人民法院关于审理建设工程施工合同纠纷案件若干问题的解答》第 3 条规定："政府投资和以政府投资为主的建设项目，合同约定以行政审计、财政评审作为工程款结算依据的，按照约定处理；但发包人故意迟延提交审计或妨碍审计条件成就，以及行政审计、财政评审部门明确表示无法进行审计或无正当理由超出合同约定的审计期限三个月，仍未作出审计结论、评审意见的，当事人申请对工程造价进行司法鉴定，应当准许。"《江苏省高级人民法院关于审理建设工程施工合同纠纷案件若干问题的解答》第 10 条规定："当事人约定以行政审计、财政评审作为工程款结算依据的，按照约定处理。但行政审计、财政评审部门明确表示无法进行审计或者无正当理由长期未出具审计结论，当事人申请进行司法鉴定的，可以准许。"广西壮族自治区高级人民法院发布的《建设工程施工合同裁判指引》（桂高法〔2019〕173 号）第 3 条规定："当事人约定以行政审计、财政评审作为工程价款结算依据的，按照约定处理。但行政审计、财政评审部门明确表示无法进行审计或者在合理期限内未出具审计结论，当事人申请进行司法鉴定的，可以准许。"

司法审判实践中也有支持该观点的判决，如（2018）最高法民终 258 号裁判认为，本案中，《施工合同》第五条约定："最终结算按照发包人委托的中介机构及上级审计部门实际审核的结果为准"。案涉工程于 2013 年年底至 2014 年年初陆续竣工并交付使用后，双方亦按照上述约定对工程价款进行结算，北方建设公司向辽东湾管委会移交了工程结算报告及相关附随资料，辽东湾管委会审核后将相关结算资料移交盘锦市审计局，盘锦市审计局于 2014 年 7 月 18 日委托中成建正咨询公司对案涉工程进行结算审核。但从 2014 年 7 月 18 日起至本案提起诉讼时，审计机构历时两年多仍未出具结算审核结果，辽东湾管委会在本案一审期间提交的相关报告，仍未经上级审计部门审核确认，这导致北方建设公司的工程款数额迟迟不能得到确认。由于审计部门的审计不是确定工程价款的唯一方式，工程价款可以通过司法鉴定的方式予以确定，为解决工程款久拖不决的问题，一审法院根据北方建设公司的申请，委托鉴定机构对案涉工程造价进行司法鉴定，符合本案实际，亦不违反法律规定，并无不当。辽东湾管委会并无充分证据证明一审鉴定意见抬高了工程造价，导致发包人多付工程款。据此，一审法院依据鉴定结论认定工程价款，并无不当，辽东湾管委会依据《施工合同》第五条的约定否定鉴定结论作为结算依据，本院不予支持。[①]

---

① 详见"盘锦辽东湾新区管理委员会、沈阳北方建设股份有限公司建设工程施工合同纠纷二审民事判决书（2018）最高法民终 258 号"。

如（2019）最高法民申 6489 号裁判认为，根据主合同的约定，如果 BT 甲方未能在涉案工程竣工验收合格之日起八个月内完成结算造价终审，则涉案工程造价并不必然以审计决算为准。本案中，涉案工程在 2016 年 6 月 21 日完成竣工验收后，相关审计报告在涉案《工程建设合同》所约定的八个月期限内并未作出，在此情况下，原审法院采信涉案鉴定意见确认涉案工程价款并不缺乏依据。[①]

第五，约定以行政审计结论作为结算依据后，发承包双方又另行达成其他结算协议

发承包约定以行政审计结论作为结算依据后，又另行达成结算协议的，视为对结算方式的合意变更，发承包双方应当受该结算协议的约束，此时，发包人以已约定"工程价款结算以行政审计结论为准"要求以行政审计结论作为认定工程结算价款的，法院不予支持。如（2019）最高法民终 889 号裁判认为，双方当事人订立的《御景上城工程施工合同》就工程价款支付时间约定为"待工程竣工验收合格，发包人支付该工程总款的 93%，经审计单位审计，2 个月内审计完发包人支付至该工程总款的 97%，剩余 3% 作为工程的保修金"，即工程款的支付以审计结束的时间起算。但 2017 年 8 月 5 日，双方当事人签订《凯里市御景上城项目结算协议》，对工程总价款进行了确认，并明确约定"不另做审计结算"，故付款时间不必再依施工合同约定以审计结束的时间确定，而应根据《凯里市御景上城项目结算协议》的内容确定。[②] 再如（2016）最高法民申 1434 号裁判认为，《施工合同协议书》约定工程款的结算报武安市财审部门评审确定，工程结算方式为可调价。实际履行中，双方又委托德秦公司进行造价鉴定结算，视为双方以新的履约行为变更原合同约定的以财政评审结论作为工程结算依据。德秦公司依据双方共同提供的资料（合同、变更及现场签证等）做出了结算，可作为交通运输局和二建十处进行结算的参考依据。[③]

第六，行政审计结论未能如实反映工程造价、存在错误

若行政审计结论的作出违反与承包人沟通反馈的程序要求，且与实际工程造价存在较大差距的，法院有理由对行政审计结论的真实性与准确性持合理怀疑，此时法院有权启动工程造价司法鉴定程序，并以司法鉴定结论作为结算依据。

如（2019）最高法民申 3864 号裁判认为，案涉《建设工程施工合同》专用条款第64.8 条约定发包人对工程竣工结算的特殊要求为"竣工结算报鸡西市财政投资评审中心审核确定"。在案涉工程已经竣工验收后，富华公司按约定报送单方结算提交鸡西文旅局审核，但鸡西市财政评审中心多次出具评审意见，且数额相差较大。一审法院遂依照富华公司的请求委托司法鉴定，并以鉴定意见作为确定工程价款的依据。一审判决作出之后，鸡西文旅局以上述鉴定意见为蓝本报请鸡西市财政投资评审中心委托评审。二审中，鸡西文

---

① 详见"深圳市鹏森环境绿化工程有限公司建设工程施工合同纠纷再审审查与审判监督民事裁定书（2019）最高法民申 6489 号"。

② 详见"广厦建设集团有限责任公司、凯里市馨怡房地产开发有限责任公司建设工程施工合同纠纷二审民事判决书（2019）最高法民终 889 号"。

③ 详见"武安市交通运输局与武安市二建集团有限公司第十工程处建设工程施工合同纠纷申请再审民事裁定书（2016）最高法民申 1434 号"。

旅局将该次财政评审报告作为新证据予以提交。但鸡西文旅局委托评审时未履行与施工单位沟通反馈等评审程序且与之前提交的财政评审结论亦存在较大差距。二审法院对鸡西文旅局数次提交的财政评审报告的公正性、准确性、合理性及合法性产生质疑，认为案涉工程价款已不具备以财政评审作为结算的条件，进而采信了上述鉴定意见，并不缺乏理据。[①]

3. 以行政审计机关出具的审计结论作为工程价款结算依据的结算模式合规风险

在上述情形下，即使发承包双方约定"工程价款结算以行政审计结论为准"，法院亦不置一词，而是可以启动工程造价司法鉴定程序并采信造价鉴定结论，此时，承包人欲以工程造价司法鉴定结论而非行政审计结论作为结算依据的，其合规风险在于：

第一，承包人无正当理由迟延向发包人提交竣工结算材料

《民法典》第 526 条规定："当事人互负债务，有先后履行顺序，应当先履行债务一方未履行的，后履行一方有权拒绝其履行请求。先履行一方履行债务不符合约定的，后履行一方有权拒绝其相应的履行请求。"

根据工程结算管理与合同约定，工程结算的程序是，承包人先行制作竣工结算文件，并将竣工结算文件提交发包人完成工程决算后，再由发包人将竣工结算文件、工程决算文件提交至行政审计机关进行财审评价，故承包人提交竣工结算文件的义务应履行在先，发包人根据行政审计机关出具的审计结论履行结算审核的义务应履行在后，二者具有履行的先后顺序，若承包人无正当理由拖延提交竣工结算文件的，发包人享有先履行抗辩权，即享有基于承包人未按约提交竣工结算文件而产生的拖延结算、拒绝付款的合理抗辩，此时，发包人不仅无须承担拖延结算审核义务、逾期付款的违约责任，还可以将逾期付款利息的计算时间向后顺延，这对承包人极其不利。

第二，行政审计结论出具后，承包人不予认可，又在该审计结论上签章

在发承包双方约定"工程价款结算以审计结论为准"的前提下，且指定的行政审计机关已出具审计结论，若发包人不予认可，但又在审计结论上签字盖章的，则视为承包人已作出根据合同的结算约定受行政审计结论约束的承诺，此时应以行政审计结论作为结算依据，承包人不得申请工程造价司法鉴定。

第三，经法院释明后，承包人不申请工程造价司法鉴定

《关于适用〈民事诉讼法〉的解释》第 90 条规定："当事人对自己提出的诉讼请求所依据的事实或者反驳对方诉讼请求所依据的事实，应当提供证据加以证明，但法律另有规定的除外。在作出判决前，当事人未能提供证据或者证据不足以证明其事实主张的，由负有举证证明责任的当事人承担不利的后果。"

在司法审判活动中，承包人作为主张工程款债权的权利人，应当提供证据证明工程款债权成立的事实，即承包人负有举证义务，故一般情况下，承包人是工程造价司法鉴定的申请义务人。若法院不认可"工程结算以行政审计结论为准"的约定效力，认为需要鉴定

---

① 详见"鸡西市文体广电和旅游局、黑龙江富华建筑安装工程有限公司建设工程施工合同纠纷再审审查与审判监督民事裁定书（2019）最高法民申 3864 号"。

的，其应向负有举证义务的承包人释明申请工程造价鉴定，若承包人不申请的，则由承包人承担败诉的不利后果。

第四，申请工程造价司法鉴定后，承包人拒不缴纳鉴定或提交鉴定材料

《建设工程司法解释一》第32条第1款规定："当事人对工程造价、质量、修复费用等专门性问题有争议，人民法院认为需要鉴定的，应当向负有举证责任的当事人释明。当事人经释明未申请鉴定，虽申请鉴定但未支付鉴定费用或者拒不提供相关材料的，应当承担举证不能的法律后果。"

根据法律规定，主张工程款债权的承包人负有举证义务，其应当在法院释明鉴定后申请工程造价司法鉴定、缴纳鉴定费用并提交相关鉴定材料；若承包人既不缴纳鉴定费也不提交鉴定材料的，则由承包人承担败诉的不利后果。

第五，存在可重新申请工程造价司法鉴定情形的，承包人未申请重新鉴定

《民事诉讼证据的若干规定》第40条规定："当事人申请重新鉴定，存在下列情形之一的，人民法院应当准许：（一）鉴定人不具备相应资格的；（二）鉴定程序严重违法的；（三）鉴定意见明显依据不足的；（四）鉴定意见不能作为证据使用的其他情形。存在前款第一项至第三项情形的，鉴定人已经收取的鉴定费用应当退还。拒不退还的，依照本规定第八十一条第二款的规定处理。对鉴定意见的瑕疵，可以通过补正、补充鉴定或者补充质证、重新质证等方法解决的，人民法院不予准许重新鉴定的申请。"

根据上述规定，在鉴定人不具备资格、鉴定程序违法、鉴定依据不足等情形下，承包人有权申请重新鉴定；若承包人未积极申请重新鉴定的，原先的工程造价司法鉴定结论有可能对承包人不利，故该条应引起承包人的充分重视。

13.1.4 施工企业结算与审计的合规建议

施工企业行为合规的目的在于防范施工企业的法规风险、减少施工企业的利益损失，局限到结算与审计的合规风险管理的范畴来说，就是当发承包双方以审计方式确定结算价款时，在发包人与承包人你进我退、此消彼长的拉锯战中，使承包人拥有更多的筹码、具备更优势的地位，防止不必要的损失，争取更多的工程款利益。

13.1.4.1 "以发包人审计的价格作为结算依据"结算模式的合规管理建议

承前所述，在"以发包人审计的价格作为结算依据"的结算模式下，承包人更期待发生"工程结算以承包人送审价为准"的结算后果，这来源于发承包双方对于"逾期答复视为认可"规则的约定。故承包人请求适用"逾期答复视为认可"规则的，应当注意：

1.在施工合同中明确约定发包人对竣工结算文件的审核义务与审核期限，并明确约定发包人逾期未审核则视为认可承包人送审价的法律后果

仅约定"发包人应当在收到承包人提交的竣工文件之日起××日内应完成审核工作"的，属于"审核期间"，不直接发生"逾期审核视为认可"的法律效果；只有约定"发包人不在××日内完成审核的即视为认可承包人的送审价格"的，才属于"逾期视为认可

的期间"，才能对发包人产生"逾期答复视为认可"的约束力。

2. 若采用《建设工程施工合同示范文本》的，应在专用条款中或其他补充协议、结算协议等明确约定"逾期答复视为认可"规则

《建设工程施工合同示范文本》的"通用条款"属于格式条款，不能体现发承包人的真实意思表示；而《建设工程施工合同示范文本》的"专用条款"是发承包双方专门订制的条款，充分体现了当事人的内心的真实意志，故"逾期答复视为认可"条款只有约定在"专用条款"或其他《补充协议》中才具有约束发承包双方的效力，但是应当注意的是，在《变更签证单》《费用索赔报告》等文件约定针对工程价款结算的"逾期答复视为认可"规则不具有当然适用的效力。

3. 工程经竣工验收合格后，承包人应当在合同约定的期限内向发包人提交竣工结算文件

承包人应当在约定期限内向发包人履行及时提交竣工结算文件的义务，不给发包人针对付款请求与适用"以承包人送审价作为结算依据"的请求留下抗辩把柄。

4. 在发包人答复期间内，针对发包人合理的补充竣工结算材料的要求，承包人应当在发包人给定的补充期限内提交给发包人

一方面，发包人在复核期内对承包人有补充完善竣工结算资料的要求的，有的发包人会约定"承包人在一定期限内补完竣工结算资料的，发包人有权按现有资料审核，承包人不得另行提出异议"，此时承包人应当在发包人给定的补充期限内履行补充完善竣工结算资料的义务，防止"逾期丧失补充文件的权利"，导致工程价款结算转向"以发包人审核的价格作为结算依据"的不利结局；另一方面，承包人在约定期限内补完发包人要求的竣工结算资料后，承包人可以重新约定发包人的"审核期限"与"逾期答复视为认可"的后果，防止发包人拖沓，提高结算效率，增加"以承包人送审价结算"约定生效的筹码。

5. 承包人应保证向发包人提交的竣工结算文件真实、完整、充分、及时，使发包人能够准确复核工程价款

承包人提供的竣工结算资料不完整、不充分，导致发包人难以在约定期限内合理复核承包人送审价的，会给发包人留下以不具备在约定期限内履行复核义务的客观条件为由拒绝适用"逾期答复视为认可"规则的抗辩突破口，故承包人在提交竣工结算文件前，应当根据文件台账做好文件梳理，防止提交送审的竣工结算文件存在错误、缺陷、遗漏，不给发包人留下攻击着力点。

6. 承包人应当将竣工结算文件提交至发包人在合同约定的有权代表发包人收取重要文件的人接收

只有竣工结算文件为发包人法定、指定或约定的有权接收文件的人签收，发包人才认可接收效力，才满足适用"逾期答复视为认可"的前提条件。故承包人应当将竣工结算文件提交或寄送给发包人的法定代表人、合同约定的文件接收人、项目负责人或发包人内部有接收文件职能的人，防止发包人未有效收到竣工结算资料为由拒绝认可"以承包人送审

价结算"的效力。

7. "逾期答复视为认可"条款触发生效后，承包人不另行与发包人达成结算协议、不另行与发包人共同委托社会第三方造价咨询机构出具审计结论，也不另行在司法程序中申请工程造价鉴定

发承包双方约定"逾期答复视为认可"的结算规则后，又另行签订结算协议或共同委托社会第三方造价咨询机构出具审计结论并作为受该审计结论的意思表示的，视为对"逾期答复视为认可"的结算规则的变更，应当以变更后的结算模式为准；并且，约定"逾期答复视为认可"的结算规则后，承包人又申请鉴定的，视为对"逾期答复视为认可"结算规则的推翻与否认，在发包人也不认可"以承包人送审价作为结算依据"的前提下，"逾期答复视为认可"丧失适用效力。

8. 积极收集并完整保存承包人按照"逾期答复视为认可"的程序要求向发包人送审竣工结算文件的证据，为诉讼中请求适用"逾期答复视为认可"规则做好充分准备

"打官司就是打证据"，只有提供充分的证据证明诉求所依赖的事实，法院才能对事实产生高度信赖进而支持当事人的诉求。因此，承包人应当树立严格的证据意识，在适用"以承包人送审价为准"的结算过程中，做到"事事有依据，事事存证据"，才能在诉讼活动中构筑有效抵挡发包人抗辩的稳固堡垒。

综上所述，承包人的行为满足上述要件，才具有合规适用"逾期答复视为认可"规则的余地。

13.1.4.2 以社会第三方造价咨询机构出具的审计结论作为结算依据结算模式的合规管理建议

发承包双方已在合同中约定"工程价款结算以社会第三方造价咨询机构出具的审计结论为准"，社会第三方造价咨询机构根据委托出具审计结论后，承包人不予认可的，其应当注意：

1. 不要在该社会第三方造价咨询机构出具的行政审计结论上签字盖章

在审计结论上签字盖章就视为签章人作出了同意受其约束的意思表示，故从承包人不认可社会第三方造价咨询机构出具的审计结论的，应拒绝签字盖章。

2. 及时向法院申请工程造价司法鉴定，请求以工程造价司法鉴定结论作为结算依据

《建设工程司法解释一》第30条规定："当事人在诉讼前共同委托有关机构、人员对建设工程造价出具咨询意见，诉讼中一方当事人不认可该咨询意见申请鉴定的，人民法院应予准许，但双方当事人明确表示受该咨询意见约束的除外。"若发承包双方共同委托的社会第三方造价咨询机构出具审计结论后，承包人不予认可的，其可以及时起诉发包人，并在诉讼过程中提起工程造价司法鉴定，要求以更公平、更合理的司法鉴定结论作为结算依据。

3. 可以另行与发包人达成公平合理的结算协议

承包人不认可社会第三方造价咨询机构出具的审计结论的，也可以积极联系发包人协

商，共同订立结算协议，以合意变更行为替代社会第三方造价咨询机构出具的审计结论的适用效力。

13.1.4.3 "以行政审计机关出具的行政审计结论作为结算依据"结算模式的合规管理建议

承前所述，即使发承包人双方约定"工程价款以行政审计结论为准"的，承包人也应当积极申请工程造价司法鉴定，并争取法院采取司法鉴定结论的作为认定工程结算款的裁判依据，此时承包人应当注意：

1. 工程竣工验收合格后，承包人应当在合同约定的合理期限内向发包人提交竣工结算文件，并督促发包人将竣工结算文件送达合同约定的行政审计机关进行财审评价

在发承包人约定"工程结算以行政审计结论为准"的情况下，本来发包人拖延将竣工结算资料送审、行政审计机关拖延出具审计结论的现象就已司空见惯，若承包人向发包人提交竣工结算资料这一环节也拖延的，发包人拖延送审、拒绝付款的理由就更具有攻击性。故建议承包人在接近完工的阶段就同步编制竣工结算文件，工程经竣工验收合格后，立刻将结算文件送审发包人。

2. 若发现发包人未在合理期限将竣工结算文件移送行政审计机关，移送后行政审计机关迟迟不出具行政审计结论，或者对行政审计机关出具的审计结论的真实性、准确性存疑的，承包人应当及时起诉发包人，并在司法审判程序中积极申请工程造价司法鉴定

承前所述，很多法院，如广东、广西、江苏、山东等高院均支持，若发包人拖延将结算文件移送审计或行政审计机关拖延出具审计结论的，法院可以准许承包人的工程造价司法鉴定申请，并以司法鉴定结论作为裁判依据定纷止争。故一旦出现上述情况，建议承包人积极拿起法律的武器，起诉发包人，并尽快提起工程造价司法鉴定程序，获得更为合理公平的裁判。

3. 法院准许启动工程造价司法鉴定程序的，承包人应当按照法院要求缴纳鉴定费用并按照鉴定机构要求提交鉴定证据材料

根据法律规定，就工程造价等专业性事实的查明，负有举证义务的当事人经法院释明仍不申请工程造价鉴定，或者拒绝缴纳鉴定费，或无正当理由拒不提交鉴定有关的资料的，该当事人应当承当举证不能的不利后果。故建议承包人申请工程造价司法鉴定后，应积极履行缴费与提交鉴定材料的义务，防止承受诉讼请求被驳回的不利后果。

4. 在工程造价司法鉴定过程中，承包人应当积极与司法鉴定机构协商，提出合理化建议，促使司法鉴定机构作出公平合理的鉴定结论

除了提供完整的鉴定材料外，承包人还可以提出合理化建议，促使司法鉴定机构作出公平合理的鉴定结论。

5. 承包人也可以与发包人积极协商，促成发包人与其共同达成结算协议

即使约定"工程结算以行政审计结论为准"，竣工验收合格后，发承包双方也可以另行达成结算协议，变更原先以行政审计结论作为结算依据的约定，这对于承包人而言更为有利。

13.2 施工企业结算与审计的合规依据

根据本书 13.1.3 节分析所言,《审计法》《预算法》及其实施条例与配套法规不当然约束承包人受领工程款的行为,故原则上《审计法》《预算法》及其实施条例与配套法规不是承包人暨施工企业的合规依据。

但是,"私法自由"是我国民商事交易行为的"铁律",我国《民法典》的基本原则也是"意思自治"。根据《最高人民法院关于建设工程承包合同案件中双方当事人已确认的工程决算价款与审计部门审计的工程决算价款不一致时如何适用法律问题的电话答复意见》(〔2001〕民一他字第 2 号)的规定"只有在合同明确约定以审计结论作为结算依据或者合同约定不明确、合同约定无效的情况下,才能将审计结论作为判决的依据"以及《最高人民法院关于人民法院在审理建设工程施工合同纠纷案件中如何认定财政评审中心出具的审核结论问题的答复》(〔2008〕民一他字第 4 号)的规定"建设合同中明确约定以财政投资的审核结论作为结算依据的,审核结论应当作为结算的依据",若发包人在《建设工程施工合同》中约定"工程价款最终结算以行政审计部门出具的审计结论为准"且承包人在合同中签字盖章的,行政审计的约束限制被纳入发承包双方"自由意志"的范畴体系,成为发承包双方达成一致意思表示的一部分,根据意思自治原则与诚实守信原则的要求,发承包双方均应遵守合意约定,尊重并接受以行政审计机关出具的行政审计结论结算工程价款的法律后果。

在双方当事人共同作出了愿意接受行政审计监督约束承诺的前提下,由于行政审计监督约束已纳入发承包双方的意思自治范畴,此时《审计法》《预算法》及其实施条例与配套法规可以成为发承包双方进行工程结算与价款审计的合规依据。但是《审计法》《预算法》及其实施条例与配套法规成为承包人暨施工企业合规依据的基础前提、行政审计机关可以对施工企业行使审计权力的权力根源在于发承包双方的真实意思表示,是自由合意的范畴,故笔者对施工企业结算与审计合规依据的探讨,也仅限于民事法律体系的领域范围内,不包括行政法律体系的领域范围。

据此,施工企业结算与审计的合规依据如下。

13.2.1 法律

《民法典》是调整、引导、规范民事平等主体之间实施民事行为的核心法律依据,也是发承包双方从事工程价款结算活动、约定接受行政审计监督事项必须遵守的规范依据。《民法典》中有关施工企业实施结算与审计活动的内容包括:

① 有关诚实守信原则与意思自治原则的规定,如《民法典》第五条规定:"民事主体从事民事活动,应当遵循自愿原则,按照自己的意思设立、变更、终止民事法律关系"、第七条规定:"民事主体从事民事活动,应当遵循诚信原则,秉持诚实,恪守承诺"。

② 有关当事人从事工程价款结算活动的规定，如《民法典》第五百六十七条规定：
"合同的权利义务关系终止，不影响合同中结算和清理条款的效力"、第七百九十五条规定："施工合同的内容一般包括工程范围、建设工期、中间交工工程的开工和竣工时间、工程质量、工程造价、技术资料交付时间、材料和设备供应责任、拨款和结算、竣工验收、质量保修范围和质量保证期、相互协作等条款"。

③ 有关当事人订立协议的规定，包括《民法典》中"合同编"的"通则"与"建设工程合同"的有关规定，如包含在结算款中的施工企业索赔费用，其产生依据为《民法典》第七百九十八条"隐蔽工程的验收"、第八百零三条"发包人违约责任"、第八百零四条"发包人原因致工程停建、缓建的责任"等规定的内容。

13.2.2　司法审判实务有关文件

1.《建设工程司法解释（一）》

《建设工程司法解释（一）》是最高法基于建设工程施工合同案件的实务纠纷与审判实践综合归纳出来的审判指南，对于发承包双方的结算活动与审计约定有一定的指导作用，其关联条款包括：

（1）"黑白合同"的结算，即第二十一条"当事人约定，发包人收到竣工结算文件后，在约定期限内不予答复，视为认可竣工结算文件的，按照约定处理。承包人请求按照竣工结算文件结算工程价款的，人民法院应予支持"、第二十二条"当事人签订的建设工程施工合同与招标文件、投标文件、中标通知书载明的工程范围、建设工期、工程质量、工程价款不一致，一方当事人请求将招标文件、投标文件、中标通知书作为结算工程价款的依据的，人民法院应予支持"与第二十三条"发包人将依法不属于必须招标的建设工程进行招标后，与承包人另行订立的建设工程施工合同背离中标合同的实质性内容，当事人请求以中标合同作为结算建设工程价款依据的，人民法院应予支持，但发包人与承包人因客观情况发生了在招标投标时难以预见的变化而另行订立建设工程施工合同的除外"的规定。

（2）结算的法律效力，即第十九条"当事人对建设工程的计价标准或者计价方法有约定的，按照约定结算工程价款。因设计变更导致建设工程的工程量或者质量标准发生变化，当事人对该部分工程价款不能协商一致的，可以参照签订建设工程施工合同时当地建设行政主管部门发布的计价方法或者计价标准结算工程价款。建设工程施工合同有效，但建设工程经竣工验收不合格的，依照民法典第五百七十七条规定处理"、第二十八条"当事人约定按照固定价结算工程价款，一方当事人请求对建设工程造价进行鉴定的，人民法院不予支持"以及第二十九条"当事人在诉讼前已经对建设工程价款结算达成协议，诉讼中一方当事人申请对工程造价进行鉴定的，人民法院不予准许"的规定。

2.《全国民事审判工作会议纪要》

《全国民事审判工作会议纪要》有关工程价款结算与行政审计监督的内容是第四大点

第（一）项的规定："依法有效地建设工程施工合同，双方当事人均应依约履行。除合同另有约定，当事人请求以审计机关作出的审计报告、财政评审机构作出的评审结论作为工程价款结算依据的，一般不予支持。"

13.2.3 部门规章

1.《建设工程价款结算暂行办法》（财建〔2004〕369号）。《建设工程价款结算暂行办法》是指导、调整发承包双方根据施工合同的约定针对工程预付款、工程进度款以及工程竣工价款实施结算确定行为的规范性文件，主要包括"总则""工程合同价款的约定与调整""工程价款结算""工程价款结算争议处理""工程价款结算管理"，也是发承包双方实施工程结算与约定审计活动的合规依据。

2.《建筑工程施工发包与承包计价管理办法》（住房和城乡建设部令第16号）。《建筑工程施工发包与承包计价管理办法》调整规范的是发承包双方在施工活动中的计价行为，包括以下行为：① 在招标投标、发承包阶段，编制工程量清单、最高投标限价、招标标底、投标报价文件的行为；② 在订立施工合同阶段，约定合同计价模式、款项支付方式与工程结算方式的行为；③ 在履行施工合同阶段，进行工程价款变更、施工费用索赔以及竣工结算的行为，以及支付预付款与进度款的行为；④ 在工程价款争议解决阶段，确定工程结算价款、结清双方权利义务关系的行为。故《建筑工程施工发包与承包计价管理办法》也是发承包双方实施工程结算与约定审计活动的合规依据。

13.2.4 行业规范

1.《建设工程工程量清单计价规范》GB 50500—2013。《建设工程工程量清单计价规范》第11章"竣工结算与支付"规定了发承包双方进行竣工结算的有关内容，包括承包人应编制竣工结算文件、承包人应审核竣工结算文件、价格变更如何调整、费用索赔如何计算、如何适用"逾期答复视为认可"的规制、发包人应支付结算款、发包人扣除工程质量保证金、发包人颁发最终结清支付证书等事项。

2.《建设工程项目管理规范》GB/T 50326—2017。《建设工程项目管理规范》是指导、调整发承包双方在建设工程项目中施工管理行为与施工管理程序的行业规范，主要包括项目管理责任制度、项目管理策划、采购与投标管理、合同管理、设计与技术管理、进度管理、质量管理、成本管理、安全生产管理、绿色建造与环境管理、资源管理、信息与知识管理、沟通管理、风险管理、收尾管理、管理绩效评价等多个施工管理板块。先进的项目管理理念与优良的施工管理活动可以为施工企业争取费用索赔、获得价格变更、降低施工成本并提高施工利润，而这些目的都与发承包双方的结算行为息息相关，故《建设工程项目管理规范》当然属于施工企业实施结算行为的合规依据。

3.《建设项目工程结算编审规程》CECA/GC 3—2007。《建设项目工程结算编审规程》是中国建设工程造价管理协会编制的行业规范，其目的是指导、规范建设项目工程结算文件的编制和审查活动，主要内容包括结算编制文件组成、结算审查文件组成、工程结算的编制、工程结算的审查、质量和档案管理等。结算编审的规范有利于建设项目的管理、落实施工企业在结算争议纠纷中的举证义务，故《建设项目工程结算编审规程》也属于施工企业实施结算行为的合规依据。

13.2.5　示范文本

1. 2017 年《建设工程施工合同示范文本》。2017 年《建设工程施工合同示范文本》规定了竣工结算程序，包括：

（1）承包人提交竣工结算申请，即 14.1 条规定："除专用合同条款另有约定外，承包人应在工程竣工验收合格后 28 天内向发包人和监理人提交竣工结算申请单，并提交完整的结算资料，有关竣工结算申请单的资料清单和份数等要求由合同当事人在专用合同条款中约定。除专用合同条款另有约定外，竣工结算申请单应包括以下内容：① 竣工结算合同价格；② 发包人已支付承包人的款项；③ 应扣留的质量保证金；④ 发包人应支付承包人的合同价款。"

（2）发包人审核竣工结算文件，即第 14.2 条第（1）项规定："除专用合同条款另有约定外，监理人应在收到竣工结算申请单后 14 天内完成核查并报送发包人。发包人应在收到监理人提交的经审核的竣工结算申请单后 14 天内完成审批，并由监理人向承包人签发经发包人签认的竣工付款证书。监理人或发包人对竣工结算申请单有异议的，有权要求承包人进行修正和提供补充资料，承包人应提交修正后的竣工结算申请单。发包人在收到承包人提交竣工结算申请书后 28 天内未完成审批且未提出异议的，视为发包人认可承包人提交的竣工结算申请单，并自发包人收到承包人提交的竣工结算申请单后第 29 天起视为已签发竣工付款证书。"

（3）发包人支付结算款以及逾期付款的违约责任，即第 14.2 条第（2）项规定："除专用合同条款另有约定外，发包人应在签发竣工付款证书后的 14 天内，完成对承包人的竣工付款。发包人逾期支付的，按照中国人民银行发布的同期同类贷款基准利率支付违约金；逾期支付超过 56 天的，按照中国人民银行发布的同期同类贷款基准利率的两倍支付违约金。"

（4）发承包人甩项竣工的结算，即第 14.3 条规定："发包人要求甩项竣工的，合同当事人应签订甩项竣工协议。在甩项竣工协议中应明确，合同当事人按照第 14.1 款【竣工结算申请】及 14.2 款【竣工结算审核】的约定，对已完合格工程进行结算，并支付相应合同价款。"

2. 2020 年《建设项目工程总承包合同示范文本》。2020 年《建设项目工程总承包合同示范文本》与 2017 年《建设工程施工合同示范文本》一致，其竣工结算程序均包括"承包人提交竣工结算申请""发包人审核竣工结算文件"以及"发包人支付结算款以及逾期付款的违约责任"，唯一不同的是 2017 年《建设工程施工合同示范文本》的"甩项竣工协议"在 2020 年《建设项目工程总承包合同示范文本》改成了"扫尾工作清单",具体约定为:"经双方协商,部分工作在工程竣工验收后进行的,承包人应当编制扫尾工作清单,扫尾工作清单中应当列明承包人应当完成的扫尾工作的内容及完成时间。承包人完成扫尾工作清单中的内容应取得的费用包含在第 14.5.1 项【竣工结算申请】及第 14.5.2 项【竣工结算审核】中一并结算。扫尾工作的缺陷责任期按第 11 条【缺陷责任与保修】处理。承包人未能按照扫尾工作清单约定的完成时间完成扫尾工作的,视为承包人原因导致的工程质量缺陷按照第 11.3 款【缺陷调查】处理。"

在发承包双方构建建设工程施工法律关系时,《建设工程施工合同示范文本》与《建设项目工程总承包合同示范文本》一旦被发承包双方采纳适用,即成为发承包双方真实意志与一致合意的内容,对发承包双方即产生约束力,因此《建设工程施工合同示范文本》与《建设项目工程总承包合同示范文本》当然属于施工企业的合规依据。

13.2.6 最高院答复意见

前文已引用说明,最高院在如下两个"答复意见"中对于行政审计监督与工程价款结算各自的效力作出了泾渭分明的性质界定、边界划分以及互不干涉的效果要求:

(1)《最高人民法院关于建设工程承包合同案件中双方当事人已确认的工程决算价款与审计部门审计的工程决算价款不一致时如何适用法律问题的电话答复意见》(〔2001〕民一他字第 2 号)规定:"经研究认为,审计是国家对建设单位的一种行政监督,不影响建设单位与承建单位的合同效力。建设工程承包合同案件应以当事人的约定作为法院判决的依据。只有在合同明确约定以审计结论作为结算依据或者合同约定不明确、合同约定无效的情况下,才能将审计结论作为判决的依据。"

(2)《最高人民法院关于人民法院在审理建设工程施工合同纠纷案件中如何认定财政评审中心出具的审核结论问题的答复》(〔2008〕民一他字第 4 号)规定:"财政部门对财政投资的评定审核是国家对建设单位基本建设资金的监督管理,不影响建设单位与承建单位的合同效力及履行。但是,建设合同中明确约定以财政投资的审核结论作为结算依据的,审核结论应当作为结算的依据。"

综上,一方面,根据上述施工企业结算与审计合规依据的列举可知,现有法律、行政法规并未明确规定建设工程的结算价格必须、应当以行政审计机关出具行政审计结论的形式确定;另一方面,承前所述,《审计法》《预算法》及其实施条例与配套法规也未明确规定行政审计监督的对象包括建设工程价款的结算行为以及承包人对工程款的受领行为,二者结合,又进一步验证了以下结论:原则上,针对政府投资或以政府投资为主的项目,行政审计机关对发包人的行政审计监督行为与发包人和承包人根据《施工合同》约定进行的工程价款结算行为是相互独立的两种性质的行为,行政审计机关的行政审计监督行为不得干涉、影响发承包双方的民事结算行为的实施与效力;若发承包人双方明确约定"工程价款结算以行政审计机关出具的行政审计结论为准"的,则行政审计监督进入了发承包双方的意思自治体系领域，此时承包人暨施工企业才应受到《预算法》《审计法》规定下的行政审计监督的约束。

13.3　施工企业结算与审计的合规流程

| "结算以发包人审计为准"合规管理 | 合理运用"逾期答复视为认可"规则，必须在专用条款中约定"逾期答复视为认可" |
| | 尽量避免"逾期失权"的约定，若已约定，尽量在约定期间内提出对发包人审计的异议 |

| "结算以第三方审计结论为准"合规管理 | 慎重对待在第三方造价咨询机构出具的审计结论上盖章 |
| | 及时与发包人达成符合双方真实意志的结算合意 |

"结算以行政审计结论为准"合规管理	竣工验收后，尽快制作结算送审文件提交发包人，敦促发包人积极移交审计
	若发包人迟迟不移交审计，行政审计机构迟迟不出具审计结论的，尽快起诉，申请工程造价司法鉴定
	完整保留与变更估价、费用索赔、调价合意有关的结算文件，在启动司法鉴定时一并提交

第 14 章　工程总承包合规风险识别与管理

2016 年 11 月 24 日，由某电力能源公司（以下简称"发包人"）投资、某设计院（以下简称"总承包人"）总承包的某电厂扩建工程正如火如荼地进行施工。由于施工队在混凝土未达强度的前提下就启动操作，在一瞬间，D 标段高达 70m、高度至少在 20 层楼的冷却塔平桥吊整体倒塌①，造成模板混凝土通道坍塌②，直接导致 73 名在施工平台作业的工人丧生，产生 10197.2 万元的直接经济损失，此即为震惊全国的江西丰城电厂"11·24"事故。事故发生后，国家组织调查组进行分析调查，发现事故原因包括发包人大幅压缩工期、承包人缺乏对已完工程质量的管控、劳务作业队在混凝土强度不足的情形下即拆除模板、材料供应商擅自改变配比导致混凝土硬度不达标准等③。种种忽视、种种失误、种种违规，导致 73 条鲜活生命丧失塔底，相关企业被苛以高额罚款、停业整顿、吊销资质等行政处罚，相关管理人员被追究重大责任事故罪、滥用职权罪、国有公司企业人员滥用职权罪等刑事责任，该教训不得不说鲜血淋漓，触目惊心。

上述江西丰城电厂扩建工程采取的施工模式即为 EPC 工程总承包组织模式。EPC 工程总承包是指承包单位按照与建设单位签订的合同，对工程设计、采购、施工或者设计、施工等阶段实行总承包，并对工程的质量、安全、工期和造价等全面负责的工程建设组织实施方式④，在减轻发包人管理责任、扩大承包人利润空间、提高工程管理效率方面有不可比拟的优势。然而，EPC 工程总承包模式属于舶来品，在我国的理论研究及实际运行不过二十多年，如系之茅苕，仍根底未深，随着该模式的大范围、大幅度地推广，滋生于此的争议纠纷、安全事故、质量问题会逐渐暴露浮现。上述江西丰城电厂扩建 EPC 工程即是如此，其发生惨痛事故的原因在表面上看似是侥幸的心理、逐利的心态与管理的缺位，更深层次指向的是 EPC 工程总承包模式下设计与施工紧密黏合的缺失以及工程总承包施工模式立法的不足。

据此，在探讨我国工程总承包施工组织模式的规范化时，我们尝试以"合规"的维度而不仅以"合法"的维度作为讨论的基础前提。本文将通过梳理对比我国工程总承包施工

---

① 参见中国日报中文网：《江西丰城电厂事故 74 人遇难 幸存者：十几分钟全坍塌》，http://cnews.chinadaily.com. cn/2016-11/25/content_27481164.htm，访问时间：2021 年 7 月 1 日。

② 参见新华网：《江西丰城电厂"11·24"事故死亡人数升至 74 人 其中 68 人确认身份》，http://www.xinhuanet. com/politics/2016-11/25/c_1119985696.htm，访问时间：2021 年 7 月 1 日。

③ 参见环球网：《江西丰城发电厂"11·24"特大事故案致 73 人死亡 一审宣判：28 名被告人和 1 个被告单位获刑》，https://baijiahao.baidu.com/s?id=1664847659193426278&wfr=spider&for=pc，访问时间：2021 年 7 月 1 日。

④ 参见《房屋建筑和市政基础设施项目工程总承包管理办法》第 3 条规定。

组织模式相关中央及地方的规范性文件，发现我国工程总承包施工组织模式在实践中的不合规之处，进而找出现阶段阻碍我国工程总承包施工组织模式发展的因素，并针对我国工程总承包制度的缺陷不足提出切合实际、恰当可行的合规建议，以管窥之见，作引玉之砖。

14.1　工程总承包模式的合规风险识别与合规建议

实务中，发包人与工程总承包人在工程总承包施工活动中种种不合规的行为不仅造成双方之间的争议纠纷，且由 EPC 项目价格变更、费用索赔、合同解除的争议纠纷上升到的工程总承包案件的仲裁诉讼往往经年累月，久悬不决，最终导致工程总承包项目的"中途腰斩""烂尾搁浅"，给双方当事人带来鸡飞蛋打、两败俱伤的不利后果。上述局面的产生，与工程总承包人不充分重视投标报价、企图通过后续施工过程中频繁索赔与高额变更的方式抬高合同价格的传统施工总承包的思维未能转变到工程总承包的思维模式有关；也与工程总承包人不具备与工程总承包项目规模相匹配的承包经验、施工技艺、管理能力与供应合作伙伴有关；还与发包人严格控制项目建设费用预算的根深蒂固的观念、发包人对于工程总承包人负责设计与固定总价之间的逻辑关系未能清楚捋顺、对于工程总承包模式的运行规律未能清晰认识有关。本节着重介绍我国工程总承包项目存在的不合规情形，分析不合规现象产生的主要原因，并在此基础上，给出正当合理、行之有效的合规建议。

14.1.1　合规风险之一：以不适合采用工程总承包施工组织模式的建设项目适用工程总承包模式发包

14.1.1.1　典型案例

2013 年 11 月 20 日，某设计院公司、某航务公司、某航道公司签订《联合体协议书》，约定三单位自愿组成联合体（以下简称"工程总承包人"），共同参加某项目填岛 EPC 总承包工程的投标，某设计院公司作为联合体牵头人。2014 年 1 月 25 日，某度假投资公司（以下简称"发包人"）作为发包人与作为工程总承包人的联合体商定总承包合同，并签订了作为总承包合同组成部分的《某岛填岛工程东标段 EPC 总承包合同文件》，约定：

（1）合同暂定的价格：合同暂定价款总计为 2640791662 元。

（2）重新计价的价格：1）一般项目费、设计费执行本合同价格固定包干，全部固定不变；2）实体工程的工程量依据上述原则进行计算：待扩初图纸完成并经业主审查合格后按扩初图纸重新计算工程量，工程量计算原则依据本合同、补充招标文件及招标文件的要求；3）综合单价执行本合同约定价格固定不变，如（重计量合同价－合同暂定总价）/合同暂定总价的百分比在 ±2% 以内（含 2%）时，最终合同总价＝合同暂定总价；当（重计量合同价－合同暂定总价）／合同暂定总价的百分比超出 ±2% 时，超出 ±2% 以外的部分给予调整，合同双方签订补充协议确定合同总价。

合同履行的过程中，发包人以工程总承包人严重违约为由要求解除合同，理由如下：第一，工程总承包人逾期提交初步设计图纸。合同约定工程总承包人最迟应在 2014 年 3 月 24 日之前提交初步设计成果，但工程总承包人在 2014 年 6 月才向发包人提交初步设计成果。第二，工程总承包人整体工期延误。发包人于 2014 年 5 月 4 日向工程总承包人发出《动工令》，要求于当月 6 日开始挤密砂桩试桩施工。但是直到 2014 年 9 月，工程总承包人仍未确定可作为最终实际施工依据的施工图设计，导致工程进度延误。第三，工程总承包人随意更改合同价格。合同约定的固定总价约为 26.4 亿元，但工程总承包人却未以该固定总价为限制进行限额设计、优化设计，而是随意突破合同约定的固定价格进行初步设计，并在三次协商会议中以其自行出具的初步设计为依据要求提高报价：2014 年 6 月 12 日报价 33.5 亿余元，同年 6 月 24 日报价 32.5 亿余元，同年 6 月 29 日报价 27.9 亿余元，发包人均不同意工程总承包人擅自抬高合同价格的行为。据此，工程总承包人的行为严重违反合同约定，发包人有权根据合同约定解除合同。而工程总承包人的意见是，发包人解除合同既无法定解除的依据也无约定解除的依据，其单方解除合同的行为属于违约行为，法院应不予支持。

案涉工程为填岛工程项目，现因双方就合同价格问题谈不拢陷入停滞状态，此时工程总承包人仅完成了初步设计、施工图设计与部分挤密砂桩试验桩施工，正式的填岛工作尚未开始，就因双方当事人合作基础崩塌而惨遭搁浅。本案历经了 2016 年海口海事法院一审、2017 年海南省高级人民法院二审、2018 年最高人民法院再审提审并裁定发回重审的过程，现在仍在海口海事法院一审重审的过程中，可谓经历时间之长，消耗精力之大。[①]

14.1.1.2 合规分析

由于工程总承包模式基本采用固定总价的计价方式，基本不允许工程总承包人在履行过程中基于不可预见的不利地质、材料价格上涨为由上调合同价格，因此工程总承包模式要求合同价格能够恰好匹配项目风险，使工程总承包人有能力应对施工过程中的各种突发状况，保证发包人与工程总承包人的权利义务不至于失衡，合同履行能够顺利进行。据此，FIDIC 银皮书"导言"部分规定，存在下述特点的项目不适合采用工程总承包的施工组织模式：

第一，建设项目存在过多难以调查核实的工作量的。其理由在于，工程总承包模式以固定总价的方式计价，在固定总价覆盖的施工范围内不允许调价。而对项目环境状况、相关数据的心知肚明、成竹在胸是工程总承包承包人进行投标报价、使价格匹配风险的基础前提，若项目本身包含许多工程总承包人无法查明核实的不确定因素，则承包人难以准确

[①] 参见中国裁判文书网，（2017）琼民终 54 号民事判决书。

报价并使价格固定下来。

第二，发包人要求严控承包人大部分工作、要求审核大量图纸的。其理由在于，工程总承包模式的优势就是将设计与施工一并交由工程总承包人负责，使其能够从宏观层面通过对设计与施工的交错影响、紧密配合、有效衔接、穿插完成来实现工艺的优化、工期的节省、质量的提升以及成本的压缩，这是工程总承包人就建设项目的固定造价、不变工期、工程质量、安全生产的承担全风险责任的关键前提。若发包人意图控制工程总承包人的施工管理活动并要求审批施工图纸，会打破工程总承包人对风险的安排布置，工程总承包人难以通过采取合理的措施与有效的计划缓释、化解风险，导致风险堆积滞压，超出工程总承包人的实际承受能力。因此，施工图审查这一程序要求与工程总承包模式是格格不入的。[①]

第三，投标人没有足够的时间研究核查"发包人要求"等招标文件的。《工程总承包管理办法》第 13 条规定："建设单位应当依法确定投标人编制工程总承包项目投标文件所需要的合理时间。"理由在于，工程总承包模式在发包阶段不存在细致入微、精密详致的施工图设计供工程总承包人精确计算合同价格，该模式往往因为项目边界不清、未来变更较多导致工程总承包人报价和决策的难度增加[②]。为了克服上述困难，工程总承包人只能在仔细研读招标文件、严格考察项目环境、亲自复勘工地现场、积极搜集供应信息的基础上根据含混抽象的"发包人要求"制作初步设计、承包人建议书、报价清单的投标文件。而上述活动的完成需要大量的时间作为支撑，否则工程总承包人难以充分预估项目风险，合理计算合同价格。

《工程总承包管理办法》第六条也规定："建设单位应当根据项目情况和自身管理能力等，合理选择工程建设组织实施方式。建设内容明确、技术方案成熟的项目，适宜采用工程总承包方式。"即并不是所有的建设项目都适宜采用工程总承包的施工组织模式，只有建设内容明确、施工范围相对固定、技术方案成熟的项目才适合采用工程总承包模式。该条规定的主要目的也是将是否采用工程总承包模式交由发包人决定，并提示发包人结合项目情况和管理能力"合理"选择实施方式，从而保证承包人能够充分了解项目状况、准确项目预估风险并合理计算固定价格，避免不问项目情况、不结合实际盲目推进工程总承包模式。[③]

然而在实务中，许多项目主体罔顾建设工程的基础状况，所制作的可行性研究流于形式、限于浅表，拟定的项目建议书也仅是目睫之论，在对项目施工条件与建设前提还未充分了然于胸的情况下就盲目扎身于工程总承包的泱泱潮流之中，最终反溺于结算争议与责任推诿的漩涡中心。本节所提及的"某设计院公司、某航务公司等与某度假投资公司建设

① 郭刚. 新版工程总承包管理办法带来的三大疑问 [J]. 中国勘察设计，2020（03）：86-89.

② 刘思侣，者丽琼，周月萍. 工程总承包项目的发包——解读《工程总承包管理办法》[J]. 中国建筑装饰装修，2020（06）：70-71.

③ 朱树英. 工程总承包实务问答 [M]. 北京：法律出版社，2020：124.

工程合同纠纷案"即是如此。FIDIC 银皮书在"序言"部分列举了不适合采用工程总承包模式的情形①，其列举不适用工程总承包的情形与案涉项目的性质严丝合缝地契合：

第一，FIDIC 银皮书规定，如果建设项目包含大量的地下工作或承包人难以勘察调查的区域内的工作，则不适用于 EPC 交钥匙模式。一方面，案涉项目为海域内填岛项目，海平面下的陆域回填、疏浚吹填作业量难以准确预计，且由于工程所在区域地形不单一（兼具海陆，高度起伏大）、地质环境复杂（如淤泥较厚的滩涂、海床较深的海沟、陡峭险峻的大陆架）②、海上气候多变（如暴风、暴雨、巨浪）等原因，案涉工程可能遭遇的不可预见的不利地质条件与异常恶劣气候的风险较大且凭借承包人的能力难以充分预估；另一方面，案涉项目造价高达 26.4 亿元，如此高昂的建设造价决定了案涉项目的承包工作纷繁庞杂，其中不确定的风险较多，难以预测的潜在工作量大量存在，填海工程所涉及的基床夯实施工技术③、沉箱出运安装施工技术④、岛体胸墙施工工艺技术⑤等工艺技术精深复杂，采用整体固定总价不可调的计价方式无法与复杂多变、变化莫测的现实状况相适应。综上，这已实质上导致了双方当事人权利义务不对等。

第二，FIDIC 银皮书规定，如果发包人要求审核大部分施工图纸，也不适用于 EPC 交钥匙模式。本案《海口如意岛填岛工程东标段 EPC 总承包合同文件》约定："待扩初图纸完成并经业主审查合格后按扩初图纸重新计算工程量"，该条款是双方当事人难以重新确定"合同最终价格"的关键，理由在于：无论工程总承包人提交多少次经优化调整过的初步设计，只要根据初步设计计算出的工程价格高于合同约定的固定总价 26.4 亿元，发包人都能有理有据、理直气壮地以"业主审查不合格"为由拒绝工程总承包人提交的初步设计，且无须承担任何违约责任。这也是施工活动赖以持续进行的设计图纸难以确定下来导致施工活动迟迟不能推动进展的根本原因。

第三，FIDIC 银皮书规定，如果投标人没有足够的时间或资料仔细研究或审查"发包人要求"的，也不适用于 EPC 交钥匙模式。本案中，2014 年 1 月 10 日，发包人组织进行了"海口市如意岛 EPC 总承包工程"招标；发包人于 2014 年 1 月 25 日发出中标通知书，确定工程总承包人为中标人。本案造价高达 26.4 亿元，从招标到中标仅有短短 15 天的时间。这显然不是足以使工程总承包人可以仔细研究招标文件、有效审查"发包人要求"、充分复勘施工工地现场并积极搜集项目环境资料的充裕时间。而上述活动是工程总承包人充足了解项目基本状况、充分预估项目风险并合理计算匹配价格的基本前提与必要条件。

据此，本案填岛项目的性质决定其根本不适合采用工程总承包的方式发包，但是双方

① 参见国际咨询工程师联合会、中国工程咨询会. 设计采购施工（EPC）/交钥匙工程合同条件 [M]. 北京：机械工业出版社，2018.
② 罗璋. 填海工程 EPC 总承包项目中业主需要注意的法律风险及防范措施 [J]. 法制博览，2016（36）：177+176.
③ 周猛，李鹏. 海口市如意岛填岛工程基床夯实施工技术研究 [J]. 中国水运，2020（9）：159-160.
④ 付明刚，刘永光. 浅析海口如意岛填岛工程沉箱出运安装施工技术 [J]. 中国水运，2020（5）：35-36.
⑤ 周洋. 海口填岛工程岛体胸墙施工工艺技术探讨 [J]. 中国水运（下半月），2018，18（4）：161-162.

当事人却背道而驰，最终导致其与合同目的渐行渐远。而令人不胜唏嘘、倍感无奈的是：因项目本身特质与工程总承包模式水土不服，项目后期搁浅失败、合作崩盘的命运轨迹早在发包阶段就已草蛇灰线，伏脉千里。

14.1.1.3 合规建议：对于建设规模较大、工程造价较高、建设工期较长的项目，不采用工程总承包的施工组织模式

只有建设内容明确、施工范围固定、不可预见的风险事项较少、工期相对稳定的建设项目才适用工程总承包模式。反之，若建设项目包含过多工程总承包人难以凭借现有技术合理预测的、隐伏性强的特殊不良地质、建设规模过大、工程造价较大，且发包人要求施加过多监管控制的，则建议划分一个基准风险界限，在风险界限内采用"固定总价，包死不调"的计价模式，风险由工程总承包人承担。在风险范围外采用固定单价或其他"据实结算"的计价模式，若发生合同约定的调价情形的，费用增加及工期延误风险原则上由发包人承担。

14.1.2 合规风险之二：发包人对"发包人要求"所涉及的建设规模、使用目的、产出标准等描述不清、阐释不明

14.1.2.1 典型案例

2012 年 11 月 9 日，某能源公司（以下简称"发包人"）与某设计公司（以下简称"工程总承包人"）签订《某能源公司煤气综合利用项目填平补齐技术改造工程总承包合同（EPC）》（以下简称《工程总承包合同》），发包人将案涉工程发包给工程总承包人承接。工程完工后，双方就合同总价款产生争议：工程总承包人认为，为完成案涉项目所支出的实际施工费用远远超出合同约定的价格，且该施工费用是实在发生的，案涉工程价款不应当按照固定总价 7800 万元进行结算，而是应当据实结算，按照工程总承包人提交的第三方工程造价咨询有限公司出具的 6 本《报告书》载明的 132402910 元作为结算依据；而发包人认为，合同已明确约定固定总价 7800 万元，任何一方不得改变，应当按照合同约定的固定总价进行结算，工程总承包人请求上调合同价格没有依据。后最高法院判决："工程总承包人没有证据证明双方已经对合同价款进行了调整，在合同无效的情况下，一审判决参照合同约定的 7800 万元认定工程价款正确"，最终驳回了工程总承包人的诉讼请求。[①]

本案争议纠纷产生的原因是，工程总承包人在施工过程中，由于设计图纸的不断细化、工艺技术的逐步明确以及设备选型的逐渐确定，设计、采购及施工的标准随着施工活动的推进已经超出《工程总承包合同》订立时暂定的标准。为满足建设要求，工程总承包人的建设成本逐渐增加，就超出合同固定总价的成本增加费用，应当是由工程总承包人承担还是由发包人承担的问题。之所以会造成上述推诿争议的局面，是因为：一方面，在签

---

① 参见中国裁判文书网，（2019）最高法民终 1356 号民事判决书。

订《工程总承包合同》时案涉项目的初步设计仍未出具，且发包人要求的设备选型、工艺技术等要求尚不明朗，导致工程总承包人难以针对确切的设计目的、设备参数、施工范围、建设内容进行合理报价，这都是发包人出具的"发包人要求"不够明确细致、具体详尽所引起的；另一方面，为了尽快承接工程，工程总承包人在明知设计图纸未出具、设备参数不确定、施工标准不明朗有可能导致其难以合理预估风险并精确计算合同价格的情况下，未向发包人提出异议并要求发包人作出详细说明，甚至出于逐利心态、抱着"低价签约、高价索赔"的侥幸心理敦促发包人直接签订《工程总承包合同》，最终受到合同约束力的反噬，被固定总价的约定牢牢压制，实际施工费用支出超出合同的固定总价的，超出部分只能自行承担。

14.1.2.2　合规分析

虽然，根据 FIDIC 银皮书的规定，在工程总承包模式下，一方面，工程总承包人不仅要对自行提供的承包人建议书、初步设计、施工图设计的充分性、完整性与正确性负责，任何来自于发包人的批准、认可、承诺等均不减轻或免除工程总承包人的上述义务；另一方面，工程总承包人还要对发包人负责出具的初步勘察报告、概念设计文件、"发包人要求"等招标文件的充分性、完整性与正确性负责，任何上述文件的错误或上述文件与施工实际不一致的地方导致工程总承包人遭受费用支出或工期延误，均不得作为工程总承包人向发包人索赔费用或顺延工期的正当理由。

但是，招标文件毕竟是发包人制作并出具的，其对招标文件的正确性、完整性与充分性也承担一定的责任。FIDIC 银皮书第 4.6 条第 2 款规定："如果任何此类指示导致承包商增加费用，达到一个有经验的承包商在提交投标书时不能合理预见的数额时，该指示应构成一项变更"，第 5.1 条第 3 款规定："但是，雇主应对雇主要求中的下列部分，以及由（或代表）雇主提供的下列数据和资料的正确性负责：在合同中规定的由雇主负责的或不可变的部分、数据和资料；对工程或其任何部分的预期目的的说明；竣工工程的试验和性能的标准；除合同另有说明外，承包商不能核实的部分、数据和资料。"也就是说，发包人也在一定程度上为"发包人要求"的充分性、完整性、符合目的性与正确性负责，如果发包人为说明工程建设规模、使用目的、功能要求、交付验收等所提供给承包人的文件资料不够翔实无误、精细确凿地描述其合同目的，导致一个一般理性承包人难以依其管理能力与技术经验进行核验校正的，则说明"发包人要求"过于简洁、概括、粗略，意味着双方当事人对合同目的的理解存在较大偏差的可能性。[①] 而项目建设内容即施工范围的准确性是工程总承包人预估风险并合理报价的基础，《工程总承包管理办法》也规定"建设内容明确"且"技术方案成熟"的项目才适合采纳工程总承包的施工组织模式，且政府投资项目应当在初步设计完成后发包，这些规定都是围绕着工程总承包项目的信息数据应明确精准而设置的。

[①] 曹珊.《房屋建筑和市政基础设施项目工程总承包管理办法》对建设单位和工程总承包单位的影响及应对［J］.项目管理评论，2020（5）：50-55.

据此，发包人对"发包人要求"描述不清、解说不明的，该不合规的行为将为发包人带来工程总承包人以此为由要求追加费用并增加工期的风险，也会给承包人带来无法充分了解发包人的合同目的而难以精准计算合同价格的困扰，甚至有可能导致双方无法明晰施工边界条件、明确具体的权利义务、确定合同价格从而将工程引向失败的命运。

14.1.2.3　合规建议

在招标发包阶段，尽可能明确工程项目的功能标准、使用目的、环境状况、设备选型、材料规格、工艺路线、技术参数等特征性质。

《工程总承包管理办法》规定只有具备"建设内容明确"且"技术方案成熟"两个特质的工程项目才适用工程总承包的施工组织模式，因为该特质是工程总承包人能够全面预估项目风险、合理计算合同价格、使价格大体匹配风险并适用固定总价计价模式的基础前提。为了满足上述要求，首先，发包人在招标阶段出具的可行性研究报告、地质勘察资料、项目状况描述、概念设计文件、初步设计文件、测量放线数据、"发包人要求"等招标文件应尽可能明确具体；其次，发包人应给足工程总承包人投标报价的合理时间，使工程总承包能够在充分做好投标准备工作的基础上编制详致的投标文件；再次，工程总承包人应当彻底转换"低价中标、频繁签证、多次索赔、高价结算"的传统施工总承包的思维模式，在招标阶段就应当履行仔细研读招标文件、认真复核"发包人要求"、亲自复勘工地现场、充分搜集项目政治经济环境信息与市场价格数据、积极建立采购供应渠道网等义务，充分了解阻碍施工的不利风险并作出相应的风险安排计划；最后，对于合同文件有理解偏差或解释歧义的地方，发包人与工程总承包人均应反复磋商、充分讨论并相互澄清说明，使合同条款的内容清晰明确，有利于减少双方当事人后续的争议纠纷。

14.1.3　合规风险之三：承包人在投标阶段未充分履行对招标文件的复核义务，未能充分预估风险、合理计算价格并使价格匹配风险

14.1.3.1　典型案例

在本章"合规风险之一"所提及的"某设计院公司、某航务公司等与某度假投资公司建设工程合同纠纷案"中，发包人与工程总承包人未能根据《海口某岛填岛工程东标段EPC 总承包合同文件》约定的计算方式就"最终合同价格"达成一致意见并诉诸法院的原因还在于：工程总承包人在投标时未履行一个有经验的承包人应当履行的复核义务，导致其未能充分预估风险并合理计算出与风险相匹配的价格。

工程总承包模式要求承包人在投标时应当仔细审查、认真核实招标文件与项目现场，凭借其专业技能与管理经验合理发现发包人在招标阶段提供的概念设计、"发包人要求"、相关数据等招标文件的错误并进行纠正，否则承包人不得就上述文件错误或文件内容与具体施工环境不符为由要求索赔[①]。然而在该案中，工程总承包人在投标时的报价与中标价格

[①]　张水波，何伯森. FIDIC 新版合同条件导读与解析［M］：第 2 版. 中国建筑工业出版社，2019：305-306.

均约为 26.4 亿元，后又以补充复勘资料、施工边界条件变化、实验数据有变为由三次提出上调合同价格的要求，分别为 33.5 亿元、32.5 亿元与 27.9 亿元，这说明工程总承包人未在招标阶段尽到"一个有经验的承包人应尽的合理复核义务"，否则他不会要求上调合同价格，或即使要求上调价格也不会与中标价格偏差如此严重；并且，他在应当知道发包人地质勘查资料不完整、不充分以至于其无法明确了解项目具体情况并合理计算与之匹配的固定价格的前提下，仍未对发包人提出任何异议或要求发包人进一步补充、完善招标资料并进一步明确、细化"发包人要求"，据此，工程总承包人也存在不合规之处，这也是双方就合同价格扯皮的根本原因之一。

14.1.3.2 合规分析

FIDIC 银皮书第 5.1 条第 1.2 款规定："承包商应被视为，在基准日期前已仔细审查了雇主要求（包括设计标准和计算，如果有）。承包商应负责工程的设计，并在除下列雇主应负责的部分外，对雇主要求（包括设计标准和计算）的正确性负责。除下述情况外，雇主不应对原包括在合同内的雇主要求中的任何错误、不准确或遗漏负责，并不应被认为，对任何数据或资料给出了任何不准确性或完整性的表示。承包商从雇主或其他方面收到任何数据或资料，不应解除承包商对设计和工程施工承担的职责。"

《建设项目工程总承包合同示范文本（GF—2020—0216）》第 4.7.1 条规定："……承包人应对基于发包人提交的基础资料所做出的解释和推断负责，因基础资料存在错误、遗漏导致承包人解释或推断失实的，按照第 2.3 项【提供基础资料】的规定承担责任"，第 4.7.2 条规定："承包人提交投标文件，视为承包人已对施工现场及周围环境进行了踏勘，并已充分了解评估施工现场及周围环境对工程可能产生的影响，自愿承担相应风险与责任"。

工程总承包模式要求工程总承包人对气象水文资料、地质勘察资料、地下障碍资料、相邻建构筑物资料、古树文物资料等项目基础资料，测量点、基准点、基础标高等测量放线数据，可行性研究报告、方案设计文件、概念设计文件、初步设计文件等招标文件，以及其他涵盖了项目的建设规模、验收标准、功能要求、施工范围、质量标准、工期要求等"发包人要求"文件的准确性、完整性、及时性、有效性及充分性负责，原则上，工程总承包人不得以上述文件由发包人提供且上述文件存在错误导致文件载明的施工条件、作业场景、情况描述、具体参数等与实际施工的情形不一致使得工程总承包人遭受额外费用支出与工期不当延误为由要求发包人追加费用或顺延工期，除非上述文件错误的原因是发包人描述不清、阐释不明且一个理性的承包人难以通过其技术经验与管理能力合理发现并纠正的。

若工程总承包意欲证明上述资料文件的错误是"一个理性的承包人难以通过其技术经验与管理能力合理发现并纠正"进而要求减轻或免除其过错责任的，他必须严格履行以下义务：（1）仔细研读与"发包人要求"有关的文件，及时发现"发包人要求"的不足、缺陷、遗漏、错误之处，并召集发包人共同商讨纠正、补充、完善；（2）委托专业的地质勘察单位并亲自与其共同复勘工地现场，制作勘察补充资料，完善发包人提供的勘察资料的缺漏之处；（3）如果发现招标文件有任何模糊不明导致理解偏差的，应及时要求发包人予以说明、解释、澄清，并形成书面文件，作为合同文件的一部分，对双方均有约束力；（4）积极收集与项目所在地有关的政治、经济等环境资料，根据当地政局的动荡性、市场价格的波动性、出口汇率的规律、政令发布的稳定性等因素编制承包人建议书；（5）充分了解建筑材料、租赁设备、临时用工、劳务人员等的供应渠道，提前联系相关下游供应商，为项目的开工以及方案的替换作出未雨绸缪的充足准备；（6）在完成上述行为的情况下，根据上述行为所获得的信息、数据充分估测项目风险并合理计算与风险相匹配的价格；（7）严格遵守项目所在地与招标投标有关的强制性法律与政府政策规定，在招标投标阶段不犯任何程序性违法错误等。

14.1.3.3 合规建议

工程总承包人应当主动搜集项目信息、积极构建物料供应渠道网络，并将难以合理预见的风险事项约定为可调价情形。

虽然《工程总承包管理办法》规定常规下发包人应当承担的风险包括物价上涨风险、法律变化风险、不利地质风险、不可抗力风险以及可归结于发包人原因产生的风险，但是《工程总承包管理办法》第15条同时规定"具体风险分担内容由双方在合同中约定"，且《工程总承包管理办法》的法律位阶仅部门规章，不属于违反即导致合同无效的"强制性法律、行政法规的规定"[①]，因此上述风险事项若未被当事人一致认定为可调价情形并写入合同条款中的，不产生约束力，工程总承包人不得以《工程总承包管理办法》15条规定的发包人应承担的风险事项为依据要求发包人上调合同价格或顺延工期。因此在招投标阶段，工程总承包人应当以业主提供的、自己搜集的项目有关资料为基础充分预估风险，并将自身难以把握并作出合理安排措施的风险事项作为可调价情形写入合同条款中，如无法妥当控制的分包单位、难以预测的通货膨胀、不能事先确定的设备清单等，掌握索赔与调价的主动权，避免自身因承担过重的风险而导致履行能力不足而引发违约的不利后果。

14.1.4 合规风险之四：承包人"边勘察、边设计、边施工"，高度忽视勘察、设计工作的重要性

14.1.4.1 典型案例

案例一：某产业园区开发单位（以下简称"发包人"）与某建设公司（以下简称"工程总承包人"）签订《总承包合同》，约定工程内容及规模为余干城西创新创业产业园设计施工一体化（EPC）项目的设计、采购、施工及项目管理工作。后发承包双方就工程款的结算问题双方产生争议：承包人要求按照实际的施工量据实结算，而发包人要求按照合

---

① 郑冠红，韩如波. 工程总承包中的风险分担约定［J］. 施工企业管理，2020（2）：61-63.

同约定的固定总价结算。产生争议的主要原因是，工程总承包人在无初步设计、无概算、无图纸的前提下就已进场施工，该"边设计、边施工"的赶工模式，导致发承包人双方难以控制合同总价，项目费用支出严重超出合同约定价格，而工程总承包人不愿承受施工成本增加的风险，发包人亦不愿追加费用，据此双方陷入长达3年的结算争议诉讼的拉锯战中。[①]

案例二：某设计公司（以下简称"工程总承包人"）与某能源公司（以下简称"发包人"）签订《工程总承包合同》，后因发包人欠付工程款，工程总承包人将发包人诉至法庭。发包人认为合同已明确约定工程款为固定总价7800万元，计价依据为初步设计，应按照合同约定的固定价格结算工程款；而承包人却认为该工程在发包时就不存在初步设计，工程是"边采购、边设计、边施工"的，随着施工的深入才发现固定总价7800万元无法覆盖所有实际支出，应当按照承包人自行计算的1.4亿元结算工程价款，但法院不予采信，认为合同约定的是固定总价，且承包人未取得发包人上调合同价格的变更签证或其他书面文件，故驳回了承包人的诉讼请求。[②]

14.1.4.2 合规分析

工程总承包的勘察工作分为可行性研究勘察、初步勘察、详细勘察及补充勘察。可行性研究勘察是在可行性研究报告阶段实施的勘察工作；在绘制方案设计与初步设计之前，应完成初步勘察工作；而详细勘察则对应的是施工图设计出图阶段；若承包人认为发包人提供的勘察报告不足以满足其施工要求，还可以增加补充勘察，并在投标报价阶段中将补勘费用纳入报价文件中。虽然专家学者不建议将勘察工作纳入工程总承包的承接范围，但法律并未明确予以禁止，且《工程总承包管理办法》明确规定政府投资项目最早也只能在初步设计完成后才能发包。据此，在工程总承包项目中，承包人至少可以承接详细勘察与补充勘察的工作。我国的规范性文件均对工程建设有顺序上的先后要求，即"先勘察、后设计、再施工"，如《建设工程质量管理条例》第5条第1款规定："从事建设工程活动，必须严格执行基本建设程序，坚持先勘察、后设计、再施工的原则"，再如《建设工程勘察设计管理条例》第4条规定："从事建设工程勘察、设计活动，应当坚持先勘察、后设计、再施工的原则"，又如，《岩土工程勘察规范》GB 50021—2001第1.0.3条规定："各项建设工程在设计和施工之前，必须按基本建设程序进行岩土工程勘察。"

国家要求承包人严格遵循"先勘察、后设计、再施工"的工程建设顺序是基于如下考虑：第一，有利于发承包双方共同加强风险的可预见性，从源头上把控风险。众所周知，勘察是设计的基础，只有完成谨慎细致的勘察工作才能保证设计图纸趋于工作实际；而设计是施工的依据，只有完成尽善尽美的设计工作才能保证实际施工作业不偏离"发包人要求"。在这其中，勘察的重要性不可小觑：一方面，勘察工作的优先性保证承包人能够尽早预测到施工过程中有可能遭遇的诸如地下工程、淤泥软土、管道燃气、墓葬文物等不利

---

① 参见中国裁判文书网，（2020）最高法民终115号民事判决书。

② 参见中国裁判文书网，（2020）最高法民终481号民事判决书。

于施工开展的地质条件，使承包人能够在设计过程中为采取相应的特殊工艺技术做好准备，并在此基础上编制投标报价文件，使报价匹配风险，减少承包人索赔变更的可能性；另一方面，细致的勘察报告提高承包人报价确定性的同时，也有利于发包人准确预估项目投资，降低其资金风险。第二，有利于提高施工作业的安全性。先勘察、再设计、后施工能够使承包人能够尽早预测在施工过程中可能威胁施工人员人身安全的不利风险，如瓦斯泄漏等有毒有害气体的逸出、土质岩层松软导致基坑失稳、地下分布大量采空区引发地表塌陷等，并以此作为依据制定特别的安全施工计划，有效保障施工人员的人身安全，防止安全生产事故。第三，有利于保证建设工程质量。有效的地质勘查工作能够使可能影响工程质量的风险问题尽早暴露，如地质不均匀沉降导致建筑物倾斜，或在飞机跑道上引发路面下陷酿成飞机事故等 [1]，并在早期指引承包人作出曲突徙薪、未雨绸缪的措施，如打桩基夯实地底的稳定性、铺设钢筋混凝土加大承压能力等，严防工程竣工后的质量安全问题。

　　然而现实的情况是，发承包双方均不重视勘察工作——发包人提供的初勘报告过于粗糙，承包人对"复勘""补勘"嗤之以鼻，以牺牲"勘查作业"的代价达到"赶工期"的目的，具体表现为：未进行勘查工作，而是以历史资料、临近地块情况、所谓的"工作经验"代替实际勘察成果；对勘察、设计、施工的必要性等量齐观，将三个具有先后顺序的建设阶段齐头并进，即"边设计、边勘察、边施工"；勘察工作欠缺规范性，如钻探中布孔不准确或孔深不到位，导致勘察数据离散性高、真实性低。[2] 上述忽视勘察的行为有可能将承包人引入与发包人无休无止的结算争议、被发包人追索巨额质量缺陷赔偿责任、被第三人追究侵权损害赔偿责任、被行政机关苛以行政处罚的责任深渊中。

14.1.4.3　合规建议

　　工程总承包人应当严格遵守"先勘察、后设计、再施工"的规定。

　　工程总承包人应当在管理上重视对工程现场的勘察工作，切勿为了赶工期就在勘察情况不明朗、设计图纸不明确的前提下进场施工，彻底摒弃"边勘察、边设计、边施工"的不当理念。具体而言，一方面，工程总承包人应当在投标前充分了解和掌握发包人提交的基础资料和踏勘施工现场与施工条件，及时发现发包人提供的基础资料的错误并通知发包人；另一方面，若工程总承包人发现发包人提供的地质勘查资料或项目基础资料过于笼统粗糙，有可能与项目的实际施工情况相差甚远的，其应当及时委托勘察机构实施补勘、复勘工作，并根据实际的勘察状况与发包人协商重新确定施工内容、承包范围与合同价格，若有必要，应重新补足规范程序。

---

① 叶志明. 土木工程概论［M］. 北京：高等教育出版社，2009：55-56.

② 参见搜狐网：《建筑地基不均匀沉降的原因及设计措施》，https://www.sohu.com/a/335907822_99904629，发布时间：2019-08-23 16：49.

14.1.5 合规风险之五：发包人向承包人不当转移风险，导致双方合同权利义务失衡

14.1.5.1 典型案例

2013 年 4 月 28 日，某市环卫中心作为发包人，与某建设公司签订《某市生活垃圾填埋场渗滤液处理站升级改造工程 EPC 总承包工程合同书》，将上述处理站升级改造工程发包人给该建设公司承接。该项目的招标文件约定："投标人现场考察并预测未来渗滤液进水水质，今后运行中实际进水水质指标超过或低于本设计进水水质指标，导致处理后出水不达标的风险由投标人承担"。后因发包人未足额付款，工程总承包人将发包人诉至法庭。在审理过程中，发包人说明拒绝付款的原因在于工程质量不达标，未满足发包人要求，具体理由为："处理站日最高处理量 70t/d，远远低于设计处理量 210t/d，出水无法达到《生活垃圾填埋场污染控制标准》GB 16889—2008 相关要求，处理工艺存在缺陷，无法满足运行负荷和排放标准要求"，然工程总承包人不服，认为处理站处理量未达标准的根本原因在于"在项目运行中，实际进水水质 NH3-N 指标在 2500mg/L，即比环评与可研报告的数据翻了 2.5 倍，滁州市环卫中心提供的进水水质严重超标，显属违约"，即是由于发包人提供的水质严重超标才导致案涉工程的出水量不满足发包人要求的标准，故发包人应对此负责。然而，本案的结果却是，法院认为发包人已在招标文件明确告知承包人以下可能性：即使发包人提供的水质超标，由此导致工程出水量未达合同约定的风险也由承包人承担，承包人投标的，则视为其已合理预见到该风险并作出合理措施，其不得以进水水质不合格为由拒绝承担出水水量不合标准的违约责任，据此要求承包人承担质量违约责任。[①]

14.1.5.2 合规分析

根据 FIDIC 银皮书的规定，在工程总承包模式下，工程总承包人不仅要对设计变更的风险负责，而且要对项目基础资料的正确性负责，甚至要对不可预见的市场价格波动负责[②]。因此，相较于传统施工总承包下的承包人，工程总承包人模式下的工程总承包人背负的风险本就更为繁重，在实务中，发包人还通过合同约定向工程总承包人不当转移更多风险，且不支付任何风险对价，导致工程总承包人不堪重负，为后续的合作崩塌、项目中断埋下伏笔。

实务中，发包人通过合同约定向工程总承包人不当转移风险的情形很多。比如 FIDIC 银皮书规定，因发包人原因导致竣工后的试运行未能通过的，由发包人承担责任，但在本节提及的上述案例中，双方当事人约定"投标人现场考察并预测未来渗滤液进水水质，今后运行中实际进水水质指标超过或低于本设计进水水质指标，导致处理后出水不达标的风险由投标人承担"，将发包人提供原材料有误导致试运行未能通过的风险转嫁给工程总承

[①] 参见中国裁判文书网，案号为：（2016）皖 11 民终 1150 号。

[②] 有学者解读："FIDIC 更倾向于在红皮书和黄皮书中进行物价调整，而银皮书中一般不予以调整。这也反映出，在银皮书中，物价波动的风险常常是由承包商承担。"参见张水波、何伯森编著：《FIDIC 新版合同条件导读与解析》，中国建筑工业出版社 2019 年第 2 版，第 360 页。

包人，最终法院以工程质量不合格为由判决工程总承包人承担违约责任；[①] 再如很多 EPC 项目的勘察均不属于工程总承包人的承接工作范围，前期勘察工作由发包人负责委托实施，且地质勘察报告也作为招标文件的一部分由发包人负责提供，因此勘察报告的错误理应由发包人负责，但在某建设公司、某开发公司建设工程施工合同纠纷一案[②] 中，合同约定"因地质条件与勘察报告不符引起的基础深度 ±500mm 之内工作量，价款不调整"，将勘察不符的风险转移给工程总承包人，据此法院驳回了工程总承包人的工程变更费用请求。又如建设项目移交至发包人后，项目经营风险应由发包人承担，但在某建设公司、某设计院公司建设工程施工合同纠纷一案[③] 中，合同约定"合同设计价款在合同签订后一次性支付 25%；剩余 75% 的价款，在项目运营后以营业收入（每张门票抽取人民币 5 元）形式按二年分期支付，如营业亏损，发包人不再支付"，发包人将项目经营不善的不利风险转嫁给承包人。发包人将本应的由其承担的风险通过合同条款的设置转嫁给承包人，又不支付相应的风险对价，使得承包人无法发挥主观能动性与自主决策权作出合理的风险安排，难以通过施工经验、优势渠道与管理能力缓释、排解风险，这就导致合同履行的难以为继：一方面，发包人不断向工程总承包人不当转移风险，免除自身责任；另一方面，发包人过多置喙工程总承包人的施工活动，导致加压在工程总承包人身上的风险积滞严重，难以通过合理手段排解释放，最终造成合同解除的积重难返的后果。

　　FIDIC 银皮书的风险分配机制是非常合理的，它在分配给工程总承包几乎全责任风险的同时，也强调 EPC 交钥匙项目应当具备建设内容明确、工期技术成熟、难以预见的风险较少、工程量相对确定等条件，并要求发包人支付更高的合同价格作为高风险的对价，从而保证发包人与工程承包人之间的权利义务对等与利益博弈均衡。若发包人采用工程总承包人模式发包的，一般建议发包人采用 FIDIC 设置的风险分配机制，或者通过支付高昂的合同价格作为代价换取工程总承包人替代其承担风险。然而实务中，经常出现的情形是，发包人一边采用 EPC 交钥匙模式一边又打破 FIDIC 设置的风险平衡格局，在通过合同约定向工程总承包人不当转嫁风险的同时未相应提高对价；承包人在投标报价中也因过于自信、经验不足、急于中标或没有引起充分重视而未对发包人不当转嫁风险行为提出异议或要求协商变更，这导致了双方权利义务极度不平衡，上述不合规的行为均将建设项目引向双方合作崩塌、施工停滞烂尾的结局。

14.1.5.3　合规建议

　　工程总承包人发现发包人向其转嫁风险的，应要求发包人支付相应风险对价。

　　"高风险，高对价"是商事交易市场的基本原则，发包人将本不属于工程总承包人承担的诸如发包前的勘察风险、工程交付后的试运行风险、经营风险、不利地质风险、法律变化风险以及可归结于发包人事由导致的费用增加或工期延误的风险转嫁给工程总承包人

的，应当支付相应的风险对价，提高工程总承包人的风险对抗能力与合同履行能力，否则工程总承包人会因无法承受项目风险而作出宁愿承担违约责任也要停工、罢工的"断尾求生"般的选择，最终发包人也"反受其害"，承受逾期接收工程实体导致的迟延交房违约责任、迟延生产利润损失、迟延使用租金损失等的不利后果。

14.1.6 合规风险之六：发包人既采用固定总价的计价模式又控制设计方，并向工程总承包人不当转嫁设计变更责任

14.1.6.1 典型案例

某水泥公司作为发包人，与工程总承包承包人签订《工程总承包合同》。虽然案涉工程为总承包交钥匙工程，但是核心设计图纸却由发包人提供，工程总承包人只负责水泥库供货材料的采购与所有土建、安装、钢构工程的施工。然而在发包阶段发包人并未提供可以作为实际施工依据的最终设计蓝图，而仅提供了前期设计图纸，工程总承包人的投标报价也是针对前期设计图纸为依据进行。后工程总承包人在施工过程中发现发包人提供的前期设计图纸并不能现实地满足施工要求，只能通过边施工边发现问题的方式深化完善前期设计，并投入了大量人力、物力、财力成本完成了因设计完善变更而增加的工程量。后工程总承包人诉至法院要求发包人赔偿因设计变更产生的额外支出的施工费用，却被二审法院陕西高院以"合同已约定'承包人统计测算的列表如有遗漏设备及材料等数量的不足，承包商应在项目实施过程中予以补充完全，以确保项目目标的达成，不再追加费用'""工程总承包人因其自行计算工程量并投标报价所产生的量与价或者计算疏漏的风险应由其自行承担""工程总承包人在合同范围外增加工程量的变更签证单未得到发包人的确认，与合同约定的'设计相关设计优化、完善变更等，须发包人同意'不符合"为由驳回了工程总承包人的诉讼请求。①

14.1.6.2 合规分析

工程总承包模式下的发包人将发包阶段提前，即向前拉伸至施工图设计完成之前的阶段发包，将设计任务与施工任务一并发包给工程总承包人承接，其目的就是希望工程总承包人发挥其具有丰富承包经验及专业施工技术的优势，在设计时可以将种种技术不达、参数不符、劳力不足、地质不利、管理不善、防护不周、控制不当等施工风险予以考虑，并在发包人不要求突破、超出"发包人要求"的情况下尽可能绘制出在后期不需要大幅变更的设计图纸，并在此基础上将合同价格固定包死，实现发包人控制投资预算的目的；同时，在此基础上出具的设计图纸实践指导性较强，能够减少工程总承包人施工出错或与实际项目状况不符的概率，并且设计与施工的联动衔接、交错影响与穿插配合更有利于工程总承包人优化施工技术方案与整合施工组织计划，从而降低建设成本，提升利润空间。

承前所述，鉴于设计与施工均为工程总承包人的承包工作范围，因此工程总承包模式

---

① 参见中国裁判文书网，案号为：（2017）陕民终 1036 号。

采用"固定总价包干"的计价模式对合同双方当时而言是非常公平的，因为设计工作由工程总承包人控制，他可以随心所欲地实施设计变更，且工程总承包模式压制了发包人对施工的管控空间，这导致了如果采用据实结算的计价方式的，发包人难以承受工程总承包人擅自进行设计变更导致工程量增加、施工范围扩大后的合同价格，据此，在工程总承包模式下，"固定总价"这一计价模式是和"承包人负责设计与施工"这一承包范围相捆绑适用的。但是，若设计由发包人负责委托设计单位实施，承包人仅负责施工，则据实结算的计价方式对双方当事人较为公平，因为如果采取固定总价的计价模式的，会引发发包人控制设计单位不断发出设计变更指令的风险，由于固定总价模式下原则上不允许承包人追加费用，届时承包人因难以承受固定总价下因设计变更产生的额外施工成本支出而停工、罢工，导致工程建设难以为继。据此，在传统施工总承包模式下，"据实结算"这一计价模式一般是与"发包人负责委托设计，承包人负责施工"这一施工组织模式相捆绑匹配的。

然而，在实务中，有较多建设工程项目是披着"工程总承包模式"的外皮，却拥有传统施工总承包的内核，即合同名称为"工程总承包合同"。如采用的计价模式也为 EPC 模式推荐采用的固定总价，但是设计并不在"工程总承包人"的工作范围内，而是由发包人另行委托实施，且合同约定"设计变更需经发包人同意"；或者虽然设计由工程总承包人负责，但是发包人特别设置"施工图审查"的程序，要求严格审批工程总承包出具的施工图设计。这样一来会严重加重承包人的风险：一方面，设计单位由发包人控制，发包人可以要求设计单位配合其不断下达设计变更指令，而迫于满足"发包人需求"的压力，且出于不敢得罪业主的心态，即使设计变更指令没有发包人代表的书面签章认可，承包人也不得不执行；另一方面，由于工程总承包模式形成的惯例是在不改变"发包人需求"的情况下，因设计变更导致工程量发生变化的原则上不调价，这就导致承包人不能就因设计变更从而额外支出的成本费用与耽误的建设工期向发包人进行索赔，承包人只能独自承受该部分费用损失。

据此，工程总承包模式要求工程总承包人承担设计变更风险的前提是设计由工程总承包人控制，若发包人打破了这一风险配置平衡，既要求控制设计单位又不允许工程总承包人因设计变更上调合同价格的，该不合规的行为超出工程总承包人的合理预见范围，会给工程总承包人带来严重的因工程量增加而产生的施工成本上涨风险，这应当引起承包人的充分警觉。

14.1.6.3　合规建议

工程总承包人应当重视限额设计、优化设计的要求。

《工程总承包管理办法》第 3 条规定："工程总承包人应当就造价对发包人全面负责。"第 26 条规定："采用工程总承包施工组织模式的政府投资项目不得超过经核定的投资概算；并且，工程总承包模式也要求采用固定总价的计价模式，在固定总价覆盖的施工范围内价格不变更。"因此，在工程总承包模式下，工程总承包人应承担工程造价管理风险。这就要求工程总承包人严守"限额设计"的红线，在进行施工图设计时不得超过初步设计概算，只能通过优化设计、整合施工组织方案、完善施工工艺、改进进度配合计划等方式抑制"超概"并提升利润空间，否则工程总承包人只能"自掏腰包"承受费用上涨的不利后果。

14.1.7 合规风险之七：承包人不重视合同约定的索赔时效及索赔程序要求，不按合同约定的变更签证格式制作变更签证

14.1.7.1 典型案例

案例一：某房地产开发公司（以下简称"发包人"）与某建设公司（以下简称"工程总承包人"）因工程款纠纷诉至法院，工程总承包人认为发包人存在交付的施工场地不满足施工条件、迟延交付图纸、指定分包等情形导致工期延误，要求发包人赔偿停窝工损失，但法院认为："从现有证据看，发包人在施工中确实存在施工道路不通、施工手续不全、图纸迟延提供、工程设计变更、工程量增加、直接分包工程逾期等情形，符合案涉《建设工程施工合同》约定的可以顺延工期的情形。但同时，根据案涉《建设工程施工合同》通用条款第13.2条的约定，若工程总承包人认为存在应当顺延工期的情形，应当在工期延误情况发生后14天内向工程师提出工期顺延报告。但是，发包人至今没有提交证据证明其按照合同约定提交了工期顺延报告，应视为其认可工期不顺延。故一审法院认定工期不予顺延并无不当。"[①]

案例二：某房地产开发公司（以下简称"发包人"）与某建设公司（以下简称"工程总承包人"）签订工程总承包合同，后因工程款纠纷诉至法院。在审理过程中，工程总承包人认为在施工过程中，其在人工挖孔桩施工中因溶洞及烂井治理而增加施工成本1652783元，并向法院提交了监理公司出具的《某县学府雅苑3号、4号、5号商住楼溶洞增加工程量结算报告书》为证。该报告申请增加人工挖孔桩溶洞及烂井治理工程款1652782元，并附有施工照片。但法院认为："《补充协议》附件三《工程设计变更及现场签证协议书》第三条第3款约定，需要现场测量、计算的签证工程必须有志航公司现场代表、合同预算部造价人员、监理、黄浦公司参加并签字确认，如挖孔桩的桩径、桩长、嵌岩深度、基坑土质等。工程总承包人主张增加工程量，但未能提供经志航公司、监理单位签字确认的现场签证，仅凭其单方制作的结算报告及照片，不足以证明工程总承包人实施了溶洞及烂井治理以及相应的增加工程量。司法鉴定意见及一审法院对此未予认定，并无不当，本院予以维持。工程总承包人在二审中申请对基础工程部分因溶洞及烂井治理增加的工程款进行补充司法鉴定，但其主张缺乏基本事实依据，本院依法不予准许。"[②]

14.1.7.2 合规分析

《建设项目工程总承包管理规范》GB/T 50358—2005 第16.2.76条规定："项目部应按下列规定进行索赔处理：1.应执行合同约定的索赔程序和规定。2.在规定时限内向对方发出索赔通知，并提出书面索赔报告和索赔证据。……"

① 参见中国裁判文书网，（2019）最高法民终1622号民事判决书。
② 参见中国裁判文书网，（2019）最高法民终1120号民事判决书。

《建设项目工程总承包合同示范文本（GF—2020—0216）》第 19.1 条规定："索赔方应在知道或应当知道索赔事件发生后 28 天内，向对方递交索赔意向通知书，并说明发生索赔事件的事由；索赔方未在前述 28 天内发出索赔意向通知书的，丧失要求追加 / 减少付款、延长缺陷责任期和（或）延长工期的权利。"

FIDIC《银皮书第 20.1 条规定："如果承包商认为，根据本条件任何条款或与合同有关的其他文件，他有权得到竣工时间的任何延长期和（或）任何追加付款，承包商应向雇主发出通知，说明引起索赔的事件或情况。该通知应尽快在承包商察觉或应已察觉该事件或情况后 28 天内发出。如果承包商未能在上述 28 天期限内发出索赔通知，则竣工时间不得延长，承包商应无权获得追加付款，而雇主应免除有关该索赔的全部责任。"

上述是建设工程施工合同常用的"逾期失权"条款，其核心意思是，享有索赔权利的一方应当在索赔事项发生后尽快、及时向对方进行索赔，以便于固定索赔证据且促进双方就争议纠纷达成合意；若索赔方不在合同约定的时间内尽快申请赔偿的，则丧失索赔的权利。该条款在建设工程施工合同中得到广泛运用。

我国《民法典》第四百六十五条第 2 款规定："依法成立的合同，仅对当事人具有法律约束力，但是法律另有规定的除外。"意思自治是合同的基本原则，即在当事人存在合法有效的约定的情况下，优先适用当事人的约定作为确定双方权利义务内容的依据。因此，当事人在工程总承包合同中约定了索赔的"逾期失权"条款的，该约定不违反任何法律强制性规定，具有法律约束力，可以作为法院确定实际工程价款的依据，《建设工程司法解释（一）》第 10 条第 2 款也规定："当事人约定承包人未在约定期限内提出工期顺延申请视为工期不顺延的，按照约定处理，但发包人在约定期限后同意工期顺延或者承包人提出合理抗辩的除外。"

因此，双方当事人在工程总承包合同中约定了索赔的"逾期失权"条款，若发生了发包人应予赔偿费用的情形，工程总承包人应当按照合同约定的索赔期限内、按照约定的索赔程序提交符合约定格式的索赔报告申请追加费用并顺延工期，否则正如本节所提及案例中的工程总承包人一样，自行承担因索赔不符合合同约定的程序而导致法院不认可索赔效力的合规风险。

14.1.7.3　合规建议

工程总承包人应当重视合同约定的变更程序条款与索赔程序条款。

当发生承包人可以申请追加施工费用的情形时，承包人应当按照合同约定的价格变更程序及时向发包人提交《承包人建议书》，并要求发包人在合理期限内人按照《承包人建议书》的内容下达变更指令，再由承包人按照变更指令开展施工行为，双方根据变更指令造成的费用增加与工期延误问题达成变更估价合意，为后续结算时的价格变更埋下伏笔，固定证据。①

---

① 参见《建设项目工程总承包合同示范文本（GF—2020—0216）》第 13.3 条"变更程序"的规定。

若出现合同约定的调价情形，发包人拒不发出变更指令的，承包人还可以选择索赔的路径维权。一个有效的费用索赔或工期索赔应满足以下要件：第一，索赔事由符合合同约定的可以索赔的情形；第二，工程总承包人在合同约定的索赔时间内提交索赔报告，说明索赔内容；第三，按照合同约定的格式要求制作索赔报告与签证文件，如采用的是电子形式还是书面形式，或应取得哪位管理人员的签章确认等；第四，保留提出过索赔的书面证据资料，而非仅仅在口头陈述中提出索赔。工程总承包人应按照上述要求实施索赔行为，按要求建立签证制作、文档记录与资料保管的施工文件管理制度①，避免索赔行为、提交的索赔文件不符合合同约定而被法院认定无效的风险。

14.1.8 合规风险之八：工程总承包人不重视合同约定的付款申请程序

14.1.8.1 典型案例

某能源科技公司（以下简称"发包人"）与某电力工程公司（以下简称"工程总承包人"）签订《EPC总包合同》，双方在合同第二卷第5.2条关于"合同进度款的支付"约定："……与付款有关的节点进度完成后，承包人按照发包人规定的格式及日期上报进度款支付申请，并按下条规定提供完整的进度款支付材料及证明文件，由发包人代表审核确认最终支付金额。承包人满足下述第5.2.4条规定后，发包人将在15个工作日内进行支付。5.2.3申请付款提供的材料及证明文件：（1）进度款支付申请4份；（2）节点完工报告及验收证明；（3）与完成进度节点对应的实际完成工程量报表；（4）已完工程节点应提交的过程技术文件的交付证明；（5）根据合同规定在本次付款中增减款项的证明文件。"

后进度款支付节点届至，因工程总承包人未按《EPC总包合同》约定的付款申请要求提交付款申请材料与证明文件，发包人行使先履行抗辩权拒绝了达华公司的支付请求。法院最终支持了发包人鸿宇安公司的抗辩依据，其理由为："工程总承包人在申请第二节点、第三节点、第七节点工程款项时，仍需要按照《EPC总包合同》第5.2.3条约定提交材料，只有在履行该义务之后，方可请求发包人支付。在工程总承包人履行该在先合同义务之前，发包人可行使先履行抗辩权，拒绝支付节点工程款。工程总承包人提交的加盖该公司印章的第二节点请款材料包括：太原锅炉集团包装分厂产品交付接收清单表；工程节点质量完成情况及进度款报审表；陇川2×15MW生物质发电厂工程付款确认单；10月份工程完成情况及节点款报审书。上述材料并不满足《EPC总包合同》第5.2.3关于支付节点款所需全部材料的约定，特别是未按节点进度提交相应的技术文件，导致建设方无法核算节点工程款数额，故发包人拒绝付款并不违反合同约定。"

14.1.8.2 合规分析

在工程总承包项目中，最常见的工程进度款支付方式是按"里程碑付款计划"付款。里程碑付款方式是在进度计划的关键路径上设一定数量的里程碑，如主体工程达到"正负

---

① 韩如波. 工程总承包新政下 设计单位面临的主要法律风险及其管理［J］. 中国勘察设计，2020（05）：23-27.

零"、施工完成主体工程第三层、主体工程封顶等，以工程总承包人完成的里程碑为依据，作为合同分段计划目标和期中付款的时间控制点。^①里程碑付款方式的优势是简化结算程序，减少结算付款工作量，实现建设资金尽早回款，为项目建设提供资金保障，^②作为工程项目实施过程中进行项目监控的必不可少的手段之一，里程碑付款方式能够有效避免涉及工程量的实体测量、计算所带来的烦琐的工作，^③操作简单、测算便捷，因此深受工程总承包项目相关主体的青睐。

《民法典》第七百八十八条第 1 款规定："建设工程合同是承包人进行工程建设，发包人支付价款的合同。"建设工程施工合同的主合同义务是承包人按约、按时、按质、按量投入人力、物力、财力完成相应施工工作量，发包人支付相应工程款，在工程总承包模式下也是如此，"先做工，后付款"是建设工程市场的惯例。据此，在里程碑付款方式下，当工程总承包人的施工进度达到某一里程碑付款节点时，工程总承包人要获得支付，应当满足以下条件：（1）工程总承包人已经按照合同约定完成某项里程碑规定的所有工作任务；（2）工程总承包人已经提交相关支持文件。也就是说，工程总承包人完成两个里程碑之间的工程量并提交有关支付请求文件与发包人按照里程碑设置节点向工程总承包人付款具有履行上先后顺序，应当由工程总承包人先施工并申请付款，再由发包人根据工程总承包人的施工完成情况与付款申请予以支付，在工程总承包人未完成上述义务的情况下，针对工程总承包人的付款请求，发包人享有先履行抗辩权^④。

但正如本节示例案例所述，在实务中，里程碑付款节点成就时，工程总承包人未按合同约定的付款申请条件提交相关付款申请文件，为发包人留下了付款抗辩的突破口的情形并不鲜有。而发包人在工程总承包合同中设置里程碑付款的支付前置条件的，如应当提交何种付款证明文件，应当取得哪方的有效签章等，该条款设置不违反任何法律强制性规定，为有效约定，可以作为法院裁判的合法依据。因此，工程总承包人应当按照发包人设置的里程碑付款前置程序要求申请付款，若付款申请行为不符合合同约定的，该不合规的行为会产生发包人具有法院认可的拒绝付款的正当理由、工程总承包人难以争取工程款逾期支付利息的不利风险。

14.1.8.3　合规建议

工程总承包人应当熟读合同条款，重视合同约定的申请付款的前提条件。

实务中许多工程总承包人的通病是，认为合同的签订仅是"走形式，做样子"，在合同落款部分敲章后，便将条款内容抛之脑后，将合同文本束之高阁，将诚信原则置之度

① 王姗姗，顾静.国际工程总包合同进度款支付方式对比及注意事项［J］.现代经济信息，2014（10）：177.
② 李东辉，杨飞，王伟明.里程碑付款在国际 EPC 工程中的应用［J］.水利水电工程设计，2019，38（02）：21-22，56.
③ 沈维春，徐慧声，王秀娜，尹贻林.EPC 总承包商模式下工程进度款支付方式［J］.中国电力企业管理，2018（27）：62-64.
④ 参加我国《民法典》第五百二十六条规定："当事人互负债务，有先后履行顺序，应当先履行债务一方未履行的，后履行一方有权拒绝其履行请求。先履行一方履行债务不符合约定的，后履行一方有权拒绝其相应的履行请求。"

外，导致在施工进度到达"里程碑"付款节点的时候不知道要履行何种程序、提交何种文件并取得哪方同意，给发包人以"工程总承包人未完成付款前置程序"为由拒绝付款留下正当借口，与追索逾期付款利息或违约金的索赔权利失之交臂。因此，若工程总承包合同约定付款前置程序的，工程总承包人应当仔细研读合同条款，对付款前提条件了然于心，提前制作申请付款所必需的文件，在限定的申请时间内提交付款申请材料，不为发包人拒绝付款留下抗辩突破口。

14.1.9　合规风险之九：工程总承包人不符合工程总承包模式所需要的资质条件

14.1.9.1　合规分析

作为保障施工安全与工程质量最有效的手段之一，资质准入制度是我国建设工程发承包市场最重要的机制之一。我国《建筑法》第二十六条第 1 款规定："承包建筑工程的单位应当持有依法取得的资质证书，并在其资质等级许可的业务范围内承揽工程。"我国《招标投标法》第二十六条也规定："投标人应当具备承担招标项目的能力；国家有关规定对投标人资格条件或者招标文件对投标人资格条件有规定的，投标人应当具备规定的资格条件。"据此，承包主体在进入建筑工程承包施工市场之前应当具备国家认可的施工资质是我国通过人大立法予以明确规范的内容，如若违反，则属于违背法律强制性规定，所签订的建设工程施工合同为无效合同。[①]

鉴于在工程总承包模式下是发包人将承包与设计一并发包，"设计＋施工"均属于工程总承包人的承接工作范围，根据国家对建筑市场准入许可的要求，工程总承包人既应当具备施工资质又应当具备设计资质。《工程总承包管理办法》第十条也规定："工程总承包单位应当同时具有与工程规模相适应的工程设计资质和施工资质。"

但是在立法层面，我国工程总承包模式的资质没有规定专门的工程总承包资质或"设计＋施工"合为一体的双资质：在设计方层面，施工图设计单位普遍缺乏精于现场管理的项目经理人才，其偏向于轻资产咨询型的性质使其风险承担能力较弱；在施工方层面，施工单位普遍对于项目前期研究和设计方面的专业技术能力不足，导致其缺乏从设计优化方面对工程项目提出合理意见的主动性，[②]即设计单位的施工管理能力不足，施工单位的专业设计能力不足。为了克服上述现实缺陷，《工程总承包管理办法》第十条也规定："工程总承包单位应当由具有相应资质的设计单位和施工单位组成联合体。"

综上所述，基于工程总承包项目的本身特质，无论是以个体方式还是以联合体的方式投标 EPC 项目，投标人原则上均应当兼具施工资质与设计资质。工程总承包人应当充分注意资质的合法性，避免因不具备相应资质而导致投标无效或工程总承包合同无效的违

---

① 《最高人民法院关于审理建设工程施工合同纠纷案件适用法律问题的解释（一）》第一条规定："建设工程施工合同具有下列情形之一的，应当依据民法典第一百五十三条第一款的规定，认定无效：

（一）承包人未取得建筑业企业资质或者超越资质等级的；……"

② 李东林，蔡佳璐，陈昆. EPC 项目关键法律问题辨析［J］. 施工企业管理，2019（1）：112-114.

法风险。

14.1.9.2 合规建议

现阶段下，缺乏设计资质的施工单位与缺乏施工资质的设计单位要想投入工程总承包市场中，原则上应以组成联合体的方式投标参与，而不得在仅具备"单资质"的前提下独自承接工程总承包项目后再将不具备资质的工作部分另行分包，也不得将具备资质的工作内容的主体部分进行再分包，这与我国现行《工程总承包管理办法》的规定不符，所签订的工程总承包合同也为无效合同。还有一种方式是，设计企业与施工企业相互吸收合并或新设合并，组成兼具施工资质与设计资质的"双资质"民事法人主体，成为名正言顺的"工程总承包人"。

14.1.10 合规风险之十：EPC 项目的前期服务企业、利益冲突企业介入本工程投标活动

14.1.10.1 合规分析

EPC 项目的前期服务企业包括不限于为 EPC 项目出具项目建议书、可行性研究报告或初步设计文件的企业主体；EPC 项目的利益冲突企业包括不限于 EPC 项目的代建单位、项目管理单位、监理单位、招标代理单位、造价咨询单位、全过程咨询服务单位等。《工程总承包管理办法》第 11 条规定："工程总承包单位不得是工程总承包项目的代建单位、项目管理单位、监理单位、造价咨询单位、招标代理单位。政府投资项目的项目建议书、可行性研究报告、初步设计文件编制单位及其评估单位，一般不得成为该项目的工程总承包单位。"

上述条款是工程总承包项目投标的回避规则，即工程总承包项目的前期服务企业与利益冲突企业原则上不得成为工程总承包人，其理由在于：第一，若允许 EPC 项目的前期服务企业进入 EPC 项目的投标活动中，一方面，前期服务企业因其实施了项目的立项咨询、可研分析、设计绘图等前期工作致使其比其他投标人先行一步介入 EPC 项目中，相较于其他投标人其具有不对称信息优势，这破坏了《招标投标法》第五条规定的"公平原则"[1]；另一方面，前期服务企业掌握的信息优势会致使其利用该优势制造工程造价泡沫，虚高合同价格，以此取得不正当利益，导致国家资产的流失。第二，若允许 EPC 项目的利益冲突企业进入 EPC 项目的投标活动中，则违反我国《民法典》第一百六十八条规定的"禁止自己代理"规则[2]，因为工程总承包项目的代建单位、项目管理单位、监理单位、造价咨询单位、招标代理单位同时又是工程总承包人的，会产生上述单位利益与发包人利益之间"你进我退""此消彼长"的利益冲突，在发包人不认可的情形下，该情形严重违背诚实信用原则与自愿原则，破坏代理业务市场的秩序，因此为《工程总承包管理办法》所禁止。

---

[1] 参见我国《招标投标法》第 5 条规定："招标投标活动应当遵循公开、公平、公正和诚实信用的原则。"

[2] 参见我国《民法典》第 168 条第 1 款规定："代理人不得以被代理人的名义与自己实施民事法律行为，但是被代理人同意或者追认的除外。"

14.1.10.2 合规建议

工程总承包人应当重视《工程总承包管理办法》对投标主体的回避要求。

工程总承包人应注意上述《工程总承包管理办法》对EPC项目投标的冲突规避与回避要求，避免因在工程总承包项目的发包活动中因违反《招标投标法》的"公平原则"与《民法典》规定的"诚实信用原则""自愿原则"而引发中标无效或丧失投标资格的风险。

14.1.11 合规风险之十一：工程总承包项目经理"一证多挂"，长期不在施工现场驻守

14.1.11.1 合规分析

工程总承包项目经理是工程总承包人通过签订劳动合同正式聘用的工作人员。工程总承包人对项目经理的义务是为其缴纳社保，向其支付工资，相应的，项目经理的义务是根据工程总承包人的授权，对建设项目进行监督管理，具体负责项目建设过程中的施工进度、工艺流程、违规整改、生产安全、索赔变更、过程检查、质量把关、设计变更、验收配合、物料采购等的督促、控制、统筹、规划、监管，项目经理相当于工程总承包人在工地上的代表。

《工程总承包管理办法》第20条规定："工程总承包项目经理应当具备下列条件：（一）取得相应工程建设类注册执业资格，包括注册建筑师、勘察设计注册工程师、注册建造师或者注册监理工程师等；未实施注册执业资格的，取得高级专业技术职称；（二）担任过与拟建项目相类似的工程总承包项目经理、设计项目负责人、施工项目负责人或者项目总监理工程师；（三）熟悉工程技术和工程总承包项目管理知识以及相关法律法规、标准规范；（四）具有较强的组织协调能力和良好的职业道德。工程总承包项目经理不得同时在两个或者两个以上工程项目担任工程总承包项目经理、施工项目负责人。"该条具有两层核心意思：一为上述工程总承包项目经理应当具备的资质、能力、经验、道德、知识等条件的规定为强制性规定，缺乏上述要求的施工主体不得担任项目经理；二为工程总承包项目经理仅能在一个项目任职。

然而，笔者通过调研了解到，现实中有大量EPC项目存在工程总承包项目经理"一证多挂"的情形，即工程总承包项目经理仅具有一个工程建设类注册执业资格，却在多个建设项目中同时任职，如此"一证多挂"使得工程总承包项目经理分身乏术，因此很多EPC建设项目长年累月不见工程总承包项目经理的身影。并且，由于缺乏责任感与道德感的约束，较多工程总承包项目经理出入工地现场来去自如，神龙见首不见尾，这不仅违背《建设项目工程总承包合同示范文本（GF—2020—0216）》就"工程总承包项目经理每月在施工现场时间不得少于专用合同条件约定的天数""工程总承包项目经理确需离开施工现场时，应取得发包人的书面同意"的约定，可能触发发包人的大额违约索赔，而且严重影响工作配合效率，甚至产生违反安全责任要求与工程质量缺陷等风险，有可能酿成难以挽回的严峻事故。届时不仅有可能遭受发包人、受害人的主张的违约索赔与损失索赔，还

有可能遭受严厉的行政处罚，如业绩取消、资质吊销、停产停业等。

14.1.11.2 合规建议

工程总承包人应当建立严格的项目经理管理制度。

项目经理的设置是防止施工安全事故、杜绝工程质量问题的重要屏障，项目经理的任职经验与管理能力也是承包人履行施工义务的核心保证，因此，工程总承包人应当建立严格的项目经理管理制度，包括：第一，任人唯贤，即要求项目经理必须具备工程建设类注册执业资格，且必须拥有担任过同等规模项目的施工、设计、监理或工程总承包角色的经验，熟知工程总承包项目管理知识及相关法律法规；第二，合法聘用，即必须与项目经理签订合法的劳动合同，为项目经理缴纳社会保险；第三，杜绝挂靠，即坚决不使用"一证多挂"的项目经理，杜绝使用挂靠的证件"冒充资质"；第四，严格考核，即严格监督与考察项目经理在工地现场的实际驻守情况及对危机的应急处理反应，奖惩分明落到实处。

14.1.12 合规风险之十二：工程总承包人不重视施工安全与工程质量

14.1.12.1 典型案例

2009 年 5 月，某发包人与某承包人就"储煤棚及附属设施工程"订立施工合同；2010 年 3 月，某承包人与某分包人就"储煤棚网架结构工程劳务施工"订立劳务分包合同；2010 年 4 月，某发包人与某技术企业签订《技术服务合同》，由该技术企业提供物流园区储煤棚网壳进行液压提升技术服务，编制施工技术方案。后某分包人完成了"储煤棚及附属设施工程"，由某承包人进行回收。

2010 年 9 月 29 日 17 时，钢结构网架在提升过程中发生坍塌。后当地政府出具事故认定报告，载明事故的原因包括：第一，技术企业制定的储煤棚网壳提升施工方案存在漏洞，未与其吊装协作单位签订专门的安全生产管理协议，未安排专门人员进行现场安全管理。第二，承包人违反施工合同，未将施工组织设计交监理方审核，无施工许可证施工；建设项目无专门安全管理负责人，安全管理存在漏洞。第三，分包承接人的主要施工人员未经过专业培训从事登高工作，且部分人员无登高作业资格证。

后发包人诉至法院，要求承包人与分包承接人就工程质量问题承担连带责任。关于承包人的责任。法院认为："承包人在负有按照国家法律、法规、规范、标准、操作规程等规定要求组织施工，并确保安全生产的合同义务及法定义务的情况下，未就技术企业提交的《煤棚网架钢结构液压提升施工方案》组织专项方案论证。而根据《批复》及《报告》的内容，提升工程施工方案存在漏洞，是造成案涉事故的直接原因。承包人作为该工程的施工单位，违反相关法律规定和合同约定，未尽到安全生产责任，已构成违约，应当承担相应民事责任。"关于技术企业的责任，法院认为："根据《批复》内容，技术企业制定的提升施工方案存在漏洞是导致事故发生的直接原因，且技术企业亦存在未依法履行安全生产相应职责的问题。故发包人要求技术企业就未能保证安全生产导致发生事故造成的经济损失，与承包人承担连带赔偿责任的主张，具有事实和法律依据，本院对此予以支持。"①

14.1.12.2 合规分析

《工程总承包管理办法》第22条第2款规定："工程总承包单位应当对其承包的全部建设工程质量负责，分包单位对其分包工程的质量负责，分包不免除工程总承包单位对其承包的全部建设工程所负的质量责任。"

《工程总承包管理办法》第23条第2款规定："工程总承包单位对承包范围内工程的安全生产负总责。分包单位应当服从工程总承包单位的安全生产管理，分包单位不服从管理导致生产安全事故的，由分包单位承担主要责任，分包不免除工程总承包单位的安全责任。"

工程总承包人应当就工程质量与施工安全对发包负总责，这就要求工程总承包人遵守下列事项：（1）在招标投标过程中，不得低于成本价投标、中标；（2）在施工过程中，不得降低建设工程的质量标准进行施工，不得违反工程强制性建设标准、生产安全规定；（3）不得使用质量不合格的建筑材料、工程设备，不得使用不符合安全施工规定的防护器具、机械设备、消防设施等。若工程总承包人未遵守上述要求，导致出现工程质量隐患与生产安全事故的，工程总承包人应承担首要责任、主体责任，且分包不免除工程总承包人的责任。此处"分包不免除责任"是指，在工程总承包模式下，工程总承包人作为项目建设的总体负责人，对工程建设负有恒定的、不可推卸的质量监管义务与安全保障义务，只要发生质量问题与安全事故，不论是工程总承包人直接负责施工的部分所引发还是专业分包单位施工的部分所引发，都视为工程总承包人主观上存在未尽合理施工监管义务的管理过失，均应对安全与质量所引发的不利后果负责。

实务中，工程总承包人应当按照《建设项目工程总承包管理规范》GB/T 50358—2005的要求，在项目质量管理方面，建立全过程质量监管体系、持续不断改进过程质量控制、编制项目质量计划、严格落实质量计划要求、定期召开质量分析会、制定质量问题整改计划等；在项目安全管理方面，制定项目安全生产规章制度、编制危险源辨识清单、制订项目安全管理计划、保证安全生产所需自愿的充分投入、保证施工人员的安全生产教育、建立安全生产事故发生的监控沟通程序等。若工程总承包人违背上述合规要求，不仅有可能因违反《安全生产法》《建设工程安全生产管理条例》而遭受严厉的行政处罚，还存在质量安全隐患，引发发包人、受害人就质量安全事故引发的损害要求全额索赔的风险。更为甚者，正如本章开头所提及的江西丰城电厂"11·24"事故一样，相关管理人员被国家检察机关公诉，追究重大责任事故罪、滥用职权罪等刑事责任。

14.1.12.3 合规建议

工程总承包人应当重视工程总承包项目的质量管理与安全管理。

工程质量与生产安全是建设工程施工活动的重中之重、核心要义。在宏观层面，工程

---

① 参见中国裁判文书网，（2016）最高法民终267号民事判决书。

总承包单位应当积极开展工程质量与施工安全的教育活动，强化质量为优、安全至上的思想意识。在微观层面，首先，工程总承包单位应当建立全过程质量安全监管体系，贯穿于整个施工活动，包括对项目质量安全的随时巡检或定期检查，发生紧急质量安全事故的应急处理、组织协调、沟通联络、事后问责等；其次，工程总承包单位应当制定完善的项目质量计划与项目安全管理计划，载明质量控制要求、产品的各项指标与验收标准、强制性技术规范、项目质量安全监管程序、项目安全生产条件所需资源的投入预算、安全生产操作规程等；再者，工程总承包单位应当编制质量隐患、质量缺陷问题汇总与危险源初步辨识清单，对安全事故风险与工程质量不合格风险进行有效识别；最后，工程总承包单位应当定时召开工程质量分析会议与安全生产交底培训会议，对前期施工活动中违反质量标准要求与安全生产要求的不合规行为进行复盘，制订质量整改计划与安全管理实施计划，强调工程质量与生产安全的重要性。

14.2　工程总承包模式的合规依据

工程总承包模式的合规依据既包括《民法典》《建筑法》《招标投标法》《城乡规划法》等法律，也包括《房屋建筑和市政基础设施项目工程总承包管理办法》《铁路建设项目工程总承包暂行办法》《公路工程设计施工总承包管理办法》等国务院下属部门规章，还包括《建设项目工程总承包示范文本（GF—2020—0216）》《建设项目工程总承包管理规范》《房屋建筑和市政基础设施项目工程总承包计价计量规范》（征求意见稿）等国家标准。由于工程总承包模式属于舶来品，国际上通用的、针对工程总承包交钥匙工程而设置的 FIDIC 黄皮书、FIDIC 银皮书也在合规依据之列。此外，地方性文件在一定区域范围内具有约束力，因此，我国地方出台的规范性文件也属于工程总承包模式的合规依据。

14.2.1　相关法律法规

14.2.1.1　法律

1.《民法典》。《民法典》从民事合同法律关系的角度规定了建设工程合同主体的权利义务范围，是 EPC 工程总承包模式最重要的合法合规依据之一，其中第七百八十八条至第八百零八条为建设工程合同内容，包括建设工程合同的性质、总包与分包、建设工程施工合同的无效后果、发包人与承包人的权利、义务、责任、建设工程施工合同的解除、建设工程价款优先受偿权等。此外，《民法典》中的意思自治原则、诚实信用原则、公平原则、平等原则也是 EPC 工程总承包模式合规的渊源。

2.《建筑法》及其实施条例。《建筑法》从行政强制管理的角度要求建筑市场主体在从事工程建设有关的活动时必须遵守的事项，如不得违反生产安全要求、不得降低质量标准、不得挂靠、转包及违法分包等。《建筑法》规范的内容包括建筑活动从业资格许可、建设工程施工许可、建设工程的发包与承包、建设项目监理、建设施工安全生产管理、建设施工质量管理、法律责任等内容。此外，与《建筑法》配套适用的《建设工程质量管理条例》《建设工程安全生产管理条例》分别对工程质量与安全施工作出了细致的实施规定，也属于 EPC 工程总承包模式的合规依据。

3.《招标投标法》及其配套规范性文件。为了实现资源的合理优化配置、保障招标投标市场的透明公开，维护公平竞争，我国制定《招标投标法》，明确规定必须招标的工程范围、招标程序、投标程序、评标及中标程序，以及诸如"先定后招""明招暗定""围标串标"等有损于公平竞争行为的违法招标投标活动的法律责任。此外，国务院还出台《招标投标法实施条例》，进一步明确招标投标活动的实施标准；且发改委亦出台一系列部门规章，如《必须招标的工程项目规定》《必须招标的基础设施和公用事业项目范围规定》《关于进一步做好〈必须招标的工程项目规定〉和〈必须招标的基础设施和公用事业项目范围规定〉的通知》，进一步对必须招标的项目范围与规模标准作出细致的分类与解释。

14.2.1.2 部门规章

2006 年 12 月 10 日，国家铁道部发布《铁路建设项目工程总承包暂行办法》（铁建设〔2006〕221 号），就铁路建造项目的 EPC 工程总承包模式作出规定，其中内容包括：铁道建设项目采用 EPC 模式的应当达到的规模标准、在初步设计完成后发包、发包人、工程总承包人、监理人各自的工作职权与责任、联合体投标的有关要求、除发包人要求与发生不可抗力事件外合同总价不予调整、工程总承包人的复核、勘察义务等。

2015 年 6 月 26 日，交通运输部发布《公路工程设计施工总承包管理办法》（中华人民共和国交通运输部令 2015 年第 10 号），规制公路工程项目的 EPC 工程总承包活动。其中主要内容包括：公路工程总承包项目的发包方式、工程总承包人的资格条件、招标文件与投标文件的组成内容、风险分配规则、公路工程总承包项目的计价模式、工程总承包人的质量、安全、进度、投资、分包、竣工文件编制、工程决算以及环保的管理责任、设计变更的处理等。

2016 年 5 月 20 日，住房和城乡建设部出台《关于进一步推进工程总承包发展的若干意见》，要求"大力推进工程总承包""完善工程总承包管理制度""提升企业工程总承包能力和水平""加强推进工程总承包发展的组织和实施"。其中，该《意见》对工程总承包的发包、分包、风险管理、监管手续、安全许可、质量保修，以及工程总承包企业的资质能力、基本条件、项目经理、义务责任作出了明确规定。

2019 年住房和城乡建设部、国家发展和改革委员会联合发布《房屋建筑和市政基础设施项目工程总承包管理办法》，是我国目前以来专门规制 EPC 工程总承包活动的效力最高的规范性文件，也是我国第一部具有高度统一性、普遍适用性与综合规范性的 EPC 工程总承包规范性文件。《工程总承包管理办法》的内容如下：（1）明确 EPC 工程总承包的施工范围，即包括设计、采购、施工；（2）明确 EPC 工程总承包的适用项目类型，即"建设内容明确且技术方案成熟"的项目；（3）明确 EPC 工程总承包项目的发包阶段，即企业投资项目可以在项目核准或备案后发包，政府投资项目原则上在完成初步设计后发包；

（4）明确工程总承包人的必备条件，即兼具设计资质与施工资质；（5）允许施工单位与设计单位进行"资质互认"；（6）明确发包人的风险范围，即价格波动、不利地质状况、法律变化、不可抗力以及可归结为发包人原因产生的风险；（7）明确 EPC 工程总承包的计价模式，即原则上采用固定总价包干计价，除合同约定的调价情形外，价格一般不予调整；（7）明确工程总承包企业的综合管理、质量管理、安全管理、工期管理责任，即工程总承包人对发包人就质量问题、安全事故、工期延误等责任向发包人负总责，分包不免除工程总承包人的上述责任；（8）明确工程总承包项目经理的任职条件，即具备相应职业资格、工程总承包的相关经验、工程总承包相应知识、相应管理能力及职业道德；（9）明确工程总承包项目的发包与分包的招标要求，即工程总承包项目内的设计单项、采购单项、施工单项或以暂估价形式存在工程总承包合同中的分包项目属于《招标投标法》及其配套实施文件规定的必须招标的项目范围且达到相应的规模标准的，应当采用公开招标方式招标。

此外，住房和城乡建设部还出台了《房屋建筑和市政基础设施工程总承包招标投标管理办法》（征求意见稿）、《住房城乡建设部办公厅关于工程总承包项目和政府采购工程建设项目办理施工许可手续有关事项的通知》（建办市〔2017〕46 号），国家发展改革委还出台了《建设项目工程总承包费用项目组成》（征求意见稿）、《建设项目总投资费用项目组成》（征求意见稿），对 EPC 工程总承包模式的相关行为进行规范。

14.2.1.3　国家标准

1.《建设项目工程总承包合同示范文本（GF—2020—0216）》。2020 年 11 月 25 日，住房和城乡建设部与国家市场监督管理总局联合发布《建设项目工程总承包合同示范文本（GF—2020—0216）》，促进我国 EPC 工程总承包施工组织活动的统一化、标准化与规范化。《建设项目工程总承包合同示范文本（GF—2020—0216）》以合同主体过错作为主要归责依据，如《示范文本》第 1.12 条规定发包人提供的"发包人要求"或项目基础资料有误导致承包人遭受损失的，发包人应当追加费用并顺延工期；第 5.6 条规定承包人提供的文件存在错误、缺陷或遗漏的，承包人应自费解决前述问题带来的费用增加与工期延误的不利后果，等等，其风险配置规则较为妥当合理，能够有效均衡当事人之间的利益关系。当事人签订的合同对其具有约束力，发包人与工程总承包人适用《建设项目工程总承包合同示范文本（GF—2020—0216）》订立施工合同的，则《建设项目工程总承包合同示范文本（GF—2020—0216）》也是发包人与工程总承包人在施工活动中最重要的合规依据，也可以说，"合约"也属于"合规"的范畴之内，"违约"也相当于"违规"。

2.《房屋建筑和市政基础设施项目工程总承包计价计量规范》（征求意见稿）。2018 年 12 月 2 日，住房和城乡建设部发布《房屋建筑和市政基础设施项目工程总承包计价计量规范》（征求意见稿），规制采用 EPC 工程总承包施工组织模式的房屋建筑工程、市政工程、城市轨道交通工程的计价活动。其主要内容包括 EPC 工程总承包项目的计价方式、计价风险、清单编制、最高投标限价、投标报价、评标定价和签约合同价、合同价款调整与索赔、工程结算与支付等。《房屋建筑和市政基础设施项目工程总承包计价计量规范》（征求意见稿）分配给工程总承包人对的风险责任较重，如其中第3.4.5条规定："除合同另有约定外，承包人应视为承担任何风险意外所产生的费用"，对工程总承包人的履约能力提出更严苛的要求。

3.《建设项目工程总承包管理规范》GB/T 50358—2005。《建设项目工程总承包管理规范》GB/T 50358—2005的目的是推动工程总承包项目管理的科学化、规范化与法制化，其内容涵盖EPC工程总承包项目的设计管理、采购管理、施工管理、试运行管理、进度管理、质量管理、费用管理、安全健康管理、环境管理、资源管理、合同管理、资源与信息管理等等，是EPC工程总承包项目管理的主要合规依据。

14.2.1.4 司法解释

2020年12月29日，最高人民法院发布《最高人民法院关于审理建设工程施工合同纠纷案件适用法律问题的解释（一）》（以下简称《建设工程司法解释（一）》），对建设工程案件的司法审判活动提供审理方向与裁判依据。《建设工程司法解释（一）》的内容包括建设工程施工合同无效的情形与后果、开工日期与竣工日期的认定、工期顺延的认定、建设工程质量缺陷责任、建设工程的竣工验收、建设工程质量保修、建设工程施工合同纠纷案件的鉴定、建设工程价款结算、工程垫资、逾期付款利息、工程价款优先受偿权、实际施工人的权利等。虽然《建设工程司法解释（一）》是规制由发包人负责设计的传统施工总承包的法律文件，而施工总承包与EPC工程总承包分属于不同的施工组织模式，但其部分内涵存在重合，如工程质量合格的标准、逾期付款的利息计算、部分合同无效的事由等，因此《建设工程司法解释（一）》也属于EPC工程总承包模式的合规依据。

14.2.1.5 国家政策

自2016年起，我国中央部委开始大刀阔斧、雷厉风行地推广工程总承包的施工组织模式，推出的文件包括：

2016年5月20日，住房和城乡建设部发布《关于进一步推进工程总承包发展的若干意见》，号召"大力推进工程总承包""完善工程总承包管理制度"，并要求"提升企业工程总承包能力和水平""加强推进工程总承包发展的组织和实施"。

2017年2月21日，国务院办公厅发布《关于促进建筑业持续健康发展的意见》，提出"加快推行工程总承包。装配式建筑原则上应采用工程总承包模式。政府投资工程应完善建设管理模式，带头推行工程总承包。加快完善工程总承包相关的招标投标、施工许可、竣工验收等制度规定。按照总承包负总责的原则，落实工程总承包单位在工程质量安全、进度控制、成本管理等方面的责任。除以暂估价形式包括在工程总承包范围内且依法必须进行招标的项目外，工程总承包单位可以直接发包总承包合同中涵盖的其他专业业务"。

2020年7月3日，住房和城乡建设部、国家发展改革委、科技部、工信部等多部委联合发布《关于推动智能建造与建筑工业化协同发展的指导意见》，指明"加快培育具有智能建造系统解决方案能力的工程总承包企业，统筹建造活动全产业链，推动企业以多种形式紧密合作、协同创新，逐步形成以工程总承包企业为核心、相关领先企业深度参与的开放型产业体系。鼓励企业建立工程总承包项目多方协同智能建造工作平台，强化智能建造上下游协同工作，形成涵盖设计、生产、施工、技术服务的产业链"。

2020 年 11 月 30 日，住房和城乡建设部发布《建设工程企业资质管理制度改革方案》，号召"积极培育全过程工程咨询服务机构，为业主选择合格企业提供专业化服务。大力推行工程总承包，引导企业依法自主分包。"

国家政策属于合规依据的组成部分，施工单位在从事工程总承包施工组织活动的过程中，亦应当遵守国家政策的规定。

14.2.2　FIDIC 合同条件

FIDIC 合同条件是由国际咨询工程联合会编写的建设工程合同范本，主要包括《土木工程施工合同条件》（红皮书）、《电气与机械工程合同条件》（黄皮书）、《设计采购施工（EPC）/ 交钥匙工程合同条件》（银皮书）等。因 FIDIC 合同条件具有合同条款结构严密、权利义务设置均衡、组织逻辑严谨、风险分配合理、内容细致具体、涉及面广泛、实践操作性强等优点，其在深受建筑市场主体的青睐，在世界范围内得到广泛运用。

1. FIDIC 银皮书合同条件

与 EPC 工程总承包模式最为密切的 FIDIC 合同条件为 FIDIC 银皮书，其宗旨在于卸掉发包人在工程建设活动中极大部分的监管控制责任与不利风险，使发包人无须操心过多即可收到一个"转动钥匙即可实际使用"的实体工程，因此，其向工程总承包人分配较多的风险，也可以说，在 EPC 银皮书合同条件下，工程总承包人承担的项目风险责任是最重的——他不仅要对自己在工程建设中发出的任何行为负责，包括发出的指令、采用的工艺、提供的文件、购买的材料等，还要为难以合理预见的客观事项负责，包括不利地质障碍、价格大幅上涨等，甚至还要为发包人在施工过程中发出的行为负责，比如对发包人提供的项目基础资料、测量放线数据、初步设计文件的完整性、准确性、及时性与充分性负责。

这样的风险分配规则看似对工程总承包人不公平，但是 FIDIC 银皮书充分了解"权利义务对等""权责一致"对合同存续的重要性，其在分配工程总承包人过重的风险责任的同时，也在其他方面强化了工程总承包人的权利，提高工程总承包人的履行能力，比如允许工程总承包人可以获得更高的合同价格作为风险对价、要求双方当事人就项目基础情况与客观条件进行协商讨论并使工程总承包人充分了解项目的建设内容以及功能要求、限制发包人对施工活动的介入干扰并充分保障工程总承包人的自主决策权、针对发包人不合理的指令要求允许工程总承包人提出异议等。据此，EPC 银皮书合同条件下的权利义务设置与风险责任分配是非常恰当合理的，采用 EPC 工程总承包施工组织模式的合同主体应当充分理解 FIDIC 银皮书合同条件的风险配置精神，不应轻易打破 FIDIC 银皮书布置的风险构架格局，否则会将 EPC 工程总承包项目引向合作崩塌、履约不能的结局。

2. FIDIC 黄皮书合同条件

FIDIC 黄皮书合同条件下也是承包人一并负责设计与施工工作，与 EPC 工程总承包模式下的承包类型相类似，但是其风险分配原则与 EPC 银皮书存在较大区别：第一，不可预见的不利地质障碍风险在 FIDIC 银皮书下是由承包人承担，在 FIDIC 黄皮书下却是由发包人承担；第二，人工、机械、材料的市场价格波动的风险在 FIDIC 银皮书下原则上由承包人承担，但在 FIDIC 黄皮书下允许承包人就该事项要求调价；第三，发包人提供的项目基础资料、地质勘察报告、测量放线数据存在缺陷、遗漏或与实际情况不符的风险在 FIDIC 银皮书下是由承包人承担，在 FIDIC 黄皮书下却是由发包人承担；第四，对于前期设计文件错误、遗漏、不一致而引发的风险，FIDIC 银皮书偏向于由承包人承担，而 FIDIC 黄皮书偏向于由发包人承担，除非承包人未能证明自己在招标阶段未能履行一个有经验的承包人应尽的合理复核义务。由上可知，FIDIC 黄皮书设置的风险分配规则更加符合我国 EPC 工程总承包的现实状况，即按照主观过错分配风险责任，因此我国《工程总承包管理办法》规定的风险模式是遵照 FIDIC 黄皮书的风险配置规则而设置的。

项目履约过程中的风险分担的约定往往决定项目实施的成败[①]，而 FIDIC 银皮书与黄皮书合同条件下的风险配置规则是符合市场现状、实际需求与现实规律的，值得 EPC 工程总承包合同主体效仿学习，因此，FIDIC 合同条件也属于 EPC 工程总承包模式运作的合规依据。

14.3　工程总承包模式的合规流程

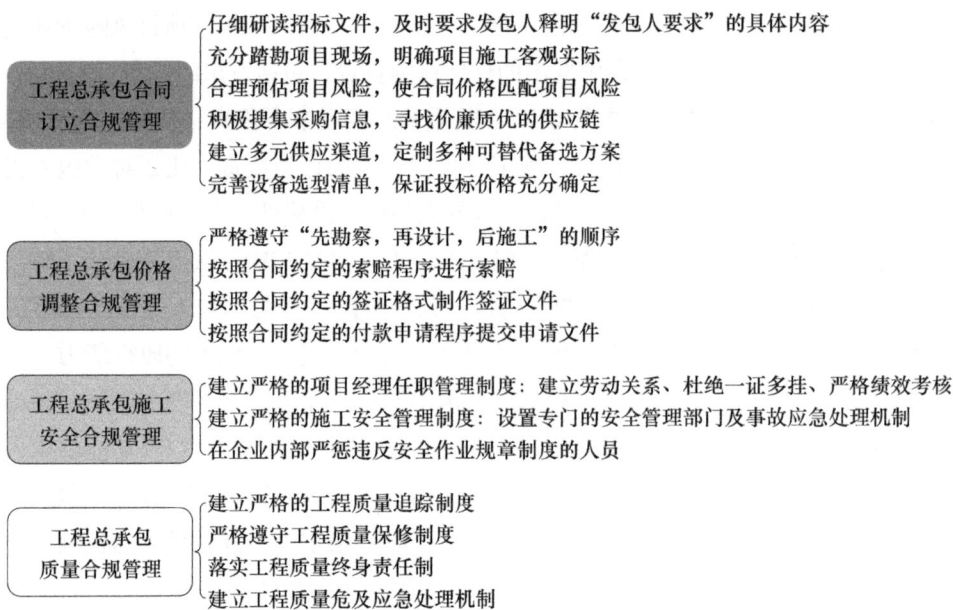

工程总承包合同订立合规管理	仔细研读招标文件，及时要求发包人释明"发包人要求"的具体内容
	充分踏勘项目现场，明确项目施工客观实际
	合理预估项目风险，使合同价格匹配项目风险
	积极搜集采购信息，寻找价廉物优的供应链
	建立多元供应渠道，定制多种可替代备选方案
	完善设备选型清单，保证投标价格充分确定

工程总承包价格调整合规管理	严格遵守"先勘察，再设计，后施工"的顺序
	按照合同约定的索赔程序进行索赔
	按照合同约定的签证格式制作签证文件
	按照合同约定的付款申请程序提交申请文件

工程总承包施工安全合规管理	建立严格的项目经理任职管理制度：建立劳动关系、杜绝一证多挂、严格绩效考核
	建立严格的施工安全管理制度：设置专门的安全管理部门及事故应急处理机制
	在企业内部严惩违反安全作业规章制度的人员

工程总承包质量合规管理	建立严格的工程质量追踪制度
	严格遵守工程质量保修制度
	落实工程质量终身责任制
	建立工程质量危及应急处理机制

---

① 郑冠红，韩如波. 工程总承包中的风险分担约定［J］. 施工企业管理，2020（02）：61-63.

第15章 海外工程的合规风险识别与管理

埃塞俄比亚的 Tekeze 水电站项目中，采用 FIDIC 条款固定单价合同，合同要求采用英国标准和美国标准。业主为当地国家电力公司，咨询和设计方均为美国某公司，承包商为我国公司与当地公司联营体。在材料设备采购方面，我国承包商在项目实施过程中没有重视英国标准、美国材料实验协会（American Society of Testing Materials，ASTM）标准与我国标准的差异，依然按照我国标准进行相关设备的采购，对后期施工造成了一定影响。例如，在实验室标准筛方面，我国承包商购买了大批中国标准筛，但在检测砂石骨料时发现材料均不达标。经过与咨询工程师沟通发现，原因在于英国标准与我国标准存在差异：英国标准筛为方孔筛，按照英寸计量，筛网的孔径与目数不一致；中国标准筛则为圆孔筛。最后重新采购符合英国标准的标准筛，才顺利解决了骨料试验问题，但依然对项目履约产生了一定的影响。另外，由于美国 ASTM 标准不允许 420MPa 钢筋焊接，只能采用搭接、直螺纹或冷挤压等方式连接，并且钢筋网也不允许现场加工，只能采购厂家加工完成的合格品，增加了施工成本。

卡塔尔 P6 公路项目为道路升级重建工程，业主为当地政府，项目咨询工程师为美国某咨询公司，承包商为我国某公司。工程采用施工总承包方式，合同金额为 6200 万美元。合同要求采用美国 ASTM 规范、英国标准、ISO 标准和卡塔尔当地规范。卡塔尔规范是参照欧美标准，结合本地实际进行适度调整形成的，与我国标准有一定差异，在项目实施过程中给我国承包商带来了挑战。例如，卡塔尔规范要求，承包商在现场施工前必须先对现场进行深入勘察，查明地下现存设施及其所在位置与深度，并绘制在设施图纸中上报咨询工程师批准。但项目位于工业区，地下设施较为复杂，且与业主提供的图纸有很大出入，导致承包商在现场勘察工作上花费了大量时间，给项目工期也带来了较大的影响。卡塔尔规范的更新也给项目实施带来了一定影响。项目开始不到 5 个月，咨询工程师发布变更令，要求采用 2010 年版卡塔尔施工规范。与 2007 年版规范相比，该规范在原材料测试、混凝土施工等方面具有较大改动，当地混凝土供应商与第三方实验室短时间内无法适应新的规范要求，导致承包商不得不暂停相关施工。

施工企业面对的绝不仅是技术标准的差异，施工企业该如何利用好合规管理工具？

在国际工程中关注项目所需的技术标准知识，准确把握其关键指标要求，有助于制定符合业主、咨询工程师意图的工作方案，提高审批效率和项目绩效。而关注材料工程标准和规范，则有助于承包商结合市场实际制订合理的采购计划，选择合适的供应商，从而降低采购成本。要实现对工程标准和规范知识的深入理解和把握，需重视相应的培训、内部交流和以老带新等活动，例如，使用手册、模板、口袋书等手段集成技术标准知识并发放给员工，以促进员工对相关知识的学习和掌握。

中国施工企业应当响应"一带一路"倡议，深入实施走出去战略，做大境外投资、做强海外工程，不断增强企业跨国经营能力和国际竞争力。试水海外工程项目巨额亏损的经验让中国施工企业必须警惕国际工程施工的巨大风险，强化合规管理，充分开展合规风险识别、评估、控制程序，有效降低海外工程项目的经营风险。

15.1 合规风险识别与管理建议

15.1.1 合规风险之一：当地的法律风险和合同风险

15.1.1.1 典型案例：某央企低价中标某海外项目后不得不放弃

2009 年，某央企旗下两家子公司和一家国企公司与项目所在地国家的一家公司组成联合体投标该国一个高速公路项目。2010 年，经过激烈竞争，联合体以大约低于该国政府预算的价格（约 4.47 亿美元）中标该项目两个标段，工期自 2009 年 10 月 5 日至 2012 年 6 月 4 日（含设计期）。国外同行认为"世界上谁都不能以这么低的价格修筑高速公路"。

2011 年初，联合体以项目说明书描述不清、地质情况复杂导致成本大增向该国政府要求追加 2.5 亿美元工程款。因该国法律规定公共工程不允许修改初始合同，该国政府拒绝了联合体的提价要求。

2011 年 6 月初，据测算如果坚持完成工程要亏损 3.95 亿元，企业最终决定放弃该项目。该国政府依据合同给联合体开出了 2.71 亿美元的赔偿要求，并禁止相关公司参加该国市场公开招标 3 年。联合体被多家分包商和供应商起诉要求赔偿拖欠的工程款项，所投入 3 亿元人民币的银行保证金也被该国政府冻结。

2020 年，该国政府发出另一公路项目招标的资格预审，该项目是该国史上最大的公路项目，项目额约 19 亿美元。另一央企提交资格预审投标书参与该项目招标程序，该项目招标委员会出具 50 余页的决定书排除该公司参与。据悉，该国媒体称该国政府从 2010 年有中国企业参与公路合同而后解约的案例中吸取了教训。

15.1.1.2 合规分析

（1）本国企业努力进入海外高端市场，制定了低价中标的策略，一是希望利用中国廉价劳动力的优势降低成本，二是希望通过工程变更抬高价格获取利润。该国同行得知企业的低报价后认为："世界上谁也不可能以这样低的价格修建高速公路。"企业的报价很可能已经低于成本价。而所在国有规范的竞争规则，并依靠透明的制度，低价中标后续抬价的行为行不通。

企业应当在遵守国内法律的基础上，精心研究项目所在国当地法律和习惯做法，从而制定出符合当地实际的卓有成效的市场策略。

（2）我国企业比较强调政治关系，对于合同重视不够，该案件该国政府提供的合同对外方有利，而对中方有利的条款多数被删除。合同中对中方不利的条款有以下几个要点：无预付款；固定总价、排除一切变更；违约金无上限；赔偿金覆盖直接和间接损失。2010年 6 月正式开工，因大面积拖欠分包商款项，工程被迫停工，预测按期完成工程则将亏损3.95 亿美元，承包商中海外联营体权衡之后只能毁约退场。

企业首先应当科学管理合同，充分识别和应对风险因素，与发包方有理有据地争取有利合同条款，争取订立责权利相符合的合同条款。其次，订立合同后，应当严格执行合同，树立合同意识，坚守合同底线。

（3）在投标报价阶段，企业急于拿下项目，对前期工作做得不够细，没有认真分析风险；合同签订时，没有充分利用合同防范风险；在施工阶段也没有利用有利条件积极地控制风险。

项目施工开始，全球经济复苏前景堪忧，且同时中标的其他路段施工亦未展开，因此原材料供应不紧张，价格尚处于低谷。但企业不了解波兰当地建筑行业操作流程，没有意识到价格、供给变化很快，加上手头现金流吃紧，没有认真评估分析价格上涨带来的重大风险，没有及时地与分包商签订分包合同、绑定利益，无从规避价格上涨带来的风险。中标后一年间，由于当地经济复苏以及市场行情带来的建筑业热潮，波兰国内一些原材料价格和大型机械租赁费大幅上涨，例如砂子等基础建材上涨 3 倍以上，挖掘设备的租赁价格也同时上涨了 5 倍以上。企业因为没有确定固定的供货商，没有锁定原材料价格，所以享受不到优惠的原材料供应价格，加上竞争对手的排挤，最终被迫与分包商签订对自身不利的合同。

企业应当根据市场的变化，及时制定风险应对策略，争取转移和化解风险，不打无准备之仗。

15.1.1.3　合规建议

1. 对于目标企业或境外当地合作方进行全面的尽职调查

项目启动前要全面了解目标企业及境外合作方的基本概况，包括其法律状况、资信状况等。尤其对于重要商业伙伴要开展合规调查，并通过签订合规协议、要求作出合规承诺等方式促进商业伙伴行为合规。

过往投资失败案例存在问题：对目标公司及境外合作方的资产质量、财务状况或有事项等缺乏深入调查了解；目标公司及境外合作方存在隐瞒的债务、诉讼纠纷、资产潜在问题等关键情况。

2. 建立完善的内部审批／授权制度以及完善的境外投资规章制度管理机制

跨境投资战略的推进将不可避免地导致境内公司业务及机构的全球化扩展，如何控制权力的授予和制约成为企业有序运行的一项重大课题。为此，基础设施建设项目相关公司需要建立一套行之有效的审批和授权的运作机制，包括但不限于以下方面：境外项目风险审批权限制度；境外合规风险识别、评估与处置机制；境外合规、风险事项报告制度；境外授权规则（建立完备的授权规则，明确其政策和流程，包括内部的授权权限划分规则和外部的被授权人的甄别、筛选和管理规则）；境外项目责任人制度；完善的境外投资规章制度管理机制，如：建立完善内部交易政策；反腐败政策、公共领域合规政策和商业行为准则；隐私和数据保护政策；人事管理政策；项目方面的政策；知识产权方面的政策；公司日常事务管理的政策等。

15.1.2 合规风险之二：当地政策和风俗习惯风险

15.1.2.1 典型案例：某央企低价中标艰难履约后致大幅亏损

2009 年 2 月，在两国领导的支持下，某央企子公司与沙特政府签署了与某轻轨项目合同，标价为 17.7 亿美元，项目采用 "EPC ＋ O&M"（设计、采购、施工、运营、维护总承包模式）模式，建成以后管理三年。但开工建设之后，项目进度出现滞后。在此情况下，为保证项目按时完工，企业不计成本和条件赶抢进度。至 2010 年 9 月，项目提前交工投产。但根据事后核算的结果，项目总收入 120.5 亿元人民币，总成本 160.45 亿元人民币，加上财务费用，净亏损约 41 亿元。为了及时止损，2011 年 1 月央企子公司与央企签署协议，将工程总承包合同项下的权利义务全部打包转让给母公司，由母公司完成后续索赔。

15.1.2.2 合规分析

（1）为了项目中标，报价过低。在项目竞标中，中国企业报价 17 亿美元，而沙特最有实力的铁路公司报价 27 亿美元。沙特的工程项目市场本已竞争激烈，利润微薄，如此低的报价更是推高了公司的运营风险，很可能已经低于成本价。

（2）对项目地的调查研究不够。沙特当地环境不同于国内大部分地区的地理情况，高温、缺水，工作繁重，对环境给工程项目造成的影响没有进行准确评估导致整个项目过程处境被动。

（3）后期赶工导致成本大幅提升。为迅速完成任务，中国企业动员了极大的资源参与项目建设，无论是劳动力还是材料、设备都需要相应增加，在沙特特殊的条件下，必然造成成本提升。虽然工期由 22 个月缩短到 18 个月，但企业最终遭受巨额亏损。

15.1.2.3 合规建议

1. 合理的合同设计

2017 年 11 月 27 日至 12 月 1 日在奥地利维也纳举行的联合国贸易法委员会（UNCITRAL，"贸法会"）第三工作组（投资人与国家间争议解决）第 34 届会议中有意见提到国家可通过前期引入法律顾问拟定更好的合同条款，以便减少后期争议解决费用，从而减少时间和成本；在仲裁程序中，也可以采取相关步骤控制程序存续时间和费用，包括选择性价比高的律师代理人和专家，选择合适的仲裁员和仲裁机构，与申请人商议制定程序时间表，作出最合适的程序决策和选择。

中国企业走出去过程中应注意通过合同设计以及一些特别条款来保护自身利益，例如，1）货币保值条款（Exchange rate proviso clause）：在基础设施投标报价过程中应事先考虑汇率变动的因素，在合同中加入货币保值条款，事先约定支付货币与人民币之间的比价，如支付时汇价变动超过一定幅度，则按原定汇率调整，如此将汇率固定下来，无论此后汇率发生什么变化，仍按合同规定的汇率结算；2）法律稳定条款（Stabilization clause）：在与东道国的协议中如不得不适用当地法律，争取加入"法律稳定条款"或者类似的条款。要求东道国在投资协议签署后一段时间内不得做出不利于投资者的法律变动，或至少包括：东道国对于投资者的财产和投资保证不予以征收和国有化；对于税收待遇不予改变；对于中国投资者投资合法所得可以自由兑换汇出境外；对于中国投资者为履行合同而从境外进口的设备等的减税和免税待遇，在合同期内不作变更。3）再谈判/重新协商条款（Renegotiation clause）：双方在重大情势发生后负有再谈判/重新协商的义务以达成利益的平衡，使得该等情形下中国投资者拥有重新谈判的主动权和合同依据。4）争议解决方式（Applicable law and dispute resolution clause）：与外方签订合同时要尽量选择依据中国法或比较熟悉的法律体系解决纠纷。在跨境纠纷解决机制上，考虑程序、效率、承认、执行等多个因素，合理采用救济机制，避免采用诉讼，尽量选择仲裁方式。同时，为避免陷入在境外仲裁的不利地位，尽量优先选择国内专业的国际商事仲裁机构。如《上海国际经济贸易仲裁委员会（上海国际仲裁中心）仲裁规则》第一章第二条"机构与职能"（七）规定：仲裁委员会可以根据当事人约定适用的《联合国国际贸易法委员会仲裁规则》或其他仲裁规则作为仲裁员指定机构，并依照约定或规定提供程序管理服务。《中国（上海）自由贸易试验区仲裁规则》也有同样规定。一般来说根据双边投资协定，协议方可根据《联合国国际贸易法委员会仲裁规则》（UNCITRAL）或解决投资争端国际中心（ICSID）规则提起仲裁。为适用双边投资协定中的规定，投资者通常必须属于协定国公民。中国投资者在与相关机构签订合同时应将这些要求写入其中，包括规定协议方为双边投资协定之目的属于"公民"且合同属于"投资"等。

2. 选择合适的投资合作模式

海外投资常见的模式包括设立当地的项目公司、外资并购等，涉及基础设施建设领域还包括 PPP、BOT、TOT 等模式。

中国企业要实现安全高效的海外基础设施项目投资，同样需要前期了解并评估当地的投资环境及状态；在充分评估多种投资合作模式的基础上，合理选择对中国投资方最为有利的投资模式，以规避合作模式中某些基础法律关系之合规性、投资收益获得等方面的风险。

15.1.3　合规风险之三：因关联国长臂管辖导致的风险

15.1.3.1　典型案例：美国商务部将中交等企业纳入实体清单

2020 年 8 月 26 日，美国商务部召开新闻发布会，宣布美国商务部产业安全局（BIS）

再将 24 家参与南海填岛和人工岛军事化的中国企业列入实体清单。其中涉及了中交建集团至少 5 家子公司，包括中交疏浚（集团）股份有限公司、中交天津航道局、中交上海航道局、中交广州航道局和中交第二航务工程勘察设计院，中国船舶集团旗下三家下属机构和公司，包括中国船舶集团第 722 研究所、武汉迈力特通信有限公司和北京环佳通信技术有限公司（中国舰船研究院通信事业部）。实体清单已经成为美国通过出口管制手段制裁中国企业的政治手腕。即使不进军美国市场，中国建筑行业的国企尤其是央企仍然面临较高的美国法制裁风险。

15.1.3.2 合规分析

某些国家也可能通过制裁中国施工企业，阻挠中国施工企业拓展海外工程项目。以美国的长臂管辖为例，美国的长臂管辖是实现对域外法律实体刑事管辖权的重要法律手段。严格来说，美国的长臂管辖是司法管辖权的下位概念，美国的司法管辖权分为对人管辖权（personal jurisdiction）和对事管辖权（subject matter jurisdiction），长臂管辖是对人管辖权之下的特殊管辖权。长臂管辖（long arm jurisdiction，又称为 specific jurisdiction）是指美国各级法院对法院管辖区域外的被告行使管辖权。长臂管辖权对被告当事人与美国法院属地的联结点要求较低，只需要被告当事人的某些行为与美国法院属地建立最低限度的联系（minimum contacts，例如，与美国境内的任何主体发生商事交易），即便被告当事人的经常居所地、注册地在美国领域之外，美国当地法院即可行使管辖权，根据美国当地的州法作出裁判。

中国建筑施工企业仍然难以进入美国市场，中国建筑施工企业在美国设立商业实体和开展业务的数量和体量偏小，但不容忽视，美国仍然是全世界最大的建筑市场之一，美国建筑行业总产值以每年 8.5% 的增长率递增，预计在 2024 年将达到 18191 亿美元。2019 年美国基础设施建设年产值达到 3714 亿美元。将来中国施工企业或将通过收购美国本土的施工企业、建筑建材商、投资设立美国建筑公司进军美国市场，甚至可能考虑赴美上市，中国建筑施工企业在远期被拖入美国诉讼的可能性不小。

在国内，行政管辖权也被粗略地纳入长臂管辖的概念之下，美国行政机关对中国企业的制裁也被定性为美国长臂管辖的霸权手段。

中国施工企业开展海外业务所需的原材料、技术、设备、检验检测技术被美国的出口管制清单覆盖的风险较低。美国的贸易制裁禁令禁止美国公司未经美国政府许可向实体清单中的目标主体出口特定品类的产品。美国商务部产业安全局发布的出口管制清单（Commercial Control List）将管制物品分为十大类，从 0 至 9 编码，分别包括（0）核工业和杂项（Nuclear & Miscellaneous）、（1）原料、化学品、微生物和有毒物质（Materials, Chemicals, Microorganisms and Toxins）、（2）材料加工（Materials Processing）、（3）微电子技术（Electronics）、（4）计算机（Computers）、（5-1）电信通讯（Telecommunications）、（5-2）信息安全（Information Security）、（6）传感器和激光（Sensors and Lasers）、（7）导航和航空电子（Navigation and Avionics）、（8）海事（Marine）、（9）航空航天工业和动力推进系统（Aerospace and Propulsion）。在每一类目下，美国商务部产业安全局分别从 A 系统、设备、构建；B 测试、检验、生产设备；C 原材料；D 软件；E 技术五个维度对出口管制的内容做出界定。从出口管制清单（Commercial Control List）的体例来看，绝大多数管制项目集中于高新技术领域尤其是电子信息技术、计算机、航空航天等关系到国家军工业发展和战略安全的产业链。基建项目及相关材料、设备、技术不是美国出口管制清单重点关注的内容。

据美国媒体报道，2020 年 8 月 26 日因参与中国南海填岛而被纳入出口管制清单的 24 家中国公司中，其中中国国有的军工工程承包商对美国的贸易依存度极低，过去五年的美国对上述企业的出口额仅为 500 万美元左右。相比电子信息技术行业，中国施工企业对美国的技术依赖度显著偏低，可以通过寻找替代国实现与美国"脱钩"，从历史数据观察我们认为，美国将中国施工企业加入实体清单不会对中国企业造成过重的打击。

中国施工企业在开展海外工程项目时仍应保持对美国贸易法和长臂管辖手段的密切关注，警惕其中的合规风险。

15.1.3.3　合规建议

（1）明确、评估自身业务风险，做好维权准备

面对相关国家的所谓长臂管辖，相关公司基于正常业务过程获得的信息对相关风险进行评估，并做好记录，尽最大可能证明自身已尽到合理注意义务。建工企业应当对自身的上市地点、股权架构等商业安排进行风险评估和调整，以避免制裁的潜在风险。

以 CMIC 为例，如欲向财政部提起维权诉讼，建工企业可能需要证明其自身或其关联公司并未从事国防及监控技术行业，这需要企业结合自身实际情况做好充分的判断和准备。

（2）保持合规敏感性

中国投资者要密切关注国际局势变化，保持合规敏感性，及时有效识别重点国家和地区的合规风险，保持与相关政府主管机构、行业及合作伙伴的沟通交流，构筑良好的外部合规形象，有力地保障业务的稳健推进。

15.2　施工企业海外工程合规依据

15.2.1　党和国家的方针政策

2013 年 9 月和 10 月由中国国家主席习近平分别提出建设"新丝绸之路经济带"和"21 世纪海上丝绸之路"的合作倡议。依靠中国与有关国家既有的双多边机制，借助既有的、行之有效的区域合作平台，一带一路旨在借用古代丝绸之路的历史符号，高举和平发展的旗帜，积极发展与沿线国家的经济合作伙伴关系，共同打造政治互信、经济融合、文化包容的利益共同体、命运共同体和责任共同体。

2013 年 9 月 7 日上午，中国国家主席习近平在哈萨克斯坦纳扎尔巴耶夫大学作演讲，提出共同建设"丝绸之路经济带"。

中国国务院总理李克强参加 2013 年中国 - 东盟博览会时强调，铺就面向东盟的海上丝绸之路，打造带动腹地发展的战略支点。

2014 年 8 月，习近平主席出访蒙古国时，表示欢迎周边国家"搭便车"。

2015 年 2 月 1 日，推进"一带一路"建设工作会议在北京召开。中共中央政治局常委、国务院副总理张高丽主持会议并讲话。

2015 年 3 月，为推进实施"一带一路"，让古丝绸之路焕发新的生机活力，以新的形式使亚欧非各国联系更加紧密，互利合作迈向新的历史高度，中国政府特制定并发布《推动共建丝绸之路经济带和 21 世纪海上丝绸之路的愿景与行动》。

2015 年 5 月 7 日，中国国家主席习近平开启对欧亚三国的访问，首站抵达哈萨克斯坦。此次访哈可视作是"丝绸之路经济带"的落实之旅，将进一步助推"一带一路"的建设。

2015 年，博鳌亚洲论坛开幕式上，习近平主席发表主旨演讲，表示"一带一路"建设不是要替代现有地区合作机制和倡议，而是要在已有基础上，推动沿线各国实现经济战略相互对接、优势互补。

2013 年 10 月 2 日，习近平主席提出筹建倡议，2014 年 10 月 24 日，包括中国、印度、新加坡等在内 21 个首批意向创始成员国的财长和授权代表在北京签约，共同决定成立亚洲基础设施投资银行。

2019 年 3 月 23 日，中意签署"一带一路"备忘录。

2020 年以来，新冠肺炎疫情全球流行，世界经济发展中的不稳定不确定因素增多，对推动共建"一带一路"带来新的挑战。截至 2021 年 1 月 30 日，中国与 171 个国家和国际组织，签署了 205 份共建"一带一路"合作文件。

15.2.2　中国法律法规

15.2.2.1　法律

1.《民法典》。《民法典》从民事合同法律关系的角度规定了建设施工合同主体的权利义务范围，其中第七百八十八条至八百零八条为建设工程合同内容。

2.《建筑法》及其实施条例。《建筑法》从行政强制管理的角度要求建筑市场主体在从事工程建设有关的活动时必须遵守的事项。此外，《建筑法》配套适用的《建设工程质量管理条例》《建设工程安全生产管理条例》分别对工程质量与安全施工作出了实施规定。

3.《招标投标法》及其配套规范性文件。《招标投标法》的制定，为了实现资源的合理优化配置、保障招标投标市场的透明公开，维护公平竞争。

15.2.2.2　部门规章

1.中国企业的跨境投资审批／备案主要涉及商务部、国家发展改革委等政府主管部门。

其中商务部主要负责境内企业对外投资行为的核准／备案；商务主管部门的管理主要依据是 2014 年 9 月发布的《境外投资管理办法》，对境内企业对外投资实行"备案为主、核准为辅"的管理模式。除对在敏感国家和地区、敏感行业的投资实行核准管理外，其余均实行备案。

2. 国家发展改革委主要负责投资项目本身的核准／备案，如涉及国资，则还包括国资部门的监管。国家发展改革委 2014 年至 2018 年办理境外投资项目管理事项的主要依据为《境外投资项目核准和备案管理办法》（国家发展和改革委员会令第 9 号），2018 年 3 月 1 日之后依据新生效的《企业境外投资管理办法》（国家发展和改革委员会令第 11 号），其同样也将境外投资项目的管理分为核准管理和备案管理。实行核准管理的范围为投资主体直接或通过其控制的境外企业开展的敏感类项目；实行备案管理的范围为投资主体直接开展的非敏感类项目，也即涉及投资主体直接投入资产、权益或提供融资、担保的非敏感类项目。

3. 国家发展改革委、商务部、人民银行、外交部 2017 年联合发布的《关于进一步引导和规范境外投资方向的指导意见》要求：要重点推进有利于"一带一路"建设和周边基础设施互联互通的基础设施境外投资；2019 年 4 月召开的"一带一路"国际合作高峰论坛也再次强调"要继续聚焦基础设施互联互通……"。从大的方向来说，国家层面对这一领域的投资是支持和鼓励的。就基础设施建设投资项目所处的行业领域而言，基础设施建设的一般项目需要进行备案，如果属于"跨境水资源开发利用"则为《企业境外投资管理办法》所规定的敏感行业需要进行核准。就投资的地区而言，应尽量避免在敏感国家和地区进行投资，包括与中国未建交的、发生战争内乱的，或者根据中国缔结或参加的国际条约、协定等需要限制企业对其投资的国家和地区，以降低境外投资的国内监管风险。

4. 外汇监管方面的主要规定包括《中华人民共和国外汇管理条例》《境内机构境外直接投资外汇管理规定》（汇发〔2009〕30 号）等。为促进和便利企业跨境投资资金运作，简化直接投资外汇管理，国家外汇管理局 2015 年发布的《关于进一步简化和改进直接投资外汇管理政策的通知》（汇发〔2015〕13 号）明确取消境外直接投资项下外汇登记核准行政审批事项，改由银行直接审核办理境外直接投资项下外汇登记。据此规定，实践中境内企业在获得发展改革委和商务部门核准或备案后，无须取得外管局的外汇登记核准，改由银行直接办理境外直接投资项下的外汇登记。

5. 中国企业走出去或还将面临进行境外融资时的国内监管等其他方面的风险，如借入外债、跨境担保等，同样需经外汇管理部门的登记或备案等程序。而对于合规本身，相关部门也进一步提出了明确的要求或指引，在《合规管理体系指南》GB/T 35770—2017 之后，国务院国资委于 2018 年 11 月发布了《中央企业合规管理指引（试行）》，国家发展改革委等相关部门于 2018 年 12 月发布了《企业境外经营合规管理指引》，对于合规管理要求、合规管理架构、合规管理制度、合规管理运行机制、合规风险识别／评估与处置等作出了全方位的指引。

15.2.3 所在国和关联国法律

海外基础设施建设涉及的东道国法律合规风险，主要包括东道国的国家安全审查、环境保护、劳动、安全生产等多方面。

（1）外资审批方面，中国企业进入投资东道国进行基础设施领域投资，同时还需要接受东道国的外资监管，多数国家在市场准入方面按照行业分类划分为禁止类、限制类和鼓励类，如俄罗斯，政府鼓励建筑、交通和通信设备、石油、天然气、煤炭、食品加工、汽车制造等传统产业的外商直接投资。近年来，不少国家采用"负面清单"模式，除明确禁止和限制投资的领域之外，其他均属于外资投资准入领域，如印度、沙特阿拉伯等。除一般的外资审批程序以外，许多国家都建立或完善了外商投资的国家安全审查制度，就海外投资的大方向而言，境外投资涉及的国家安全审查趋紧。

（2）环境审批方面，境内企业进行海外基础设施投资导致的环境污染问题同样也是其所面临的一个重要法律问题。一方面，各国的环保法规日趋严格，违反法规的法律责任有加重的趋势；另一方面，各种各样的环保组织吸引了越来越多的支持者，他们通过各种手段表达自己的诉求，如果对这些法律规定及利益相关者的诉求不加以重视，就有可能引发投资风险，严重的甚至可能导致整个投资的失败。环境保护方面的法律风险在资源和能源开发领域显得尤为突出，而基础设施投资中水利、电力、交通设施建设等占较大比重，中国企业进行海外基础设施投资，不能轻视环境保护方面的法律风险。

（3）劳动审批方面，基础设施领域属于劳动密集型产业，需要雇佣东道国国民，由于劳动法领域包含较强的地区政策性，中国和外国劳动法律制度通常会存在较大差异。如中东国家和地区，对于一些特定区域的工作会要求雇佣当地穆斯林。

（4）安全生产方面，提示：中国企业进行海外基础设施投资，需要提前了解当地的安全生产、安全施工方面的政策要求；在具体生产施工活动中严格遵守当地法律规定；企业自身应制定完善的安全生产风险控制制度，保护企业员工的安全利益，同时也有利于保障企业的投资项目在当地平稳有序地开展和推进。

（5）税收方面，中国企业进行海外基础设施建设面临税收方面包括被双重征税风险、转让定价产生的风险、反避税调查风险、个人涉税风险等一系列风险。例如，在实行属地和属人双重管辖权的国家，无论企业是否为该国税收居民，都要就来源于该国的所得缴纳所得税；同时，税收居民还应就其全球所得向居民国缴税，如此便可能造成来源国与居民国的双重征税，而税收协定可以避免双重征税，但由于有的境内企业不了解协定内容，或者中国与该国尚未签订税收协定，又或者因为当地税务机关服务意识薄弱，实施海外投资的企业依然面临被双重征税的风险。再例如海外基础设施投资存在的企业高管和外派劳务，中国企业既要关注来源国税收政策，也要关注居住国的涉税风险。

（6）其他方面，例如：东道国乃至国际组织的反腐败法令/政策；东道国的土地政策；

外汇管理规定；知识产权保护制度；司法制度与环境等。

15.3　施工企业海外工程的合规检查

中国投资者应尽早全面了解相关国家和地区的法律制度，全面了解与基础设施投资有关的基本情况、投资环境、法律政策以及必要的程序和手续。在项目开展前进行详尽合理的规划及风险评估，保证中国企业对海外基础设施领域投资的高效、安全运行。国家发展改革委等相关部门于 2018 年 12 月发布的《企业境外经营合规管理指引》亦指出，对于境外投资应确保经营活动全流程、全方位合规，全面掌握关于市场准入、贸易管制、国家安全审查、行业监管、外汇管理、反垄断、反洗钱、反恐怖融资等方面的具体要求；对于对外承包工程，应确保经营活动全流程、全方位合规，全面掌握关于投标管理、合同管理、项目履约、劳工权利保护、环境保护、连带风险管理、债务管理、捐赠与赞助、反腐败、反贿赂等方面的具体要求。

第16章　业务招待、捐赠赞助、商务交往
合规风险识别与管理

合规出问题，不是上黑名单、被罚款，就是去坐牢！

合规风险管理不当，给企业带来的教训深刻！

自1999年开始，世界银行就宣布实施黑名单制度，将不给任何涉嫌贪污受贿的国际公司以投标资格，并禁止其参与由该行资助的所有工程项目。2010年世界银行集团、亚洲发展银行、非洲发展银行集团、欧洲复兴开发银行、美洲开发银行集团签署了《共同实施制裁决议的协议》，对腐败、欺诈等行为进行联合制裁。被一家缔约银行制裁的企业会在一段时间内被禁止参与该银行资助的项目，并列入"黑名单"。各缔约银行会共享"黑名单"，因此被制裁企业会因同一违规行为被其他缔约银行联合制裁。

案例1：在世界银行资助的建设工程项目中，中国某公司的多家海外工程承包商为取得当地政府用地审批手续通过各种手段向当地政府高官行贿，包括但不限于邀请参加奢侈活动与消费，赠送礼品与现金等。该公司作为世界银行的借款人，在收到对海外承包商行贿行为的指控时没有第一时间向世界银行报告，在世界银行随即开展的调查中也未及时、妥善做出应对和配合，被世界银行下达谴责信并处以罚金。

案例2：为获取工程项目，借给官员100万元，某施工企业老板因行贿被判刑。2014年，某官员的妻子提出她与人合伙购买商铺还缺100万元，为此，某施工企业老板主动提出借款给其100万元。为了掩人耳目，签署了一张借条并约定了还款期限。随后，官员作为业主单位领导，通过向代建单位法定代表人打招呼的方式，协调安排将相关施工项目交由某施工企业承接。案发后，某施工企业老板因行贿罪被判处有期徒刑3年，缓刑4年。

中纪委通报，2020年12月，某党员领导干部违规同某施工企业领导聚餐，费用1017元由施工企业支付。2021年1月，某领导干部被免职。2021年3月，某领导干部受到党内警告处分，收缴违纪款。

很多民营施工企业明知其业务模式有很多避不开的风险，却仍心存侥幸，没有风险筹划意识和举措。

16.1　风险识别与合规建议

16.1.1　合规风险之一：业务招待的风险

16.1.1.1　业务招待合规风险识别

业务招待是指公司为满足生产经营管理需要，在业务承揽洽谈、对外联络、公关交往、项目推进、资源和政策争取、渠道建立、来宾接待、处理突发事件等工作中，以公司名义为公司以外的人员或者机构提供餐饮、差旅以及提供、接受纪念品等形式的招待活动。

业务招待费用列支的范围包括：

（1）企业生产经营需要而招待、宴请或工作餐的开支；

（2）企业生产经营需要而赠送纪念品的开支；

（3）企业生产经营需要而发生的旅游景点参观费和交通费及其他费用的开支；

（4）企业生产经营需要而发生的业务关系人员的差旅费开支。

业务招待费仅限于与企业生产经营有关的招待支出，与企业生产经营无关的职工福利、职工奖励、为企业承揽业务而产生的佣金、支付给个人的劳务支出和给公司以外人员的回扣、贿赂等非法支出，都不得列支业务招待费。

实践中，许多企业对招待费是打开闸门的，甚至鼓励的。特别是像建筑这样的施工企业领域，要拿项目免不了吃吃喝喝，送点纪念品。招待费普遍存在于大多数施工企业，不论国有企业还是民营企业。为了使公司获得更多的收益，大多数施工企业对这笔费用都显得很慷慨。然而，不严格控制企业的业务招待标准，进行合规风险管控，不但增加企业的经营成本，还会给企业带来风险。违规的行为给企业带来的不仅是罚金上的经济伤害，更会给企业的品牌、名誉造成难以估量的损失。

典型案例一：某国有大型建筑企业、上市公司年报披露超 8 亿元"天价"招待费，引发网络舆情，有口难辩。

2012 年某国有大型建筑企业、上市公司年报披露业务招待费达 8.37 亿元，平均每天用掉 229 万元，引起有关媒体、社会公众广泛关注，企业站在了舆论的风口浪尖上。

对此，某国有大型建筑企业回应称，企业近年来发展较快，企业规模迅速扩大，点多、线长、面广，而且市场竞争非常激烈，为生产经营需要而支付的业务招待费在相应增加，绝对值相对较大。2012 年公司完成营业收入 4843 亿元，新签合同额 7893 亿元，未完成合同额 1.49 万亿元，目前有在职员工 24.5 万人、外部劳务近 200 万人，工程项目部 1 万多个。2012 年度的业务招待费，就是从分布于全国各地以及全球 60 多个国家和地区的 1.1 万多个核算单位逐级汇总上来的，每个核算单位平均约 7.6 万元。而且该企业还决定在有关部门同意后公开招待费的构成，表示下一步企业将认真执行中央八项规定，继续严控招待标准，严格审批程序，加强审计监督，加大内部执法监察力度，严厉查处铺张浪费等违规违纪行为，力争 2013 年业务招待费比上年下降 10% 以上，但市场的质疑仍未停止。

《企业所得税法实施条例》第 43 条明确规定，企业发生的与生产经营有关的业务招待费支出，按照发生额的 60% 扣除，但最高不得超过当年销售收入（营业收入）的 0.5%。从某国有大型建筑企业披露的数据来看，企业业务招待费的增幅低于营业收入增幅，相较于营业收入而言，企业业务招待费占比为 0.17%，低于前述规定的相关比例，但是，一年产生超 8 亿元的业务招待费确实偏高。

2013 年 10 月，国务院国资委纪委书记在做客中央纪委监察部网站时说，经查，该国有大型建筑企业业务招待费支出总体上是符合规定的，但也确实存在发票开具不规范、报销程序不严格、会计科目使用不当等一些问题，同时，查处了少数人的违纪违法问题。对检查发现的问题均进行了处理和问责，通报批评 57 人，党纪政纪处分 8 人，移送司法机关 1 人，并对有关领导进行了诫勉谈话。

典型案例二：一封网络举报信引起纪委注意，1 名领导受处分后又 6 次违规接受宴请。

2018 年 1 月和 2 月，市纪委监委先后收到网络举报，反映经济技术开发区安监局（环保局）局长陶某有关问题线索。经查，陶某违反中央八项规定精神，收受管理服务对象赠送的烟酒并多次接受吃请，其行为均发生在党的十八大以后。最终，陶某受到党内严重警告处分。

2020 年 6 月 5 日，在市开展落实中央八项规定精神专项整治行动期间，一封网络举报信引起了工作人员的注意。"举报信提到，陶某接受市某建筑公司到浙江象山旅游活动安排，以及多次接受管理服务对象宴请的问题线索，甚至时间、地点都较为明确。"市纪委监委立即组织人员展开初步核实。

在外围核查期间，核查人员找到问题线索提及的上海某公司、池州市某公司的 5 名相关人员进行谈话，并调取了宴请费用手机支付记录照片、相关饭店票据、旅游住宿记录等相关书证材料。

经查，2019 年 11 月，某建设公司中标承建上海一公司的工程。2019 年 12 月、2020 年 3 月，陶某分别接受该公司总经理王某、施工项目经理张某某在某饭店以及项目工程部食堂的 3 次宴请。此外，2020 年"五一"期间，陶某夫妇接受张某某邀请到浙江象山游玩，旅游期间食宿费用由张某某支付，车费由同来旅游的王某支付。

违反中央八项规定精神受到处分后仍不知悔改，又多次接受管理服务对象提供的宴请和旅游活动安排，等待陶某的是更为严厉的处分。2020 年 7 月 18 日，陶某受到撤销党内职务、政务撤职处分，降为一级主任科员，退赔应由个人承担的旅游费用。

16.1.1.2 业务招待合规管理建议

1. 业务招待应遵循依法依规、务实从俭、规范透明原则

在业务招待方面，近年来国家也制定了不少制度规定，主要有：《中国共产党党员领

导干部廉洁从政若干准则》《党政机关国内公务接待管理规定》《中央企业负责人履职待遇、业务支出管理办法》《国有企业商务招待管理规定》《国务院关于在对外公务活动中赠送和接受礼品的规定》《中共中央办公厅、国务院办公厅关于认真贯彻执行〈国务院关于在对外公务活动中赠送和接受礼品的规定〉的通知》《国家行政机关及其工作人员在国内公务活动中不得赠送和接受礼品的规定》《关于对党和国家机关工作人员在国内交往中收受礼品实行登记制度的规定》《中共中央纪委办公厅关于制定礼品登记、上交标准中有关问题的通知》。中央出台改进作风的八项规定，不仅仅是对党政机关的要求，国有企业、民营企业的经营管理者同样应当贯彻落实。

2. 设置合规部负责企业的业务招待等合规管理

企业合规部是企业合规组织的核心，也是企业合规管理体系中需要尽早安排和实施的构成要素。2017 年 12 月 29 日，《合规管理体系指南》GB/T 35770—2017 对企业建立合规部及其职责做出了规定。国务院国资委发布的《中央企业合规管理指引（试行）》中规定，中央企业设立合规委员会，中央企业相关责任人或总法律顾问担任合规管理负责人，法律事务所机构或其他机关机构为合规管理牵头部门，组织、协调和监督合规管理工作，为其他部门提供合规支持。

企业合规部的设置有如下三种组织模式：一是独立模式，即任命专门的合规总监，设立独立的企业合规部，专门负责企业的合规管理。二是复合模式，即企业不设独立的合规部，合规部与法律部合二为一，形成法律合规部，或者将合规管理职责归入法务部，下设合规分部或者合规团队。企业总法律顾问兼任合规官职责。三是简单模式。规模较小、合规风险低的企业，只设立一个合规小组或合规专员，或将合规管理归入企业法务部由法务部代行合规管理职责，或者委托外部律师提供合规管理服务。

企业可以根据自身情况、经营规模确定采取何种组织模式。但不管采取何种组织模式，都需要确保合规部有效地管理和防控合规风险，独立地履行合规职责。

3. 制定业务招待合规管理细则

淮南子有训：矩不正，不可为方；规不正，不可为圆。企业需要制定业务招待合规管理细则等管理制度明确红线、底线，任何人不能越过雷池。将合规理念深入灌输给每位员工，形成自觉的合规意识和工作习惯，最终形成企业的合规文化，成为企业可持续发展的动力和保障。

业务招待合规管理细则一般应包含三个方面：

一是提供、接受纪念品的相关要求。明确提供、接受纪念品的条件，包括提供纪念品应符合本企业合规管理细则规定限额；当提供纪念品符合本单位合规管理细则，但价值超过当地法律法规规定的限额时，员工要向本企业合规主管部门、合规官咨询如何处理；提供纪念品并非出于获取不正当利益或好处的目的；提供纪念品应符合当地公认的纪念品馈赠习俗以及正当的商业管理；纪念品不得为现金或者现金等价物；纪念品应要在合适的场合下提供或接受，过程透明，赠送方式不会造成不当或者尴尬印象。

二是差旅接待的相关要求。因工作需要，为公务人员或者其他人员提供差旅的，应报本单位合规主管部门、合规官审批，并要做到尽可能直接向酒店、航空公司及饭店等服务提供方支付费用，若不能直接支付，则应取得合法有效的票据；仅支付和报销上述人员为本企业开展工作期间的费用；不得入住高档奢侈或者明显与身份不符的酒店；不得以现金、酬谢金、出差津贴等任何形式向上述人员提供补贴；不得支付或报销任何与业务无关的差旅费用。

三是餐饮招待的相关要求。企业应结合实际，参考公务人员八项规定，分别制定宴请贵宾、要客、一般客人的每次人均用餐标准。如招待用餐应当以供应家常菜为主，不得使用鱼翅、燕窝等高档菜肴和用野生保护动物制作的菜肴，不得提供香烟和高档酒水，不得使用私人会所、高消费餐饮场所。在提供餐饮招待时，要求员工遵守餐饮活动的费用必须合理；费用支出必须出于合理的商业目的；费用支出必须符合当地习俗和法律。

16.1.2 合规风险之二：捐赠赞助的风险

16.1.2.1 捐赠赞助合规风险识别

（1）捐赠是指基于慈善目的，自愿、无偿提供资金、物品或服务的活动，不要求、期许、接受任何利益回报。

《企业所得税法实施条例》第 51 条规定："企业所得税法第九条所称公益性捐赠，是指企业通过公益性社会组织或者县级以上人民政府及其部门，用于符合法律规定的慈善活动、公益事业的捐赠。"

合法的捐赠一般应符合以下基本特征。

第一，捐赠基于慈善目的。企业在从事生产经营，提供劳务，承担经济责任同时，还担负着社会责任，即在以营利为目的的生产经营活动的同时将财富返还社会，为公益事业做贡献。社会的存在为企业提供发展空间和利润来源，反过来，企业也必须承担起更多的社会责任，慈善捐赠是体现企业良好的企业形象以及传递企业对社会责任持有坚定承诺的重要方式。

第二，捐赠的财产应当是企业有权处分的合法财产。捐赠财产包括货币、实物、房屋、有价证券、股权、知识产权等有形和无形财产。捐赠的实物应当具有使用价值，符合安全、卫生、环保等标准。捐赠本企业产品的，应当依法承担产品质量责任和义务。

（2）赞助一般是指向会议、体育、艺术或娱乐等活动提供部分或全部资金、物品或服务。关于赞助的行为，我国尚没有统一的、专门性的法律法规。对于何为法律允许的赞助行为，企业可以参考财税领域的相关规定。《企业所得税法实施条例》第 54 条规定："赞助支出是指企业发生的与生产经营活动无关的各种非广告性质支出。"

《企业所得税法实施条例》释义对此作出进一步的解释："认定赞助支出，主要是区别它与公益性捐赠和广告支出的差异。所谓公益性捐赠，是指企业用于公益事业的捐赠，不具有有偿性，所捐助范围也是公益性质，而赞助支出具有明显的商业目的，所捐助范围一般也不具有公益性质，两者容易区分。广告支出，是企业以推销或者提高其产品、服务等的知名度和认可度为目的，通过一定的媒介，公开地对不特定公众进行宣传活动所发生的支出，与企业的生产经营活动密切相关，而赞助支出与企业的生产经营活动无关"。可见，赞助支出是不同于公益性捐赠和广告支出的支出。相比于公益性捐赠的无偿性和捐助范围的公益性，赞助支出具有明显的商业目的，且捐助范围一般不具有公益性。相比于广告支出的与企业的生产经营活动密切相关，赞助支出一般与企业的生产经营无关。

合法的企业赞助一般应符合以下基本特征。

第一，企业可以通过赞助获得一定的宣传推广机会。这种宣传推广机会不同于广告发布，企业获得的不是借助一定的媒介发布产品广告的权利，而是发布广告之外的对活动进行冠名、布置展台及分发宣传资料等宣传推广机会。

第二，企业赞助具有明显的商业目的。这种商业目的通常是指企业借助宣传推广提高自身的知名度或美誉度，并以此影响商品销量。企业赞助的商业目的应以正当合法为前提。

第三，给付的赞助费与宣传推广机会之间存在一定的对价关系。赞助方与被赞助方一般会签订赞助合同，约定具体的赞助事项和赞助金额。赞助协议及相关票据有利于证明赞助的真实性。

绝大多数企业的捐赠赞助目的都是好的，但是鉴于国家在企业捐赠上的谨慎态度，企业应当对捐赠活动中的合规风险保持警惕性，尤其需要避免为了获取商业机会或优势，让企业处于涉嫌不正当竞争的风险正当中。同时，不少捐赠行为会被误认为商业贿赂行为，所以对捐赠赞助行为中的必要合规注意还是不能掉以轻心。

典型案例一：发包方以赞助款为名向施工单位索取财物，收受贿赂款，构成单位受贿罪

经查，某中学作为本单位校园工程中的发包方，《建设工程施工合同》约定，发包方有向承包人发出指令、通知、监管，全面负责工程施工，负责工程款的支付，工程验收等多项职权。在实际操作过程中，施工单位能否顺利施工、顺利通过验收、较快拿到工程款及能否成功创样板工程，某中学的支持、配合和协助是必不可少的条件。

工程施工期间某中学校长向承接上述工程的承包方及施工队负责人（另案处理）索取150000 元，最终收受了贿赂款 130000 元并存入个人账户，后将该款用于某中学教职工福利和建造校内雕塑。多名证人证言能够证实承包方及所挂靠的公司均不愿意支付该笔"赞助费"，经过学校方面多次催促，考虑到施工过程、工程款结算及市样板工程创建等方面需要学校的配合，才在半年多之后以现金支票的形式分次支付了 13 万元。涉案款项虽然出具了《捐赠书》，但并非是学校合法收取的社会捐赠。

一审及二审法院最终均认定某中学在本单位教学楼工程施工、工程验收、工程款支付等过程中，利用作为发包方的职务便利，以赞助款为名向施工单位索取并实际收受 13 万元款项，情节严重，其行为构成单位受贿罪。考虑到索取的款项均用于教职工福利和学校建设，犯罪情节轻微，可免予刑事处罚。

典型案例二：某国有企业领导安排施工单位向与其有利害关系的第三方捐赠款物，后由第三方将收到的款物折合成人民币返还给某领导，构成受贿罪。

经查，某领导在担任某国有企业副总经理期间，在本单位玫瑰庄园土建工程及配电工程中，在工程招投标、施工管理、资金结算等方面为施工单位谋取利益，并授意施工单位向与其有利益关系的第三方捐赠款物，后由第三方将收到的款物折合成人民币返还给某国有企业领导。

施工单位作为捐赠人捐赠的款物，并不是捐赠人自愿捐赠和无偿捐赠，捐赠不是他们的本意，是通过捐赠的方式送给某国有企业领导钱，且事后第三方将其所接受的捐赠通过相应的方式折合成人民币返还给了某国有企业领导。第三方虽属于公益性质的单位，按照有关规定捐赠的款物不能挪作他用，但第三方的负责人表示其单位财务不规范，给某国有企业领导的钱，包括了捐赠人捐赠的款物。某国有企业领导的行为是权钱交易，其受贿方式虽然与其他受贿犯罪有所不同，隐蔽性较强，但不影响其受贿犯罪的构成。

法院最终认定某国有企业领导犯受贿罪，判处有期徒刑三年六个月。

典型案例三：工程款结算及支付协议中明确约定向工业园区捐助不低于 400 万元的民事纠纷

2010 年 3 月至 4 月，宏大公司、基恒公司承建了某道路、雨污水管道、给排水工程，并与发包方先后签订了三份《建设工程施工合同》。合同签订后，宏大公司、基恒公司依约履行了合同，2012 年 7 月 28 日工程竣工验收合格并交付给发包方。工程审定总价为 1.12 亿元。

2013 年 2 月，工业园区管委会与宏大公司、基恒公司就工程款结算及支付签订了三方《协议书》一份。三方约定宏大公司在工业园区管委会的感召下，愿意在淮安工业园区捐助不低于 400 万元的公益事业，工业园区管委会确保在 2013 年 5 月底前提供宏大公司捐助的项目内容，宏大公司捐建的项目纳入工业园区管委会的工程管理范围。

2019 年，宏大公司、基恒公司向仲裁委员会提起仲裁。在仲裁庭审理中，经过仲裁庭释明和征求各方意见，各方均同意就剩余工程款支付、宏大公司承诺的公益事业捐款等纠纷一并予以处理。最终，仲裁庭审理本案的基本思路是尊重当事人意思自治、恪守诚实信用原则、维护当事人各方利益平衡以及当事人利益与社会公共利益的平衡。仲裁裁决要求淮安工业园区管委会将该 400 万元捐赠用于公益事业，捐赠公益事业的具体项目由淮安工业园区管委会确定。上述捐赠项目，宏大公司与工业园区管委会应该按照《中华人民共和国公益事业捐赠法》规定的程序予以完成，如果淮安工业园区管委会从本裁决生效之日起一年内没有落实捐赠项目的，视为工业园区管委会放弃接受捐赠，宏大公司有权另案主张收回工程款。

16.1.2.2　捐赠赞助合规管理建议

1.捐赠赞助应严格遵循目的合法、流程透明、符合战略、支付得当原则

一般而言，捐赠赞助应严格遵循以下原则：（1）目的合法。不得以维护公司的不恰当

利益或其他不合理原因为目的对外进行赞助或捐赠，禁止以捐赠和赞助的形式实施不合规行为获取不正当利益。（2）流程透明。所有赞助或捐赠，无论是款项还是实物，均应当透明、正当。（3）符合战略。捐赠赞助应当符合企业发展的战略，且一般应由公司商业部门或者更高层级管理层，如董事会决定。企业不允许向任何违背企业战略方向或有损于企业名誉的个人、团体、企业或机构提供捐赠赞助。（4）支付得当。捐赠赞助不能支付给个人账户，以避免利益冲突或其他以腐败贿赂为目的的利益输送。

2. 捐赠赞助接收方的背景调查

捐赠赞助的合规风险很大程度上来自于捐赠赞助接收方，最终受益方的负面新闻可能会为企业带来不利的声誉影响以及经济损失，而且很多赞助或捐赠活动中引入商业，以图掩盖不当利益输送的目的。在进行捐赠赞助之前，一般应对捐赠赞助接收方进行背景调查。需要企业合规部门检视：捐赠或赞助的目的是什么；被捐赠或被赞助方是否存在潜在的诚信问题；提供的捐赠赞助与获得的回报是否成正比；是否存在其他不正常的情况，如被赞助方或被捐赠方在国外，而没有合理理由；捐赠或赞助活动中是否有任何利益提供给政府官员。

16.1.3　合规风险之三：商务交往的风险

16.1.3.1　商务交往合规风险识别

商业贿赂行为，是指在商业经营活动中违反市场的公平竞争原则，通过给予财物或收受财物等手段获取非法经济利益的贿赂行为。

商业贿赂行为根据危害程度的不同，存在违法和犯罪两个层次，分别应当承担民事、行政、刑事责任。

第一，承担民事责任。根据《反不正当竞争法》的规定，经营者违反法律规定，给被侵害的经营者造成损害的，应当承担赔偿责任，赔偿损失属于民事责任的一种。

第二，承担行政责任。根据相关法律规定，经营者违反法律规定，以行贿手段销售或者购买商品的，应当由市场监督管理部门依据《反不正当竞争法》的规定，根据情节的轻重对经营者处以1万元以上20万元以下的罚款，如果有非法所得的，应当予以没收。这里的处以罚款和没收非法所得都属于行政责任。

第三，承担刑事责任。刑事责任依照我国《刑法》进行处罚。如果商业贿赂本身构成了受贿罪、单位受贿罪、行贿罪、单位行贿罪、对单位行贿罪、介绍贿赂罪、公司企业人员受贿罪、对公司企业人员行贿罪等罪名的话，依照《刑法》对不同罪名规定的刑事责任进行处罚。

商业贿赂行为本质上是不正当竞争行为的一种，国家工商行政管理局（已更名）《国家工商行政管理局关于禁止商业贿赂行为的暂行规定》第二条第2款规定："本规定所称商业贿赂，是指经营者为销售或者购买商品而采用财物或者其他手段贿赂对方单位或者个人的行为。"《建筑法》第十七条将商业贿赂行为具体规定为"收受贿赂、回扣或者索取其他好处"。在《国家工商行政管理局关于以贿赂手段承包建筑工程项目定性处理问题的答复》中规定，"建筑施工企业为承包建筑工程项目，直接或假借其他名义给付建设单位财物的行为"系商业贿赂。

通过分析我国商业贿赂法律法规，我们可以知道司法部门和执法机关认定商业贿赂行为的关键在于企业或企业人员是否以"财物或者其他手段""谋取不正当利益"。

第一个关键词是"财物或者其他手段"，包括超越正常商业往来范畴的财物或者其他利益，如旅游、娱乐活动、服务机会、提供便利、优惠条件等。

第二个关键词是"谋取不正当利益"，此为提供财物或其他手段所追求的目的。《最高人民法院、最高人民检察院关于办理商业贿赂刑事案件适用法律若干问题的意见》第9条把这种目的称为"谋取不正当利益"，是指行贿人谋取违反法律法规规定的利益，或者要求相对方违反法律法规规定提供帮助或者方便条件。比如，在招标投标、政府采购等商业活动中，违背公平原则，给予相关人员财物以谋取竞争优势的，属于"谋取不正当利益"。

根据《最高人民法院、最高人民检察院关于办理贪污贿赂刑事案件适用法律若干问题的解释》第13条规定，具有下列情形之一的，应当认定为"为他人谋取利益"：（一）实际或者承诺为他人谋取利益的；（二）明知他人有具体请托事项的；（三）履职时未被请托，但事后基于该履职事由收受他人财物的。

结合施工企业自身的特点，实践中以下行为将被认为是商业贿赂或者涉嫌商业贿赂：

1. 向交易相对方及交易相关人员给付金钱或财物

直接以金钱、财物方式进行贿赂，是商业贿赂的最直接、最典型的形态，一般表现为简单的给付与接受关系。

贿赂犯罪中的"财物"，既包括金钱和物品，也包括可以用金钱计算数额的财产性利益。财产性利益包括可以折算为货币的物质利益如房屋装修、债务免除等，以及需要支付货币的其他利益如会员服务、旅游等。具体的犯罪数额，以实际支付或者应当支付的数额计算。收受银行卡的，不论受贿人是否实际取出或者消费，卡内的存款数额一般应全额认定为受贿数额。使用银行卡透支的，如果由给予银行卡的一方承担还款责任，透支数额也应当认定为受贿数额。

典型案例一：海南省海口市工商局行政处罚海南祺商建设工程有限公司不正当竞争案

2015年12月9日，海南省海口市工商局执法人员根据市中级人民法院刑事判决书等材料，发现海南祺商公司于2013年至2014年，涉嫌采取商业贿赂手段获得承建海南省第二卫生学校实训大楼建设工程，获得不正当利益。

经查，海南祺商公司于2013年9月29日获得海南某工程招标代理有限公司发布的海南某学校实训楼地下室工程中标通知书。2013年12月25日，海南祺商公司与海南某学校签订实训大楼（地下二层）工程项目的施工合同，合同价款为402.05万元。

2013年9月30日，海南祺商公司聘请李某任项目负责人。海南祺商公司在承建工程项目中，为了稳住客户，获取更多交易机会，项目负责人李某从工程款中提取现金30万元，于 2014 年年初给付学校校长王某。

海南祺商公司承建的项目已于 2014 年 2 月 25 日通过竣工验收，海南祺商公司从中获利 72124 元。

海口市工商局认为，李某是海南祺商公司任命的项目负责人，负责组织现场施工建设，行贿行为应被视为职务行为，且行贿款在海南祺商公司账目中变相冲账，海南祺商公司在该商业贿赂行为中得到了相关收益。该局认定，《关于禁止商业贿赂行为的暂行规定》第三条规定，经营者的职工采用商业贿赂手段为经营者销售或者购买商品的行为应当认定为经营者的行为。因此，商业贿赂的主体是海南祺商公司，而不是李某个人。

学校领导对学校实训大楼（地下二层）发包承建工程项目有一定的决定权。海南祺商公司为了争取交易机会，采取给付现金方式贿赂对方单位负责人，以不正当手段排挤其他竞争对手，侵害了其他经营者的利益和公平竞争的市场秩序，其行为违反了《反不正当竞争法》第八条第一款和《关于禁止商业贿赂行为的暂行规定》第二条第二款的规定，构成商业贿赂行为。根据《反不正当竞争法》第二十二条、《关于禁止商业贿赂行为的暂行规定》第九条之规定，该局责令海南祺商公司立即停止违法行为，并对其作出行政处罚，没收违法所得 72124 元，罚款 10 万元。

典型案例二：广东某建设工程有限公司、汪某单位行贿案

经查，汪某是某公司的法定代表人兼实际负责人。2013 年 12 月，汪某与广环投公司总经理白某及项目开发部、企业发展部部长李某雄商定白某、李某雄帮助辰裕公司承接广环投公司相关项目工程，某公司则按比例支付好处费。之后，李某雄、白某又勾结广日公司董事长、广环投公司董事长潘某燊参与。随后，李某雄、白某、潘某燊帮助某公司以挂靠其他单位的名义承接了广环投公司的增城项目、花都项目、兴丰项目、南沙项目。2013 年 12 月至 2014 年 11 月，汪某分次贿送给李某雄、白某和潘某燊现金计人民币（下同）1920 万元，其中送给潘某燊 1200 万元、送给白某 570 万元、送给李某雄 150 万元。此外，某公司、汪某还以资助李某雄亲戚治疗为名送给李某雄 10 万元。

2017 年 5 月 31 日，广东省高级人民法院以单位行贿罪判处某公司罚金 400 万元；以单位行贿罪判处汪某有期徒刑三年。

典型案例三：云南某建设工程有限公司、李某单位行贿案

经查，云南某建设工程有限公司在承建公安局办公大楼、公安局办公大楼装修以及派出所新建等 9 个工程项目期间，云南某建设工程有限公司原法定代表人李某作为该公司实际负责人，为了在工程项目建设、工程款拨付等方面得到关照和帮助，代表该公司向相关国家工作人员行贿合计人民币 269 万元，并从中谋取不正当利益：2005 年至 2015 年的春节、中秋等节日，李某 21 次向时任市公安局局长李某（另案处理）行贿共计人民币 148 万元。2009 年至 2017 年的春节、中秋等节日，李某 15 次向时任公安局警务保障室主任、分管后勤的副局长潘某（另案处理）行贿共计人民币 72 万元。2006 年至 2017 年的春节、中秋等节日，李某 22 次向时任公安局警务保障室副主任、主任杨某（另案处理）行贿共

计人民币 49 万元。

2019 年 10 月 14 日，法院以单位行贿罪判处云南某建设工程有限公司罚金人民币 300 万元；以单位行贿罪判处李某有期徒刑三年，缓刑五年，并处罚金人民币 200 万元。

典型案例四：新民公司、包某单位行贿案

包某在担任新民公司总经理期间，为了让新民公司顺利承接某雨污分流改造工程第六标段项目，并在工程项目的承接、施工、验收、监管及结算等事宜上得到关照，在 2010 年至 2015 年，先后多次向时任建设局局长的林某 2 贿送财物，价值合计约人民币 380.4 万元。具体分述如下：

（1）2010 年 3 月 18 日，包某按照林某 2 的指示，以其妹夫李某的名义购买房屋并装修该房，并将该房交由林某 2 的父亲林某 1 居住。2012 年 12 月 19 日，包某指示李某通过"假交易"的方式将房产无偿转让给林某 2 的父亲林某 1。包某购买上述房产、缴纳契税及装修施工共计花费约人民币 140.4 万元。

（2）2010 年年底，包某为林某 2 购买一辆全新丰某拉轿车，用于置换林某 2 于 2007 年购买的丰某拉轿车，两车差价约为人民币 5 万元。

（3）2011 年，包某无偿为林某装修位于广州市天河区的房屋，装修施工和购置家电共计花费约人民币 50 万元。

（4）2012 年至 2013 年，包某先后 2 次贿送共计人民币 125 万元给林某 2，为林某 2 岳母在广东省河源市建设房屋提供资金。

（5）2014 年底，包某在广州市天河区科韵路附近送给林某 2 人民币 30 万元，用于林某 2 购买奥德赛小轿车。

（6）2010 年至 2015 年每年的春节前后，包某贿送林某 2 人民币 5 万元，6 次共计人民币 30 万元。

2018 年 11 月 8 日，法院以单位行贿罪，判处新民公司罚金人民币 140 万元；以单位行贿罪判处包某有期徒刑一年九个月。

典型案例五：陕西某工程有限公司、周某单位行贿案

经查，2009 年 4 月省交通厅利用外资项目办公室启动安毛高速机电工程招标工作，陕西某工程有限公司法定代表人周某经人介绍找到时任省交通厅外资办工程部部长的魏某，请求魏某帮助某公司中标。在项目投标单位资格预审时，某公司的资质时长仅为一年，不符合投标单位要求的取得从业资质后有五年业绩的条件，但某公司最终顺利通过资格预审。周某为感谢魏某的帮助并希望继续得到魏某的关照，于 2009 年 5 月送给魏某美元 2 万元。2009 年 11 月，某公司顺利中标安毛高速机电工程 JD1 段工程。周某为了感谢魏某的帮助，于 2010 年 3、4 月份送给魏某人民币 30 万元。

2010 年 1 月，宝汉公司高速公路预埋管线工程招标工作启动。周某获悉此消息后，通过他人介绍找到时任宝汉公司副总经理的王某，请求王某帮助某公司中标。王某遂告诉周某预埋管线工程采取邀请招标的方式，让周某找两家公司围标。2010 年 2 月，某公司

顺利中标宝汉公司高速公路预埋管线工程 YM2 标段。为感谢王某的帮助，周某于 2010 年 2 月及中秋节前后，分两次共计送给王某人民币 22 万元。

2017 年 6 月 19 日，陕西省高级人民法院以单位行贿罪判处某公司罚金人民币 30 万元；以单位行贿罪判处周某有期徒刑二年，缓刑三年，并处罚金人民币 10 万元。

典型案例六：耿某行贿案及万方公司单位行贿案

经查，2004 至 2006 年春夏之交，耿某为感谢时任某县常务副县长、县委副书记鄢某，介绍安排其承揽某县新一高、某县新建行政中心部分装修工程，在鄢某家里分三次送 30 万元现金。

时任万方公司经理的耿某，经时任南召县县长（2007 年）、县委书记鄢某介绍，在南阳市某项目中承担部分装修工程。因鄢某 2007 年在房地产公司购房欠款 60 万元，被公司催要。2011 年 7 月，房地产公司董事长邢某（另案处理）为感谢鄢某对项目的支持，耿某为感谢鄢某为其介绍承揽工程、催要工程款，邢某与耿某商量后，决定通过在耿某的莲花温泉工程结算清单上虚开 60 万元的方式，将此款送鄢后供其交纳剩余房款。2011 年 10 月 24 日，万方公司在其承揽的莲花温泉工程结算单中虚增费用 578903.92 元，由房地产公司董事长邢某签字后，于 2011 年 11 月 6 日入某集团财务账，耿某于 2011 年 11 月 18 日领取 20 万元、于 2011 年 12 月 5 日领取 75 万元，后将 60 万元送给鄢某。

2017 年 7 月 21 日，河南省南阳市内乡县人民法院以行贿罪、单位行贿罪判处耿某有期徒刑一年零三个月，并处罚金人民币 20 万元。

2. 向交易相对方及交易相关人员账外暗中给付佣金、回扣等

账外暗中，是指未在依法设立的反映其生产经营活动或者行政事业经费收支的财务账上按照财务会计制度规定明确如实记载，包括不记入财务账、转入其他财务账或者做假账等。与"账外暗中"相对应的是"明示入账"。

账外暗中的典型形式之一是佣金未如实入账或佣金支付给不符资质的中间人。经营者在市场交易中可以向提供服务的具有合法经营资格的中间人给予劳务报酬，但需以明示方式、并如实入账。

账外暗中的典型形式之二是给予回扣。回扣是指经营者销售商品时在账外暗中以现金、实物或者其他方式退给对方单位或者个人的一定比例的商品价款。回扣不同于折扣，前者往往是不合规的，而后者是商品购销中的让利，是指经营者在销售商品时，以明示并如实入账的方式给予对方的价格优惠，包括支付价款时对价款总额按一定比例即时予以扣除和支付价款总额后再按一定比例予以退还两种形式。回扣与折扣的区别在于是否明示、如实入账。

典型案例一：上海市虹口区市场监督管理局处罚悦鑫公司不正当竞争案

经查，悦鑫公司为了获得相关业务，由总经理周某于 2013 年 12 月至 2015 年 5 月期间采用账外提取库存现金的方式，先后六次向负责有关"配套工程"公司的办公室副主任秦某支付好处费。悦鑫公司通过秦某取得了四个工程项目合同签约权。

悦鑫公司为了获得相关业务，由总经理周某于2014年4月中旬至2014年8月下旬期间采用账外提取库存现金的方法，先将所提取的现金交给悦鑫公司的项目经理周某使用；嗣后，由周某购买3000元OK卡，并于2015年4月中旬去上海市嘉定区柳梁路陆某办公室将签署3000元OK卡送给万嘉公司的配套专员陆某，并安排陆某外出旅游，从而通过陆某获得了万嘉公司"悠活城项目"工程合同签约权。悦鑫公司根据上述有关合同规定，合计违法所得474794.59元。

上海市虹口区市场监督管理局认为悦鑫公司的上述行为违反了《反不正当竞争法》第八条第1款的规定，构成了商业贿赂行为，应当予以处罚，没收违法所得474万元，罚款15万元。

典型案例二：广州市市场监督管理局处罚广州××装饰工程有限公司不正当竞争案

经查，2016年5月至2018年4月，广州××公司在承建某部队建设工程项目的过程中，为延续合作关系、进而获得更大的竞争优势，采用账外暗中给予财物贿赂的手段，向对方单位具体经办干部陈某支付贿赂款5000元。具体情况如下：……广州××公司承建某部队修建晾衣架工程……工程验收结算后，为了延续良好的合作关系，进而获得更大的竞争优势，以账外暗付的方式，广州××公司向该部队负责工程的经办干部陈某支付贿赂款3000元，陈某确认收到该款项。2018年3月，广州××公司承建某部队晾衣架及宣传栏搬迁工程……工程验收结算后，为了延续良好的合作关系，进而获得更大的竞争优势，以账外暗付的方式，向该部队负责工程的干部陈某（与上述陈某为同一人）支付贿赂款2000元，陈某拒收。根据部队转交材料，陈某为现役军人，时任某部队勤务中队指导员。根据《中华人民共和国现役军官法》第三条："军官是国家工作人员的组成部分"的规定，陈某属于国家工作人员。陈某根据其上级的工作安排，具体负责承办某部队上述工程建设，故陈某的行为属于职务行为，广州××公司支付的款项不属于佣金。广州××公司的贿赂款属于一般商业贿赂。经调查，广州××公司向陈某支付的3000元费用未在其经营账册中如实入账，属于账外暗中。

广州市市场监督管理局认为广州××公司的上述行为已违反《中华人民共和国反不正当竞争法》第八条"经营者不得采用财物或者其他手段进行贿赂以销售或者购买商品。在账外暗中给予对方单位或者个人回扣的，以行贿论处；对方单位或者个人在账外暗中收受回扣的，以受贿论处。经营者销售或者购买商品，可以以明示方式给对方折扣，可以给中间人佣金。经营者给对方折扣、给中间人佣金的，必须如实入账。接受折扣、佣金的经营者必须如实入账"的规定，构成了《关于禁止商业贿赂行为的暂行规定》第五条"在账外暗中给予对方单位或者个人回扣的，以行贿论处；对方单位或者个人在账外暗中收受回扣的，以受贿论处。本规定所称回扣，是指经营者销售商品时在账外暗中以现金、实物或者其他方式退给对方单位或者个人的一定比例的商品价款。本规定所称账外暗中，是指未在依法设立的反映其生产经营活动或者行政事业经费收支的财务账上按照财务会计制度规定明确如实记载，包括不记入财务账、转入其他财务账或者做假账等"所指的商业贿赂行为，应当予以处罚，罚款 80000 元、没收违法所得 12805.45 元。

典型案例三：新泰市某人民医院、汤某等单位受贿案

经查，2010 年 5 月至 2013 年 1 月，新泰市某人民医院在与泰安某建筑安装有限公司、新泰市某安装工程有限公司等单位的经济往来中，该院直接负责的主管人员被告人汤某安排该院其他直接责任人被告人冯某、张某、王某，向以上公司业务经理常某某、高某某等人在账外索要工程让利款等回扣款项。其中，汤某涉案金额共计 867478.74 元；冯某涉案金额共计 854236.74 元；张某涉案金额共计 659000 元；王某涉嫌金额 752242 元。

被告单位新泰市某人民医院在与泰安市某建筑公司等单位的经济往来中，汤某作为被告单位直接负责的主管人员，安排其他直接责任人冯某、张某、王某，索取工程让利款等回扣款项，情节严重，被告单位及上述被告人的行为均构成单位受贿罪。

2014 年 9 月 19 日，山东省泰安市中级人民法院以被告单位新泰市某人民医院犯单位受贿罪，判处罚金人民币 20 万元；被告人汤某犯单位受贿罪，判处有期徒刑二年；被告人冯某犯单位受贿罪，判处有期徒刑一年；被告人张某犯单位受贿罪，判处有期徒刑一年；被告人王某犯单位受贿罪，判处有期徒刑六个月。

典型案例四：王某、董某行贿、对非国家工作人员行贿、介绍贿赂案

经查，2010 年 3 月，江西省某电子围栏系统建设工程设备采购项目成立了协调小组，负责建设工作的组织、协调和执行，并成立了项目技术组，负责技术设备选型和性能参数制定工作，江西省某处三科科长廖某 1（已判刑）为该组成员。王某在项目对外招投标期间，从董某处得知，若 A 公司的产品中标，A 公司将指定王某所在的公司作为产品采购的总销售代理商。王某为顺利承接该项目，经董某介绍结识了廖某 1，并承诺事成后给予廖某 1 回扣。

2011 年 8 月的一天，王某按照事先的承诺联系董某并由其引路，在地下车库内向廖某 1 行贿人民币 225 万元。当日廖某 1 将其中的 39 万元人民币给予董某。随后，廖某 1 又将其中的人民币 89 万元给予江西省某厅纪委书记（原六处处长）周某 2（已判刑）。

2015 年 2 月 12 日，武汉市武昌区人民法院以王某犯行贿罪，判处有期徒刑二年三个月；犯对非国家工作人员行贿罪，判处有期徒刑六个月，决定执行有期徒刑二年七个月。以董某犯介绍贿赂罪，判处有期徒刑十个月，缓刑一年。

3. 向交易相对方及交易相关人员各种巧立名目的手续费

在经济往来中，违反国家规定，收受各种名义的手续费，归个人所有的，也属于商业贿赂。一般认为，"手续费"是指在经济活动中，除回扣外其他违反国家规定支付给企事业单位或其工作人员的各种名义的钱，如信息费、顾问费、劳务费、辛苦费、好处费等，名目繁多。

中央治理商业贿赂领导小组《关于在治理商业贿赂专项工作中正确把握政策界限的意见》第二条第（七）款规定，通过赌博，以及假借促销费、宣传费、广告费、培训费、顾问费、咨询费、技术服务费、科研费、临床费等名义给予、收受财物或者其他利益，以提

供、获取交易、服务机会、优惠条件或者其他经济利益的，属于商业贿赂。

典型案例一：上海市虹口区市场监督管理局处罚正石公司不正当竞争案

经查，正石公司主要从事建筑工程造价咨询业务，2016 年正石公司通过公开招标形式获得上海 ×× 大学 2017、2018 年度工程项目造价审价资格，于 2017 年 1 月 10 日与上海 ×× 大学审计处签订了《建设工程造价咨询合同》。正石公司中标后，上海 ×× 大学以口头形式提出，因其在工程造价审价工作中提供了盒饭、茶水、复印等服务，需要收取项目协办费，具体金额以施工单位支付的审价费为基数乘以合同中双方约定的项目审价费下浮率 30%，正石公司未提出异议。

据此正石公司基于 25 个建设工程项目共向上海 ×× 大学支付了项目协办费 56068 元。正石公司收取上述 25 个项目的审价费共计 234336 元，扣除相关税费后，正石公司的违法所得为 219745.26 元。

上海市虹口区市场监督管理局认为正石公司向上海 ×× 大学支付的项目协办费，既未列入《建设工程造价咨询合同》，也未签订其他补充协议，且在实际审价过程中上海 ×× 大学也未提供收费明细和等值服务，正石公司却不提出异议和拒付，而是以"咨询费"名义从公司管理费中支出，其目的就是借"咨询费"名义向上海 ×× 大学输送财物利益，正石公司的行为违反了《反不正当竞争法》第 7 条第 1 款第 3 项的规定，构成了商业贿赂，应当予以处罚，没收违法所得 219745.26 元，罚款 100000 元。

典型案例二：南部县某建材有限公司单位行贿案、周某某对单位行贿案

经查，2012 上半年，南部县某建材有限公司法定代表人及本案周某某在得知该公司生产的节能环保材料"加砌砖"可以申请国家补助资金后，便通过南部县发展改革局向国家申报"新型绿色环保建材生产线建设项目"。为了申报成功，南部县某建材公司在申报资料中编造固定资产投资金额，伪造公司银行贷款和存款金额。南部县发展改革局未严格审查申报资料以及公司实际生产情况，遂按照南部县某建材有限公司上报的资料签署了同意申报的文件后，上报至省发展改革委。2012 年 9 月份南部县某建材有限公司申报的项目顺利地通过国家发展改革委审批并获得中央预算内补助资金 442 万元。此时南部县发展改革局局长何某向周某某提出，要从这 442 万元补助资金中提 50 万元给发展改革局，作为南部县某建材有限公司缴纳的会费和支付申报该项目开支的费用。南部县财政局于 2012 年、2013 年年底分两次向南部县某建材有限公司拨付 390 万元、52 万元，共计 442 万元的国家补助资金。南部县某建材有限公司在收到 390 万元补助资金的第二天，周某某便安排公司出纳敬某取出 50 万元现金，按照何某的安排将其中 20 万元作为会费缴纳给发展改革局价格协会，剩余的 30 万元支付了县发展改革局在南部县幸福路谯某某烟酒门市部赊欠的烟酒款。

2016 年 9 月 2 日，南部县人民法院以对单位行贿罪判处南部县某建材有限公司罚金人民币 10 万元；以对单位行贿罪判处周某某免予刑事处罚。

4. 向交易相对方及相关人员附赠现金或物品

经营者向商品交易相对方及相关人员可以按照商业管理赠送小额广告礼品，但是不得向对方单位或者其个人附赠现金或者物品，否则视为商业贿赂行为。

对于"小额"有关规定未设定一个具体标准，一般而言，是以当地人均收入为标准来确定小额的大致范围。关于如何区分馈赠予贿赂，应当结合以下因素综合判断：（1）发生财物往来的背景，如双方是否存在亲友关系及历史上交往的情形和程度；（2）往来财物的价值；（3）财物往来的缘由、时机和方式，提供财物方对于接受方有无职务上的请托；（4）接受方是否利用职务上的便利为提供方谋取利益。因此，认定附赠是否属于贿赂，不但取决于附赠礼品的价值，还由送礼原因、交往背景、商业惯例等综合决定。

16.1.3.2 商务交往合规管理建议

建设工程领域施工企业建议从以下几个方面加强合规建设：

（1）做好有关商业贿赂的合规培训。

通过培训，施工企业既要让下属员工充分了解有关商业贿赂的各项法律规定和实务中的各种"红线""雷区"，提高对商业贿赂行为危害性的认识，积极运用典型案例开展法制宣传和廉洁教育，也要让"员工行为，企业担责"这一法律概念深入到每个员工的思想深处，增强员工自觉抵制商业贿赂意识。如此，企业在推进相关合规管理工作时，将变得更为顺畅和有效。

（2）建立有效的合规制度。

目前，由企业下属的"项目组"承包相关工程的施工和管理，是建筑行业普遍采用的经营模式。此类"项目组"往往具有极大的自主经营权，企业对其的管理一般较为松散。这种经营模式能够充分发挥下属团队的主观能动性，有利于提高工程的建设效率。但是，企业对"项目组"管理上的缺失，势必会大幅增加包括商业贿赂在内的各种合规风险。因此，施工企业应根据自身情况，建立相应的商业贿赂合规制度，并将业务招待、商业馈赠以及相关公关费用管理纳入其中。

（3）严格财务管理。

严格的财会制度是企业管理的重要组成部分，也是防范商业贿赂合规风险的有效措施。施工企业应当依法按照相关财会制度，对企业的钱款流转和账目记录进行严格的财务管理，从根本上切断商业贿赂的资金来源。

16.2 合规管理依据

我国反商业贿赂的法律法规散见于各种法律渊源之中，其中《刑法》《反不正当竞争法》和《关于禁止商业贿赂行为的暂行规定》（国家工商行政管理局令第60号，以下简称《暂行规定》）是我国反商业贿赂的通用条款，适用于所有行业的市场主体，因此，我们认为这三者共同搭建了我国反商业贿赂的主要法律框架。除了上述通用条款以外，反商业贿赂的规定还散见于诸多专门领域的法律及政策文件之中，用以规范不同行业的市场主体。

我们整理了施工企业反商业贿赂相关依据，便于读者检索。

16.2.1　法律

1.《刑法》部分重点法条

第一百六十四条　【对非国家工作人员行贿罪】为谋取不正当利益，给予公司、企业或者其他单位的工作人员以财物，数额较大的，处三年以下有期徒刑或者拘役，并处罚金；数额巨大的，处三年以上十年以下有期徒刑，并处罚金。

【对外国公职人员、国际公共组织官员行贿罪】为谋取不正当商业利益，给予外国公职人员或者国际公共组织官员以财物的，依照前款的规定处罚。

单位犯前两款罪的，对单位判处罚金，并对其直接负责的主管人员和其他直接责任人员，依照第一款的规定处罚。

行贿人在被追诉前主动交代行贿行为的，可以减轻处罚或者免除处罚。

第三百八十九条　【行贿罪】为谋取不正当利益，给予国家工作人员以财物的，是行贿罪。

在经济往来中，违反国家规定，给予国家工作人员以财物，数额较大的，或者违反国家规定，给予国家工作人员以各种名义的回扣、手续费的，以行贿论处。

因被勒索给予国家工作人员以财物，没有获得不正当利益的，不是行贿。

第三百九十条　【行贿罪的处罚规定】对犯行贿罪的，处五年以下有期徒刑或者拘役，并处罚金；因行贿谋取不正当利益，情节严重的，或者使国家利益遭受重大损失的，处五年以上十年以下有期徒刑，并处罚金；情节特别严重的，或者使国家利益遭受特别重大损失的，处十年以上有期徒刑或者无期徒刑，并处罚金或者没收财产。

行贿人在被追诉前主动交代行贿行为的，可以从轻或者减轻处罚。其中，犯罪较轻的，对侦破重大案件起关键作用的，或者有重大立功表现的，可以减轻或者免除处罚。

第三百九十三条　【单位行贿罪】单位为谋取不正当利益而行贿，或者违反国家规定，给予国家工作人员以回扣、手续费，情节严重的，对单位判处罚金，并对其直接负责的主管人员和其他直接责任人员，处五年以下有期徒刑或者拘役，并处罚金。因行贿取得的违法所得归个人所有的，依照本法第三百八十九条、第三百九十条的规定定罪处罚。

2.《反不正当竞争法》部分重点法条

第七条　经营者不得采用财物或者其他手段贿赂下列单位或者个人，以谋取交易机会或者竞争优势：

（一）交易相对方的工作人员；

（二）受交易相对方委托办理相关事务的单位或者个人；

（三）利用职权或者影响力影响交易的单位或者个人。

经营者在交易活动中，可以以明示方式向交易相对方支付折扣，或者向中间人支付佣金。经营者向交易相对方支付折扣、向中间人支付佣金的，应当如实入账。接受折扣、佣金的经营者也应当如实入账。

经营者的工作人员进行贿赂的，应当认定为经营者的行为；但是，经营者有证据证明该工作人员的行为与为经营者谋取交易机会或者竞争优势无关的除外。

第十七条　经营者违反本法规定，给他人造成损害的，应当依法承担民事责任。

经营者的合法权益受到不正当竞争行为损害的，可以向人民法院提起诉讼。

因不正当竞争行为受到损害的经营者的赔偿数额，按照其因被侵权所受到的实际损失确定；实际损失难以计算的，按照侵权人因侵权所获得的利益确定。经营者恶意实施侵犯商业秘密行为，情节严重的，可以在按照上述方法确定数额的一倍以上五倍以下确定赔偿数额。赔偿数额还应当包括经营者为制止侵权行为所支付的合理开支。

经营者违反本法第六条、第九条规定，权利人因被侵权所受到的实际损失、侵权人因侵权所获得的利益难以确定的，由人民法院根据侵权行为的情节判决给予权利人五百万元以下的赔偿。

第十九条　经营者违反本法第七条规定贿赂他人的，由监督检查部门没收违法所得，处十万元以上三百万元以下的罚款。情节严重的，吊销营业执照。

16.2.2　行政法规

《行政执法机关移送涉嫌犯罪案件的规定（2020 修订）》（国务院令第 730 号）

16.2.3　司法解释／文件

1.《最高人民法院关于审理不正当竞争民事案件应用法律若干问题的解释（2020 修正）》（法释〔2020〕19 号）

2.《最高人民法院、最高人民检察院关于办理贪污贿赂刑事案件适用法律若干问题的解释》（法释〔2016〕9 号）

3.《最高人民法院、最高人民检察院关于印发〈关于办理商业贿赂刑事案件适用法律若干问题的意见〉的通知》（法发〔2008〕33 号）

4.《最高人民法院关于充分发挥审判职能作用切实做好治理商业贿赂专项工作的通知》（法〔2006〕67 号）

16.2.4　部门规章／文件

1.《国家工商行政管理局关于禁止商业贿赂行为的暂行规定》（国家工商行政管理局令 1996〔第 60 号〕）

2.《中央治理商业贿赂领导小组关于在治理商业贿赂专项工作中推进市场诚信体系建设的意见》（中治贿发〔2008〕2 号）

3.《住房和城乡建设部关于印发〈部分地区治理商业贿赂工作督查情况通报〉的通知》（建治贿办函〔2010〕02 号）

4.《中央治理商业贿赂领导小组关于在治理商业贿赂专项工作中正确把握政策界限的意见》

5. 中央治理商业贿赂领导小组印发《关于深入推进治理商业贿赂专项工作的意见》（中治贿发〔2007〕3号）

6.《国家工商行政管理总局关于依托"金信工程"加快建立健全防治商业贿赂长效机制的实施意见》（工商竞争字〔2009〕2号）

7.《国家工商行政管理局关于以贿赂手段承包建筑工程项目定性处理问题的答复》（工商公字〔2000〕第62号）

16.2.5　地方性法规／文件

1.《广东省人民政府办公厅转发省治理商业贿赂领导小组办公室关于在治理商业贿赂专项工作中推进市场诚信体系建设意见的通知》（粤府办〔2011〕66号）

2.《广东省住房和城乡建设厅治理贿赂领导小组转发广东省治理商业贿赂领导小组关于印发〈2010年治理商业贿赂专项工作要点〉的通知》

3.《江苏省住房和城乡建设厅关于印发〈2010年全省住房和城乡建设系统治理商业贿赂专项工作实施意见〉的通知》（苏建稽〔2010〕138号）

4.《江苏省建设厅、省监察厅、省高级人民法院、省人民检察院关于印发〈江苏省建设市场不良行为及商业贿赂行为记录与公布办法〉的通知》（苏建稽〔2009〕92号）

5.《江苏省建设厅关于对我省政府投资建设工程项目招投标实行网上远程评标的通知》（苏建招〔2009〕114号）

6.《江苏省建设厅关于深化全省建设系统治理商业贿赂工作的情况通报》（苏建办〔2009〕415号）

7.《江苏省建设厅、省监察厅、省高级人民法院、省人民检察院关于印发〈江苏省建设市场不良行为及商业贿赂行为记录与公布办法〉的通知》（苏建稽〔2009〕92号）

8.《湖南省建设厅关于印发〈湖南省工程建设违法违规行为社会监督管理办法（试行）〉的通知》（湘建建〔2009〕262号）

9.《成都市商务局关于进一步抓好治理商业贿赂工作的意见》（成商监〔2009〕2号）

10.《西安市工商行政管理局关于开展治理商业贿赂专项执法行动的通知》

11.《台州市治理商业贿赂领导小组办公室关于转发〈关于在治理商业贿赂专项工作中推进市场诚信体系建设的意见〉的通知》（台治理〔2008〕3号）

12.《湖北省防治工程建设领域商业贿赂行为暂行办法》（湖北省人民政府令第308号）

13.《武汉市建设委员会、市人民检察院、市监察局、市工商行政管理局关于印发〈武汉市建筑市场不良行为记录与公布办法（试行）〉的通知》（武建〔2007〕248号）

14.《宁夏回族自治区商务厅治理商业贿赂领导小组关于开展治理商业贿赂专项工作的实施意见》（宁商发〔2007〕405号）

16.3　合规管理检查流程

16.3.1　业务招待合规管理思维导图

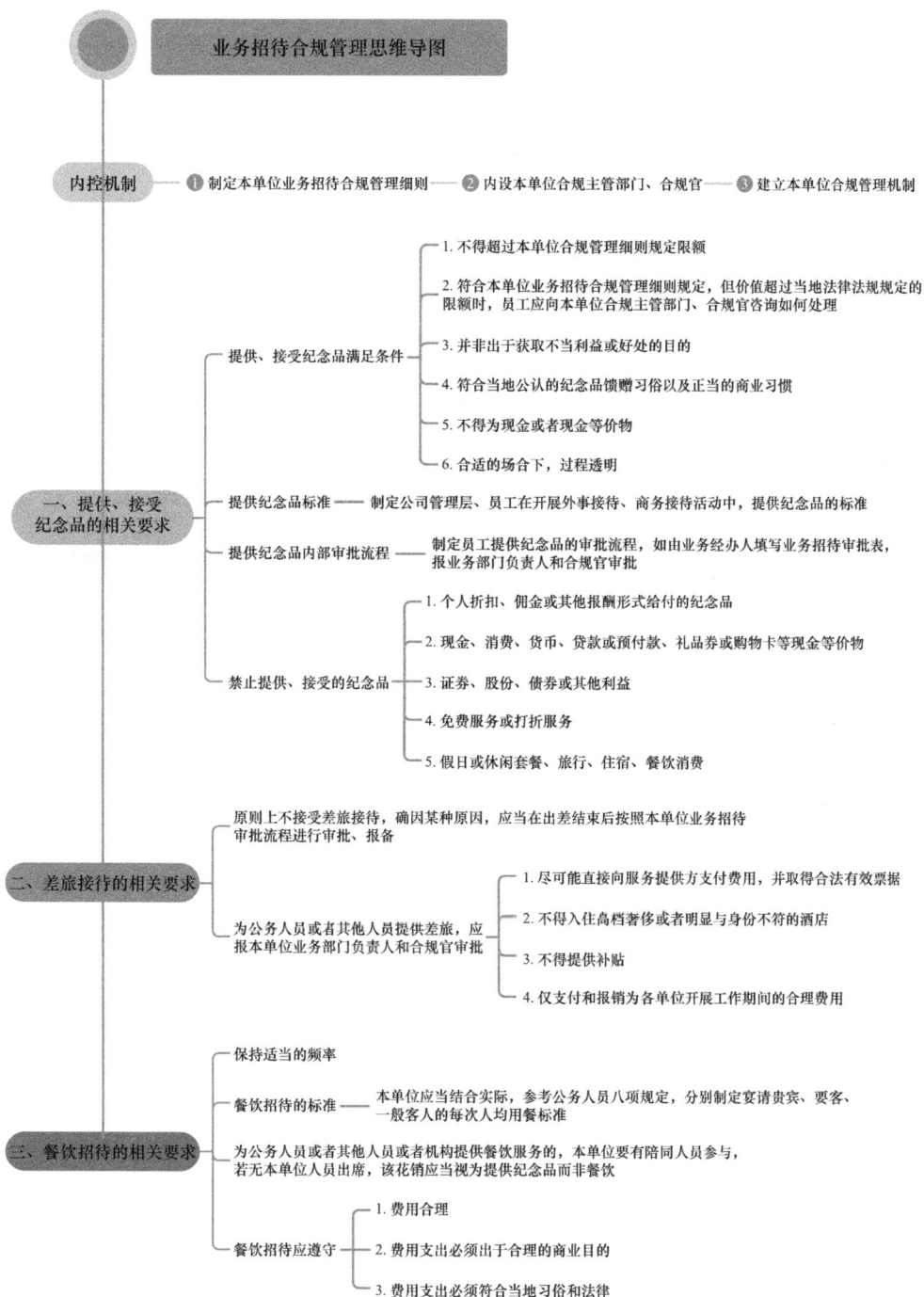

16.3.2　捐赠赞助合规管理思维导图

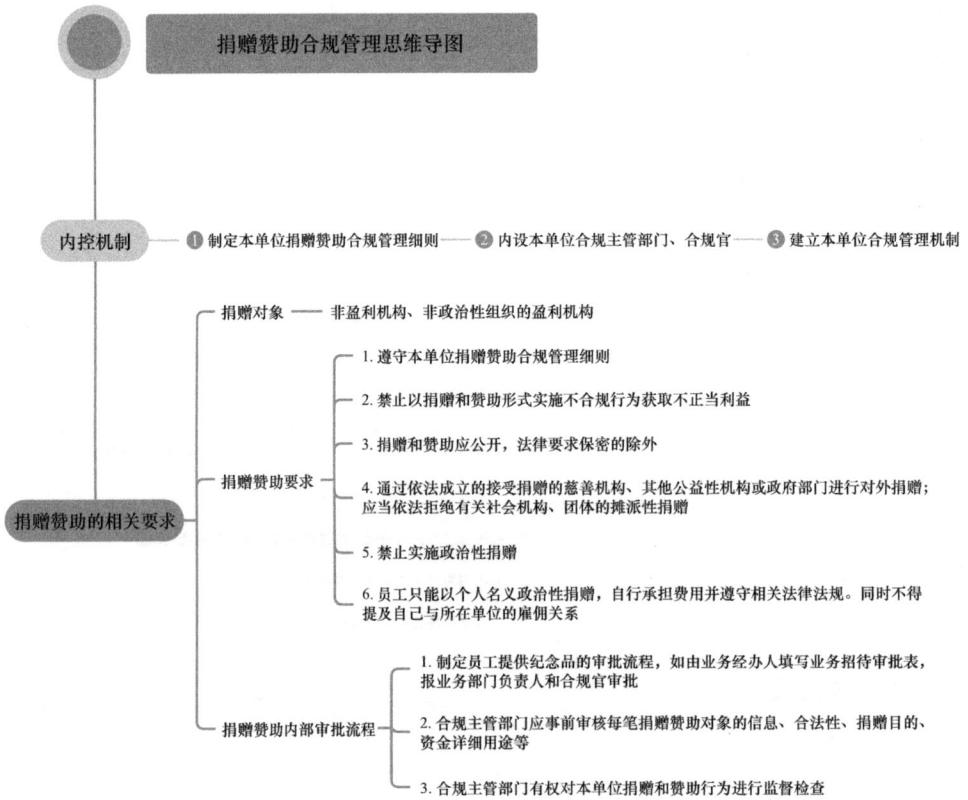

```
                    ┌─────────────────────────────┐
              ●──── │    捐赠赞助合规管理思维导图    │
                    └─────────────────────────────┘
                                  │
  ┌────────┐                      │
  │ 内控机制 │──── ① 制定本单位捐赠赞助合规管理细则 ──── ② 内设本单位合规主管部门、合规官 ──── ③ 建立本单位合规管理机制
  └────────┘                      │
                                  │
                  ┌── 捐赠对象 ──── 非盈利机构、非政治性组织的盈利机构
                  │
                  │                  ┌── 1. 遵守本单位捐赠赞助合规管理细则
                  │                  │
                  │                  ├── 2. 禁止以捐赠和赞助形式实施不合规行为获取不正当利益
                  │                  │
                  │                  ├── 3. 捐赠和赞助应公开，法律要求保密的除外
                  │                  │
  ┌──────────────┐├── 捐赠赞助要求 ──┤   4. 通过依法成立的接受捐赠的慈善机构、其他公益性机构或政府部门进行对外捐赠；
  │ 捐赠赞助的相关要求├               ├──    应当依法拒绝有关社会机构、团体的摊派性捐赠
  └──────────────┘│                  │
                  │                  ├── 5. 禁止实施政治性捐赠
                  │                  │
                  │                  └── 6. 员工只能以个人名义政治性捐赠，自行承担费用并遵守相关法律法规。同时不得
                  │                         提及自己与所在单位的雇佣关系
                  │
                  │                      ┌── 1. 制定员工提供纪念品的审批流程，如由业务经办人填写业务招待审批表，
                  │                      │      报业务部门负责人和合规官审批
                  │                      │
                  └── 捐赠赞助内部审批流程 ┤   2. 合规主管部门应事前审核每笔捐赠赞助对象的信息、合法性、捐赠目的、
                                         ├──    资金详细用途等
                                         │
                                         └── 3. 合规主管部门有权对本单位捐赠和赞助行为进行监督检查
```